Hummel / Kißener (Hrsg.)

DIE KATHOLIKEN
UND DAS
DRITTE REICH

Karl-Joseph Hummel/Michael Kißener (Hrsg.)

Die Katholiken und das Dritte Reich

Kontroversen und Debatten

2., durchgesehene Auflage

FERDINAND SCHÖNINGH
PADERBORN·MÜNCHEN·WIEN·ZÜRICH

Bibliografische Information der Deutschen Nationalbibliothek

Die Deutsche Nationalbibliothek verzeichnet diese Publikation in der Deutschen Nationalbibliografie; detaillierte bibliografische Daten sind im Internet über http://dnb.d-nb.de abrufbar.

Umschlaggestaltung: Evelyn Ziegler, München

Gedruckt auf umweltfreundlichem, chlorfrei gebleichtem und alterungsbeständigem Papier ⊚ ISO 9706

2., durchgesehene Auflage 2010

© 2009 Ferdinand Schöningh, Paderborn
(Verlag Ferdinand Schöningh GmbH & Co. KG, Jühenplatz 1, D-33098 Paderborn)

Internet: www.schoeningh.de

Alle Rechte vorbehalten. Dieses Werk sowie einzelne Teile desselben sind urheberrechtlich geschützt. Jede Verwertung in anderen als den gesetzlich zugelassenen Fällen ist ohne vorherige schriftliche Zustimmung des Verlages nicht zulässig.

Printed in Germany. Herstellung: Ferdinand Schöningh, Paderborn

ISBN 978-3-506-77071-4

Prof. Dr. Dr. h.c.
Konrad Repgen
zum 85. Geburtstag

Inhaltsverzeichnis

Vorwort   9

I. Überblick   11

Michael Kißener
Katholiken im Dritten Reich: eine historische Einführung   13

Christoph Kösters
Katholiken im Dritten Reich: eine wissenschafts-
und forschungsgeschichtliche Einführung   37

II. Kontroversen und Debatten   61

Wolfgang Altgeld
Rassistische Ideologie und völkische Religiosität   63

Matthias Stickler
Kollaboration oder weltanschauliche Distanz?
Katholische Kirche und NS-Staat   83

Karl-Joseph Hummel
Die deutschen Bischöfe: Seelsorge und Politik   101

Thomas Brechenmacher
Die Kirche und die Juden   125

Christoph Kösters
Katholisches Milieu und Nationalsozialismus   145

Michael Kißener
Ist »Widerstand« nicht »das richtige Wort«?   167

Thomas Brechenmacher
Der Papst und der Zweite Weltkrieg   179

Annette Mertens
Deutsche Katholiken im Zweiten Weltkrieg   197

Karl-Joseph Hummel
Umgang mit der Vergangenheit: Die Schulddiskussion   217

III. Geschichtsbilder 237

Karl-Joseph Hummel
Kirche im Bild: Historische Photos als Mittel der Irreführung ... 239

IV. Literatur 257

Autoren 293

Personen-, Orts- und Sachregister 295

Karte »Wahlverhalten der katholischen Bevölkerung
    Deutschlands 1932–1933« 311

Vorwort

»Kirche, Katholiken und Nationalsozialismus« – unter diesem Titel erschien erstmalig 1980 ein von Klaus Gotto und Konrad Repgen herausgegebener Sammelband im Mainzer Matthias Grünewald-Verlag, der bereits 1983 eine zweite überarbeitete Auflage mit dem Titel »Die Katholiken und das Dritte Reich« und 1990 eine erweiterte und überarbeitete dritte Auflage erfuhr. Ziel dieses Taschenbuchs und zugleich Ursache für seinen Erfolg war es, »zentrale Fragen im Verhältnis Kirche, Katholiken und Nationalsozialismus in verständlicher, gleichwohl wissenschaftlich solider Form für breitere Leserschichten darzustellen.«

Genau diesem Zweck soll auch das hier vorgelegte neu konzipierte Werk dienen, und deshalb haben sich die Herausgeber mit freundlicher Genehmigung von Klaus Gotto und Konrad Repgen dazu entschlossen, den alten Titel erneut aufzunehmen und die 1980 begründete Tradition fortzuführen.

Die Aufgabe, im Jahr 2009 die historische Erforschung des Themas »Katholische Kirche und Drittes Reich« in eingängiger Form, gleichwohl aber auf der Höhe des Forschungsstandes darzustellen, ist freilich seit der zuletzt erschienenen Auflage nicht leichter geworden. Im Gegenteil! Das Dritte Reich gehört inzwischen zu den am besten erforschten Kapiteln kirchlicher Zeitgeschichte. Dazu haben nicht zuletzt der engagierte Streit der letzten Jahrzehnte und die Öffnung vieler einschlägiger Archive beigetragen. Das Forschungsfeld hat sich um zahlreiche neue Themen erweitert, viele neue Quellen sind erschlossen und heftige Kontroversen darüber ausgefochten worden, neue methodische Ansätze sind hinzugekommen und längst ist das Thema nicht mehr allein eine Domäne der Historiker. Vielmehr haben etwa Theologie, Psychologie und verschiedene Sozialwissenschaften genuine Forschungsbeiträge geleistet, die es zu berücksichtigen und zu würdigen gilt.

Trotz der so erheblich gestiegenen Komplexität des Themas sind die Beiträger dieses Bandes bemüht, breiten Leserkreisen, vor allem auch Studierenden, einen möglichst leichten Zugang zum Thema zu eröffnen. Sie versuchen dies, indem sie nach zusammenfassenden Überblicken zum Thema und seiner Erforschung unmittelbar in die spezifischen Diskussionen einführen und den Leser analysierend und abwägend an dem Austausch von Argumenten teilnehmen lassen. Deshalb versteht sich der Band auch nicht als eine Art »Gesamtdarstellung« zum Thema, sondern mehr als Momentaufnahme des aktuellen Standes der Debatte im Jahr 2009.

So soll die Möglichkeit eröffnet werden, Hintergründe und Zusammenhänge des so strittigen Themas zu erfassen und sich möglichst rasch selbst ein kompetentes Urteil verschaffen zu können. Es bleibt zu hoffen, dass auf diese Weise neues, forschendes Interesse erwächst, das zu immer präziseren und angemesseneren historischen Urteilen über die »Katholiken und das Dritte Reich« beiträgt.

Die Herausgeber danken allen Autoren für ihre hilfreichen Anregungen in der Diskussion über die Konzeption dieses Bandes, ihre bereitwillige gegenseitige Unterstützung und die allen individuellen Hindernissen zum Trotz eingehaltene Zusage, ihren Beitrag zu diesem Diskussionsbuch auf dem neuesten Stand der weitverzeigten Forschung terminnah, umfanggenau und in verständlicher Sprache abzugeben. Dieser Dank schließt auch die bereitwillig gewährte Gastfreundschaft bei den an verschiedenen Orten durchgeführten Redaktionssitzungen ein. Die Mitarbeiter der Bonner Forschungsstelle der Kommission für Zeitgeschichte und des Historischen Seminars der Johannes Gutenberg-Universität Mainz Julia Brinker, Dr. Andreas Burtscheidt, Petra Cartus M.A., Daniela Hernig und Andreas Linsenmann haben mit großem Engagement verbliebene Fehler korrigiert und sich den bibliographischen Aufgaben und der Registerarbeit gewidmet. Ohne den sachlichen Präzisionswillen, die technischen Fertigkeiten und den durch nichts zu erschütternden Gleichmut von Dr. Erik Gieseking wäre die Herstellung eines druckfertigen Manuskripts im eigenen Haus zu einem kühnen Unternehmen geworden.

»Die Katholiken und das Dritte Reich« 2009 sind in hohem Respekt für eine beeindruckende Forscherleistung dem Nestor der kirchlichen Zeitgeschichtsforschung Professor Dr. Konrad Repgen gewidmet.

Bonn/Mainz, im Juli 2009

Karl-Joseph Hummel   *Michael Kißener*

I.
ÜBERBLICK

Michael Kißener

Katholiken im Dritten Reich: eine historische Einführung

Das Thema »Katholische Kirche und Drittes Reich«[1] gehört bis heute zu den umstrittensten Teilbereichen der an Kontroversen keineswegs armen Geschichte des Nationalsozialismus[2]. Das hat viele Ursachen.

Nicht wenige möchten heute die Kirche von gestern als eine »moralische Instanz« mit umfassender Weltverantwortung sehen, die mit dem Gewicht ihrer Verkündigung die Katastrophe des Dritten Reiches wenn nicht verhindern, so doch wenigstens hätte vermindern können. Zunehmend kritisch wird daher das Unzulängliche und Verfehlte im Verhalten *der* Kirche ins Licht gerückt. Das starke öffentliche Interesse am Thema hat nicht nur unterschiedliche Fachwissenschaften zu Nachforschungen angeregt, sondern auch eine Vielzahl von Schriftstellern und Journalisten zu eigenen Recherchen und Meinungsäußerungen bewogen. Dabei ist die schnell wachsende Breite der Erkenntnisse und Forschungserträge oft schon über die Grenzen der Fachwissenschaften hinweg nicht wahrgenommen, bei der öffentlichen Vermittlung nicht selten unbeachtet geblieben. Auch dies hat wieder neue Diskussionen und Auseinandersetzungen hervorgerufen. Bisweilen ist die Debatte durch zeitbedingt neue Fragen angeregt worden: so z. B. jüngst durch die Problematik der Zwangsarbeiterentschädigung, die ein bislang völlig vernachlässigtes Forschungsfeld eröffnet und zu neuerlichen kritischen Nachfragen Anlass gegeben hat.

Bei all diesen Diskussionen lassen sich zwei sehr unterschiedliche Zugangsweisen zum Thema feststellen.

Zum einen wird die Haltung der Katholiken im Dritten Reich unter moralischen Gesichtspunkten betrachtet und analysiert, wird gleichsam der hohe moralische Anspruch der das Evangelium verkündenden Kirche an ihr eigenes Verhalten angelegt. Das ist durchaus legitim. Wer so vorgeht, stößt bei näherem Hinsehen bald schon auf viele Unzulänglichkeiten, auf Versagen, ja »Schuld«. Das war denjenigen, die in der Kirche vor wie nach 1945 Verantwortung getragen haben, auch schon bewusst: der Freiburger Erzbischof Gröber etwa, ein Mann, der sich anfänglich dem Nationalso-

---

[1] Grundlegend und zusammenfassend zu diesem Thema: K. Gotto/K. Repgen (Hrsg.), Die Katholiken und das Dritte Reich; H. Hürten, Deutsche Katholiken; A. Leugers, Die Deutschen Bischöfe; K. Repgen, Die deutschen Bischöfe und der Zweite Weltkrieg; W. Ziegler, Die deutschen katholischen Bischöfe unter der NS-Herrschaft.
[2] Vgl. M. Kissener, Das Dritte Reich.

zialismus gegenüber aufgeschlossen gezeigt hatte, sprach bereits in seinem Hirtenbrief vom Mai 1945 von »unsere[r] Schande« und dass »auch uns, wenigstens vor Gott, manche Schuld« treffe[3]. Hier jedoch beginnt für einige erst die Diskussion: Ob nämlich solche Aussagen das Verhalten der Kirche im Dritten Reich wirklich angemessen erfassen, ob solche »Schuldbekenntnisse« für die Kirche als Ganze ausgesprochen werden können oder eben nicht, ist Gegenstand einer breiten Publizistik geworden. Die deutschen Bischöfe haben dazu nach 1945 bei unterschiedlichen Anlässen in einer ganzen Reihe von einschlägigen Erklärungen Stellung genommen und in immer deutlicheren Formulierungen die Unzulänglichkeit des Handelns der Kirche insgesamt betont[4]. Vorläufiger Höhepunkt dieser Entwicklung sind die im Jahre 2000 von Papst Johannes Paul II. formulierten »Vergebungsbitten«. Diese von einer internationalen Theologenkommission vorbereiteten Eingeständnisse von Schuld werden z. T. als bislang einmaliges Bekenntnis nicht nur individueller Schuld, sondern institutionellen Versagens der gesamten Kirche gesehen, z. T. aber auch als Rückschritt in der Debatte[5].

Neben dem moralischen Blick auf die Geschichte der Kirche im Dritten Reich steht zum anderen der geschichtswissenschaftliche, für den der Begriff »Schuld« im Grunde keine angemessene Analysekategorie darstellt. Der Historiker will »verstehen«, wie und warum Menschen so handelten wie sie handelten, er analysiert Wirkfaktoren, stellt Theorien über Entwicklungsprozesse auf, vor allem aber muss er darum bemüht sein, die Zeit, über die er forscht, aus sich heraus zu verstehen und nicht nach einer später entwickelten Vorstellung oder einem heute erlangten Kenntnisstand einem Richter gleich »abzuurteilen«. Diese Perspektive wählt der vorliegende Band.

Voraussetzungen

Um so wissenschaftlich arbeiten zu können, muss sich der Historiker zunächst Klarheit über die zu verwendenden Begriffe verschaffen. Es gilt daher zu klären, was mit »katholischer Kirche« und »Drittem Reich« im Folgenden gemeint sein soll.

Die »katholische Kirche« in Deutschland – das waren im Jahre 1933 etwas mehr als ein Drittel der Deutschen (ca. 21 Mio.) – eine Minderheit im Reich, der zwei Drittel evangelische Christen gegenüberstanden. Gleichwohl war

---

[3] L. Volk, Akten VI, Nr. 976, S. 480, 483.
[4] Die bischöflichen Erklärungen sind unter http://www.dbk.de/stichwoerter/data/00678/index.html (2008-09-25) abzurufen.
[5] Vgl. M. Sievernich, Kultur der Vergebung, S. 444–459 und G. Denzler, Widerstand, S. 227.

die deutsche katholische Kirche eine Volkskirche mit einem erheblichen Einfluss auf die Lebensgestaltung ihrer Gläubigen. Dieser Einfluss endete jedoch in der kaum exakt zu definierenden Grauzone zwischen kirchlich-religiösen Interessen in der Gesellschaft und Politik im engeren Sinne, in die die Kirche ihrem damaligen Selbstverständnis nach nicht eingreifen wollte. Schon gar nicht war es dem damaligen (wie heutigen) katholischen Kirchen- und Freiheitsverständnis nach vorstellbar, den Gläubigen unter Androhung des Ausschlusses vom jenseitigen Heil notfalls das Martyrium zur Pflicht zu machen, wie dies Sekten oder kleine religiöse Gemeinschaften bisweilen tun. Insofern lässt sich die Situation der katholischen Kirche kaum mit dem Verhalten z. B. der Zeugen Jehovas im Dritten Reich vergleichen.

Dies wäre auch rein praktisch gar nicht vorstellbar gewesen, war doch diese Volkskirche alles andere als ein monolithischer, ihrem geistlichen Oberhaupte, dem römischen Papst, willenlos ergebener Block.

Das katholische Milieu erodierte – in den Städten zunächst wohl mehr als auf dem Land. Das Kirchenvolk war in Bewegung: Kirchliche Traditionalisten z. B. standen Gläubigen gegenüber, die nach neuen Wegen in der Verkündigung des Glaubens und in den althergebrachten liturgischen Formen suchten, gleichwohl ihren Platz nicht außerhalb, sondern innerhalb der Kirche sahen. Viele Vorstellungen und Ideen, die später in den 1960er Jahren die Reformdiskussionen des II. Vatikanischen Konzils beschäftigen sollten, wurden in dieser Zeit schon im deutschen Katholizismus diskutiert. Auch politisch flossen in dieser Volkskirche viele Strömungen zusammen: die Existenz der Zentrumspartei sollte nicht zu der irrigen Annahme verleiten, der hier vertretene deutsche Katholizismus sei politisch uniform gewesen. Es gab betont nationale Katholiken, die den noch aus der Kaiserzeit stammenden Ruf nationaler Unzuverlässigkeit endlich loswerden wollten und ebenso Katholiken, die das Nationale durch Völkerverständigung und Pazifismus zu überwinden beabsichtigten. Es gab Anhänger der Monarchie ebenso wie Katholiken, die ihren Platz in der Weimarer Demokratie gefunden hatten: die organisierte katholische Arbeiterschaft ist ein Beispiel dafür.

Ähnlich vielgestaltig wie im Kirchenvolk waren Ansichten und Haltungen im Klerus und im deutschen Episkopat verbreitet. Dass sich die deutschen Bischöfe in der Fuldaer Bischofskonferenz zusammenfanden, war Ausdruck des Gebotes zu gemeinsamem Handeln. Doch dies war eine ganz neue, erst 1933 geschaffene Einrichtung, organisatorisch noch unzulänglich und in ihren Entschlüssen nicht verbindlich für den einzelnen Bischof. Schon von daher fielen die Reaktionen auf den Nationalsozialismus in der kirchlichen Hierarchie eben nicht einheitlich aus. Ältere Pfarrer und Bischöfe wie der Breslauer Kardinal Bertram, 1933 schon 74 Jahre alt, hatten die Rechtlosigkeit der Kirche im Kulturkampf der 1870er Jahre noch selbst miterlebt und waren davon überzeugt, dass die Kirche ihren eigentlichen seelsorglichen Auftrag nur erfüllen könne, wenn ein harmonisches Zusammenwirken zwischen gottgewollter staatlicher Obrigkeit und kirchlichen Institutionen gesichert sei. Ihr Amtsverständnis war anders als heute oft noch patriarchalisch-autoritär, sie forderten den Gehorsam der Gläubigen ein und standen einer Veränderung der Rolle der Laien in der Kirche skeptisch gegenüber. Andere, zumeist jüngere, wie der Berliner Bischof Preysing oder auch die im Ausschuss für Ordensangelegenheiten versammelten Geistlichen, sahen die Kirche viel mehr schon in einer umfassenderen Weltverantwortung, als Hüterin der Menschenrechte, empfanden das Wort der Apostelgeschichte »Man muß Gott mehr gehorchen als den Menschen« (Apg. 5,29) als bindenden Auftrag und tendierten deshalb zu einem offensiveren politischen Verhalten. Freilich waren die Grenzen zwischen diesen Strömungen nicht immer exakt zu definieren, schließlich haben sich unter der Erfahrung der nationalsozialistischen Herausforderung auch Lern- und Veränderungsprozesse ergeben, die es zu berücksichtigen gilt.

Kirchenvolk, Klerus und Bischöfe standen zum römischen Papsttum in einem direkten Abhängigkeitsverhältnis, das jedoch eigene Handlungsspielräume offen ließ. Die beiden in dem hier behandelten Zeitraum amtierenden Päpste, Pius XI. und Pius XII., kannten Deutschland gut, waren als Gesandte in unterschiedlichen Funktionen mit Problemen, die Deutschland betrafen, in den Weimarer Jahren befasst gewesen. Aus dieser Zeit stammten Spannungen im Verhältnis zum Vorsitzenden der Fuldaer Bischofskonferenz, Kardinal Bertram – ein Umstand, der das geschlossene Auftreten der Kirche nicht eben begünstigt hat. Der Blick der Päpste konnte freilich nicht auf Deutschland beschränkt sein, so wichtig sich die politischen Veränderungen dort auch ausnahmen. In Verantwortung für die Weltkirche stehend, spielten für die Einschätzung der Lage in Deutschland verschiedene Erfahrungen eine Rolle: Mit dem italienischen Faschismus z. B. war es durch die Lateranverträge 1929 zu einem erträglichen Verhältnis zwischen Staat und Kirche gekommen. In der stalinistischen Sowjetunion hingegen wurden die Katholiken seit Jahren blutig verfolgt und ihre kirchlichen Strukturen zerschlagen. Ob und wie die Päpste (kirchen-)politisch handelten, war von vielfältigen Rücksichtnahmen und Kalkülen abhängig: die zynische, dem russischen Diktator Stalin zugeschriebene Frage, wie viele Divisionen denn der Papst habe, macht die Begrenztheit der allenfalls aus moralischer Autorität erwachsenden »Macht« des Papstes hinreichend deutlich.

Ähnlich komplex und facettenreich wie der Begriff »Katholiken« stellt sich bei genauem Hinsehen der Begriff »Drittes Reich« dar. Was im Kern das Wesen dieses Staates gewesen ist, in den sich die Katholiken unvermittelt versetzt gesehen haben, ist bis heute nicht abschließend geklärt.

Soviel scheint sicher: es war ein entscheidend an der Person Adolf Hitlers ausgerichteter, moderner totalitärer Staat, dem zugleich eine Vielzahl polykratischer Führungselemente inhärent waren. Seine wesentlichste Funktion war die physische Vernichtung des Judentums und der weltanschauliche Vernichtungskampf um Lebensraum mit dem politischen Hauptfeind, dem sowjetischen Bolschewismus. Nach innen strebte dieser Staat eine vollständige Gleichschaltung der Gesellschaft an unter Ausschaltung jedweder konkurrierender Institutionen. Obwohl der Katholik Adolf Hitler den Namen Gottes ständig im Munde führte und sich von einer höheren Macht berufen fühlte, war sein Regime im Grunde atheistisch und zielte auf die Zerstörung auch des Christentums, dessen Institutionen und Gemeinschaftsformen Hitlers Paladine indes nicht selten zu kopieren suchten. In der SS etwa suchte Heinrich Himmler eine ordensähnliche Gemeinschaft zu etablieren, im Nationalsozialismus sahen manche nichts weniger als ein neues Glaubensbekenntnis. Hitlers verbrecherische Politik schreckte vor Lüge und Betrug nicht zurück und missachtete skrupellos nationales wie internationales Recht. Diese in 60-jähriger Forschung herausgearbeiteten Kennzeichen des NS-Staates aber vermochten die meisten Katholiken, vermochten Klerus, Bischöfe und Papst 1933 nicht einmal im Ansatz zu erkennen. Dass ein deutscher Reichskanzler log, dass er Verträge brechen und Menschheitsverbrechen von ungeahnten Ausmaßen würde anordnen können, konnten sich die allermeisten Katholiken nicht einmal vorstellen. In den Parteigauen des Reiches exekutierten Hitlers »Vizekönige« zudem eine facettenreiche Lebensrealität, die die Einschätzung der Lage noch einmal erschwerte. Das »Dritte Reich« entsprach mithin nicht dem Normalfall eines mitteleuropäischen Staates, mit dem sich die Kirche seit Jahrhunderten in ein irgendwie erträgliches Benehmen hatte setzen können, sondern es war überhaupt kein Staat im herkömmlichen Sinne, vielmehr eine Parteidiktatur, die den traditionellen Staat überwucherte, es war ein »Maßnahmestaat«, der staatliche Organe für seine »ideologischen« Ziele in die Pflicht nahm. Der Krieg mit seiner ungeheuren Dynamik und der Weckung eines unreflektierten, nahezu selbstverständlichen Patriotismus, verkomplizierte die Lage noch ein weiteres Mal.

Nimmt man dies alles zusammen, so wird die Komplexität des Themas deutlich, die rasche Urteile unmöglich macht und einfache Antworten ausschließt.

Katholische Kirche und nationalsozialistische »Machtergreifung«

Schwierig zu beurteilen scheint schon der Beginn des Spannungsverhältnisses zwischen Nationalsozialismus und katholischer Kirche in Deutschland. Weit vor dem 30. Januar 1933 hatten viele deutsche Bischöfe, wenn auch nicht gemeinsam, so doch in je eigenen Hirtenworten und Klerusbriefen vor dem Nationalsozialismus gewarnt, den sie für ebenso christentumsfeindlich hielten wie den Bolschewismus oder Sozialismus, deren Unterstützung den Katholiken ebenso wenig erlaubt war. Am eindeutigsten hatte der Generalvikar des Bistums Mainz, Philipp Jakob Mayer, am 30. September 1930 auf eine Anfrage der hessischen NSDAP die Haltung der katholischen Kirche zum Nationalsozialismus definiert: »Kann ein Katholik eingeschriebenes Mitglied der Hitlerpartei sein? – Kann ein katholischer Pfarrer gestatten, dass Mitglieder dieser Partei korporativ an kirchlichen Beerdigungen oder sonstigen Veranstaltungen teilnehmen? – Kann ein Katholik, der sich zu den Grundsätzen dieser Partei bekennt, zu den hl. Sakramenten zugelassen werden? Wir müssen dies verneinen.«[6] Das katholische Kirchenvolk wählte, wie die neuere historische Wahlforschung gezeigt hat, bis zum Ende der Weimarer Republik überwiegend demokratische Parteien, vor allem das katholische Zentrum, und versagte dem Nationalsozialismus die Unterstützung[7]. Die katholische Publizistik griff die Hitlerbewegung mit Nachdruck an. Beispiele dafür sind der Eichstätter Kapuzinerpater Ingbert Naab, der Hitler in einem offenen Brief 1932 fragte: »Wer hat Sie denn gewählt?« und darauf u. a. die Antwort gab »Die Untermenschen des Mordes und die Bedroher der Nebenmenschen«, oder auch der Münchner Publizist Fritz Michael Gerlich, der den Nationalsozialismus in seiner Zeitung »Der Gerade Weg« schlicht als »Pest« bezeichnete[8].

Mit der Wahl vom 5. März 1933 änderte sich in der Perspektive der Kirchenführung die Situation jedoch grundlegend. Sie brachte Hitler zusammen mit seinen nationalkonservativen Bündnispartnern, deren übersteigerter Nationalismus von der Kirche ebenso entschieden zurückgewiesen worden war, eine parlamentarische Mehrheit: der Führer einer bislang abgelehnten politischen Bewegung war nun scheinbar rechtmäßig zum Reichskanzler gewählt worden, dem nach christlicher Auffassung grundsätzlich Gehorsam geschuldet wurde. Zunächst zeigte sich der Vorsitzende der Fuldaer Bischofskonferenz noch reserviert und betonte, nicht die Kirche habe ihre Position zu überdenken, sondern Hitler müsse nun auf die Kirche zukommen. Diese Ansicht vertraten auch viele Pfarrer wie etwa

---

[6] H. GRUBER, Katholische Kirche und Nationalsozialismus, Nr. 2, S. 4.
[7] Vgl. beiliegende Wahlkarte.
[8] Vgl. H. WITETSCHEK, Pater Ingbert Naab; E. v. ARETIN, Fritz Michael Gerlich.

Stephan Rugel in Lutzingen, der ungefähr zur gleichen Zeit aber auch die Erfahrung machen musste, dass das Kirchenvolk keineswegs mehr so geschlossen den Winken der Kirchenführung folgte und erste Einbrüche des Nationalsozialismus auch in die Reihen des Katholizismus zu verzeichnen waren. Am 12. März 1933 machte er deshalb in seiner Sonntagspredigt mit der Überschrift »Heil Christus, nicht Heil Hitler!« der Gemeinde Vorwürfe, weil rund 250 Pfarrangehörige NSDAP gewählt hatten, obwohl doch die Bischöfe das eindeutig »verboten« hätten. »Wenn in absehbarer Zeit ein viel furchtbarerer Weltkrieg kommt«, fuhr Rugel fort, »dann, so bitte ich heute schon: Lasst das Jammern, Ihr habt ihn selbst gewählt!«[9]

Was Bertram erwartete, geschah am 23. März 1933 im Rahmen des im Reichstag beratenen Ermächtigungsgesetzes – in einer Regierungserklärung machte Hitler der katholischen Kirche eine Reihe von Zusicherungen über die ungehinderte Ausübung ihrer Tätigkeit und schien damit auf die katholische Kirche zuzukommen: »Die nationale Regierung sieht in den beiden christlichen Konfessionen wichtigste Faktoren der Erhaltung unseres Volkstums. Sie wird die zwischen ihnen und den Ländern abgeschlossenen Verträge respektieren; ihre Rechte sollen nicht angetastet werden«[10], hieß es u. a. in Hitlers Rede. Nun sah Bertram den Moment gekommen, auch einige frühere Vorbehalte dem Nationalsozialismus gegenüber aufzugeben und so dafür zu sorgen, dass die Kirche, wie im Kaiserreich und in der Demokratie auch, in ein gedeihliches Verhältnis zum neuen Staat komme. Seine am 28. März 1933 veröffentlichte Erklärung, die nur mit einem Teil des deutschen Episkopats abgesprochen war, bezeichnete eine Reihe der »allgemeinen Verbote und Warnungen« vor dem Nationalsozialismus »nicht mehr als notwendig«, hielt jedoch eine Reihe anderer »Mahnungen« auch weiterhin aufrecht[11]. Um der Vereinnahmung der Kirche durch nationalsozialistische Formationen vorzubeugen, regelte eine Klerusinstruktion vom Folgetag Teilnahme und Auftreten von NS-Verbänden im Gottesdienst.

Schon die Zeitgenossen haben diesen anscheinend allzu raschen »Ausgleich« mit den neuen Machthabern heftig kritisiert. All jene, die, wie die Katholischen Arbeitervereine (KAB) oder auch die zahlreichen anderen im politischen Abwehrkampf engagierten Verbände, in der Erklärung nicht einmal lobend erwähnt wurden[12], fühlten sich nun vor den Kopf gestoßen. Wieder andere, die z. B. als Beamte den zunehmenden politischen Druck durch das Regime verspürten, nahmen allerdings dankbar die Entlastung an, die die Erklärung bot. So ist es nicht verwunderlich, dass auch in der

---

[9] F. X. WINTER, Predigt, S. 243–251.
[10] H. GRUBER, Katholische Kirche und Nationalsozialismus, Nr. 19, S. 34.
[11] H. GRUBER, Katholische Kirche und Nationalsozialismus, Nr. 22, S. 40.
[12] J. ARETZ, Katholische Arbeiterbewegung.

zeithistorischen Forschung gerade diese Übergangsphase zu heftigen Kontroversen geführt hat. War dies der alles entscheidende »Kardinalfehler« oder lassen sich bei nüchterner Betrachtung der Zusammenhänge Handlungsalternativen des Episkopats gar nicht realistisch formulieren? Hiervon handelt der Beitrag Matthias Sticklers in diesem Band, der zugleich auch den wenige Monate später folgenden Schritt eines Konkordats mit dem Heiligen Stuhl, jenen weiteren Versuch, das Verhältnis von Kirche und Staat in Deutschland durch einen rechtlich bindenden Vertrag zu klären und die Verkündigung des Glaubens sicherzustellen, berücksichtigt. Schon seit Jahrhunderten hatten die Päpste ja diesen Weg gewählt, um Garantien für die möglichst freie Arbeit der Kirche in den Staaten der Welt zu erhalten, steht doch der Kirche kein anderes Mittel als das Recht zur Verfügung, um ihre Existenz zu garantieren. Hitler bot nun Konkordatsverhandlungen auf Reichsebene an, die man in der Weimarer Republik nicht hatte erreichen können. Doch für diese rechtliche Absicherung war ein Preis zu bezahlen, der manchen schon damals zu hoch schien: die völlige Entpolitisierung des kirchlichen Wirkens in Deutschland. Zwar hat das Konkordat nachweislich nicht das Ende der Zentrumspartei im Reich bedingt, doch erwies sich die strenge Einschränkung der kirchlichen Arbeit schon bald als Problem und der deutsche Diktator konnte zu Beginn seiner Herrschaft nach innen sich als ausgesöhnt mit der obersten kirchlichen Autorität darstellen. Umgekehrt hat das am 20. Juli 1933 abgeschlossene Konkordat fraglos die Freiheit des katholischen Bekenntnisses sowie die Fortexistenz geistlicher Orden und kirchlicher Einrichtungen über Jahre hinweg gesichert und der Kirche die Möglichkeit eröffnet, das Verhalten des nationalsozialistischen Deutschland international als permanenten Rechtsbruch darzustellen. Im Vergleich zum konkordatslosen Österreich sollte sich dies als ein nicht zu unterschätzender Vorteil erweisen. Doch war dies den gezahlten Preis wert?

Während all diese Verhandlungen mit manchem Entgegenkommen Hitlers liefen und das neue Verhältnis von Kirche und Staat im nationalsozialistischen Deutschland austariert wurde, demonstrierten andererseits teils offene, teils verdeckte Vorstöße gegen die Kirche die Bereitschaft der neuen Machthaber zu gewaltsamen Lösungen. So wurden katholische Beamte etwa mit an den Haaren herbeigezogenen Beschuldigungen aus dem Amt gedrängt – der Fall des Kölner Oberbürgermeisters Konrad Adenauer etwa steht dafür beispielhaft. Bald auch wurden die ersten Priester in die Konzentrationslager eingewiesen und dort misshandelt. Waren dies »Auswüchse« und »Übertreibungen« einer Übergangszeit, wie manche Bischöfe noch glauben wollten, oder hatten solche Aktionen System, wie andere befürchteten? Für die Teilnehmer des in München im Juni 1933 abgehaltenen Gesellentages des katholischen Kolpingwerkes konnte es kaum einen Zweifel darüber geben: das mit Unterstützung des Vizekanzlers von Papen geplante Fest wurde zu einem einzigen Fiasko. Sechs Tage vor der Eröffnung verbot die Bayerische Politische Polizei die Versammlung unter fadenscheinigen Gründen. Als sie nach vielfältigen Bemühungen schließlich doch stattfinden durfte, griffen SA-Prügelbanden die friedlich Versammelten so massiv an, dass die Polizei nicht einmal die ungestörte Abhaltung von Gottesdiensten garantieren konnte. So musste der Gesellentag vorzeitig beendet werden[13].

Symptomatisch war zugleich, dass den deutschen Katholiken die Beteiligung an dem 1933 in Wien organisierten Allgemeinen deutschen Katholikentag durch ein Gesetz über die Beschränkung der Reisen in die Republik Österreich vom 29. Mai 1933 praktisch unmöglich gemacht wurde. Eine Ersatzveranstaltung in Gleiwitz machte der preußische Ministerpräsident Göring von einem deutlichen Bekenntnis der Katholiken zum Nationalsozialismus abhängig. Daraufhin ließ das Zentralkomitee die größte gesellschaftliche Manifestation des deutschen Katholizismus ausfallen. Auch in den Folgejahren bis 1945 konnte kein Katholikentag mehr in Deutschland ausgerichtet werden[14].

Kirche unter totalitärer Herrschaft

Was sich in den ersten Monaten in solchen immer tieferen Nadelstichen abzeichnete, sollte in der etablierten NS-Diktatur der 1930er Jahre dann zur Regel werden, gegen die auch die Rechtsverbriefungen des Reichskonkordates keine Sicherheit mehr boten. Die katholische Tagespresse etwa geriet mehr und mehr unter Druck, bis sie 1935 weitestgehend verboten wurde. Ähnlich erging es dem katholischen Zeitschriftenwesen, ja sogar den Bistumsblättern, die ab 1937 mittels eingeschränkter Papierzuteilung ausgetrocknet wurden. Auch das durch Reichskonkordat abgesicherte konfessionelle Volksschulwesen und der Religionsunterricht, eine wesentliche Stütze der Glaubensverkündigung, wurden zunehmend zum weltanschaulichen Kampfplatz. Rechtswidrig organisierten führende NS-Kulturpolitiker in den Ländern Elternbefragungen über die Einführung einer Gemeinschaftsschule, die mit massiver propagandistischer Beeinflussung einhergingen. Kamen die gewünschten Mehrheiten zustande, wurden die Bekenntnisschulen konkordatswidrig abgeschafft. In Berlin sparte man sich 1938 selbst diesen Aufwand und hob die Bekenntnisschulen einfach auf. Parallel zu dieser Entwicklung

---

[13] H.-A. RAEM, Katholischer Gesellenverein, S. 54–74.
[14] H. HÜRTEN, Deutsche Katholiken, S. 272f.

wurde der katholische Religionsunterricht an der Schule bekämpft: Ende der 30er Jahre war er auf zumeist eine Wochenstunde reduziert, die nur noch von weltlichen Lehrkräften erteilt werden durfte. Dieser Entwicklung durch den Ausbau eines katholischen Privatschulwesens entgegenzusteuern, wurde der Kirche durch Streichung staatlicher Zuschüsse und 1939 durch die Verweigerung der Aufnahme in die »Reichsgemeinschaft deutscher Privatschulen«, die das faktische »Aus« für das katholische Privatschulwesen bedeutete, unmöglich gemacht. Allein bei den Versuchen, auch die Wandkreuze aus den Schulen zu entfernen, um der Entchristlichung der Gesellschaft weiteren Vortrieb zu verschaffen, konnten die NS-Behörden keinen Erfolg erzielen. Als dies 1936 in Oldenburg und ein weiteres Mal 1941 in Bayern versucht wurde, entstand ein so heftiger Protest, z. T. sogar unter Parteigenossen, dass die Gauleiter ihre einschlägigen Anordnungen zurücknehmen mussten. Hier wirkte das ländliche katholische Milieu noch, das seine traditionelle Lebenswelt durch allzu rasche Veränderungen bedroht sah. Dass bei solchen Gelegenheiten eine offenbar effektive Gegenwehr stattfand, die scheinbar auf einen weiteren politischen Rahmen nicht übertragbar war, hat kritische Nachfragen der Milieuforscher hervorgerufen, über die Christoph Kösters in diesem Band berichtet.

Spektakulär fielen im gleichen Zeitraum Aktionen aus, die auf die gesellschaftliche Diffamierung des katholischen Klerus zielten, dem man Devisenvergehen und vor allem Sittlichkeitsdelikte anzuhängen versuchte. Bei den Devisenprozessen waren einzelne formelle Verstöße vor allem der international tätigen Ordensgemeinschaften gegen geltendes Recht zu konstatieren. Sie hatten nicht selten ihre Ursache in der Gutgläubigkeit gegenüber den beauftragten Bankiers oder in der Komplexität des Geschäftsverkehrs mit den infolge des deutschen Kulturkampfes der 1870er Jahre ins Ausland verlegten Zentralen. Das Ausmaß sittlicher Verfehlungen in der katholischen Kirche wurde dagegen durch den NS-Propagandaapparat in eigens dafür konzipierten Kampagnen maßlos übertrieben. Reichspropagandaminister Goebbels sprach 1937 öffentlich von »herdenmäßiger Unzucht« und heuchelte Moral gegenüber angeblich tausendfachen »Schweinereien« im Klerus. Tatsächlich kamen nur wenig mehr als 100 Fälle zu Anklage und Verurteilung, dennoch suchte man die Kirche durch die Andeutung weiterer tausendfacher Belastung, die eine eigens eingerichtete Sonderkommission der Gestapo zusammengetragen habe, zu erpressen. Am Ende erreichten diese Diffamierungskampagnen ihr eigentliches Ziel nicht, denn die Gläubigen ließen sich in ihrer überwiegenden Mehrzahl nicht von der nationalsozialistischen Propaganda einfangen[15]. Vielmehr reagierte das Kirchenvolk nicht selten mit betonter Frömmigkeit: Fronleichnamsprozessionen oder Wallfahrten

---

[15] H. G. Hockerts, Sittlichkeitsprozesse.

gerieten in dieser Zeit oft zu regelrechten politischen Demonstrationen. Im Zuge der kirchenfeindlichen Aktionen wurde aber die bis dato ohnehin schon große Zahl der katholischen Priester und Ordensgeistlichen, gegen die staatliche Zwangsmaßnahmen bis hin zur KZ-Haft vollstreckt worden waren, ein weiteres Mal erhöht.

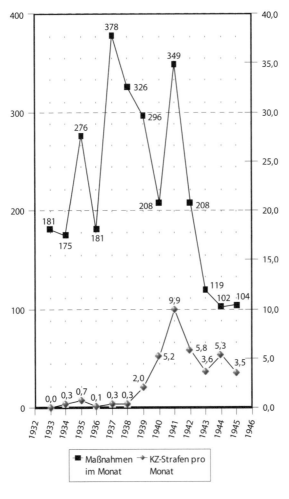

Abb. 1: Maßnahmen und KZ-Strafen gegen katholische Priester 1933–1945 im Vergleich[16]

---

[16] U. v. HEHL/Ch. KÖSTERS, Priester unter Hitlers Terror, S. 81.

Fragt man angesichts einer solchen existentiellen Bedrohungslage, welche politische Aktionsfähigkeit der katholischen Kirche noch möglich war, so fällt die Bilanz rund 75 Jahre nach den Ereignissen denkbar heterogen aus. Der deutsche Episkopat, dessen wissenschaftliche Beurteilung Karl-Joseph Hummel in diesem Band nachzeichnet, war vielfach ratlos und hinsichtlich der einzuschlagenden Abwehrstrategie durchaus unterschiedlicher Auffassung. Der Vorsitzende der Fuldaer Bischofskonferenz, Kardinal Bertram, begegnete den Zumutungen des Regimes mit jenen Mitteln, deren Wirkung er in Kaiserreich und Demokratie erprobt hatte: er schrieb Eingaben, Proteste und Denkschriften, die der Öffentlichkeit unbekannt blieben und vom Regime hinhaltend oder gar nicht beantwortet wurden. Mag diese »Eingabepolitik«, solange es noch funktionsfähige Reste traditioneller Staatlichkeit gab, durchaus ihre Berechtigung gehabt haben, so wurde sie doch mit der raschen Ausbreitung des nationalsozialistischen »Maßnahmestaates« immer anachronistischer und nutzloser.

Da freilich, wo es um den Kern des katholischen Glaubens und seines Weltverständnisses ging, konnte sich der Episkopat durchaus zu einer öffentlich wahrnehmbaren und energischen Haltung durchringen. Dies war etwa bei dem »Gesetz zur Verhütung erbkranken Nachwuchses« vom 14. Juli 1933 der Fall, das die zwangsweise Sterilisierung erbkranker Menschen nach medizinischem Gutachten und Entscheid eigens dafür eingerichteter Erbgesundheitsgerichte vorsah, wobei die Definition von Erbkrankheiten denkbar weit gefasst war. Hier ging es, wie der Münchner Kardinal Faulhaber sofort erkannte, für die Kirche um die entscheidende Frage: »Gibt es eine objektive Sittlichkeit und ist die Kirche deren Verkünderin? oder: Ist das germanische Rasseempfinden der unbeschränkte Herrscher über Sittlichkeit?« Nachdem auch der »Osservatore Romano« heftige Kritik geübt hatte, erklärten die deutschen Bischöfe daher im Januar 1934 unzweideutig: »In der Frage der Sterilisierung gelten für die Gläubigen die von der höchsten kirchlichen Autorität verkündeten Grundsätze des christlichen Sittengesetzes. Gemäß den Weisungen des Heiligen Vaters erinnern wir daran: Es ist nicht erlaubt, sich selbst zur Sterilisierung zu stellen oder Antrag zu stellen auf Sterilisierung eines anderen Menschen. Das ist die Lehre der katholischen Kirche«[17]. Damit stellte sich die Kirche in offenen Gegensatz zum staatlichen Gesetz, rief gleichsam zum zivilen Ungehorsam auf – wie auch Reichsinnenminister Frick vorwurfsvoll feststellte. Dass der Konflikt nicht eskalierte, lag wohl vor allem an der Zurückhaltung des Staates beim Einsatz von katholischen Krankenschwestern, Ärzten und Richtern in der

---

[17] H. GRUBER, Katholische Kirche und Nationalsozialismus, Nr. 69 und 70, S. 148f.

Durchführung dieses Programms[18]. Eine Zurücknahme der eugenischen Ziele des Nationalsozialismus war damit jedoch nicht verbunden. Zu Beginn des Krieges weitete man die Aktivität auf die systematische Tötung geistig und körperlich behinderter Menschen in der unter dem Tarnnamen »T 4« bekannten Aktion aus. In dieser Situation war es der Münsteraner Bischof Clemens August Graf von Galen, der in seinen berühmten Predigten sich öffentlich gegen diese Mordaktionen stellte. Ob Galens Protest die Ursache für die nur zeitweilige Einstellung des ohnehin schon weitgehend abgewickelten Programms war oder nicht, bleibt umstritten – in jedem Fall ist er ein Beleg für die Verantwortlichkeit, die die Kirche gerade auf diesem Gebiet verspürte.

Ähnlich entschieden hatte die Kirche auch reagiert, als Hitler Alfred Rosenberg am 24. Januar 1934 zum »Beauftragten des Führers für die Überwachung der gesamten geistigen und weltanschaulichen Schulung und Erziehung der NSDAP« ernannt hatte. Er war der Verfasser jenes »Mythus des 20. Jahrhunderts«, eines Buches, das die Sendung der arischen Rasse den Glaubensquellen der christlichen Kirchen entgegenstellte, das Humanität und Menschenrechte ebenso ablehnte wie es die Heilige Schrift als jüdisch verpestet ansah und die Kirche in obszön verdrehten Bildern verdammte. Einstimmig erhoben Papst, Bischöfe, Priester und Kirchenvolk dagegen Protest, man setzte das Buch auf den Index der verbotenen Bücher, publizierte theologische Erwiderungen und informierte die Gläubigen intensiv über die geistigen Gefährdungen, die von dieser Schrift ausgingen. Der »Führer« distanzierte sich denn auch rasch von dem Werk, das er als »Privatarbeit« einstufte, die er selbst ablehne[19].

Neben eine solche Liste von Aktivposten in der Auseinandersetzung mit dem Regime in den Jahren eigener existentieller Gefährdung wären allerdings auch einige der Versäumnisse und Passiva zu stellen, die bis heute sehr kontrovers diskutiert werden. Zu denken wäre etwa an das Ausbleiben einer Reaktion des deutschen Katholizismus auf die Mordaktionen im Zuge des sog. »Röhmputsches« vom 30. Juni 1934. Dabei waren nicht nur Hitler gefährlich werdende hochrangige SA-Leute ermordet worden, sondern auch herausragende Vertreter des deutschen Katholizismus wie Fritz Michael Gerlich in München oder Erich Klausener, der Leiter der Katholischen Aktion im Bistum Berlin, ohne dass sie irgendeine Verbindung zur SA gehabt hätten. Außer Bischof Bares 1934[20] und Bischof Galen, der 1936

---

[18] Vgl. hierzu beispielhaft den minimalen Einsatz katholischer Richter an den badischen Erbgesundheitsgerichten. Mit diesen Aufgaben wurden überwiegend evangelische oder konfessionslose Richter betraut. Vgl. M. KISSENER, Zwischen Diktatur und Demokratie, S. 245, Anm. 468.

[19] R. BAUMGÄRTNER, Weltanschauungskampf.

[20] H. GRUBER, Katholische Kirche und Nationalsozialismus, Nr. 85, S. 184f.

in einer Predigt das Klausener angetane Unrecht aufzuklären forderte, und zwar als »sittliche Forderung« und »nicht aus irgendwelchen politischen Rücksichten, die als solche mich als Bischof nichts angehen«[21], erhoben sich keine Stimmen im Episkopat zur Forderung nach Aufklärung der staatlichen Mordaktionen. Auch das Kirchenvolk schwieg weitgehend – vermutlich war man froh, dass vor allem dem Terror der SA damit endlich das Handwerk gelegt worden war.

Vergeblich auch sucht man nach einer Intervention der Kirchenleitung auf die Nürnberger Gesetze 1935, die doch in ihren für die Juden diskriminierenden eherechtlichen Regelungen diametral der katholischen Auffassung vom Ehesakrament widersprachen, wie zuletzt Walter Ziegler mit Nachdruck betont hat.[22] Und als in der Pogromnacht 1938 die Juden ein weiteres Mal diskriminiert und entrechtet wurden, intervenierten weder die deutschen Bischöfe noch erhob sich Protest im Kirchenvolk, das in seiner überwiegenden Mehrheit doch zweifellos die organisierten Gewaltaktionen verabscheute. Fürchtete man durch ein Eintreten für die Juden in der vorherrschenden Situation noch mehr Gewalttaten gegen sie zu provozieren oder glaubte man, nicht helfen zu können, weil davon auszugehen war, dass nach den Juden die Katholiken das nächste Angriffsziel der Nationalsozialisten sein würden?[23] Dass Dompropst Bernhard Lichtenberg in der Berliner St. Hedwigskirche am 10. November öffentlich betete »für die Priester in den Konzentrationslagern, für die Juden, für die Nichtarier« und hinzufügte »Was gestern war, wissen wir. [...] Draußen brennt die Synagoge. Das ist auch ein Gotteshaus«, blieb jedenfalls eine der wenigen Ausnahmen[24].

Damit ist ein Problemfeld angesprochen, das immer wieder im Zentrum der Diskussion um das Thema »Katholische Kirche im Nationalsozialismus« steht: die Kirche und die Juden[25]. Nur schwer ist die auffallende, aus dem alten christlichen Antijudaismus erwachsene Distanz zu erklären, mit der die katholische Kirche dem Schicksal der Juden, aber auch dem anderer ausgegrenzter Opfergruppen begegnete. Dass sie nicht Ausfluss eines womöglich adaptierten rassisch begründeten Antisemitismus war, belegt schon die Mitte der 1920er Jahre im Vatikan in Gang gekommene Diskussion um das Verhältnis zu den Juden. Dort hatte man sich mit einer Vereinigung von Ordensangehörigen und Priestern beschäftigt, die sich »Amici Israel« genannt hatten und in einer Broschüre mit dem Titel »Pax

---

[21] P. LÖFFLER, von Galen I, Nr. 168, S. 383.
[22] W. ZIEGLER, Die deutschen katholischen Bischöfe unter der NS-Herrschaft, S. 419.
[23] K. REPGEN, Judenpogrom, S. 12, 14, 16.
[24] H. G. MANN, Bernhard Lichtenberg, S. 29.
[25] Grundlegend und zusammenfassend: J. M. SÁNCHEZ, Pius XII. und der Holocaust; Th. BRECHENMACHER, Der Vatikan und die Juden.

super Israel« für ein weitreichendes Entgegenkommen gegenüber den Juden warben. Dem hatte sich der Vatikan zwar nicht anschließen können, doch hatte die Diskussion zu einem am 25. März 1928 publizierten, von Papst Pius XI. inspirierten Dekret geführt, in dem eindeutig gegen den modernen Rassenantisemitismus Stellung bezogen worden war[26]. Aber wie ist dann diese Distanz gegenüber dem Schicksal der Juden zu erklären? War es die eigene bedrängte Lage oder die fehlende Vorstellung von dem Ausmaß der Gefährdung der Juden, die es den Kardinälen Bertram und Faulhaber nach dem »Judenboykott« vom 1. April 1933 unnötig erscheinen ließ, sich öffentlich für die Juden einzusetzen?

Dieses Verhalten musste umgekehrt allerdings auch keinen Katholiken davon abhalten, für das Recht der Juden einzutreten, wie dies Pfarrer Alois Eckert tat, der in der »Rhein-Mainischen Volkszeitung« am 4. April 1933 schrieb:

> »Die Lösung der Judenfrage, wie sie heute versucht wird, halten wir vor unserem christlichen Gewissen nicht für richtig und nicht für gerecht, in ihrer Methode sowohl wie in ihrer sittlichen Haltung. Die Lösung der deutschen Judenfrage kann nicht von der Rasse her gesucht und gefunden werden. Kein Mensch darf einfach wegen seiner Rasse minderen Rechtes sein und wegen seiner Zugehörigkeit zu einer Rasse diffamiert werden.«[27]

Solches Eintreten für das Recht der Juden hat es auch in der Folgezeit gegeben, auch als das Regime im Krieg schließlich zur Vernichtung jüdischen Lebens in Europa überging. Heftig umstritten ist, wann und wie zuverlässig der Episkopat über die Vernichtungsaktionen in den besetzten Ostgebieten unterrichtet war und ob nicht spätestens zu diesem Zeitpunkt ein entschiedeneres Eintreten für die Juden seine Pflicht gewesen wäre. In dieser Diskussion spielt auch die Haltung Papst Pius XII. eine wichtige Rolle, dessen Handeln neueren Forschungen zufolge nicht einfach mit dem viel zitierten Schlagwort vom »Schweigen des Papstes« zu erfassen ist. Zugleich ist festzuhalten, dass es kirchliche Hilfsstellen für so genannte katholische »Nichtarier« gab, die in Berlin unter Leitung von Margarete Sommer, in Freiburg unter Gertrud Luckner, in Beuthen unter Gabriele Gräfin Magnis und in Wien unter P. Ludger Born SJ vielen Bedrängten, schließlich auch sog. »Volljuden«, im bischöflichen Auftrag geholfen haben, wenn sie auch nur wenige Leben retten konnten. Eine außerordentlich komplexe Sachlage

---

[26] Zit. nach Th. BRECHENMACHER, Der Vatikan und die Juden, S. 161.
[27] H. GRUBER, Katholische Kirche und Nationalsozialismus, Nr. 27, S. 49.

also, die deshalb in diesem Band durch Beiträge von Thomas Brechenmacher und Wolfgang Altgeld erläutert wird. Bemerkenswert ist immerhin, dass der Heilige Stuhl nach vier Jahren Erfahrung mit dem Nationalsozialismus den Zeitpunkt für gekommen hielt, in aller Öffentlichkeit Bilanz zu ziehen – nicht im Sinne einer politischen Abrechung, für die man sich nicht zuständig fühlte, sondern eben im Sinne eines geistlichen Wortes, das die kirchenpolitische Lage in Deutschland aufgreifen musste. In der berühmten Enzyklika »Mit brennender Sorge«, die, unter größter Geheimhaltung gedruckt, in die katholischen Kirchen gelangte und dort am 21. März 1937 zur Verlesung kam, ohne dass die Gestapo noch wirksam hätte eingreifen können, klagte Pius XI. in diesem Sinne vor der ganzen Welt die Rechtsbrüche des nationalsozialistischen Regimes an und brachte den weltanschaulichen Dissens zum Nationalsozialismus nachdrücklich zum Ausdruck. Darin hieß es auch unmissverständlich:

»Wer die Rasse, oder das Volk, oder den Staat, oder die Staatsform, die Träger der Staatsgewalt oder andere Grundwerte menschlicher Gemeinschaftsgestaltung [...] aus dieser ihrer irdischen Wertskala herauslöst, sie zur höchsten Norm aller, auch der religiösen Werte macht und sie mit Götzenkult vergöttert, der verkehrt und fälscht die gottgeschaffene und gottbefohlene Ordnung der Dinge.«[28]

Solche Sätze verstand das Regime als »Kampfansage« und hielt sich zunächst an diejenigen, die das päpstliche Schreiben gedruckt und verbreitet hatten. Sie erlitten Repressalien durch die Geheime Staatspolizei. Die Aufkündigung des Reichskonkordates wurde erwogen, dann doch zurückgestellt. Stattdessen nahm man die Devisen- und Sittlichkeitskampagne gegen den katholischen Klerus erneut auf. Währenddessen erwog Pius XI. eine weitere Auseinandersetzung mit der nationalsozialistischen Weltanschauung und ordnete einen Erlass der päpstlichen Studienkongregation an die katholischen Universitäten an, der die Arbeit an einer Widerlegung grassierender Irrtümer zur Rassenlehre anregte. Auch trug er sich mit dem Gedanken einer Enzyklika, mit der er eine lehramtliche Ablehnung des Rassismus nicht nur in Deutschland, sondern auch für andere Teile der Welt begründen wollte. An den Entwürfen dazu arbeitete u. a. der deutsche Jesuitenpater Gustav Gundlach – da starb im Februar 1939 der Papst und das Vorhaben blieb unerledigt zurück[29].

---

[28] H. GRUBER, Katholische Kirche und Nationalsozialismus, Nr. 146, S. 311.
[29] M. F. FELDKAMP, Pius XII. und Deutschland, S. 114ff.

Kirche im Krieg

Der Ausbruch des Krieges 1939 fügte dem ohnehin komplizierten und vielschichtigen Verhältnis zwischen katholischer Kirche und nationalsozialistischem Staat eine weitere Problemebene hinzu[30]. Heute wissen wir, dass dieser Krieg alles andere als ein europäischer »Normalkrieg« war, sondern vielmehr als weltanschaulicher Vernichtungs- und Rassekrieg geführt wurde, der letztlich auf die Eroberung der Weltherrschaft zielte. Den Zeitgenossen und auch der katholischen Kirchenführung war dies 1939 in keiner Weise klar. Vielmehr griff man traditionelle christliche Deutungsmuster des Krieges auf und verkündete, dass selbstverständlich auch die Katholiken verpflichtet seien, Kriegsdienst zu leisten und der nach wie vor als rechtmäßig angesehenen Obrigkeit Gehorsam schuldeten. Dass man in Kriegszeiten zu seinem Vaterland stehen müsse, dürfte für die allermeisten Zeitgenossen in allen Krieg führenden Ländern damals wohl eine Selbstverständlichkeit gewesen sein. Nicht wenige Katholiken mögen im Krieg auch eine Chance gesehen haben, das zu beweisen, was ihnen immer noch gerne abgesprochen wurde: nationale Zuverlässigkeit. Was die Bischöfe darüber hinaus zum Kriegsausbruch sagten, war gemäßigt. Unmittelbare Waffensegnungen gab es nicht. So verhielten sich auch die katholischen Militärseelsorger und die meisten Theologen. Teil der christlichen Deutung des Krieges war allerdings auch seine Interpretation als Strafe Gottes für die Sünden der Menschen. Diese, der nationalsozialistischen Kriegsverherrlichung widersprechende, wohl aber häufiger geäußerte Auffassung, fand denn auch schnell das missbilligende Interesse der Staatsschutzorgane. Ein Bericht des Chefs der Sicherheitspolizei vom 20. Oktober 1939 vermerkte über die katholische Predigttätigkeit: »Immer wieder wird betont, dass der gegenwärtige Krieg eine Strafe Gottes für die Gottlosigkeit und Sittenlosigkeit der nationalsozialistischen Führung sei«[31]. Allein der katholische Feldbischof Justus Rarkowski, der gegen den Willen der Fuldaer Bischofskonferenz und einer Mehrzahl der Militärgeistlichen in sein Amt gekommen war, suchte isoliert von seinen Amtsbrüdern jubelnd den engen Schulterschluss mit dem kriegführenden Nationalsozialismus. Die Mehrheit der Katholiken dürfte dem Krieg reserviert gegenübergestanden haben, betrachtete ihn als »Bewährungsprobe« und betete für den Frieden. Zweifellos stellte das Beispiel des österreichischen Bauern Franz Jägerstätter, der zwar für sein Vaterland, nicht aber für den Nationalsozialismus kämp-

---

[30] Zu dem erst in Ansätzen bearbeiteten Forschungsfeld »Katholische Kirche und Krieg« siehe K.-J. HUMMEL/Ch. KÖSTERS (Hrsg.), Kirchen im Krieg; H. MISSALLA, Für Gott, Führer und Vaterland.

[31] H. BOBERACH (Bearb.), Berichte des SD und der Gestapo, S. 356.

fen wollte und deshalb den Kriegsdienst verweigerte, eine Ausnahme dar. Er nahm für seine Überzeugung den Tod in Kauf[32]. Gleichwohl lässt sich erkennen, dass die Schrecken dieses modernen Weltkrieges die Einstellung vieler Katholiken zum Krieg und der diesbezüglichen christlichen Tradition wie auch zur Kirche allgemein allmählich verändert haben, mithin eine Art »Säkularisierungsschub« bewirkten.

Merklich positivere, wenn auch in den Augen des Regimes längst nicht ausreichend begeisterte, Äußerungen aus dem deutschen Katholizismus finden sich allerdings 1941, als der Kampf gegen die Sowjetunion aufgenommen wurde. Angesichts der blutigen Christenverfolgung in der Sowjetunion sah die Kirche ja im Bolschewismus seit langem einen ihrer Hauptfeinde. Auch in dieser Stunde erfasste man aber die eigentliche Stoßrichtung dieses Kampfes nicht, sah den Diktator, der ganz anderes im Sinn hatte, in einem gemeinsamen gerechten Kampf gegen die Feinde der Kirche. Der fünf Monate nach dem Angriff auf die Sowjetunion zum Erzbischof von Paderborn erhobene Lorenz Jaeger etwa widmete seine Predigt anlässlich der Bischofsweihe diesem Thema und wandte sich voller Stolz an die Erzdiözesanen »im feldgrauen Rock«, die sich der Bedrohung durch den »antichristlichen Bolschewismus« tapfer entgegenstemmten. Es kann also nicht verwundern, dass auch das Themenfeld »Kirche und Krieg« in der Forschung schnell zu kontroversen Interpretationen geführt hat. Darüber informiert im Folgenden der Aufsatz von Annette Mertens und bezüglich der Einordnung des kirchlichen Antibolschewismus auch der von Wolfgang Altgeld.

Bald schon sollte sich jedoch erweisen, dass dieser Krieg neue Konfliktfelder zwischen Staat und Kirche eröffnete. Schon nach dem Überfall auf Polen wurden polnische Arbeitskräfte als Arbeitssklaven in das Deutsche Reich deportiert. Diese Zwangsarbeiter wurden auch in kirchlichen Einrichtungen eingesetzt, die, z. T. bereits enteignet, Produktionsverpflichtungen zu übernehmen hatten, welche ohne Einsatz von solchen Arbeitskräften nicht erfüllt werden konnten. Nach eingehenden Studien der letzten Jahre lässt sich festhalten, dass diese Zwangsarbeiter in aller Regel in den kirchlichen Einrichtungen freundlich aufgenommen und korrekt behandelt worden sind, selbst wenn dies wiederum zu Konflikten mit den nationalsozialistischen Aufsichtsbehörden geführt hat. Die Überlebenden sind seit dem Jahr 2000 für das erlittene Unrecht aus einem eigenen kirchlichen Fonds entschädigt worden, der sich neben materieller Hilfeleistung auch die Versöhnung zum Ziel gesetzt hat[33].

---

[32] A. RIEDL (Hrsg.), Franz Jägerstätter. Franz Jägerstätter ist am 26. Oktober 2007 im Linzer Mariendom seliggesprochen worden.

[33] Vgl. M. KÖRNER, Katholische Kirche und Nationalsozialismus, S. 67–77; K.-J. HUMMEL/ Ch. KÖSTERS (Hrsg.), Zwangsarbeit und katholische Kirche.

Ein besonderes Konfliktfeld beim Zwangsarbeitereinsatz stellte die geistliche Betreuung z. B. der überwiegend katholischen Polen dar. Die nationalsozialistischen Staats- und Parteiorgane haben versucht, diese Seelsorge mit allen Mitteln zu verhindern, um ihr rassistisches Diskriminierungsprogramm nicht unterlaufen zu lassen. Geradezu zwangsläufig ergaben sich ja Kontakte über die Kirche und den Gottesdienstbesuch, sorgten katholische Bauern dafür, dass die katholischen Polen am Sonntag die Heilige Messe besuchen konnten, kleideten sie dafür anständig ein oder es kam zu kleinen Hilfen und Erleichterungen, die den Glaubensverwandten aus der Kirchengemeinde heraus heimlich oder offen angeboten wurden. Die SD-Außenstelle Würzburg kam deshalb 1940 schon zu der Auffassung: »Es besteht der Eindruck, dass manche Volksgenossen ihre Abneigung gegen Partei und Staat durch besonders liebevolle Behandlung der Polen zum Ausdruck bringen.«[34] Trotz aller Restriktionen und Anwürfe des NS-Staates blieb etwa Bischof Gröber dabei, »dass auch Polen Menschen und Christen sind und dass der Verkehr mit anderen Menschen im Gottesdienst nicht anders bewertet werden darf, als der Verkehr bei den Arbeitgebern und deren deutsche[r] Arbeiterschaft.«[35]

Auch die Seelsorge für Zwangsarbeiter und Kriegsgefangene anderer Nationen wurde z. T. unter Einsatz von »Geheimpriestern« organisiert.

Wer darauf gehofft hatte, dass der Krieg notwendig die Volksgemeinschaft zusammenschweißen und damit auch innere Konflikte nivellieren würde, der sah sich bald getäuscht. Auch im Krieg ging der Kampf des Regimes gegen die Kirche weiter. Insofern kann von einem »Burgfrieden« zwischen Kirche und Staat ab 1939 nicht gesprochen werden. Gerade in der Wehrmacht wurde die Entkonfessionalisierung vorangetrieben. Schon 1935 waren Soldaten nicht mehr zur Teilnahme an Exerzitien beurlaubt worden, seit 1938 hatten sie keinen Ministrantendienst am Altar mehr ausüben dürfen, im Krieg nun verbot man den Feldgeistlichen, aus eigenem Antrieb die Angehörigen Gefallener zu kontaktieren, Verwundete ohne deren ausdrücklichen Wunsch aufzusuchen oder religiöse Schriften ohne Zustimmung des Oberkommandos zu verbreiten. Ab 1942 wurden die planmäßigen Stellen der Feldgeistlichen nicht mehr besetzt, neue Divisionen grundsätzlich ohne Feldgeistliche aufgestellt. Im zivilen Bereich nutzte das Regime den Krieg, um die kirchliche Tätigkeit weiter einzuschränken. So mussten die kirchlichen Bibliotheken auf Weisung des Reichserziehungsministeriums 1940 alle nicht im engsten Sinne religiöse Literatur aussondern. 1941 sorgte der Leiter der Parteikanzlei, Martin Bormann, dafür, dass die kirchlichen Kindergärten verboten wurden, denn »Staat und Bewegung« könnten es

---

[34] M. BROSZAT u. a .(Hrsg.), Bayern in der NS-Zeit, Bd. 1, S. 599.
[35] K.-J. HUMMEL/Ch. KÖSTERS (Hrsg.), Zwangsarbeit und Katholische Kirche, S. 103.

nun einmal nicht dulden, »dass Kinder in konfessionellen Kindertagesstätten nach kirchlichen Gesichtspunkten« erzogen würden. Im gleichen Jahr wurde den Resten der katholischen Presse der Todesstoß versetzt: am 25. April 1941 wurden weitere 190 katholische Zeitschriften verboten. Auch kirchliche Gesundheitseinrichtungen und vor allem die Klöster gerieten ins Visier der Partei. Obwohl sie zumeist willig ihren Beitrag zum Krieg z. B. in der Krankenpflege geleistet hatten, nutzte man ab 1940 die Gelegenheit, um Klosterbesitz in großem Maße zu enteignen. Diese als »Klostersturm« bekannt gewordene Raubaktion, von der ca. 300 kirchliche Einrichtungen betroffen waren, stieß mancherorts allerdings auf so heftigen Protest der Bevölkerung, dass sie auf Hitlers Weisung hin eingestellt werden musste.

Worauf die nationalsozialistische Führung langfristig mit solchen Maßnahmen zielte, wurde in jenen eroberten und eingegliederten Gebieten deutlich, die man als »rechtsfreie Räume« gleichsam als Experimentierfeld für die zukünftige Gestaltung des Reiches nutzen wollte. Ein bezeichnendes Beispiel hierfür ist der »Reichsgau Wartheland«. In diesem aus dem polnischen Staatsverband herausgeschnittenen Gebiet mit überwiegend katholischer Tradition wurde der Kirche nur noch eine veränderbare staatliche Dotation als Finanzierungsgrundlage zugestanden. Sie sollte auf den Status eines Vereins reduziert werden, kirchliche Wohlfahrtspflege, Schulunterricht und dergleichen wurden auf ein Minimum beschränkt, Priester in großem Umfang verfolgt, alleine 70 erschossen[36].

All diese Entwicklungen mussten im Laufe des Krieges die Frage aufkommen lassen, ob die Kirchenführung nicht eine grundsätzliche Korrektur ihres Kurses dem Regime gegenüber vornehmen müsse, wenn sie nicht der drohenden Marginalisierung oder gar Vernichtung anheim fallen wollte. Es war der Berliner Bischof Konrad Preysing, der am nachdrücklichsten (und schon seit langem) empfahl, einen anderen Ton in der Auseinandersetzung mit dem Regime anzuschlagen, das nicht auf Verhandlungen und Abkommen im Stile der Diplomatie des 19. Jahrhunderts reagiere, sondern nur durch öffentliche Proteste und Massendemonstrationen zu beeindrucken sei. Als Kardinal Bertram 1940 an Hitlers Geburtstag ein Glückwunschtelegramm schickte, um den Formen zu genügen und sich in Erinnerung zu bringen, wollte Preysing schon das Pressereferat der Bischofskonferenz niederlegen, trug dann aber die Diskussion in dieses Gremium, wo es zu einem regelrechten Eklat kam, als Bertram den Tagungsraum demonstrativ verließ. Doch auch dieser Vorstoß Preysings blieb ohne Erfolg: Bertram blieb im Amt, die Bischöfe konnten sich nicht zu einer gemeinsamen Kurskorrektur durchringen. 1941 war es dann Bischof Galen, der durch seine Predigten gegen die Euthanasieaktionen vorpreschte und den Weg in die Öffentlichkeit

---

[36] H. Hürten, Deutsche Katholiken, S. 480–485.

suchte, womit auch er den bisherigen Kurs des Vorsitzenden der Bischofskonferenz konterkarierte. Im gleichen Jahr forderte ein Ausschuss für Ordensangelegenheiten, in dem sich führende Ordensgeistliche, einige Bischöfe u. a. wegen der Angriffe auf die Klöster zusammengefunden hatten, ein einheitliches offensives und öffentliches Vorgehen der deutschen Bischöfe gegen die Zumutungen des Regimes. Man stellte sich vor, die Bischöfe müssten mit zentral zu steuernden Protestmaßnahmen gegen das Regime auftreten. Dies war bei der herrschenden Zusammensetzung des deutschen Episkopats illusorisch, gleichwohl sind von dem Ausschuss bemerkenswerte Impulse etwa auch auf Bischof Galen ausgegangen[37]. Zwar einigte man sich Ende 1941 mehrheitlich dann doch auf einen gemeinsamen, scharf gegen das Regime gerichteten Hirtenbrief, doch kam auch dieser Vorstoß nicht zustande. Immerhin konnte man zusammen mit der evangelischen Seite in einer Denkschrift bei der Reichsregierung vorstellig werden. Der nächste Versuch eines gemeinsamen Hirtenbriefes 1942 scheiterte wieder am Einspruch Bertrams. Erst 1943 gelang es mit dem sog. »Dekaloghirtenwort« der deutschen Bischöfe, dem letzten in der NS-Zeit, in der Öffentlichkeit Position zu beziehen. Der Text konnte gegen den erneuten Widerspruch Bertrams, der krankheitsbedingt fehlte, verabschiedet werden. So vernahmen die Gläubigen am Sonntag, dem 12. September 1943, in den Kirchen, wie die deutschen Bischöfe die 10 Gebote in der Gegenwart interpretierten: »Tötung ist in sich schlecht, auch wenn sie angeblich im Interesse des Gemeinwohls verübt würde: An schuld- und wehrlosen Geistesschwachen und -kranken, an unheilbar Siechen und tödlich Verletzten, an erblich Belasteten und lebensuntüchtigen Neugeborenen, an unschuldigen Geiseln und entwaffneten Kriegs- oder Strafgefangenen, an Menschen fremder Rassen und Abstammung«. Ausdrücklich wollten die Bischöfe damit auch für diejenigen eintreten, »die sich am wenigsten selber helfen können: für die Jugend […] für die schuldlosen Menschen, die nicht unseres Volkes und Blutes sind, für die Ausgesiedelten, für die Gefangenen oder fremdstämmigen Arbeiter, für deren Recht auf menschenwürdige Behandlung«[38].

Das waren klare Worte, ein wichtiger Schritt hin zur Verteidigung der allgemeinen Menschenrechte durch die Kirche, doch den Kurs des Regimes hat auch diese Verlautbarung nicht geändert. Wer sie hörte, wusste immerhin, was die Bischöfe von dem Staat Hitlers hielten und konnte sein Verhalten danach ausrichten. »Politisch« im engeren Sinne wollten auch diese Ausführungen aber nicht sein, Widerstand konnten und wollten die Bischöfe nicht predigen, weil sie sich dazu nicht berufen fühlten. Das zeigt auch ihre Reaktion auf das Hitlerattentat vom 20. Juli 1944, das nicht nur

---

[37] Hierzu A. LEUGERS, Gegen eine Mauer bischöflichen Schweigens.
[38] L. VOLK, Akten VI, Nr. 872/II, S. 197–205.

Bertram für unverantwortbar hielt, sondern auch der Münchner Kardinal Faulhaber mit der Zitierung des Römerbriefes (13,1–2) zurückwies: »Wo eine Gewalt besteht, ist sie von Gott angeordnet. Wer sich gegen die Gewalt auflehnt, lehnt sich gegen die Anordnung Gottes auf und zieht sich das Gericht zu.« Allerdings forderte er auch eine vorurteilsfreie Prüfung der gegen die Attentäter erhobenen Vorwürfe[39]. »Man muß es nüchtern sehen: Die Vorstellung, dass eine Kirche sich als ganze, in den Widerstand begibt, ist wenig realistisch«, hat der Historiker Hans Maier einmal formuliert[40]. Insofern lässt sich auch aus diesen Aussagen des Dekaloghirtenbriefes kein politischer Widerstandswillen ableiten, über den seit Jahrzehnten in der Forschung gestritten wird, wie die Beiträge von Kösters und Kißener in diesem Band darlegen. Aber festigte das Insistieren auf der christlichen Sittenlehre und der aktuellen Interpretation der 10 Gebote nicht doch eine Gegenwelt zu der der Nationalsozialisten? Welche Rolle spielte das für all jene, die in der Eigenverantwortung des Christenmenschen seit Jahren sich in offenem oder verdecktem Widerstand zum Regime befanden?

Kirche in der »Zusammenbruchsgesellschaft«

Was am Ende für die Kirche blieb, war rettende Zuflucht im Untergang zu sein. Im Chaos behielt die Kirche noch Autorität, setzte sich vor Ort nicht selten in der übergroßen Not der Menschen ein. Ein Beispiel dafür ist der Regensburger Domprediger Dr. Johann Maier, der von den Parteistellen die Einstellung sinnloser Kampfhandlungen forderte, um den Menschen weiteres Leiden zu ersparen. Er bezahlte seinen Mut noch in den letzten Tagen des Krieges mit öffentlicher Hinrichtung[41]. Auch als die alliierten Truppen schließlich einmarschierten, blieb die Kirche noch eine der wenigen funktionierenden Institutionen, die nicht selten die Anliegen der niedergeschlagenen Bevölkerung gegenüber den Besatzungsbehörden vertreten mussten. Dem Großteil der Bevölkerung galt sie nicht anders als den Besatzungsbehörden als eine der wenigen gesellschaftlichen Großgruppen, welche ihr Eigenleben gegenüber dem Nationalsozialismus erfolgreich behauptet hatten[42].

Unter diesen Bedingungen und angesichts der grassierenden Not, die alle anderen Fragen überdeckte, blieb zunächst nicht viel Raum für ein Überdenken der eigenen Haltung, auch der eigenen Fehler und Schwächen in der

---

[39] H. GRUBER, Katholische Kirche und Nationalsozialismus, Nr. 249, S. 496f.
[40] H. MAIER, Christlicher Widerstand im Dritten Reich, S. 14.
[41] Ch. FELDMANN, Domprediger Dr. Johann Maier.
[42] Siehe beispielhaft: V. v. WICZLINSKI (Hrsg.), Kirche in Trümmern?

gerade überwundenen NS-Zeit. Auch fehlten nicht selten noch Maßstäbe und Orientierung, wie dies angesichts der zeitlichen Nähe überhaupt hätte geschehen können. Irrwege, Fehlinterpretationen und voreilige Urteile, wie mit der Last der Vergangenheit denn umzugehen wäre, waren daher nicht eben selten. Darüber informiert Karl-Joseph Hummels abschließender Beitrag in diesem Buch.

Festzuhalten bleibt, dass sich die Bischöfe am 23. August 1945 zu einem gemeinsamen Hirtenwort zusammenfanden, in dem es hieß: »Furchtbares ist schon vor dem Kriege in Deutschland und während des Krieges durch Deutsche in den besetzten Ländern geschehen. Wir beklagen es zutiefst. Viele Deutsche, auch aus unseren Reihen, haben sich von den falschen Lehren des Nationalsozialismus betören lassen, sind bei den Verbrechen gegen menschliche Freiheit und menschliche Würde gleichgültig geblieben; viele leisteten durch ihre Haltung den Verbrechen Vorschub, viele sind selber Verbrecher geworden.« Ihren Gruß und damit Respekt erwiesen sie jenen »Priestern und [...] Laien, die so zahlreich und so unerschrocken für Gottes Gesetz und Christi Lehre eingetreten sind. Viele sind im Kerker und durch Mißhandlungen wahre Bekenner geworden und viele haben für ihre Überzeugung das Leben geopfert.« In diesen Dank waren ausdrücklich auch jene eingeschlossen, die sich nicht gescheut hätten, »auch Volksgenossen fremden Stammes zu beschützen«.[43] Man wird solch deutliche Aussagen des vorkonziliaren deutschen Episkopats, der sich über viele Jahre so schwer getan hatte mit der Herausforderung des Nationalsozialismus, nicht unterbewerten dürfen. Sie wurden ergänzt durch ähnlich deutliche Worte des Präsidenten des ersten deutschen Katholikentages nach dem Krieg, der 1948 in Mainz abgehalten wurde.

Schon für manchen Zeitgenossen aber, wie z. B. für den Publizisten Walter Dirks, der 1933 noch das Reichskonkordat freudig begrüßt hatte, traf das nicht den Kern der Sache. Er sah in einer Eingabe an die Fuldaer Bischofskonferenz im August 1945 die ganze Kirche, Bischöfe, Klerus und Kirchenvolk gleichermaßen, »in die Schuld des Nationalsozialismus verstrickt« und wollte dies auch so öffentlich bekannt wissen. Jeder sei »schuldig geworden, und jeder bringe seine Sünde, sein Versagen im Lichte des Gewissens vor das Angesicht des richtenden Gottes«[44].

So begann zunächst zurückhaltend, dann immer öffentlicher und kritischer eine Diskussion über die Katholiken im Dritten Reich, die bis heute anhält und nur wenig an Energie verloren hat. Von dieser Diskussion handeln die folgenden Beiträge.

---

[43] H. GRUBER, Katholische Kirche und Nationalsozialismus, Nr. 254, S. 507.
[44] W. DIRKS, Gesammelte Schriften 2, S. 156–162. Zu Walter Dirks Eingabe an die Fuldaer Bischofskonferenz im August 1945 vgl. K.-J. HUMMEL, Gedeutete Fakten, S. 512f.

Christoph Kösters

Katholiken im Dritten Reich: eine wissenschafts- und forschungsgeschichtliche Einführung

Die Erforschung der Zeitgeschichte, also derjenigen Vergangenheit, die die Gegenwart noch vielfältig durchdringt und tief prägt, ist selten vom historischen Konsens geprägt. Erinnerungen der Erlebnisgeneration, die Erinnerungs- und Gedenkkultur und die zeithistorische Forschung prallen aufeinander, wenn es um die Deutung der Vergangenheit, die Deutungshoheit in der Gegenwart und die Bestimmung von Perspektiven für gesellschaftliche und politische Entwicklungen geht. Zeitgeschichte ist »Streitgeschichte« insbesondere dann, wenn es sich um die nationalsozialistische Vergangenheit handelt. Zeitgeschichtsforschung hat an dieser Stelle ihren Ort, weil sie die historisch-kritische »Aufklärung« der noch lebenden Zeitzeugen und der nachgeborenen Generationen mit ausgewiesen wissenschaftlichen Methoden betreibt[1].

Die zeithistorischen Forschungen über das Verhältnis von katholischer Kirche, Katholizismus und Nationalsozialismus haben mittlerweile einen Umfang erreicht, der auch für Spezialisten kaum noch zu überschauen ist[2]. Die intensive Auseinandersetzung begann 1945 und dauert bis heute an[3]. Anders als in der allgemeinen Zeitgeschichtsforschung ist die »Streitgeschichte« in der Katholizismusforschung stets auch Bestandteil kirchlicher Selbstvergewisserung. Die sogenannte »Vergangenheitsbewältigung« der katholischen Kirche ist nicht nur eine gesellschaftliche, sondern auch eine eminent kirchliche und umstrittene Frage, die nicht zuletzt auch das sich im 20. Jahrhundert ungewöhnlich tief wandelnde Kirchenverständnis berührt[4]. Das ermöglicht andere Fragen, etwa nach der Schuld der Kirche, und verleiht den Antworten darauf andere Bedeutung. Es erklärt, warum manche Forschungskontroversen und Erinnerungsdebatten zwar um die-

---

[1] Vgl. H. G. Hockerts, Zugänge zur Zeitgeschichte, S. 13–46.
[2] Den immer noch besten Überblick über die ältere Forschungsliteratur bietet U. v. Hehl, Kirche, Katholizismus und das nationalsozialistische Deutschland, S. 219–251. Zur neueren Entwicklung der vorzügliche Überblick von M. Huttner, »Demokratien und totalitäre Systeme«, S. 87–144; außerdem: Ch. Kösters, Katholische Kirche im nationalsozialistischen Deutschland, S. 25–46; ders., Katholische Kirche im Zweiten Weltkrieg, S. 75–98.
[3] Vgl. K.-J. Hummel, Gedeutete Fakten, S. 507–567; Ch. Schmidtmann, Rolle von Kirche und Katholiken, S. 167–201.
[4] Vgl. dazu W. Damberg, Christen und Juden, S. 93–115.

selbe Frage kreisen, in den Ergebnissen indes keineswegs immer aneinander anknüpfen. Und es erklärt, warum die kirchliche Zeitgeschichtsforschung in Deutschland konfessionell erfolgte (und bis heute erfolgt).

Die folgenden Ausführungen versuchen, Entstehung und Fortgang der zeitgeschichtlichen Katholizismusforschung in ihrer Wechselwirkung mit den verschiedenen erinnerungskulturellen, geschichtspolitischen, geschichtswissenschaftlichen und innerkirchlichen Diskursen zu skizzieren[5]. Dabei kristallisieren sich fünf Etappen zeitgeschichtlicher Auseinandersetzung über die »Katholische Kirche im Dritten Reich« heraus.

Erinnerung und Gedenken der Erlebnisgeneration nach dem Ende des Krieges

In der unmittelbaren Nachkriegszeit bestimmten die verschiedenen Erlebnisgenerationen das Gespräch über Bewährung und Bewahrung, Widerstand und Versagen der katholischen Kirche. Nicht das Gefühl, dass die Kirche »Siegerin in Trümmern« sei, dominierte, sondern vielmehr das tiefe Erschrecken über den zivilisatorischen Bruch, den der nationalsozialistische Rassenkrieg verursacht hatte. Die dadurch ins Wanken geratenen traditionsgebundenen katholischen Ordnungsvorstellungen warfen Fragen auf, auf die in der verwüsteten Zusammenbruchsgesellschaft neue Antworten erst gesucht werden mussten, und zwar nicht nur für die Vergangenheit, sondern auch für die Gegenwart und die Zukunft. So fielen die auf christliche Umkehr und Buße gerichteten Töne der katholischen Bischöfe wie der Kriegsgeneration differenzierter und selbstkritischer aus, als es später den auf das »Schweigen« der »stillen« fünfziger Jahre zielenden gesellschaftspolitischen Kritikern der sechziger Jahre scheinen mochte[6].

Die im Rückblick überraschende Vielfalt katholischer Positionen stimmte jedoch in einem Punkt überein: Zwar hatten viele Katholiken, auch manche Kirchenführer, in der Stunde der Glaubensbewährung versagt. Die Kirche selbst aber, der Lehre nach eine heilige, Heil vermittelnde »societas perfecta«, war ohne Schuld geblieben. So weit wie der junge katholische Publizist

---

[5] Der Verlauf der Diskurse erinnerter Vergangenheit, in Geschichtsbildern gedeuteter Erinnerungs- und Gedenkkultur und historischer Forschung in Geschichte und Theologie – kurz: die Geschichte katholischer »Vergangenheitsbewältigung« wird mittlerweile selbst intensiv erforscht. Mark Edward RUFF (Saint Louis University, USA) arbeitet an einer Studie mit dem Titel: »Der Kampf um die katholische Vergangenheit in Deutschland, 1945–1972«; vgl. http://www.ruhr-uni-bochum.de/mnkg (Stand: Februar 2008). Vgl. auch die in Anm. 3 genannten Hinweise.

[6] K.-J. HUMMEL, Gedeutete Fakten, S. 510–515. Zum Hirtenschreiben der deutschen Bischöfe vom August 1945 vgl. auch das Urteil K. NOWAKS, Geschichte des Christentums, S. 293.

Otto B. Roegele, der dieses traditionelle Kirchenverständnis verabschiedete und konsequenterweise die Sündigkeit der Kirche feststellte, mochten die meisten katholischen Zeitgenossen nicht gehen. Der Kirche könne der Vorwurf nicht erspart bleiben, dass sie als Instanz der geistigen Führung der Nation auf weiten Strecken der jüngsten Geschichte versagt und damit Schuld auf sich geladen habe, resümierte Roegele. »Aber dafür war sie vom Blut ihrer Märtyrer verjüngt, von einem Strom schier übermenschlichen Leids gereinigt, im ganzen zu neuem inneren Leben erwacht [...]«[7]

Religiös konnte das Opfer der um ihres Glaubens willen verfolgten und getöteten Zeugen als stellvertretende Sühne für die von Deutschen begangenen schuldhaften Verbrechen verstanden werden. Entsprechend umfangreich war das zeitgenössische martyrologische Schrifttum. Erstaunlich früh wurden offizielle Seligsprechungsverfahren eingeleitet, z. B. 1956 – bereits zehn Jahre nach seinem Tod – für den Bischof von Münster, Clemens August Kardinal von Galen. Einen vorläufigen Höhepunkt erreichte diese Entwicklung 1963 mit der Weihe der Gedächtniskirche »Maria Regina Martyrum« in Berlin. Das Zeugnis der überlebenden Inhaftierten und KZ-Internierten hingegen wirkte auf zahlreiche Katholiken wie ein beunruhigender Stachel im Fleisch der eigenen Erinnerung an die nationalsozialistische Vergangenheit. Bereits am 6. Mai 1945 hatte der Paderborner Erzbischof Lorenz Jaeger die überlebenden KZ-Priester aus seinem Bistum ermahnt, sich zurückzuhalten, und dies aus dem priesterlichen Selbstverständnis heraus begründet: Es sei schärfstens zu verurteilen,

> »wenn irgend jemand aus der Tatsache, daß er um des Kreuzes Christi willen Schmach und Verfolgung hat erleiden dürfen, daraus für seine Person und sein irdisches Fortkommen Vorteile zu erwerben trachtet. Am Kreuze Christi teilzunehmen, bedeutet für uns höchste Auszeichnung und Ehre. Wir würden allen Segens des Kreuzes verlustig gehen, wenn wir irdischen Gewinn oder menschliche Anerkennung daraus ziehen würden.«[8]

Die kritischen Anfragen vormaliger KZ-Opfer wurden ins persönliche Abseits gedrängt[9]. Mehr noch aber blieb die Erinnerung an den Holocaust eine Randerscheinung. Eine Aussöhnung mit Juden, wie sie z. B. der 1947

---

[7] Zit. n. Otto B. ROEGELE, Kirche in Deutschland – wo bist du? Ein Versuch über Aufgaben und Versäumnisse des deutschen Katholizismus von heute, Manuskript (masch.schr.), [München 1949], S. 20.

[8] Zit. n. K.-J. HUMMEL, Erinnerung, S. 59.

[9] »Nicht gerne schreiben wir von dieser Zeit, denn sie wurde Gott geschenkt und gehört darum Ihm, der uns mit Gnaden überhäufte.« KIRCHLICHES HANDBUCH XXIV (1952–1956), S. 370.

von Gertrud Luckner gegründete »›Freiburger Rundbrief‹ zur Förderung der Freundschaft zwischen dem alten und neuen Gottesvolk – im Geist der beiden Testamente« intendierte, stand noch weithin am Anfang[10].

An geschichtswissenschaftliche Forschungen war hingegen in dem von Zerstörung und Besatzung, Flucht und Vertreibung sowie zunehmender Teilung gezeichneten Deutschland kaum ein Gedanke. Die kirchenhistorischen Dokumentationen und Beiträge, einschließlich des Zeugnisses der Märtyrer, standen im Zeichen des »Widerstands«, ohne indessen fachwissenschaftlichen Ansprüchen zu genügen. Die katholischen Bischöfe stießen bei ihrer Zusammenkunft im Herbst 1945 eine Materialsammlung über die Kirchenverfolgung im Dritten Reich sowie eine Edition der bischöflichen Eingaben und Denkschriften an[11]. Vor dem Hintergrund der NS-Verbrechen und der im Stillen drängenden Schuldfrage richteten sich die Veröffentlichungen zunächst nach »innen« und an die Katholiken im Besonderen. Die Wirkung allerdings war zwiespältig: Das Bewusstsein, mitschuldig geworden zu sein, wurde überlagert von dem dominanten Geschichtsbild der Erlebnisgeneration, »das die Rolle der Kirche im Dritten Reich vor allem unter dem Blickwinkel des Widerstandes sah«[12]. Das kam auch politischen Interessen der alliierten Besatzungsmächte entgegen. Die Auseinandersetzungen über den alliierten Kollektivschuldvorwurf und die Entnazifizierungsverfahren verblassten rasch angesichts der gemeinsamen ideologischen Abwehrfront, in die sich der Antitotalitarismus der Kirche nahtlos einfügte. Das Gedenken an die katholischen Märtyrer der NS-Zeit erfolgte nicht zufällig an der »Nahtstelle der Systeme« in Berlin. Allen katholischen Publikationen war ein geschichtspolitisches Anliegen gemeinsam: den religionsfeindlichen Totalitarismus zu entlarven und das christliche Ideengut der Kirche als Fundament einer sozialen und politischen Nachkriegsordnung zu begründen.

Diese Ausrichtung war keineswegs nur spezifisch katholisch. Vielmehr überschnitt sie sich auch mit Deutungen der früh einsetzenden allgemeinen Zeitgeschichtsforschung. Deren Nestor, der aus den USA zurückgekehrte

---

[10] Vgl. die Beiträge von M. KISSENER, Katholiken im Dritten Reich, S. 27, 55, DERS., Ist Widerstand nicht das richtige Wort?, S. 174, und Th. BRECHENMACHER, Die Kirche und die Juden, S. 137 in diesem Band.

[11] Vgl. den Beschluss der Fuldaer Bischofskonferenz auf ihrer Plenarversammlung vom 21.–23. August 1945, L. VOLK, Akten VI, Nr. 1030/II, S. 630. Unten den Dokumentationen ragte besonders das zweibändige Werk des Münchener Weihbischofs Johannes NEUHÄUSLER, Kreuz und Hakenkreuz, heraus; Konrad HOFMANN veröffentlichte in der konfessionsübergreifenden Reihe »Das christliche Deutschland« Quellensammlungen über die nationalsozialistische Bekämpfung der katholischen Kirche. Vgl. K. HOFMANN (Hrsg.), Zeugnis und Kampf; DERS. (Hrsg.), Sieger in Fesseln.

[12] U. v. HEHL, Umgang mit katholischer Zeitgeschichte, S. 383.

protestantische Historiker Hans Rothfels, sah in einem humanitären, in religiös-ethischen Prinzipien wurzelnden Werteverständnis von Freiheit, Verantwortung und Würde als Element der preußischen Staatsidee das Fundament der neuen deutschen Gesellschaftsordnung. In seiner einflussreichen Studie über die »Deutsche Opposition gegen Hitler« stellte Rothfels daher mit Blick auf die Motive des »Kreisauer Kreises« die Frage, »ob die Kirchen nicht dadurch, daß sie innerhalb ihres eigensten Bereiches sich zur Wehr setzten, die Kräfte des Widerstandes mit einem härteren Kern und einer schärferen Schneide versahen, als irgendeine äußere Revolte es hätte tun können.«[13] Es war die Einheit von religiösem Heil, geschichtlicher Heilung[14] und säkularer Geschichtspolitik, welche die übergreifende, relative Geschlossenheit von Geschichte und Geschichtsbild in den 1950er Jahren bestimmte.

Institutionalisierung und Vernetzung in den »stillen« fünfziger Jahren

Während in den fünfziger und frühen sechziger Jahren vordergründig noch das Geschichtsbild der Erlebnisgeneration dominierte, begannen hinter den Kulissen Institutionalisierung und Vernetzung der entstehenden Zeitgeschichtsforschung, in der sich die Katholizismusforschung als ein Zweig etablieren sollte[15]. Anders als in den protestantischen Kirchen, in denen die historisch-theologische Auseinandersetzung mit dem schwierigen Erbe der nationalsozialistischen Zeit unabdingbar war, hielten sich katholische Kirchenhistoriker aus verschiedenen Gründen von der Zeitgeschichte fern. Die NS-Zeit hatte methodologische Gegensätze verschärft, stärker aber hemmten der dogmatische Kirchenbegriff und die enge Bindung der historisch arbeitenden Theologen an die Kirchenlehre. Das Feld wurde von »profanen« katholischen Zeithistorikern bestellt. Deren historisch-kritische Forschungspraxis bzw. empirischen Ergebnisse wirkten auf die Kirchengeschichtsschreibung zurück und lösten diese sukzessiv aus ihren engen ekklesiologischen Bezügen[16].

Die jungen katholischen (Profan-)Historiker gehörten jener akademischen »Generationeneinheit« (Karl Mannheim) der Kriegsheimkehrer an, die nach den Erfahrungen des wahrheitszerstörenden totalitären Hitler-Deutschlands

---

[13] H. ROTHFELS, Deutsche Opposition, S. 54f.
[14] Vgl. Ch. SCHMIDTMANN, Rolle von Kirche und Katholiken, S. 176.
[15] Die ursprünglich vorgesehene zeitgeschichtliche Erforschung der Kirchen im Rahmen des 1949 gegründeten Münchener »Instituts für Zeitgeschichte« unterblieb. Allein Hans Buchheim veröffentlichte 1953 eine Studie über die nationalsozialistische Religionspolitik. Vgl. H. BUCHHEIM, Glaubenskrise.
[16] Vgl. W. K. BLESSING, Kirchengeschichte in historischer Sicht, S. 26f.

»die [...] Bundesrepublik [...] gewissermaßen als ihr ›Projekt‹«[17] betrachteten und gerade deshalb kritisch nach der jüngsten Vergangenheit fragten. Für diese Historiker war die Forderung nach der Wahrheit, die ans Licht müsse[18], von geradezu existentieller Bedeutung. Vier unterschiedliche Impulse leiteten seit Mitte der fünfziger Jahre eine personelle Vernetzung und programmatische Entwicklung der zeitgeschichtlichen Katholizismusforschung ein[19]:

- Aus dem *Umfeld der CDU und des politischen Katholizismus* unterstützten Heinrich Krone und Johannes Schauff eine Gesamtdarstellung des Kirchenkampfes und entwickelten die Idee einer von Fachhistorikern besetzten zentralen Archivierungs- und Beratungsstelle.
- In einem Kreis von Historikern, die Prälat Wilhelm Böhler wegen der tagesaktuellen juristischen Auseinandersetzungen über die Gültigkeit des Reichskonkordates versammelt hatte, entstanden Pläne für ein »Institut zur Erforschung der Geschichte des Katholischen Deutschland im 18. und 19. Jahrhundert«.
- Unter den Historikern kam Rudolf Morsey eine bedeutsame Rolle zu. Der seit 1956 bei der Bonner »Kommission für Geschichte des Parlamentarismus und der politischen Parteien« beschäftigte Wissenschaftler hatte nicht nur Kontakt zum Böhler-Zirkel und – forschungsbedingt – zu Schauff, sondern gehörte auch jenem kleinen Gremium an, das im Sommer 1960 mit dem *katholischen Mainzer Grünewald-Verlag* die konzeptionelle Blaupause für die Veröffentlichung von Quellen, Forschungen und Lebensbildern zur Geschichte des deutschen Katholizismus im 19. und 20. Jahrhundert entwickelte.
- Die im Juli 1960 veröffentlichte bahnbrechende Studie Morseys über den Untergang der Zentrumspartei schließlich bildete den Anstoß für die Anfang Mai 1961 *in Würzburg durchgeführte Zeitzeugentagung über »Die deutschen Katholiken und das Schicksal der Weimarer Republik«*. Hier nahm die Errichtung eines schon länger geplanten Instituts zur Erforschung des deutschen Katholizismus im 19. und 20. Jahrhundert konkrete Formen an. Im September 1962 wurde bei der Münchener »Katholischen Akademie in Bayern« die »Kommission für Zeitgeschichte« gegründet. Ihr wissenschaftliches und methodologisches Konzept ging weit über den eng gesteckten Rahmen der parallel in Gang gekommenen

---

[17] Ch. Schmidtmann, Katholische Studierende, S. 100.
[18] So Konrad Repgen auf der Würzburger Tagung 1961, zit. n. R. Morsey, Gründung und Gründer, S. 475.
[19] Zu den Einzelheiten und zum Folgenden vgl. R. Morsey, Gründung und Gründer, S. 452–485.

kirchenhistorischen Erforschung des protestantischen »Kirchenkampfes« hinaus[20]. Die zeitgeschichtliche Erforschung galt dem gesellschaftlichen Wirken des deutschen Katholizismus seit dem 19. Jahrhundert und nicht dem religiösen Wirken der Kirche.

Hinter die nunmehr an wissenschaftlichen Standards der allgemeinen Zeitgeschichtsforschung orientierte und mit ihr verflochtene Katholizismusforschung gab es fortan kein Zurück mehr. Neben der einsetzenden wissenschaftlichen Edition der »Vatikanischen Weißbücher«[21] verdeutlicht diesen Übergang die schon früh in Angriff genommene Dokumentation über die zwischen 1933 und 1945 vom NS-Regime drangsalierten und inhaftierten katholischen Geistlichen[22]. Indem die zum Zweiten Vatikanischen Konzil in Rom 1964 versammelten deutschen Bischöfe das Vorhaben befürworteten und unterstützten, war nicht nur die Brücke zu dem während der fünfziger Jahre vorangetriebenen Gedenken an die Blutzeugen der in der NS-Diktatur verfolgten Kirche geschlagen[23]. Das Band zur Kirchenleitung, die sich bis zur Institutsgründung zurückgehalten hatte, war auf diese Weise auch wissenschaftspolitisch geknüpft. Diese Vernetzung mit der katholischen Kirche wollten die katholischen Historiker der Kommission für Zeitgeschichte jedoch weder organisatorisch noch forschungspolitisch als Abhängigkeit verstanden wissen.

---

[20] Seit 1955 bestand eine evangelische »Kommission für die Geschichte des Kirchenkampfes in der nationalsozialistischen Zeit«, aus der 1970 die »Evangelische Arbeitsgemeinschaft für Kirchliche Zeitgeschichte« hervorging. Vgl. J.-Ch. KAISER, Wissenschaftspolitik, S. 125–163.

[21] Vgl. R. MORSEY, Gründung und Gründer, S. 464. 1965 erschien als erster Band der »Veröffentlichungen der Kommission für Zeitgeschichte« die von Dieter ALBRECHT bearbeitete Edition des »Notenwechsels zwischen dem Heiligen Stuhl und der deutschen Reichsregierung«; als erster Band der Forschungsreihe veröffentlichte in demselben Jahr der Jesuitenpater Ludwig VOLK seine bei Karl Bosl 1964 angenommene Dissertation »Der bayerische Episkopat und der Nationalsozialismus 1930–1934«.

[22] Zur Entstehungsgeschichte vgl. U. v. HEHL/Ch. KÖSTERS, Priester unter Hitlers Terror.

[23] Vgl. die Dokumentation zur »Verfolgung der Kirche in Deutschland und zu ihren Kriegsverlusten« im KIRCHLICHEN HANDBUCH XXIV, S. 370–373, deren Notwendigkeit die Herausgeber damit begründeten, dass »immer wieder [...] bei der Kirchlichen Statistik nach Material über die Verfolgung der Kirche in Deutschland in den Jahren 1933–1945 angefragt« werde.

Der Beginn zeitgeschichtlicher Katholizismusforschung in den »langen« sechziger Jahren

Die junge Katholizismusforschung richtete – wie die allgemeine Zeitgeschichtsforschung insgesamt – ihr Augenmerk zunächst auf die Endphase der Weimarer Republik und die nationalsozialistische Machtergreifung. Die Frage »Wie konnte es dazu kommen?« brannte der vom Krieg und seinen Folgen gezeichneten jungen Historikergeneration auf den Nägeln. Zugleich weiteten sich mit der Veröffentlichung von Fritz Fischers aufsehenerregenden Thesen zum deutschen Weltmachtstreben[24] einerseits und dem die Holocaust-Gräuel offenbarenden Eichmann-Prozess[25] andererseits die zeitlichen und räumlichen Dimensionen historischer Antwortsuche.

Dieser Auftakt vollzog sich »in dynamischen Zeiten« (Axel Schildt): Politisch markierte der Mauerbau in Berlin 1961 den Höhepunkt der gewaltsamen Teilung Deutschlands und totalitärer kommunistischer Machtdemonstration des SED-Regimes. Innerkirchlich leitete das 1962 in Rom eröffnete Zweite Vatikanische Konzil ein katholisches »Aggiornamento« ein, in dessen Zentrum ein verändertes Selbstverständnis von »Kirche« stand. Und gesellschaftlich beschleunigte die sogenannte »Amerikanisierung« die schon lange im Gang befindliche Auflösung der traditionellen Sozialmilieus. Schließlich konfrontierte die Fortsetzung der juristischen Auseinandersetzung über Holocaust- und Euthanasieverbrechen die »Generation der Väter« von neuem mit den kritischen Rückfragen nach der nationalsozialistischen Vergangenheit, diesmal durch ihre Söhne und Töchter.

Im »Kampf um die Deutung der Vergangenheit« geriet die historisch und wissenschaftlich argumentierende Katholizismusforschung gleich mehrfach unter erheblichen Druck: *Geschichtspolitisch* erschien ihr Forschungsansatz, der die Haltung der katholischen Kirche im Dritten Reich als antitotalitär verteidigte, geradezu rückwärtsgewandt wie die Kirche selbst und nicht mehr kompatibel mit einer Zeitgeschichtsforschung, die ihre Maßstäbe an der »modernen« Gesellschaftskritik und deren neuem Demokratieverständnis orientierte. Indem z. B. der Bochumer Zeithistoriker Hans Mommsen das »Gesellschaftsbild und die Verfassungspläne des [konservativen] deutschen Widerstandes« als stärker rückwärtsgewandt-monarchisch denn als zukunftsweisend-demokratisch einstufte, stellte er den antitotalitären Gründungskonsens der frühen Bundesrepublik einschließlich seiner moralischen

---

[24] Vgl. F. FISCHER, Griff nach der Weltmacht.
[25] Der 1961 bis 1962 in Jerusalem durchgeführte Prozess gegen Adolf Eichmann gilt als Schlüsselereignis für die nun einsetzende Auseinandersetzung der amerikanischen Forschung und Öffentlichkeit mit dem Holocaust.

Wertmaßstäbe auf den gesellschaftskritischen Prüfstand[26]. Die revisionistische Zeitgeschichtsschreibung bedurfte der Katholizismusforschung und ihrer Ergebnisse nicht.

Innerkirchlich förderte die zeithistorische Auseinandersetzung mit den vorkonziliaren Verhältnissen ein hierarchisches Kirchenbild und -verständnis zutage, das schon in den 1950er Jahren zu erodieren begonnen hatte, aber seit dem Zweiten Vatikanischen Konzil (1962–1965) und seinem erneuerten Kirchen- und dialogischen Weltverständnis nur noch schwer vermittelbar war. Umgekehrt provozierte der gesellschaftspolitische Umbruch Kritik, die für ihre Forderungen nach (innerkirchlicher) Demokratisierung historische Argumente vortrug. Solche geschichtspolitisch motivierten Rückfragen, die zwar geschichtswissenschaftlich nicht unproblematisch, aber durchaus berechtigt waren, waren offenkundig von einem anderen Kirchen- und Katholizitätsverständnis getragen als dem der katholischen Historiker. So erschien im Februar 1961 in der traditionsreichen katholischen Kulturzeitschrift »Hochland« eine »kritische Betrachtung« des Juristen Ernst-Wolfgang Böckenförde, die gegen die Einmischung der katholischen Bischöfe in die Politik zielte. Dazu untermauerte Böckenförde seine schon früher vorgetragene These einer »innere[n] Affinität der Kirche zu autoritären Regimen« mit historischen Belegen für das Versagen des »deutsche[n] Katholizismus im Jahre 1933«[27]. Böckenfördes Beitrag stieß auf ein enormes Echo, kehrte er doch die bis dahin gültigen Geschichtsbilder und Bewertungsmaßstäbe um und stellte sie geradezu auf den Kopf.

Wissenschaftlich wollten die katholischen »Profan«-Historiker hingegen ihren fachspezifischen Standards folgen und »sichere Fundamente für ein nuanciertes historisches Gesamtbild [...] liefern, das sich von Apologie wie Anklage fernhält«[28]. Sie stützten ihre historischen Analysen auf international anerkannte totalitarismustheoretische Erklärungsmodelle. Die Frage nach Moral und Schuld war in ihren Augen nur mit theologischen Urteilskategorien zu messen[29]. Nolens volens entstand der Eindruck, hier wolle man dem entscheidenden Problem ausweichen und mit historischen Argumenten Kirchenapologie betreiben.

Eine klare Antwort auf die kirchliche Schuldfrage gaben dann Publizisten und Dichter, aber auch Politikwissenschaftler und Soziologen. Am öffentlichkeitswirksamsten gelang dies Rolf Hochhuth, der mit seinem am 20. Februar 1963 in Berlin uraufgeführten Bühnenstück »Der Stellvertreter«

---

[26] H. MOMMSEN, Gesellschaftsbild und Verfassungspläne, S. 233–337.
[27] E.-W. BÖCKENFÖRDE, Der deutsche Katholizismus, S. 215–239.
[28] So Dieter ALBRECHT im Vorwort zu DERS. (Hrsg.), Katholische Kirche, S. VI.
[29] Eine endgültige Neubestimmung des Verhältnisses der Christen zum Judentum wurde erst 1965 durch das Zweite Vatikanische Konzil vorgenommen. Vgl. unten Anm. 62.

das vermeintliche »Schweigen« Papst Pius' XII. zum Holocaust öffentlich anprangerte und ein bis heute einflussreiches Geschichtsbild vom Versagen der Kirche inszenierte[30]. Der Widerspruch zum zerbrechenden Geschichtsbild der Adenauerzeit und seinen scheinbar »überholten« kirchlichen Antworten konnte kaum offenkundiger sein, als am 4./5. Mai 1963 unweit der ersten Berliner Gedenkstätte für Opfer des NS-Regimes in Plötzensee die katholische Gedenkkirche Maria Regina Martyrum eingeweiht wurde. Für Aufsehen sorgte auch Gordon Zahns spektakuläres und 1965 sogleich ins Deutsche übersetzte Buch »German Catholics and Hitler's War«, weil es gerade nicht historische, sondern pazifistische Interessen verfolgte[31]. Die vom Streit über »Machtergreifung und Reichskonkordat« sowie »Pius XII. und die Juden«[32] gekennzeichneten Debatten wurden um einen moralisch umstrittenen, höchst politischen und aktuellen Komplex erweitert: die Frage nach der Haltung der katholischen Kirche zum Krieg.

Mit geschichtswissenschaftlich gesicherten und differenzierenden Sachargumenten war der zeitgenössische Kampf um die Deutung der jüngsten kirchlichen Vergangenheit kaum zu gewinnen. Den Nerv der Zeit traf der in Deutschland geborene, nach Palästina emigrierte und seit dem Kriegsende in den USA lehrende jüdische Politologe Guenter Lewy. Sein Buch »The Catholic Church and Nazi Germany« führte die Grundkonstanten der zeitgenössischen Auseinandersetzungen zusammen: Öffentlichkeit, Kirchenkritik und politische Moral. 1965 erschien unter dem plakativen Titel »Mit festem Schritt ins Neue Reich« eine Vorabveröffentlichung im »Spiegel«. Das im selben Jahr publizierte Buch war der erste Versuch einer historischen Gesamtdarstellung und führte sämtliche Argumente an, die seitdem von einer kirchenkritischen Historiographie vorgetragen werden: Die Kirche suche einen modus vivendi mit dem NS-Regime; sie suche Eingriffe von Partei und Staat in kirchliche Belange abzuwenden (episkopaler Egoismus); deswegen halte sie sich anderwärts betont zurück, wie beispielsweise in der Judenfrage; sie sei auf Legalität und (äußere) Loyalität bedacht, um das Reichskonkordat nicht zu gefährden (»Burgfriede«); wenn

---

[30] Vgl. dazu Th. BRECHENMACHER, Der Dichter als Fallensteller, S. 217–257; K.-J. HUMMEL, Gedeutete Fakten, S. 532f.
[31] Vgl. G. C. ZAHN, Die deutschen Katholiken.
[32] 1965 erschienen zeitgleich mit dem von Dieter ALBRECHT veröffentlichen Dokumentenband über den »Notenwechsel zwischen dem Heiligen Stuhl und der deutschen Reichsregierung« die von Pierre BLET, Angelo MARTINI, Burkart SCHNEIDER u. Robert A. GRAHAM herausgegebenen »Actes et documents du Saint Siège« (bis 1981 in zwölf Bänden). Die Dokumentation Saul FRIEDLÄNDERS »Pius XII. und das Dritte Reich« hingegen führte aufgrund einseitiger Quellenauswahl und willkürlicher Zitiertechnik zu einseitigen Urteilen.

Widerstand grundsätzliche Opposition bedeute, dann habe die Kirche keinen Widerstand geleistet[33].

Lewy fand am Ende seiner historischen Analyse auch eine Antwort auf die drängende Frage nach der kirchlichen Schuld, die er letztlich im Verrat der Kirche an ihrem ureigensten Auftrag als Heilsmittlerin sah. Die katholische Kirche habe, so Lewy, historisch versagt, weil sie die in Evangelium und Dogma verankerten sozialethischen Lehren zur Verteidigung von Menschenrechten und Widerstand gegen Gewaltherrschaft stets den eigenen, nur auf Bewahrung der machtvollen Kircheninstitution gerichteten Interessen untergeordnet habe. Die opportunistischen Anpassungen der Kirche an die Welt der Monarchen wie Diktatoren hätten gezeigt, dass es sich bei der katholischen Naturrechtslehre nicht um göttlich begründete Moral, sondern um weltliche Ideologie handele. Als Moralinstanz, so die Schlussfolgerung, habe die Kirche ihren gesellschaftlichen Gestaltungsanspruch zumindest historisch verwirkt. Das Gewissen müsse frei bleiben von der Verquickung mit den Interessen einer religiösen Institution und Mensch und Menschheit aus eigener Kraft in die Bereiche der »sophia« und des »bonum« vordringen. Wie zuvor bei Böckenförde wurde auch bei Lewy ein verändertes Kirchenbild und -verständnis erkennbar. Vor dem Hintergrund des gesellschaftlichen und innerkirchlichen Umbruchs stießen unterschiedliche Forschermentalitäten und -identitäten gegeneinander.

Damit waren die Eckpunkte abgesteckt, zwischen denen sich die Forschungsauseinandersetzungen bis Mitte der siebziger Jahre bewegten. Befeuert wurden sie von der dominierenden zeit- und ideologiekritischen Faschismusforschung, die mit ihrem Verdikt über totalitarismustheoretische Erklärungsansätze zugleich auch in der katholischen Kirche lediglich noch eine »kollaborative«, weil hierarchische und antibolschewistische Stütze des NS-»Systems« zu erkennen vermochte[34]. Der zumindest im Ton vorherrschende Gleichklang mit der zeitgenössischen DDR-Forschung war nicht zu überhören[35]. Ansonsten kam die Bedeutung von Religion als eigenständiger gesellschaftsgeschichtlicher Kraft bei solchem klassen- und herrschaftssoziologischen Zugriff nicht in den Blick oder blieb – wie die Studien über

---

[33] G. LEWY, Die katholische Kirche und das Dritte Reich. Die zitierte Zusammenstellung ist entnommen: U. v. HEHL, Kirche, Katholizismus und das nationalsozialistische Deutschland, S. 239; vgl. auch DERS., Kirche, Katholizismus und Nationalsozialismus, S. 21.
[34] Zwischen den Verhältnissen in Deutschland, Italien, Spanien und Kroatien wurde nicht weiter unterschieden. Vgl. K. DESCHNER, Mit Gott und den Faschisten. Zur öffentlichen Kontroverse vgl. KATHOLIZISMUS UND FASCHISMUS.
[35] Vgl. die Untersuchung von Hans-Joachim SEIDOWSKI, als IM bei der Staatssicherheit geführter, nachmaliger Fernsehjournalist, über »Das Reichskonkordat vom 20.7.1933 als Beitrag der politisch-klerikalen Kräfte der katholischen Kirche in Deuschland und des Vatikans zur Stabilisierung der faschistischen Diktatur in Deutschland«.

die katholische Arbeiterbewegung, die christlichen Gewerkschaften oder die katholische Jugend – bis zu Beginn der achtziger Jahre weitgehend unbeachtet[36].

Erforschung von »Kirchenkampf«, Widerstand und »Resistenz« in den siebziger und achtziger Jahren (1975–1989)

Seit der zweiten Hälfte der siebziger Jahre rückte das Thema »Kirchen und Nationalsozialismus« aus der Arena öffentlicher Auseinandersetzungen sukzessiv heraus, das Interesse der revisionistischen Zeitgeschichtschreibung ließ nach und die Katholizismusforschung gelangte in ruhigere Bahnen. Anders als in der organisierten zeitgeschichtlichen Protestantismusforschung[37] wurde das nunmehr abgesteckte Forschungsfeld in seiner ganzen Breite »beackert«, das historische Selbstverständnis der Kirche und die daraus erwachsenden Möglichkeiten und Grenzen kirchlichen Handelns in der totalitären Weltanschauungsdiktatur systematisch erforscht. Am Ausgang der achtziger Jahre lagen mehr als 5.700 (!) wissenschaftlich vorzüglich edierte Dokumente vor, die das Verhältnis von NS-Regime und katholischer Kirche aus unterschiedlichen Perspektiven quellenmäßig erschlossen[38]. Die Hälfte von ihnen betraf die Aktivitäten des deutschen Episkopats, ein weiteres Viertel die des Heiligen Stuhls[39] und gut ein Fünftel staatliche Quellen, die die Überwachung und Verfolgung der katholischen Kirche belegten[40]. Ergänzt wurde dieses dichte Quellenbild durch zahlreiche historische Einzelstudien, welche die großen Konfliktlinien zwischen totalitärer Weltanschauungsdik-

[36] Vgl. B. SCHELLENBERGER, Katholische Jugend; J. ARETZ, Katholische Arbeiterbewegung; außerdem: H. KÜPPERS, Der Katholische Lehrerverband; K. GOTTO, Wochenzeitung Junge Front; M. SCHNEIDER, Gewerkschaften; H.-A. RAEM, Katholischer Gesellenverein.

[37] Bis 1975 waren in der Reihe »Arbeiten zum Kirchenkampf« 30 Bände veröffentlicht worden. In den daran anschließenden, neu eingerichteten »Arbeiten zur kirchlichen Zeitgeschichte« (A: Quellen, B: Forschungen) der Evangelischen Arbeitsgemeinschaft für kirchliche Zeitgeschichte erschienen bis 1989 lediglich noch zwei Quellen- und zwei Forschungsbände zur NS-Zeit. Erst nach 1990 ist erneut eine stärkere Hinwendung zur Erforschung der NS-Zeit erkennbar. Hinzuweisen ist allerdings auf die Studien Klaus SCHOLDERS († 1985), Joachim MEHLHAUSENS († 2000), der beiden Leipziger Kirchenhistoriker Kurt MEIER und Kurt NOWAK († 2001) sowie die von Martin GRESCHAT und Jochen-Christoph KAISER herausgegebene Reihe »Konfession und Gesellschaft«.

[38] Die Angaben beziehen sich auf die Aktenbände, die in den Veröffentlichungen der Kommission für Zeitgeschichte, Reihe A, das Feld des Nationalsozialismus behandeln.

[39] Der Vatikan selbst edierte im gleichen Zeitraum weitere 5.108 Dokumente in zwölf Bänden ACTES ET DOCUMENTS DU SAINT SIÈGE, vgl. Anm. 32.

[40] Die von der Evangelischen Arbeitsgemeinschaft für Kirchliche Zeitgeschichte mitbetreute Bearbeitung der »DOKUMENTE ZUR KIRCHENPOLITIK DES DRITTEN REICHES« enthalten in den bislang erschienenen vier Bänden insgesamt 487 Dokumente.

tatur und katholischer Kirche differenziert und vor allem auch in ihren regionalgeschichtlichen Brechungen untersuchten. Als exemplarisch kann die umfassende, bereits 1964 von den Bischöfen unterstützte, 1979 neuerlich angestoßene und 1984 publizierte prosopographische Dokumentation über das Konfliktverhalten des katholischen Klerus und seine »politisierende« Wahrnehmung durch das NS-Regime gelten[41].

Dieser eingeschlagene Weg historischer Wahrheitssuche bewirkte einen bemerkenswerten wissenschaftsgeschichtlichen Fortschritt: Die den allgemeinen Standards der Geschichtswissenschaft verpflichtete »profane« Katholizismusforschung entgrenzte in beiden christlichen Kirchen zunehmend die theologisch noch eng gebundene katholische und evangelische Kirchengeschichtsschreibung[42]. Am deutlichsten ablesbar ist dies am Wandel des »Kirchenkampf«-Begriffs: Er wurde gleichsam »ökumenisch«. Bezeichnete er ursprünglich die 1933/34 einsetzende innerprotestantische Auseinandersetzung über den evangeliumsgemäßen Weg, so wurde er nun zur konfessionsübergreifenden Epochenbezeichnung für die Auseinandersetzung der christlichen Kirchen mit dem Nationalsozialismus[43]. Die Evangelische Arbeitsgemeinschaft für Kirchliche Zeitgeschichte löste sich Anfang der siebziger Jahre von der Fixierung auf den evangelischen Kirchenkampf im engen Sinne und weitete den Forschungsfokus auf die Weimarer Republik und die Bundesrepublik (nicht aber das 19. Jahrhundert) aus[44]. Das entsprach einer pluralisierten Gesellschaft, in der konfessionelle Grenzen bedeutungslos geworden waren und die christlichen Kirchen ihr Verhältnis zueinander neu bestimmt hatten.

Aus dem Kreis der »profanen« Katholizismusforscher war es namentlich Heinz Hürten, der »an eine auch von der evangelischen Forschung bestätigte Einsicht erinnert[e], daß ein nur auf politische Fundamentalopposition bezogener Widerstandsbegriff nicht geeignet ist, die Breite kirchlicher Verhaltensformen angemessen zu kennzeichnen.«[45] Der von Martin Broszat im Rahmen der Erforschung »Bayern[s] in der NS-Zeit« 1977 in die Diskussion eingeführte, nicht unumstrittene »Resistenz«-Begriff leitete methodologisch

---

[41] U. v. HEHL/Ch. KÖSTERS, Priester unter Hitlers Terror.
[42] Vgl. W. K. BLESSING, Kirchengeschichte, S. 27.
[43] Vgl. U. v. HEHL/C. NICOLAISEN, »Kirchenkampf«, S. 429–435; Vgl. auch die beide Konfessionen übergreifenden Beiträge von U. v. HEHL, Die Kirchen in der NS-Diktatur, S. 153–181; J. MEHLHAUSEN, »Nationalsozialismus und die Kirchen«, S. 43–78; Ch. KÖSTERS, Christliche Kirchen, S. 120–141; Klaus SCHOLDERS 1977 begonnenes, ambitioniertes Unterfangen, beide Kirchen parallel zu behandeln, wird seit seinem Tod 1985 zunächst von Gerhard BESIER, Dieter KLEINMANN und Jörg THIERFELDER, seit 2001 im Dritten Band von Besier allein fortgeführt.
[44] http://www.ekd.de/zeitgeschichte/evakiz30119.htm (Stand: Sept. 2007); vgl. auch Anm. 37.
[45] Vgl. U. v. HEHL, Nationalsozialistische Herrschaft, S. 98.

einen grundlegenden Perspektivwechsel der Widerstandsforschung ein: »In jedem politisch-gesellschaftlichen System, noch mehr unter einer politischen Herrschaft wie der des NS, zählt politisch und historisch vor allem, was getan und was bewirkt, weniger das, was nur gewollt oder beabsichtigt war.«[46] In der Geschichtsschreibung über das Dritte Reich erhielten die christlichen Kirchen nunmehr unter der Überschrift des »Kirchenkampfes« einen gemeinsamen festen Platz als bedeutende Träger des Widerstandes gegen die totalitäre Diktatur zugewiesen[47]. Für die katholische Kirche ergab sich ein äußerst breites Bild, das kaum einen gesellschaftspolitischen Lebensbereich unberührt ließ. Konstatiert wurden der Widerstand der katholischen Arbeiterbewegung, das Widerstehen aus katholischem Glauben, der Widerstand aus katholisch-politischen Grundüberzeugungen und schließlich auch die vielen gesellschaftlichen Formen katholischer Milieuresistenz. Heinz Hürten ordnete die Ergebnisse in eine große Forschungssynthese über »Deutsche Katholiken 1918–1945« ein[48].

Es konnte nicht ausbleiben, dass diese Ergebnisse auf Widerspruch stießen. Die Kritiker führten jene Argumente an, die auch schon Guenter Lewy vorgetragen hatte, und untermauerten sie mit neuen Belegen aus der Sozial- und Mentalitätsgeschichte der Katholiken. Die katholische Milieuresistenz sei lediglich auf die religiös-kirchlichen Belange beschränkt geblieben und habe den Herrschaftswillen der Nationalsozialisten eben nicht wirksam begrenzt, sondern im Gegenteil durch politische Ergebenheit gegenüber dem Regime bis zu dessen Untergang unterstützt. Nicht »Resistenz«, sondern vielmehr »Dissens«[49] und »Loyalität«[50] hätten das katholische Verhalten bestimmt, Widerstand sei darum nur nach einem Bruch mit der katholischen Milieutradition oder doch gegen die allzu schweigsame kirchliche Hierarchie möglich gewesen[51].

Unverkennbar setzten sich in den Auseinandersetzungen über Widerstandsfragen nicht nur die Kontroversen der sechziger Jahre, sondern auch

---

[46] M. Broszat, Resistenz und Widerstand, S. 698.
[47] Vgl. die drei großen, anlässlich des Gedenkens an den »20. Juli« von 1984, 1994 und 2004 veröffentlichten Tagungs- bzw. Sammelbände. Vgl. J. Schmädeke/P. Steinbach (Hrsg.), Der Widerstand gegen den Nationalsozialismus; P. Steinbach/J. Tuchel (Hrsg.), Widerstand gegen den Nationalsozialismus; dies. (Hrsg.), Der Widerstand gegen die nationalsozialistische Diktatur. Die Befunde wurden im übrigen auch von den Ergebnissen der modernen Parteienforschung gestützt. Vgl. J. Falter, Hitlers Wähler.
[48] Vgl. H. Hürten, Deutsche Katholiken..
[49] Vgl. I. Kershaw, Der NS-Staat, S. 318–320.
[50] Bei Gerhard Paul ist beides zu »loyaler Widerwilligkeit« zusammengezogen. Vgl. M. Huttner, Milieukonzept und Widerstandsdebatten, S. 178. Vgl. auch G. Paul/K.-M. Mallmann (Hrsg.), Milieus und Widerstand sowie G. Denzler, Widerstand oder Anpassung?, sowie C. Rauh-Kühne, Anpassung und Widerstand?, S. 145–163.
[51] Vgl. A. Leugers, Gegen eine Mauer bischöflichen Schweigens.

die Auseinandersetzungen über die Geschichts- und Kirchenbilder fort. Die Kritik an einem wirksamen katholischen Widerstand richtete sich nicht zuletzt gegen dessen Verknüpfung mit der christlich-demokratischen »Erfolgsgeschichte« der Bundesrepublik der Adenauer-Ära und deren sozialkatholischen Traditionswurzeln[52]. Demgegenüber wurde sozialgeschichtlich die Brücke über die Weimarer Republik hinaus zurück in das 19. Jahrhundert und zum »antimodernen«, antiliberalen bzw. ultramontanen katholischen Milieu der Kaiserzeit geschlagen – mit weitreichenden Schlussfolgerungen für die historische Einordnung des Holocaust[53].

Die Urteile der sozialgeschichtlich argumentierenden Geschichtswissenschaft wurden von zum Teil dezidiert kirchen- und katholizismuskritischen Kirchenhistorikern und Publizisten aufgegriffen. Sie spitzten die Befunde plakativ und öffentlichkeitswirksam zu. In der Sache allerdings gelangten sie über Guenter Lewys Argumentation nicht hinaus und blieben in der argumentativen Tiefe hinter Ernst-Wolfgang Böckenförde weit zurück[54].

Die erweiterte historische Längsschnittperspektive der Milieuforschung spiegelte indes auch eine seit Mitte der 1980er Jahre wachsende Aufmerksamkeit der deutschen Sozialgeschichtsschreibung für »Religion« und »Katholizismus« als eigenständige und kulturgeschichtlich bedeutsame Kraft wider[55]. Das Interesse richtete sich auf die Bedeutung religiöser Ideen, Deutungen und Praktiken in den politisch-sozialen Prozessen der modernen Industriegesellschaft des 19. und 20. Jahrhunderts. Die Erforschung des katholischen Milieus belegte nicht nur ein ultramontanes und antimodernes Selbstverständnis der Katholiken sowie eine innere Fragmentierung des katholischen Lebensraumes. Erkennbar wurde andererseits auch, dass entgegen sozialgeschichtlichen Interpretationen der Säkularisierungsprozess keineswegs linear, sondern in »Wellenbewegungen von religiösen Krisen und Erneuerungen«[56] verlief. Unbeschadet der zu Beginn der 1990er Jahre kontrovers diskutierten Frage, inwieweit das Modernisierungsparadigma für den Nationalsozialismus greifen könnte[57], zeigten die Milieuforschungen,

---

[52] Vgl. z. B. das Fazit U. v. HEHLS im Artikel »Kirchenkampf«, S. 432: »Diese Grundhaltung [des christlichen Zeugnisses] erwies sich nach 1945 als einer der entscheidenden Antriebe für den staatlich-gesellschaftlichen Neubeginn«. Vgl. auch die Ausstellungspublikation VERFOLGUNG UND WIDERSTAND 1933–1945.
[53] Vgl. Th. BREUER, Verordneter Wandel?
[54] Vgl. E. KLEE, Persilscheine; DERS., Die SA Jesu Christi; K. DESCHNER, Mit Gott und dem Führer; G. DENZLER, Widerstand.
[55] Zusammenfassend zuletzt A. LIEDHEGENER, Katholizismusforschung, S. 215–230. Zur Bedeutung der interdisziplinären Debatten des Schwerter Arbeitskreises für Katholizismusforschung vgl. J. HORSTMANN/A. LIEDHEGENER (Hrsg.), Konfession, Milieu und Moderne.
[56] EBD., S. 17.
[57] M. PRINZ/R. ZITELMANN (Hrsg.), Nationalsozialismus.

dass die NS-Diktatur religiöse Erneuerungen verstärkt, aber auch kirchliche Erosionsprozesse bewirkt hatte. Ein entschiedener Kirchenglaube und eine stärkere Einbindung des Verbandskatholizismus in kirchliche Hierarchien (»Verkirchlichung«) als Fundamente katholischer Milieuresistenz gingen einher mit religiösen Krisenerscheinungen, die der Krieg in seinen apokalyptischen Dimensionen hervorrief.

Der »Holocaust« und das neue Interesse an »Religion« im ausgehenden 20. Jahrhundert

Weitaus eindringlicher als alle wissenschaftlich argumentierende Kritik wirkte das 1963 in Rolf Hochhuths Bühnenstück »Der Stellvertreter« in Szene gesetzte Geschichtsbild vom »Schweigen« Papst Pius' XII. († 1958) zum Holocaust. Der zuvor als »Papst der Deutschen« verehrte Pius XII. personifizierte seitdem die denkbar größte Distanz zwischen dem kirchlichen Anspruch moralischer Autorität und dem schuldhaften Versagen angesichts des Holocaust. Das fiktionale Geschichtsbild begann um so mehr zum historischen Faktum zu mutieren, je stärker sich Politik, Gesellschaft, Öffentlichkeit und Forschung national und international der nationalsozialistischen Judenvernichtung zuwandten, aber eine gründliche geschichtswissenschaftliche Aufarbeitung des kirchlichen Verhaltens unterblieb.

Zwar waren die Ambivalenzen im christlich-jüdischen Verhältnis schon seit Beginn der 1970er Jahre erforscht[58], aber abgesehen von einer Studie über die kirchliche Fluchthilfe für Juden blieben indes die maßgeblichen Jahre der NS-Diktatur trotz einer sich zögernd verbessernden Quellengrundlage weitgehend unterbelichtet[59]. Innerkirchlich war das Thema seit Beginn der siebziger Jahre durch die »Theologie nach Auschwitz« (Johann Baptist Metz) präsent. Sie konfrontierte die deutsche Kirche mit der Frage ihrer historischen Schuld, aber auch die Geschichtswissenschaft mit ihrem scheinbar »evolutionären« Geschichtsverständnis und wurde darum ausgesprochen kontrovers diskutiert[60]. Jedoch blieben diese Anstöße, die die konziliaren Impulse eines erweiterten Selbstverständnisses von »Kirche« (»pilgerndes Gottesvolk«) und eines grundlegend veränderten Verhältnisses

---

[58] R. LILL, Die deutschen Katholiken und die Juden; L. E. REUTTER, Katholische Kirche als Fluchthelfer.
[59] W. DAMBERG, Katholizismus und Antisemitismus, S. 44–61. Den 1980 erreichten Stand fasste Burkhard van Schewick in einem knappen Überblicksartikel zusammen. Vgl. B. VAN SCHEWICK, Katholische Kirche und nationalsozialistische Rassenpolitik, S. 101–121.
[60] Vgl. dazu W. DAMBERG, Christen und Juden; K.-J. HUMMEL, Gedeutete Fakten, S. 547, formuliert die Spannungen in pointierter Zuspitzung: »Kann theologisch richtig sein, was historisch falsch ist?«

zur jüdischen Religion (»Christgläubige als Söhne Abrahams dem Glauben nach«) theologisch aufgenommen hatten[61], in ihren kirchenhistoriographischen Konsequenzen weitgehend unreflektiert.

Spätestens der über die Gelehrtenauseinandersetzung weit hinausreichende »Historikerstreit« hatte 1986/87 gezeigt, dass der Holocaust für die Erinnerung und das Selbstverständnis der Deutschen und ihrer Geschichte in den 1980er Jahren enorm an Bedeutung gewonnen hatte. Virulent allerdings sollten diese Debatten erst in den folgenden neunziger Jahren werden, als sich infolge des epochalen Zusammenbruchs der sozialistischen Ostblockstaaten die Frage nach der gesellschaftlichen Bedeutung von Religion nicht nur in Deutschland neu stellte. Ein bedeutsamer Anstoß erfolgte durch Kontroversen in den USA. Im Streit um die so genannte »Amerikanisierung des Holocaust« ging es um dessen identitätsstiftenden Ort in der amerikanischen Nation[62]. In der katholischen Weltkirche setzte sich Papst Johannes Paul II. persönlich an die Spitze eines christlich-jüdischen Aussöhnungsprozesses[63]. Dieser gipfelte am Beginn des neuen Jahrtausends in der öffentlichen Bitte um Vergebung. Derselbe Papst rückte zugleich die christlichen Blutzeugen des 20. Jahrhunderts in den Mittelpunkt des kirchlichen Interesses. Er unterstützte wie keiner seiner Vorgänger die kirchliche Kanonisierung von Märtyrern und Bekennern der jüngsten Gegenwart, insbesondere die Heiligsprechung Edith Steins, der vom Judentum zum katholischen Glauben übergetretenen Karmelitin, und die Seligsprechung von Papst Pius XII.[64]

Vor diesem Hintergrund kam es seit den 1990er Jahren zu einer beispiellosen Popularisierung und Skandalisierung der öffentlichen Auseinandersetzung über die Rolle der katholischen Kirche. Die geschichtspolitischen Erinnerungsdiskurse und ihre Geschichtsbilder wurden in bis dahin nicht gekannter Weise von den realhistorischen Zusammenhängen gelöst. Die Opfer von einst wurden zu Tätern gestempelt. Im Falle der »Spraydosen-

---

[61] Vgl. die Erklärung »Nostra aetate« über das Verhältnis der Kirche zu den nicht-christlichen Religionen, Nr. 4: »Außerdem beklagt die Kirche [...] im Bewußtsein des gemeinsamen Erbes mit den Juden, nicht aus politischen Gründen, sondern angetrieben von der religiösen Liebe des Evangeliums, Haß, Verfolgungen und Manifestationen des Antisemitismus, die sich, zu welcher Zeit auch immer und durch wen auch immer, gegen Juden gerichtet haben.« H. DENZINGER/P. HÜNERMANN, Kompendium, Nr. 4198.

[62] Vgl. P. NOVICK, Nach dem Holocaust.

[63] Vgl. dazu DIE KIRCHEN UND DAS JUDENTUM. Bd. 1: Dokumente von 1945 bis 1985, Bd. 2: Dokumente von 1986 bis 2000.

[64] Der Prozess der Seligsprechung wurde 1965 vom Konzil eröffnet; im Jahr 2000 wurde nicht Pius XII., sondern Pius IX. zusammen mit Johannes XXIII. seliggesprochen. Das Verfahren für Pius XII. dauert gegenwärtig noch an. Vgl. auch E. FÜLLENBACH, Heiligsprechung Edith Steins, S. 3–20.

Historiographie«[65] John Cornwells und Daniel J. Goldhagens stand die öffentliche Aufmerksamkeit in geradezu umgekehrtem Verhältnis zu den dargebotenen historischen Ergebnissen[66]: Dass Katholiken, ihre Bischöfe und ihr Papst Pius XII. als »Hitlers willige Vollstrecker«[67] in besonderer Weise einen »eliminatorischen Antisemitismus«[68] vertreten und somit das »Motiv zum Morden«[69] geliefert hätten, überzeugte selbst die kirchenkritischen Katholizismusforscher nicht[70].

Parallel setzte sich die allgemeine Zeitgeschichtsforschung mit dem Spannungsverhältnis zwischen Christentum und Judentum auseinander, wobei der Blickwinkel zunächst weitgehend auf das 19. Jahrhundert und die Weimarer Republik begrenzt blieb. Olaf Blaschke fasste die bewährte These vom ambivalenten Verhältnis der katholischen Kirche zum Antisemitismus schärfer und interpretierte sie eindimensional im Sinne eines »katholischen Antisemitismus«[71]: Die Katholiken seien antisemitisch gewesen, nicht obwohl, sondern weil sie katholisch waren. Begrifflich ebnete diese Interpretation die Unterschiede zwischen rassenideologischem Antisemitismus und den unbestrittenen Ambivalenzen im christlich-jüdischen Verhältnis ein. Sie implizierte einen Zusammenhang zwischen dem Holocaust und einer vorgeblich christlichen Vorgeschichte im 19. Jahrhundert[72].

Blaschkes zugespitzte »Sonderweg-These« vom »katholischen Antisemitismus« korrespondierte mit einseitigen Urteilen über die vielgestaltigen, stillen katholischen Hilfen für die als Juden verfolgten katholischen »Nichtarier«. An der Nahtstelle von Schuld und Moral der katholischen Kirche erfolgten (und erfolgen) die Diskussionen über die Motive kirchlich-katholischen Handelns mit besonderer Intensität. Hinter dem Vorwurf eines fatalistischen »Milieuegoismus« verbargen sich unterschiedliche Argumentationslinien: Zum einen wurde mit Blick auf die Kirche letztlich das historische Versagen

---

[65] So die treffende Bezeichnung von Kurt Nowak, zit. bei K.-J. Hummel, Gedeutete Fakten, S. 554.
[66] J. Cornwell, Pius XII; Daniel J. Goldhagen, Kirche und der Holocaust.
[67] So der Titel von Goldhagens 1995 erschienenem, von der Wissenschaft einhellig verurteiltem Buch.
[68] Den Begriff verwendet Goldhagen erstmals 1995. Vgl. ebd.
[69] Vgl. D. J. Goldhagen, Kirche und der Holocaust, S. 214.
[70] Vgl. J. H. Schoeps (Hrsg.), Goldhagen; G. Denzler, Widerstand, S. 260.
[71] O. Blaschke, Katholizismus und Antisemitismus. Die Ambivalenzthese geht von der Beobachtung aus, dass Katholiken und ihre Kirche seit dem 19. Jahrhundert zwar den rassisch begründeten Antisemitismus allgemein verwarfen, zugleich aber antisemitische Stereotype auf den zeitgenössischen (Wirtschafts-)liberalismus übertrugen. Die Ablehnung des rassischen Antisemitismus ging einher mit einem an den mental tief verankerten Antijudaismus partiell anschließenden, soziostrukturellen Antisemitismus.
[72] Zur Kontroverse über die Thesen Blaschkes vgl. Katholizismus und Antisemitismus, S. 204–236.

von zeitgenössischer Theologie und Kirchenhierarchie konstatiert, die das Judentum nicht oder doch allzu wenig als Teil der eigenen christlichen Religion erkannt habe; das kam der Argumentation der politischen »Theologie nach Auschwitz« nahe. Zum anderen wurde der Kirche der Gegenwart vorgeworfen, sie wolle die doch als Juden und nicht als Katholiken verfolgten Opfer für sich vereinnahmen und die katholischen Einzelhilfen für »Nichtarier« im exkulpierenden Sinne missbrauchen; solche Urteile folgten eher einer grundsätzlichen, die Konfessionen übergreifenden Kirchenkritik.

Gegenüber solchen einseitigen, mentalitäts- und theologiegeschichtlich begründeten Werturteilen plädierten die katholischen »Profan«-Historiker dafür, die institutionellen Rahmenbedingungen nicht zu unterschätzen, die neben mentalen Verhaltensdispositionen für die historische Wirklichkeit konstitutiv seien. Nicht lautstarke Proteste, sondern wirksame, wenn auch noch so bescheidene Hilfsaktionen seien unter den Bedingungen einer konfessionell segmentierten Gesellschaft und totalitär durchdrungenen Herrschaft das Gebot der Stunde gewesen. Wegen der zentralen Bedeutung des Antisemitismus im nationalsozialistischen Rassismus sei darum »jede humane Hilfe für verfolgte, bald todesbedrohte jüdische Menschen als wesentliche Widerstandshandlung unter dem nationalsozialistischen Totalitarismus zu sehen.«[73] Dies gelte unbeschadet der Tatsache, dass die wirksamen Hilfen immer nur um den Preis des Kompromisses mit den Tätern hätten erreicht werden können[74].

Die besondere Kontroverse über den Holocaust war seit Beginn der 1990er Jahre eingebettet in neu erwachendes öffentliches und wissenschaftliches Interesse für Fragen der Religion. Der Zusammenbruch der Sowjetunion und ihres Imperiums zwischen 1989 und 1991 beendete nicht nur das Zeitalter des Ost-West-Konfliktes, sondern auch die Epoche säkularreligiöser totalitärer Ideologien. In der Debatte über den »Clash of Civilizations« (Samuel P. Huntington) fand die Religion als antitotalitäre, friedensstiftende Kraft[75], aber – seit den Ereignissen des 11. September 2001 – auch als Gewaltpotential weltweit neue und intensive Aufmerksamkeit. Und gesellschaftlich verabschiedete die Postmoderne die bis dahin gültige säkularisie-

---

[73] W. ALTGELD/M. KISSENER, Judenverfolgung und Widerstand. S. 29; Th. BRECHENMACHER, Der Vatikan und die Juden.
[74] Zu denken ist hier an die Hilfen Pius' XII. ebenso wie an die Aktivitäten Gertrud Luckners, Margarete Sommers, Gabriele Magnis' sowie des Jesuitenpaters Ludwig Born (vgl. Anm. 10), mehr aber noch an vergleichbare Unterstützungen wie die des Unternehmers Oskar Schindler, des einflussreichen Rechtsanwalts Hans Calmeyer in den Niederlanden oder Kurt Gersteins.
[75] Das katholische Polen und die vom polnischen Papst Johannes Paul II. unterstützte Gewerkschaftsbewegung Solidarnośc bildeten in den 1980er Jahren einen der Ausgangspunkte des revolutionären Umbruchs in Osteuropa.

rungstheoretische Deutung von »Religion« als »vormodernes« Relikt einer aufgeklärten und säkularisierten Gesellschaft und debattiert mittlerweile die zivilgesellschaftliche Bedeutung von Religion. In Deutschland standen nach der epochalen Zäsur des Mauerfalls 1989/90 überdies die bis dahin gültigen, seit den 1960er Jahren gewonnenen »revisionistischen« Geschichtsbilder grundsätzlich in Frage: Die modernisierungstheoretisch begründete These vom so genannten »deutschen Sonderweg«, der vom autoritären, militaristischen und antiliberalen, preußisch dominierten kleindeutschen Kaiserreich über die ungeliebte »Weimarer Republik« direkt in das »Dritte Reich« geführt habe, geriet spätestens angesichts der friedlichen nationalen Revolution endgültig ins Wanken.

An seine Stelle traten Deutungszugänge, die Wesen und Selbstverständnis der im kurzen »Jahrhundert der Gewalt« herrschenden und schließlich zusammengebrochenen totalitären Diktaturen mit dem Konzept der »politischen Religion« (diktatur-)vergleichend zu fassen suchten[76]. Das Interesse galt den innersten (säkular-)religiösen »Glaubens«überzeugungen der Täter und ihrer europaweiten, das 20. Jahrhundert kennzeichnenden Gewaltregime[77]. In den Mittelpunkt rückten deren rituelle Inszenierung, die Auswirkungen auf das moralische Selbstverständnis der Gesellschaft und die Barrieren, die der totalitären Entfaltung des gewalttätigen, gegen »Anders«gläubige gerichteten Machtwillens entgegenstanden.

Die Anknüpfung an die politikwissenschaftlichen Analysen totalitärer Systeme der fünfziger und sechziger Jahre war unverkennbar[78]. Michael Burleigh und mehr noch Hans Maier machten in den christlichen Kirchen und im Katholizismus jene gesellschaftlichen Kräfte aus, die der politischen und gesellschaftlichen Barbarisierung entgegengewirkt habe, wiewohl eine rückwärtsgewandte kirchliche Tradition partiell Schnittmengen mit dem anpassungsfähigen, janusköpfigen Nationalsozialismus ermöglicht und darum Ambivalenzen erzeugt habe[79]. Inwiefern der Nationalsozialismus mit dem

---

[76] Vgl. zum Diktaturvergleich und der Bedeutung des Konzepts der politischen Religion in diesem Kontext zusammenfassend D. SCHMIECHEN-ACKERMANN, Diktaturen.

[77] Wolfgang DIERKER suchte die Überzeugungen von »Himmlers Glaubenskriegern« im Sicherheitsdienst der SS als politische Religion zu fassen.

[78] Vgl. H. G. HOCKERTS, War der Nationalsozialismus eine politische Religion?; Hockerts plädiert für eine Orientierung der Zeitgeschichtsforschung an einem erweiterten, die »politische Säkularreligion« einschließenden Totalitarismusmodell.

[79] H. MAIER, Politische Religionen; M. BURLEIGH, Die Zeit des Nationalsozialismus. Abwegig ist demgegenüber die These Richard Steigmann-Galls, die in den USA eine Debatte ausgelöst hat. Steigmann-Gall vertritt die Auffassung, der Nationalsozialismus sei »niemals ganz antichristlich« gewesen, sondern habe im Sinne eines »positiven Christentums« mit der Judenfeindschaft, der Überwindung der konfessionellen Spaltung und sozialethischen Forderungen wesentliche Bestandteile des Christentums aufgenommen. Dementsprechend habe das NS-Regime auch keinen totalitären Weltanschauungskampf gegen die Kirchen

Erklärungsmodell der »politischen Religion« hinreichend gedeutet werden kann, wurde und wird seitdem kontrovers diskutiert. Erst sehr spät wandte sich die Katholizismusforschung den Kirchen als Teil der nationalsozialistischen Kriegsgesellschaft zu. Den entscheidenden Anstoß, das eigenständige Forschungsfeld zu vermessen, gab im Jahr 2000 die politische und öffentliche Debatte über die Entschädigung von überlebenden Zwangsarbeitern. Der Einsatz von ausländischen Zivilarbeitern auch in katholischen Einrichtungen, das vermeintliche Schweigen des Papstes, die Hilfen für die so genannten »katholischen Nichtarier« und der von Himmler vorangetriebene »Klostersturm« werden stärker eingebettet gesehen in den europaweiten Krieg. Für ihn stellten die Kirchen in Deutschland ebenso wie in den okkupierten Nationen ihre personellen, materiellen, institutionellen und teilweise ideellen Ressourcen bereit, obwohl (oder weil?) sie einer befürchteten nationalsozialistischen »Endlösung der Kirchenfrage« entgegensahen. Die kirchliche Lehre vom »gerechten Krieg« legitimierte solche patriotisch gesinnte »antagonistische Kooperation« der Kirchen; zum Dilemma der Kirchen gehörte es, dass ihre von derselben Lehre gestützten Aufrufe gegen den gewaltsamen Rassenkrieg wirkungslos, weil machtlos verhallten[80].

Zusammenfassung

Im Rückblick erweist sich die Erforschung des Verhältnisses von »Katholischer Kirche und Drittem Reich« nicht als isolierter und linear verlaufender, rein wissenschaftlicher Diskurs. Die Auseinandersetzungen in der Zeitgeschichtsforschung waren immer auch Teil identitätsstiftender Selbstvergewisserung von katholischer Kirche und pluraler Gesellschaft über ihre (eigene) jüngste Vergangenheit. Die Ergebnisse, die die zeitgeschichtliche Katholizismusforschung in mehr als vier Jahrzehnten erreicht hat, sind auch das Produkt ihrer Auseinandersetzung mit gesamtgesellschaftlichen bzw. innerkirchlichen Wandlungen und Krisen. Anders gewendet: Anfänge, Entwicklungen und Wirkungen der geschichtswissenschaftlichen Auseinandersetzungen mit der NS-Vergangenheit bleiben unklar, wenn sie nicht zusammen gesehen werden mit a) den zeitgenössischen Spannungen zwischen den Generationen der Zeitzeugen und der Zeithistoriker, b) dem dynamischen Wandel von Gesellschaft und katholischer Kirche besonders

geführt, im Gegenteil, seine Anführer seien christentumsfreundlich gewesen. Die gegen die katholische Kirche gerichtete NS-Kirchenpolitik bleibt bei Steigmann-Gall völlig außerhalb des Blickfeldes. Vgl. R. STEIGMANN-GALL, The Holy Reich.
[80] Vgl. zuletzt K.-J. HUMMEL/Ch. KÖSTERS (Hrsg.), Kirchen im Krieg.

seit den 1960er Jahren, c) den daraus erwachsenden Auseinandersetzungen um die Deutung der Vergangenheit und schließlich d) den je eigenen Zugängen jener zwei Wissenschaftsdisziplinen, in deren Fokus »Kirche« und »Katholizismus« als Gegenstand von Beginn an standen, nämlich: »profaner« Zeitgeschichtsforschung und katholischer Theologie. Bezieht man diese separaten, aber doch mit der zeitgeschichtlichen Katholizismusforschung in spezifischer Weise verschränkten Zusammenhänge ein, kristallisieren sich Kontroversen, inhaltliche Positionen und Zäsuren heraus. Dabei fällt auf: Wesentliche Anstöße erhielten die Auseinandersetzungen in Deutschland an ihren markanten Wendepunkten jeweils von außen, aus den Vereinigten Staaten bzw. dem Zentrum der Weltkirche in Rom.

Die frühen 1960er Jahre bildeten einen ersten markanten Einschnitt: Die Einheit von religiösem Heil und geschichtlicher Heilung im katholischen Milieu, wie sie wohl am dichtesten in der frühen Verehrung der »Märtyrer« der NS-Diktatur erkennbar ist, zerbrach und mit ihr das gesellschaftlich dominierende und öffentlich akzeptierte Geschichtsbild vom »anderen und besseren Deutschland« im Gewand der katholischen Kirche. Für die nun einsetzende historisch-kritische Aufarbeitung der jüngsten Geschichte ihrer Kirche legten die in der Kommission für Zeitgeschichte zusammengeschlossenen »Profan«-Historiker dieselben historisch-kritischen Maßstäbe an, die in der Zeitgeschichtsforschung gültig waren. Hinter diesen Standard gab es fortan kein Zurück. Allgemeinhistorische Erklärungsmodelle – zunächst totalitarismustheoretische, später daneben sozial- und mentalitätsgeschichtliche – dominierten den wissenschaftlichen Diskurs, nicht heilsgeschichtliche Konzepte der theologischen Kirchengeschichtsschreibung. Vor dem Hintergrund eines konziliar erneuerten Kirchenverständnisses stritten dieselben Historiker mit historischen Argumenten gegen alle Versuche, die »Vergangenheit« als Argument für Gegenwart zu missbrauchen und damit das alte Geschichtsbild der Erlebnisgeneration durch ein neues gesellschaftskritisches zu ersetzen, wonach die katholische Kirche im Dritten Reich »anti-«demokratisch, »anti-«bolschewistisch, »anti-«sozialistisch und »anti-«pazifistisch und deshalb gerade nicht »anti-«faschistisch gewesen sei.

Aber die geschichtswissenschaftliche Auseinandersetzung über die nationalsozialistische Vergangenheit und der gesellschaftspolitische »Kampf um ihre Deutung« ließen sich nicht entmoralisieren, zumal für die christlichen Kirchen nicht. Die epochale historische Zäsur zu Beginn der 1990er Jahre markierte zugleich einen zweiten Einschnitt auch in der zeitgeschichtlichen Katholizismusforschung. Die international und national, gesamtgesellschaftlich wie innerkirchlich forcierte Perspektive auf den »Holocaust« veränderte das Koordinatensystem der »profanen« Katholizismusforschung nachhaltig. Anders als in den 1980er Jahren, als aus sozialgeschichtlicher und kirchenkritischer Sicht das Forschungsergebnis vom widerständigen »Kirchenkampf« der christlichen Kirchen bestritten wurde, wurde die Frage, warum die Kirche und ihr Papst zu Antisemitismus, Pogrom und Judenvernichtung geschwiegen hatte, von Papst Johannes Paul II. im politisch-theologischen Sinne entschieden. Dem vormaligen historischen Urteil über die Ambivalenzen im christlich-jüdischen Verhältnis und den katholischen Antirassismus stand eindringlicher als je zuvor die Verurteilung schuldhaften Versagens und verstrickter Mittäterschaft der Kirche entgegen. Hatte die »profane« Katholizismusforschung aus Gründen der geschichtswissenschaftlichen Methodik eine Antwort auf die das Kirchenverständnis selbst betreffende Schuldfrage vermieden, erschien nunmehr kirchlich wahr, was historisch falsch war.

Allerdings haben diktaturvergleichende Modelle, die den Nationalsozialismus als »politische Religion« interpretieren, sowie die öffentlichen Debatten über den Fundamentalismus in nicht-christlichen Religionen den Blick für die Wucht totalitärer Ideologien einerseits und die gewaltdisziplinierende Kraft des Christentums andererseits geschärft. Durch die von Papst Johannes Paul II. zur Jahrtausendwende zusammen mit der moralischen »Reinigung des Gedächtnisses« der katholischen Kirche eingeleitete vorzeitige Öffnung bislang gesperrter vatikanischer Archivbestände könnte für die Katholizismusforschung »ein wichtiges Stück Gestaltungsspielraum wiedergewonnen«[81] werden. Geronnen sind Ergebnisse und Urteile über die Geschichte der katholischen Kirche im Dritten Reich auch mehr als sechs Jahrzehnte nach dessen Ende noch nicht.

---

[81] So K.-J. HUMMEL, Gedeutete Fakten, S. 567.

've# II.

Kontroversen und Debatten

Wolfgang Altgeld

Rassistische Ideologie und völkische Religiosität

Am 4. November 1936 empfing Adolf Hitler den Münchener Erzbischof Michael Kardinal Faulhaber zu einer Aussprache in seinem Domizil auf dem Obersalzberg[1]. Deren Thema sollte, so hatte es Goebbels vorab notiert, der »Kampf gegen den Bolschewismus«[2] sein, jenes Thema mithin, welches die nationalsozialistische Propaganda seit Ausbruch des Spanischen Bürgerkriegs im Juli dieses Jahres über den Nürnberger Reichsparteitag im September immer höher gezogen hatte. Hitler setzte jetzt wohl darauf, die bedeutendste Persönlichkeit des deutschen Episkopats unter dem Eindruck der Nachrichten über tausendfache Morde, begangen von »Roten«[3], auf den Antikommunismus der Kirche zu fixieren und damit zur Vernachlässigung anderer, im Widerspruch zum Nationalsozialismus und seiner Herrschaftspraxis stehender christlicher Grundlinien bewegen zu können.

Faulhaber bei Hitler auf dem Obersalzberg – für viele kirchenkritische Historiker wird schon in diesem Bild sinnfällig, wie weltanschaulich nahe sich Katholizismus und Nationalsozialismus doch gewesen seien. Und tatsächlich: Hitler beeindruckte den Münchner Erzbischof mehr als »dem Besuchszweck zuträglich war«, meinte Ludwig Volk, der bereits in den 1970er Jahren mit der Edition der Faulhaber-Akten begonnen hatte[4]. Um einer aus dem dreistündigen Gespräch abgeleiteten, erhofften Klimaverbesserung willen glaubte Faulhaber dem Führer des Dritten Reiches einen gemeinsamen Hirtenbrief der deutschen Bischöfe gegen den Bolschewismus nicht abschlagen zu sollen – und das, obwohl dem Münchner Bischof die Verfolgungsmaßnahmen gegen die Kirche und die zu diesem Zeitpunkt bereits zahlreichen Verbrechen der Nationalsozialisten doch bekannt waren. Mehr noch: Im selben Monat erschien das Buch des österreichischen Titularbischofs von Ela, Alois Hudal, »Die Grundlagen des Nationalsozialismus«, welches Hitler bei seiner Unterredung mit Faulhaber schon

---

[1] Vgl. B. KLEMENZ, Kardinal Faulhaber, S. 262–379, bes. S. 301–321. Von Hitler liegen von anderen notierte Äußerungen, ein Bericht indessen von Faulhaber, nichts vom ebenfalls anwesenden »Stellvertreter des Führers« in der NSDAP, Heß, zum Gesprächsverlauf vor.

[2] E. FRÖHLICH (Hrsg.), Tagebücher von Joseph Goebbels, S. 219 (Eintragung zum 21.10.1936: Zusammenfassung eines Gesprächs mit Hitler am 20.10.1936).

[3] Vgl. kurz H. HEROLD-SCHMIDT, Vom Ende der Ersten zum Scheitern der Zweiten Republik, S. 329–442, hier S. 423f. über diese annähernd 7.000 Todesopfer zumal in den ersten Bürgerkriegswochen. Zur geschichtlichen Einordnung dieser Morde vgl. nun A. BEEVOR, Der Spanische Bürgerkrieg, S. 109–126.

[4] L. VOLK, Akten Faulhabers I, S. LXXXIII.

geläufig war. Darin versuchte der als Rektor des deutschen Priesterkollegs S. Maria dell'Anima in Rom amtierende Hudal einen Brückenschlag zum Nationalsozialismus, indem er vielfältige Gemeinsamkeiten zwischen katholischer Kirche und Nationalsozialismus identifizierte: etwa im Bereich der Soziallehre, in der antibolschewistischen Grundeinstellung, ja, sogar in der Judenfeindschaft.

Auf den ersten Blick sicherlich überraschende scheinbare Übereinstimmungen zwischen Nationalsozialismus und katholischer Weltauffassung – doch: konnte es die wirklich geben?

Auffällig bleibt beim Studium schon dieser Quellen nämlich, dass Faulhaber, wo immer er auch Schnittmengen mit dem Regime zu sehen glaubte, an einem Punkt Hitler keinesfalls entgegenkommen wollte und konnte: Bei der impliziten Forderung weltanschaulich-politischer Anpassung zumindest durch Hinnahme des absoluten nationalsozialistischen Gestaltungsanspruchs. Doch genau das war für Hitler das alles Entscheidende. Goebbels schrieb deshalb am 15. November in sein Tagebuch: »Krieg oder Aussöhnung. Was anderes gibt's nicht. Die Kirche muß sich zu uns bekennen, und zwar ohne Vorbehalt«[5].

Mit den anschließenden öffentlichen Äußerungen der Bischöfe Bayerns am 13. Dezember und des deutschen Episkopats, datiert auf den 24. Dezember 1936, zur »Abwehr des Bolschewismus« waren Hitler und seine Vertrauten dann auch äußerst unzufrieden. Denn ein gleichsam nationalsozialistisches Bekenntnis blieb trotz eines auf den ersten Blick arg weiten, viele Katholiken im In- und Ausland bestürzenden, einige deutsche Bischöfe verzweifelnden, heutzutage von vielen Historikern äußerst kritisch diskutierten »Entgegenkommens« doch verweigert. Vielmehr wurden erneut aktuelle Bedrängnisse der Kirche und diese gerade als Schwächung der fundamentalen antibolschewistischen Abwehrkraft des katholischen Christentums beklagt. Das Regime reagierte seit der Jahreswende unter anderem mit Überlegungen, die nicht zufällig im Juli 1936 gebremste Prozesskampagne gegen katholische Geistliche wieder aufzunehmen, und diese erneut der Sittlichkeits- und Devisenvergehen zu beschuldigen. In Berlin wurde ernstlich eine Aufkündigung des Konkordats erwogen[6].

---

[5] E. Fröhlich (Hrsg.), Tagebücher von Joseph Goebbels, S. 252 (Eintragung zum 15.11.1936: Zusammenfassung eines Gesprächs mit Hitler u. a. über dessen Faulhaber-Unterredung am 14.11.1936). Die übliche Kritik an Faulhabers Gesprächsbereitschaft und -führung etwa bei P. Godman, Der Vatikan und Hitler, S. 171–188, hier in der Variante einer absurden Ineinanderspiegelung von Faulhabers und Alois Hudals (»Die Grundlagen des Nationalsozialismus«, 1936) Intentionen.

[6] Vgl. hierzu und zum Folgenden G. Besier, Die Kirchen und das Dritte Reich, S. 733–805. Weiterhin beachtenswert H.-A. Raem, Pius XI. Ein neuer Höhepunkt der Prozesskampagne ist dann seit Mai 1937 erreicht worden.

»Schnittmengen« zwischen Katholizismus und Nationalsozialismus? Wie lassen sich in solch einem Dickicht von offensichtlich taktischen Maßnahmen, tatsächlichen oder vermeintlichen Interessenidentitäten und widersprüchlichen Gesten bestimmende, entscheidende Elemente der gleichsam ideologischen Gemeinsamkeiten und Gegensätze zwischen katholischer Kirche und NS-Staat überhaupt sichtbar machen?

Kirchenkampf 1936/37

Zunächst hilft schon ein Blick auf die Chronologie weiter, denn wenige Monate nach dem anscheinend so einvernehmlich verlaufenen Treffen zwischen Faulhaber und Hitler wurde kirchlicherseits der »Frontverlauf« im »Vernichtungskampf [der] mit allen Mitteln arbeitenden grundsätzlichen Feindschaft gegen Christus und seine Kirche« geklärt, und zwar in Pius' XI. Enzyklika »Mit brennender Sorge«. Kardinal Faulhaber hatte sie wesentlich mitformuliert[7]. Die Enzyklika behauptete den einzig wahren christlichen Gottesbegriff im völligen Gegensatz zu allen pantheistischen, germanisch-naturheidnischen und genauso zu totalitären rassistischen und etatistischen Missbräuchen der Berufung auf Gott. Sie verfocht die einzige Wahrheit der Offenbarung Gottes im Alten wie Neuen Testament und deren Verheißungen, unterstrich die universale Gültigkeit gottgegebener persönlicher Rechte und sittlicher Gebote, betonte das weltliche Mitwirkungsrecht der Kirche durch freie Verkündung des Gotteswortes und das religiöse Selbstbestimmungsrecht der Gläubigen vor allem auch in der Erziehung ihrer Kinder.

In totalitärer Sicht musste solche Selbstbehauptung als Angriff gelten. Schon anlässlich der beiden Hirtenworte des vergangenen Dezembers hatte Goebbels aufgeschrieben: »Der Führer hält das Christentum für reif zum Untergang. Das kann noch lange dauern, aber es kommt.«[8] Nach der Verlesung der Enzyklika in den katholischen Kirchen Deutschlands wiederholte Hitler das nun beständig – im inneren Kreise seiner Paladine. Und das konnte sehr direkte Konsequenzen haben.

---

[7] D. ALBRECHT, Notenwechsel I, S. 404–443, hier S. 406. Dass die Verwerfung des Rassismus richtig als Verwerfung des konkreten nationalsozialistischen Antisemitismus allseits und gerade auch von verfolgten Juden verstanden worden ist, belegt hinreichend K. Löw, Deutsche und Juden, S. 241–278. Vgl. in diesem Band den Beitrag von Thomas Brechenmacher. Zur dort auf neuestem Forschungsstand vermerkten Literatur auch noch H. WOLF, Pius XI., S. 1–42.

[8] E. FRÖHLICH (Hrsg.), Tagebücher von Joseph Goebbels, S. 316 (Eintragung zum 5.1.1937: Zusammenfassung eines Gesprächs mit Hitler auf dem Obersalzberg am 4.1.1937).

Am 21. Juli 1937, gegen Ende der zweiten, im Frühjahr inszenierten Prozesswelle, standen zwei weitere katholische Geistliche, angeklagt wegen angeblicher Sittlichkeitsvergehen, vor Gericht, diesmal in Nürnberg, »Stadt der Reichsparteitage« und Sitz der Leitung des Gaus (Mittel-)Franken. Gauleiter Julius Streicher, Herausgeber des »Stürmer«, war während der Gerichtsverhandlung inmitten anderer Nationalsozialisten anwesend. Plötzlich fiel ihnen ein Pole auf, den man für einen Juden hielt und aus dem Saal zerrte, um ihn in einem Nebenraum zu verprügeln: Pole, Jude, feindliches Interesse an der nationalsozialistischen deutschen Auseinandersetzung mit der römischen Kirche – das fügte sich schnell zusammen. Tatsächlich aber war das Opfer ein polnischer Rechtswissenschaftler, der auf der Durchreise an einem dieser ja auch international erstaunenden Prozesse gegen katholische Geistliche und andere kirchlich tätige Katholiken die neue deutsche Rechtswahrung beobachten wollte. Der Professor schwieg dann später auf sicherem französischen Boden nicht, woraus sich ein größerer publizistischer und ein kleinerer diplomatischer Skandal entwickelt hat. Von irgendwelchen Folgen für den »Frankenführer« ist nichts bekannt. Streicher war im Jahre 1940 wegen notorischer sexueller Übergriffe sowie anderer Straftaten seiner Ämter enthoben worden. Hitler schätzte ihn weiterhin und beließ ihm den Titel »Gauleiter« und erst recht die Herausgeberschaft des »Stürmers«.[9]

»Ebenen« des Kirchenkampfes

Solche Aggression war alltäglich, sogar in jenen allgemein als »ruhig« geltenden Jahren zwischen der Remilitarisierung des Rheinlands (1936) und dem Anschluss Österreichs (1938). Was historiographisch als einheitlicher »Kirchenkampf« erscheint, vollzog sich auf verschiedenen »Ebenen« unter Beteiligung unterschiedlicher Akteure: auf Reichs- wie Länder- und Gauebene bis hinab auf die Stadt- bzw. Dorfebene, auf der Ebene der Politik und Gesetzgebung des fortschreitend nazifizierten Staates und seiner regierungsoffiziellen Propaganda bis zu den Ebenen des sogenannten Weltanschauungskampfes mehr oder weniger bekannter Ideologen. Eine gleichmäßige Ausrichtung der Akteure jenseits eines allgemeinen, aber überaus verschiedenartigen Antikatholizismus' ist nicht auszumachen. Dazu hätte es eine einigermaßen präzise und konsistent definierte, dann auch straff kommunizierte auf den horizontalen und vertikalen Handlungsebenen kontrollierte Generallinie geben müssen. Auch der Kampf des Regimes gegen die katholische Kirche war stets beeinflusst durch jenes polykratische Führungschaos, das dem Dritten Reich eigen war. Das machte auf der anderen Seite für die Kirche

---

[9] Vgl. K. Pätzold, Streicher, S. 264–296, hier S. 264f.

die Beurteilung der kirchenpolitischen Verhältnisse, die Einstufung von gegnerischen Persönlichkeiten und Institutionen sowie die Entscheidung über die richtigen Strategien nicht leichter. Wir haben es also nicht bloß mit einem Konflikt zwischen nationalsozialistischem Regime und katholischer Kirche zu tun, sondern zugleich mit inner-nationalsozialistischen Konfliktlinien, welche beachtliche Auswirkungen auf Gestaltung und Verlauf der Auseinandersetzungen zeitigten. Dabei produzierte gerade das systemimmanente Machtgerangel tatsächlich Dynamik, ja sogar den Eindruck, es mit einer geradezu unerhörten Dynamik zu tun zu haben. Es rief zusammen mit dem Tempo, mit dem immer neue religions- und kirchenpolitische Gesetze und Verordnungen erlassen bzw. polizeiliche Maßnahmen wirksam wurden, unvermeidlich den Eindruck allwirksamer, wennschon nicht monolithischer Totalität des nationalsozialistischen Regimes hervor. Umgekehrt verdichteten sich die vielfältigen und vielgestaltigen Vorgänge auf lokaler und regionaler Ebene schrittweise zu antikatholischen Angriffsflächen, die in einer reichsweiten Offensive von Partei oder/und Staat zusammenliefen. Die konkordatswidrige Einführung der entkonfessionalisierten Simultanschule bis 1938 ist dafür ein eindrücklicher Beleg.

Hitlers Haltung begünstigte bekanntlich Machtgerangel und Kompetenzwirrwarr. Ausbrüche gegen die katholische Kirche im Reich und in der Welt, Deklamationen über deren dereinst anstehende Zerstörung sollten nicht verkennen lassen, dass er vor und nach der Machtergreifung vorsichtig, in konkreten Belangen meist sogar zögerlich agierte. Es wirft ein Licht auf die geschichtlichen Wurzeln des regimekonformen Antikatholizismus' im Dritten Reich, dass solche Vorsicht und Zögerlichkeit, erst recht jede vermeintlich anstehende Annäherung des potentiell allentscheidenden »Führers« an die katholische Kirche von nationalsozialistischen und anderen völkischen Radikalen wie von gewissen protestantischen Gruppierungen als Gefahr einer Art Katholisierung des Nationalsozialismus missdeutet wurde, so zum Beispiel anlässlich des Treffens mit Faulhaber[10]. Hitler argu-

---

[10] Der Vorwurf gegen Hitler, sich einseitig am Katholizismus zu orientieren, erstens, in einer Partei, deren Mitgliederschaft zu 65% aus Protestanten und nur zu 25% aus Katholiken bestehe, und das, zweitens, obwohl Katholizismus und Jesuitismus schlimmere Volksfeinde als Judentum und Bolschewismus seien, hatte Arthur Dinter nach heftigem Streit 1927 die Gauleitung Thüringens gekostet und 1928 mit zu seinem Parteiausschluss geführt. Ähnliche »Prioritäten« sind übrigens auch bei Heydrich oder Theodor Eicke aufgefallen: Vgl. M. R. DEDERICHS, Heydrich, S. 105–118; U. HERBERT, Best, S. 157. 1936 weckten Hudals »Die Grundlagen des Nationalsozialismus« und ein damit einhergehender Vorstoß Papens im »Sicherheitsdienst der SS« unter Heydrich erneut solche Befürchtungen, wiederholt in ähnlichen Beschuldigungen Seyß-Inquarts durch den »Reichskommissar für die Wiedervereinigung Österreichs mit dem Reich«, Josef Bürckel, 1938/39. Derlei Unsinn ist selbstverständlich ein bezeichnender Aspekt des völkischen und nationalsozialistischen Antikatholizismus gewesen. Vgl. zu den angeführten Vorwürfen und Verdächtigungen

mentierte dagegen seit 1937 im inneren Führungskreis, dass die Austilgung der Kirchen erst nach Erreichung seiner expansionistischen und zentralen rassistischen Ziele angegangen und deren Einfluss bis dahin eben nur jeweils hinreichend eingeschränkt werden könnte. Wohin die Entwicklung so oder so gehen sollte, wurde seit dem Frühjahr 1938 in der »Ostmark« unter Kassierung des österreichischen Konkordats von 1935 sogleich nach dem Anschluss angedeutet, anderthalb Jahre später im annektierten und kirchenpolitisch dem antikatholischen Fanatiker Bormann ausgelieferten Warthegau fortgeschrieben.

Das vielseitige und vielfache antikatholische Vorgehen war totalitär in seinen Motiven und Zielen, aber es offenbarte in der Durchführung einen erstaunlichen Pluralismus unter den nationalsozialistischen Eliten und Formationen[11]. Umso leichter konnten sich hier auch andere katholikenfeindliche Gruppen und Persönlichkeiten jenseits der Nationalsozialisten anschließen. Diese Bandbreite verzerrte das ohnehin schon verwirrende Bild des antikatholischen Aufgebots und Angriffs nochmals und trug zur Täuschung über deren gleichwohl vorhandene immanente Systematik und generelle Zielsetzung auf den Wegen zu einem wirklich totalen nationalsozialistischen Dritten Reich ohne Kirchen und kirchliches Christentum bei. Selbstverständlich prägte die diffuse, vielfältige, unterschiedlich radikale Art der Angriffsfront auch die Gestaltung des kirchlichen und des allgemeinen katholischen Ringens um Selbstbehauptung. Nur individuell konnte dieses Ringen in systemfeindliche Opposition münden. Die Kirche als öffentlich wirkende Großorganisation war dagegen auf systemkonforme Opposition verwiesen. Eines wird beim Blick auf die Chronologie der Ereignisse deutlich: Wenn es eine wie auch immer geartete ideologische Gemeinsamkeit zwischen Nationalsozialismus und katholischer Kirche gegeben haben sollte, im tatsächlichen Verhalten der beiden Akteure hat sie sich nicht widergespiegelt. Diese war je länger je mehr von Konfrontation und nicht von Kooperation gekennzeichnet.

Gemeinsamkeiten? Das Beispiel: »Antibolschewismus«

Die vielgestaltige Art dieser Auseinandersetzung schien bisweilen auch Chancen zu eröffnen, pragmatisch auftretende Größen des Herrschaftsapparates, womöglich Hitler selbst, bewegen zu können, kirchliche Eigenheiten

---

M. WEISSBECKER, Sauckel, S. 297–331, hier S. 303f.; W. DIERKER, Himmlers Glaubenskrieger, S. 231–235; G. BESIER, Die Kirchen und das Dritte Reich, S. 766f.

[11] M. GAILUS, Religiöse Pluralisierungen, S. 247–268, hier S. 250 (im Anschluss an J. BAST, Totalitärer Pluralismus).

akzeptieren zu können. Offensichtlich war dabei die Gefahr groß, bloß taktisch motivierten Pragmatismus mit grundsätzlicher Beeinflussbarkeit zu verwechseln. Heute mögen manche kirchliche Lobhudeleien gegenüber dem Führer ebenso befremden wie enthusiastisch anmutende Loyalitätserklärungen gegenüber dem neuen Staat oder die Methode der »Eingaben« an offiziell zuständige Ministerien. Sie sind wohl als Suche nach solcherlei »Chancen« in der Diktatur zu verstehen. Die Suche galt weltanschaulichen Schnittmengen jenseits der unvermittelbaren religiösen und kirchlichen Felder wobei die stets verschiedenartigen Grundlagen und Zwecksetzungen in den Hintergrund traten. Das galt für das Nationale schlechthin, insonderheit für dessen Überhöhung zur Reichsidee[12], für autoritäre und ständestaatliche Politikideen[13], nicht zuletzt für das Bild des Führers in seinem Verhältnis zur staatlichen Administration und zur Partei[14]. Solche tatsächlichen oder vermeintlichen Schnittmengen mit dem Regime werden an verschiedenen Stellen dieses Bandes beschrieben. Der bei dieser Suche nach Übereinstimmungen wichtigste Punkt muss auch an dieser Stelle angesprochen werden: der Antikommunismus, der mit antijudaistischen Bezügen[15] einhergehen konnte. Wenn es in der Zeit des Dritten Reiches etwas gab, über das sich Nationalsozialisten und Katholiken einigermaßen unkompliziert verständigen konnten, so war es ihre gemeinsame Gegnerschaft gegenüber dem russischen Bolschewismus. Hier schien man geradezu eine gemeinsame

---

[12] Vgl. K. Breuning, Katholizismus zwischen Demokratie und Diktatur. Hierzu und zum Folgenden neuerdings auch H. Arning, Die Macht des Heils. Arnings Beobachtung, dass man von einem katholischen »autonomen Alternativdiskurs« und nicht von einem »Gegendiskurs« (S. 486) unter der nationalsozialistischen Herrschaft ausgehen solle, ist in der hier gewählten Perspektive weitläufig beizustimmen, indessen Zweifel in Bezug auf einige Argumentationslinien bestehen.

[13] Vgl. u. v. a W. Loth, Katholizismus, S. 111–133, und jetzt R. Uertz, Vom Gottesrecht zum Menschenrecht.

[14] Vgl. I. Kershaw, Der Hitler-Mythos, S. 131–149, 217–221.

[15] Vgl. in diesem Band den Beitrag von Thomas Brechenmacher. Hier sei lediglich auf eine häufig zitierte Bekundung Faulhabers in einem Schreiben an Bertram verwiesen – vgl. z. B. G. Besier, Die Kirchen und das Dritte Reich, S. 762 – sowie auf Widerspiegelungen bis herunter in die (vermutliche) Predigtskizze eines damals noch ganz unbekannten, sicher nicht judenfeindlichen Würzburger Geistlichen: Vgl. W. Altgeld/J. Merz/W. Weiss (Hrsg.), Josef Stangl, S. 288–294. Zu solcher Verquickung die zeitnahe Publikation: Vgl. Th. v. Briemle, Zweifrontenkrieg, S. 66–74: »Die Verjudung der Sozialdemokratie«, als Zusatz des im Taunus wirkenden Paters. Die vergleichsweise Bedeutungslosigkeit solcher Bezüge für den allgemeinen katholischen Diskurs ergibt sich u. a. auch aus Arbeiten zu vorausgegangenen Wahrnehmungs- und Argumentationslinien. Vgl. etwa Ch. Dowe/S. Fuchs, Katholische Studenten, S. 571–593; S. Fuchs, Katholische Gebildete, bes. S. 303; W. Hannot, Judenfrage. Für Österreich ergibt sich ein anderes Bild. Zur Schnittmenge und Differenz von nationalsozialistischem und katholischem Antibolschewismus im Krieg vgl. in diesem Band den Beitrag von Annette Mertens.

Sprache zu sprechen, wenn es um die Perhorreszierung des Kommunismus, der »asiatischen Gefahr«, ging, oder wenn die als Entartungen empfundenen, modernen gesellschaftlichen Entwicklungen bekämpft werden sollten, die man undifferenziert mit dem allumfassenden Schlagwort des »Kulturbolschewismus« diffamierte.

Bei näherer Betrachtung der katholischen antibolschewistischen Propaganda werden jedoch auch die Unterschiede zum nationalsozialistischen Verständnis sehr schnell deutlich. Von Anfang an unterschied die katholische Rede vom russischen Bolschewismus das »wahre«, durchaus gläubige und »innerliche« Russland von jenem, das durch den Kommunismus irregeleitet war, und nun unter dieser Geißel leiden musste. Der Kampf der katholischen Kirche richtete sich gegen die Kommunisten, nicht gegen Russen oder gar die »slawische Rasse«. Dafür gab es gute Gründe[16]: Greueltaten gegen Kirchen, Kleriker und Mönche, eine intensive, staatlich geförderte Tätigkeit des »Bundes der Gottlosen«, die auf eine völlige Entchristlichung des Landes zielte und die erschreckenden Berichte russischer Emigranten, von denen schon Mitte der 20er Jahre rund 100.000 in Berlin lebten, ließen den expansiven kommunistischen Machtbereich als existentielle Gefährdung für das »abendländische« Christentum erscheinen. Wegen der anhaltenden Religionsverfolgungen brach Papst Pius XI. am 19. Dezember 1927 die Verhandlungen mit der Sowjetunion ab. Als schließlich ab Juni 1929 der jetzt so genannte »Verband der kämpfenden Gottlosen« seine Propaganda gegen jede Form von Religion intensivierte und der 15. Parteitag der KPdSU die Religionsgesetzgebung ein weiteres Mal verschärfte, erreichte die Bolschewismusfurcht gerade im deutschen Katholizismus ihren Höhepunkt. In dieser Lage rief Pius XI. zu einem »Gebetskreuzzug« für Russland auf und feierte am 19. März 1930 eine Sühnemesse, die Russland helfen sollte, während Kardinal Faulhaber davon sprach »die russische Frage [sei] für ganz Europa und die ganze Welt« zu einer Schicksalsfrage geworden. Ganz ähnlich verhielten sich andere europäische Kirchen, so etwa die englischen Erzbischöfe von Canterbury und York, der Brüsseler »Weltbund für internationale Freundschaftsarbeit der Kirchen« u. a. »Bezbornik«, die Zeitschrift der Gottlosen in Russland, brachte daraufhin eine Sondernummer gegen den Papst heraus.

Aus dieser intensiv wahrgenommenen Gefährdungssituation heraus erklärt sich auch der innerdeutsche Kampf der katholischen Kirche gegen Freidenkertum, Feuerbestattung, »Schmutz und Schund«, sozialistische Erziehungsexperimente, sexuelle und künstlerische Liberalisierung und dergleichen mehr – Entwicklungen und Erscheinungen, die man als Vorboten einer kommunistisch inspirierten, gesellschaftsrevolutionierenden,

---

[16] Vgl H. Smolinsky, Rußlandbild, S. 323–355, hier S. 326.

eben »gottlosen« Entwicklung mit dem vieldeutigen, gefährliche Überschneidungen mit der rechten Propaganda ignorierenden Schlagwort des »Kulturbolschewismus« bzw. »jüdischen Bolschewismus«[17] belegte. Zwar gab es Einwendungen gegen solch undifferenzierte Begrifflichkeit, etwa von Walter Dirks, der vor den Folgen dieser sprachlichen Nähe zu den Nationalsozialisten warnte, doch schenkte man ihnen wenig Beachtung. Deshalb erschienen die 1933 getroffenen Maßnahmen der neuen nationalsozialistischen Regierung gegen Freidenker und Gottlosenbewegung, gegen die Kommunisten und überhaupt die politische Linke als achtbare Hilfe im Kampf der Kirche gegen die »bolschewistische Gefahr«. Der Trierer Bischof Bornewasser fand im Juli 1933 vor Bonner Studenten auch lobende Worte über Hitler: »Es ist ein großes Verdienst der Reichsregierung und besonders des Herrn Reichskanzlers, dass dem würdelosen Treiben der Gottlosen energisch Halt geboten, dass der geistigen Entartung der Völker, dem Bolschewismus ein Ende bereitet wurde.«[18]

Für solche Unterstützung im Kampf gegen den »gottlosen Bolschewismus« war man also auch im Episkopat gelegentlich gerne bereit zu übersehen, dass es dem Nationalsozialismus demgegenüber kaum um die Bekämpfung der Gottlosigkeit ging, wenn er den Kampf gegen den Bolschewismus propagierte. Vielmehr bekämpfte der nationalsozialistische Antibolschewismus anders als die Kirche unterschiedslos alles Slawische, an dem rein gar nichts Positives entdeckt werden konnte, und zwar aus rassistischen Gründen, die der katholischen Argumentation fremd waren. Dies lässt sich ganz leicht an der Haltung der Kirche Polen gegenüber belegen: während gerade den katholischen Polen gegenüber Schutz und Aufmerksamkeit der Kirche galt und die Kirche deshalb auch den Polenfeldzug im Unterschied zum Russlandfeldzug nicht begrüßen konnte, waren Polen auf der rassistischen Werteskala der Nationalsozialisten den diffamierten »asiatischen Horden« im Osten gleichgestellt und ebenso Objekt des rassistischen antibolschewistischen Kampfes der Nationalsozialisten. Je deutlicher diese Auffassungsunterschiede im Laufe der 30er Jahre und dann während des Krieges zutage traten, desto mehr zog sich die katholische Kirche nun selbst den an sich absurden

---

[17] Vgl. das von dem Freiburger Erzbischof Gröber »mit Empfehlung des deutschen Gesamtepiskopates« 1937 herausgegebene »Handbuch der religiösen Gegenwartsfragen«, S. 85f.: »Die Beurteilung des Bolschewismus muß von der Tatsache ausgehen, daß es beim Bolschewismus letztlich um eine Geisteshaltung handelt deren Kennzeichen sind: Entpersönlichung des Menschen, Entgeistigung der Kultur, Umwertung der weltanschaulichen und sittlichen Begriffe von Wahrheit und Gerechtigkeit im Dienst eines asiatischen Staatsdespotismus, praktisch im Dienst einer Gruppe jüdisch geleiteter Terroristen. Diese bilden die Partei, die sich bewußt auf eine streng ausgelesene Minderheit beschränkt und unbedingt Unterwerfung verlangt.«

[18] Zit. nach H. Müller, Katholische Kirche, S. 169.

Vorwurf zu, den Bolschewismus gerade nicht zu bekämpfen, sondern gar zu befördern. So verdächtigte die NS-Presse schon 1936 die katholischen Jugendverbände einer geheimen Zusammenarbeit mit den Bolschewisten und dem Papst wurde unterstellt, bereits wieder über ein Konkordat mit Russland zu verhandeln. Goebbels lehnte die mit dem deutschen Angriff auf Russland 1941 zunächst im katholischen Ausland (Spanien, Italien, Frankreich) einsetzende christliche Legitimierung als »Kreuzzug gegen den Bolschewismus« ab, weil es die nationalsozialistische Deutungshoheit und Durchführung als Rassekrieg gefährdete; sie schienen ihm allenfalls im kollaborativen Sinne zweckdienlich. An dieser Nahtstelle offenbarte sich umgekehrt auch die Ambivalenz des tief in der Kirche verwurzelten Antikommunismus: Die rassistische Begründung des Krieges und die aus ihr erwachsende Gewalt teilte man nicht, wohl aber jene religiös-kulturellen Beweggründe, die in der christlichen Tradition verankert waren.

»Brückenbauer«

Von solchen scheinbaren »ideologischen« Gemeinsamkeiten zu unterscheiden sind die antiultramontanen Katholiken, die die Beseitigung des politischen Katholizismus als durchaus hoffnungsvoll stimmenden Auftakt zu einem nationalen Neuaufbau mit dem Regime sahen[19]. Die zeitgenössisch bald diskreditierten »Brückenbauer« unter den katholischen Geistlichen und Theologen[20] sowie unter den Laien, zum Beispiel der sehr kurzlebige Bund »Kreuz und Adler« hinter Franz von Papen, haben sich auf solche vermeintliche Chancen bezogen, aber Annäherung über den Rahmen der Selbstbehauptung hinaus gesucht und damit tatsächlich die Preisgabe katholischen christlichen Glaubens und kirchlicher Mitwirkungsansprüche betrieben. Wohl blieben diese »Brückenbauer« eine kleine Minderheit sowohl im Klerus als auch in der katholischen Laienschaft. Sie belegen indessen, dass die Konfrontation nicht nur an den Außenlinien, sondern auch im Innern des Katholizismus zu bestehen war, wenn schon sehr viel weniger heftig als im Raum der anderen, in der größeren evangelischen Konfession.

---

[19] So jedenfalls Sebastian Merkle: Vgl. W. Weiss, Die Katholisch-Theologische Fakultät Würzburg, S. 277–326, bes. S. 278–281.

[20] Über die bekannten »Brückenbauer« unter den Universitätstheologen nun zusammenfassend und provozierend R. Bucher, Hitlers Theologie, S. 125–144 (»Kirchenreform mit Hilfe von Hitlers Theologie«). Vgl. zu deren heutzutage fast vergessenen »brückenbauenden« Kollegen an den katholisch-theologischen Fakultäten sowie sonstigen theologischen Lehranstalten die von D. Burkhard/W. Weiss, Theologie und Nationalsozialismus herausgegebenen Einzeldarstellungen.

Zu bemerken ist zweierlei. Erstens genügten der nationalsozialistischen Elite, auch Hitler selbst, derartige Bekundungen und Angebote von Anfang an nicht, erst recht nicht seit 1937. Sie erkannten genau, dass die katholischen Wortführer sich trotz partieller Übereinstimmungen nicht auf den Nationalsozialismus zubewegten. Sie befürchteten deshalb, dass bei einer bloß vermeintlichen Schnittmenge der Nationalsozialismus beschädigt oder gar sinnentleert werden könnte. So berichtete im Mai/Juni 1934 der Reichsführer SS/Chef des Sicherheitsamts: »Im Nationalsozialismus ist der Gedanke des ›Dritten Reiches‹ als der staatlichen Verkörperung des deutschen Volkstums Wirklichkeit geworden. Auch im Katholizismus redet oder schwärmt man von einem ›Reich‹, man meint damit jedoch [...] das mittelalterliche ›Römische Reich deutscher Nation‹ [...] Von dieser Seite her wird der nationalsozialistische Reichsgedanke unterhöhlt!«[21] Zweitens bestehen erhebliche Zweifel, ob solche Versuche das breite katholische Kirchenvolk wirksam erreichten[22], und welche Bedeutung dies dann für den Konsens oder Dissens der kirchentreuen Katholiken mit dem Nationalsozialismus hatte[23]. Trotz mancher Reichs«visionen« gab es im katholischen Deutschland keine Kirche, die in ähnlich nationalsozialistischer Weise umgestaltet worden wäre wie dies bei manchem protestantischen Gottesdienstraum erfolgt ist.

Eben deshalb vollzog sich um 1937 denn auch ein Umschwung vom lauten, aktivistischen Vorgehen zum leiseren, aber umso gefährlicheren Kampf

---

[21] Abgedruckt u. a. bei K. BREUNING, Katholizismus zwischen Demokratie und Diktatur, S. 349f. Vgl. zur Entwicklung der innerkatholischen Voraussetzungen und zur Besorgnis im Sicherheitsdienst der SS B. STAMBOLIS, Nationalisierung, S. 57–97, passim und bes. S. 83f.

[22] Sie werden nicht nur durch Publikationen wie derjenigen von K. Löw, Deutsche und Juden, sondern auch in Anbetracht solcher Konflikte wie dem im Oldenburger Land 1936 (und nicht erst um die Kreuze in bayerischen Klassenzimmern 1941) und sonstiger katholischer Manifestationen genährt.

[23] Den Deutungen von G. ALY, Hitlers Volksstaat wird man nicht in jeder Reichweite folgen, gleichwohl mit ihm die massenhafte soziale Befindlichkeit für die Entwicklung des Konsenses im Dritten Reich als entscheidend sehen. Die Überprüfung weiterer Indikatoren, darunter besonders auch des Kirchenaustrittsverhaltens, lässt überdies einen fortschreitenden Niedergang des Massenkonsenses schon seit Kriegsbeginn erkennen. Vgl. jetzt auch G. ALY, Volkes Stimme, passim. Neuerdings stellt K.-H. REUBAND, NS-Regime, S. 315–343, hier S. 336 fest: »Gleichgültig, welchen Indikator wir auch in unserer Untersuchung heranziehen, das Resultat ist identisch: Die Katholiken nehmen im Vergleich zu Protestanten gegenüber dem NS-Regime eine kritischere Haltung ein. Dieser Unterschied scheint sogar im Zeitverlauf größer geworden zu sein.« Die konfessionell deutlich verschiedene Wählerresonanz der NSDAP bis zum März 1933 ist längst hinreichend belegt: Vgl. J. W. FALTER, Hitlers Wähler, bes. S. 169–193.

gegen die Kirchen und zumal gegen die katholische Kirche[24]. Anlässe sind schon in der klärenden Absage der Kirche an die weltanschaulich-politischen Zumutungen des Regimes in der Enzyklika »Mit brennender Sorge«, aber auch in den weiteren päpstlichen Erklärungen »Divini redemptoris« und »Firmissimam constantiam« gegen die kommunistischen Herausforderungen zu sehen. Entscheidender waren die mittlerweile weit fortgeschrittene Konsolidierung der nationalsozialistischen Machtgrundlagen und der mit Vollbeschäftigung, neuen Sozialleistungen, anderen Regimeerfolgen sich zügig aufbauende breite gesellschaftliche Konsens, welcher ein sinkendes Maß an Vorsicht im Umgang mit Kirchen und kirchentreuen Christen erlaubte. Symptomatisch war die Wiederzulassung der seit 1933 als Organisation verbotenen entschieden antichristlichen Bewegung um Erich und besonders Mathilde (Kemnitz) Ludendorff, bezeichnend die Unterdrückung bisher noch möglicher, auch politisch demonstrativer Prozessionen und Wallfahrten oder genauso die bald danach von Bormann und auch von der SS-Führung begonnene Verdrängung nationalsozialistisch konvertierter früherer Geistlicher aus Parteigliederungen und Sicherheitsorganen. Der Sicherheitsdienst der SS (SD) und die Gestapo, beide dann 1939 unter dem Dach des Reichssicherheitshauptamtes, sorgten nunmehr vornehmlich für den jeweils hinreichenden Grad an Überwachung und terroristischer Repression des abweichenden katholischen Verhaltens. Auch die kirchliche Wirksamkeit wurde weiter eingeschränkt: Was schon seit Mitte der 1930er Jahre im SD mit seiner zeitweise massiv überlasteten eigenen kirchenpolitischen Abteilung an Plänen und Berechnungen entwickelt worden war, wurde nun im »Klostersturm« des Jahres 1941 umgesetzt, und zwar selbstverständlich unter Mitwirkung genauso katholikenfeindlicher nationalsozialistischer Funktionsträger in den Ländern und Gauen. Über die lange Dauer des Krieges wurde dadurch die SS für viele Katholiken endlich zum Inbegriff des Nationalsozialismus schlechthin. Sie exekutierte jedoch nicht bloße Vorgaben eines totalitären Staates, sondern besondere Überzeugungen als »Schwarzer Orden«. Hier formierte sich im innersten Kreis des Nationalsozialismus allmählich eine antichristliche Bedrohung, die vielleicht am nachdrücklichsten belegt, wie dünn der Boden vermeintlicher weltanschaulicher Gemeinsamkeiten zwischen Katholizismus und Nationalsozialismus war.

---

[24] Vgl. schon L. VOLK, Nationalsozialismus, S. 165–208, hier S. 188. Neuerdings mit besonderem Bezug auf das Scheitern einer protestantischen Reichskirche R. STEIGMANN-GALL, The Holy Reich, S. 155–189. Zur Zulassung des »Bundes für Deutsche Gotterkenntnis (Ludendorff)« im März 1937 jetzt St. BREUER, Die Völkischen in Deutschland, S. 259 (mit der wichtigen Literatur). Zum Vorgehen gegen Geistliche in Parteiämtern seit Mitte 1938 vgl. u. a. J. v. LANG, Martin Bormann, S. 138f.

Das »Neuheidentum« – ein zweiter Kulturkampf?

Kardinal Faulhaber hielt am 4. Juli 1937 anstelle des seit Wochen inhaftierten Rupert Mayer in der Münchener St. Michael-Kirche die Predigt zum Hauptkonvent der Marianischen Männerkongregation. In deren Mittelpunkt stand die bedrückende Verfolgung des unbeugsamen Jesuitenpaters und das, was gerade auch an diesem staatlichen Willkürakt unzweideutig klar geworden war, nämlich, »daß der Kulturkampf zur Vernichtung der katholischen Kirche in Deutschland in einen neuen Abschnitt eingetreten ist«. Dann prangerte Faulhaber zur Kennzeichnung dieser neuen Phase den von den Nationalsozialisten nunmehr fortwährend missbrauchten Begriff der »Gottgläubigkeit« an. »Die Stunde der Entscheidung ist gekommen. Wenn also der Einzelne gefragt wird: Bist du gottgläubig oder was bist du, dann ist die Zeit zum Reden und zum Bekennen ohne Wenn und Aber [...] Dann muß jeder Katholik freimütig und, wenn es gefordert wird, auch schriftlich erklären: Ich bin katholisch. Ich glaube nicht bloß an Gott, ich glaube auch an Christus und seine Kirche.«[25]

Nationalsozialisten, welche aus einer evangelischen oder aus der katholischen Kirche austraten, bezeichneten sich hernach ziemlich regelmäßig als »gottgläubig« oder gelegentlich, stattdessen, als »deutschgläubig«. Sie ließen das, sobald möglich, in behördliche Dokumente sowie Personalakten, gegebenenfalls, so Alfred Rosenberg, auch ins Reichtagshandbuch eintragen. Solche Erklärungen und Eintragungen bedeuteten jetzt nur noch ausnahmsweise den tatsächlichen Eintritt in eine der unter diesen oder ähnlichen Etiketten zahlreich auftretenden völkischen Glaubensgemeinschaften. Sie bedeuteten vielmehr eine Feststellung persönlichen Glaubens an höhere, übermenschliche Gewalten: an einen »Gott« über der Geschichte des Volkes und der Rasse, Inbegriff ihrer naturgesetzlichen Besonderheit, ihrer geschichtlichen Einordnung und ihres Werts für die Entwicklung der Menschheit. Sie bedeuteten eine Art religiöses nationalsozialistisches Bekenntnis, wie Himmler es von seinen SS-Leuten als wesentliches Merkmal des von ihnen schon zu verkörpernden und mitzuerschaffenden neuen germanisch-deutschen Menschen, erwartete. Und doch verwies diese »Gott-« oder »Deutschgläubigkeit« auf jene neureligiösen Glaubensgemeinschaften, weil damit an deren Elaborate antichristlicher religiöser Motive und Bestrebungen seit der Jahrhundertwende angeknüpft war[26], der Kirchenaustritt

---

[25] Zit. nach B. KLEMENZ, Kardinal Faulhaber, S. 357f. Wegen dieser Predigt wurde Faulhaber in der nationalsozialistischen Presse erst recht als »berüchtigter Germanenhasser« angegriffen.

[26] Zum Aufbruch der völkischen religiösen Bestrebungen im Kaiserreich vgl. jetzt vor allem U. PUSCHNER, Die völkische Bewegung, S. 203–262 sowie den hervorragenden Band von

mithin als religiös durchaus historisch fundierter Schritt hinein ins »Tausendjährige Reich« empfunden und dargestellt werden konnte.

Mancher Nationalsozialist ist von derartigen Gemeinschaften oder von weltanschaulich-religiös ähnlich gestimmten völkischen Grüppchen her zur nationalsozialistischen Partei gekommen beziehungsweise hatte einer von ihnen zeitweise zugleich angehört. Das beförderte von Anfang an und erst recht nach der Machtergreifung einerseits die eigentlich »neuheidnische« Durchdringung wichtiger Segmente des Nationalsozialismus als Bewegung und Staatspartei in Konkurrenz mit völkischen neureligiösen Ausfüllungen des seit 1920 parteiprogrammatisch geforderten »positiven Christentums«. Andererseits wertete es die rasche weitläufige Gleich- und Ausschaltung jener je für sich kleinen, ihrem Wesen nach sektiererischen, mit jedem partiellen Vereinigungsversuch bald noch ärger zerstrittenen völkischen Glaubensgemeinschaften mitsamt ihren wortführenden »Propheten« auf. Vor allem die SS[27] bediente sich in eklektischer Manier der hier wüst bereitliegenden neuheidnischen germanisch-religiösen Ideen und Bilder, der daran hängenden obskuren kultischen und rituellen Praktiken, der symbolischen und begrifflichen Erfindungen[28]. Genauso folgten oder bedienten sich andere Nationalsozialisten jeweils individuell, aber selbstverständlich mit kollektivierenden Konsequenzen für die von ihnen geführten Parteigliederungen und -institute. Damit wurden die diversen neureligiösen Ideen von einem Phänomen an den Rändern der deutschen Gesellschaft zu einem

---

S. v. Schnurbein/J. H. Ulbricht (Hrsg.), Völkische Religion und Krisen der Moderne; St. Breuer, Die Völkischen in Deutschland, S. 25–144. Im Hinblick auf dessen Bedeutung für den Nationalsozialismus prägnant U. Puschner, Völkische Weltanschauung, S. 25–41. Materialreich und an wichtige Einzelheiten heranführend: U. Puschner (Hrsg.), Handbuch zur »Völkischen Bewegung«.

[27] Zu den »religiösen« Ideen Himmlers, zu deren geradezu wahnhaften Zügen sowie zu den Ansätzen praktischer Umsetzung vgl. weiterhin J. Ackermann, Himmler, S. 40–96. Desweiteren u. a. F. Wegener, Deutscher Spiritismus (vom selben Autor etliche einschlägige Beiträge in der genannten Reihe). Zu deren Einordnung zwischen den weltanschaulich-religiösen und kirchenpolitischen Vorstellungen Hitlers und Heydrichs vgl. W. Dierker, Himmlers Glaubenskrieger, S. 119–138.

[28] Zu den Einflüssen »ariosopher« Lehren Lists und Lanz von Liebenfels', sie verbreitender Gemeinschaften und einzelner Protagonisten der Zwischenkriegszeit vage auf Hitler, Rosenberg, vielmehr aber auf Himmler vgl. N. Goodrick-Clarke, Wurzeln des Nationalsozialismus; E. Gugenberger, Hitlers Visionäre (mit einigen allzu spekulativen Zuordnungen). Goodrick-Clarkes Werk hat Rüdiger Sünner zu einer populären Darstellung (R. Sünner, Mythen im Nationalsozialismus) und zu dem Dokumentarfilm: »Schwarze Sonne«. Kultorte und Esoterik des III. Reichs (Vertrieb absolut Medien Dokumente 251, ca. 2001) angeregt. Bezeichnenderweise kommt Sünner darin vornehmlich bei den Unternehmungen und Absonderlichkeiten im Umfeld des Reichsführers SS aus. Den hier teils arg zweifelhaften Übertreibungen sollte nicht mit völliger Ausblendung solcher obskuren Lehren begegnet werden: So zunächst St. Breuer, Ordnungen der Ungleichheit, S. 291–326.

politisch relevanten Faktor im totalitären nationalsozialistischen System, ja, sie wurden zu einem der spezifischen Merkmale des nationalsozialistischen Totalitarismus. Denn durch diese Bezugnahmen fanden sich die darauf Wert legenden Nationalsozialisten bei allen ihren neureligiösen Differenzen und Rivalitäten, gleichsam mit einem »cultural code« ausgestattet, mit einem Bündel sich von selbst verstehender religiöser Vorstellungen, etablierter Begriffe, Parolen und Zeichen. Das reichte vorläufig nicht und wegen der Kurzlebigkeit des Regimes dann nie dazu hin, ihn als neue Religion mit Massenwirkung zu konstruieren, aber sehr wohl dazu, ihn als Alternative zum überkommenen kirchlichen Christentum zu präsentieren – eben nicht als dessen pure säkularistische Negation. In dieser Sicht erscheint der Nationalsozialismus zugleich als Teil der Christentumsgeschichte in der Moderne des 20. Jahrhunderts und als furchtbarste Herausforderung deutschen Christentums in seiner Zeit[29].

Eine ganze Reihe völkisch-neureligiöser Gedankengebäude und Gruppierungen, die in wilhelminischer Zeit entstanden waren, existierten im Dritten Reich ungebrochen fort. Die Brandbreite reichte von im eigentlichen Wortsinne »neuheidnischen« Konstrukten, die sich regelmäßig bis zum Aberwitz auf mythisierte altgermanische oder gar urarische Religionen bezogen, bis zu pervertierten, »restchristlichen« Ansätzen. Letztere konnten konfessionell differenzierend antikirchlich auftreten, zum Teil aber auch noch verständigungsbereit mit kirchlichem Christentum unter der Bedingung seiner hinreichenden Nazifizierung daherkommen, wie das im evangelischen Raum mit dem Auftritt der »Deutschen Christen« 1933 zunächst erfolgreich anzuheben schien. Erstere mussten auf eine »Endlösung der religiösen Frage« durch die »restlose Zerschlagung des gesamten Christentums«[30] ausgehen, wie es in Denkschriften aus dem »Sicherheitsdienst der SS« im Reichssicherheitshauptamt vom Februar 1940 und September 1941 geheißen hat. Im Denken der »religiös« engagierten einzelnen Wortführer in den nationalsozialistischen Eliten begegneten zumeist Kreuzungen verschiedener Ansätze, also Zweideutigkeiten, ja, direkte Widersprüchlichkeiten[31]. Das verstärkte

---

[29] Verf. vermag also dem von H. MAIER, Politische Religionen, im Anschluss an teils schon zeitgenössische Deutungen hierzu verfolgten allgemeinen totalitarismustheoretischen Ansatz nur partiell zu folgen. Zu dessen Anwendung auch DERS. (Hrsg.), Totalitarismus und politische Religionen. Zur Kritik vgl. bes. H. G. HOCKERTS, War der Nationalsozialismus eine politische Religion?, S. 45–71.

[30] Zit. nach W. DIERKER, Himmlers Glaubenskrieger, S. 528, 533.

[31] Auf eine Auseinandersetzung mit Spezialforschungen zu den religiösen Orientierungen einzelner führender Nationalsozialisten wird verzichtet. Nur allgemein sei einmal bemerkt, dass deren Äußerungen nicht maßlos theologisch systematisiert werden sollten. Für Hitler lesenswert, weil im Rahmen belegbarer Aussagen bleibend: M. RISSMANN, Hitlers Gott und R. BUCHER, Hitlers Theologie; E. PIPER, Rosenberg und weiterhin R. BAUMGÄRTNER,

die in allen neureligiösen Strömungen innerhalb der nationalsozialistischen Bewegung ohnehin kräftige inhärente Tendenz, den Nationalsozialismus selbst als eine Art zukünftige Staatsreligion in einer kirchenfreien, individuell nach eigener Façon »gottgläubigen« Volksgemeinschaft vorzustellen. Für eine solche Ausrichtung sprach doch auch das Bedürfnis, der Gegensätze und Zerstrittenheiten zwischen den verschiedenen neureligiösen Ansätzen innerhalb der nationalsozialistischen Partei totalitär Herr zu werden. Sie alle wiesen ja einen entscheidenden, keineswegs kleinsten gemeinsamen Nenner auf: das Postulat »arteigener« Gläubigkeit mitsamt ihrer wesentlichen Komponenten.

»Arteigene« Religion meinte sowohl einen rassistischen Begriff von Religion im allgemeinen als auch spezifische rassistische Bestimmungen dessen, was als deutscher »arteigener« Glaube gelten sollte. Das hob ältere nationalreligiöse Ideen und Ausgrenzungen ganz unverkennbar auf[32], radikalisierte aber um 1900 deren Linien im Zeichen völkisch ideologisierter naturwissenschaftlicher Forschungsergebnisse vor allem der Biologie, Medizin, Anthropologie oder auch Kriminologie. Der »arteigene« Glaube transformierte sie durch seine rassische Zuordnung vor und jenseits aller Geschichte, außerhalb menschlicher Absicht und Entscheidung in Lehren unwandelbarer Bestimmung des Menschen, eben in Rassismus. Und er transformierte sie in Lehren gleichsam ewigen Kampfes um Existenz durch Raum- und Machterweiterung der Rassen, der Völker, zum Überleben der Besten, zum natürlichen Aufstieg der Menschheit, das heißt in Sozialdarwinismus[33]. Religion galt generell wie alles Geistige als völkisch-rassische Funktion und Triebkraft, den neureligiösen Völkischen aber als wesensbestimmende oder wenigstens wesensmitbestimmende völkisch-rassische Funktion und alle

---

Weltanschauungskampf, S. 6–137; W. Dierker, Himmlers Glaubenskrieger; N. Goodrick-Clarke, Wurzeln des Nationalsozialismus. Für Heydrichs radikalen Antikatholizismus und dessen weltanschauliche Zusammenhänge soweit ermittelbar: M. R. Dederichs, Heydrich, S. 90f., 95–98. Heydrichs Nachfolger an der Spitze des Reichssicherheitshauptamtes war ähnlich hasserfüllt: Vgl. O. Blacke, Ernst Kaltenbrunner, S. 119–149, hier S. 122f. u. S. 146f. Über Goebbels: C.-E. Bärsch, Goebbels, und dort verfochtene Thesen weiterentwickelnd im Zeichen neuer wissenschaftlicher Zugänge zur Bedeutung von Religion in der Moderne; ders., Politische Religion; J. v. Lang, Martin Bormann. Nur ein Beispiel für eine zentrale antikatholische Ausrichtung eines Gauleiters über »neuheidnischen« Gesinnungsstücken: A. Freyeisen, Otto Hellmuth, S. 280–328; W. Altgeld/J. Merz/W. Weiss (Hrsg.), Josef Stangl, S. 102–110.

[32] Vgl. W. Altgeld, Katholizismus; W. H. Smith, German Nationalism. Zur neuartigen Beachtung religiöser und besonders konfessioneller Faktoren in der gegenwärtigen Nationalismusforschung vgl. R.-U. Kunze, Nation und Nationalismus, S. 55–61; Ch. Jansen/H. Borggräfe, Nation – Nationalität – Nationalismus, S. 107–110.

[33] Vgl. zusammenfassend, orientiert an Hitlers weltanschaulichen und programmatischen Fixierungen W. Altgeld, Ideologie, S. 107–136.

anderen Triebkräfte speisendes spirituelles Fundament eines Volkes. Auf Grund dieses Ansatzes ließ sich die Behauptung, der Nationalsozialismus beruhe auf naturwissenschaftlichen Erkenntnissen, mit religiösen Ansprüchen verbinden. Vor allem Hitler hat diese Theorie wiederholt gegen »spinnerte« neuheidnische Ideen auch in den eigenen Reihen vertreten. Deshalb erscheint nicht »der« Nationalsozialismus, jedoch seine wichtige, weil von so vielen Führern und Unterführern variantenreich verfochtene religiöse Unterströmung am ehesten als eine »Religion der Natur«[34].

So wie der Antisemitismus Ausgangspunkt und Kern des neuen universellen völkischen Rassismus gewesen war und es blieb, so bedeutete völkische »arteigene« Religion in systematischer Beziehung vor allem die Ablehnung der »semitischen«, also jüdischen Wurzeln und Traditionen des Christentums. Sie waren demnach entweder zu bestreiten oder zu beseitigen. Oder es sollte das Christentum, weil doch unheilbar jüdisch geprägt, überhaupt in der deutschen Nation vertilgt werden. Die skizzierte Vielfältigkeit völkischer neureligiöser Entwürfe und Gruppenbildungen resultierte letztlich entscheidend aus den jeweiligen Grundeinstellungen zu den somit aufgeworfenen Alternativen. In zweiter Linie, im Hinblick auf die Entstehungen mitunter sogar erstrangig[35], resultierte sie aus dem gleichfalls gemeinsamen Nenner des Antikatholizismus oder genauer des Antiultramontanismus[36]. Mit der rassistischen religiösen Wende wurde der Katholizismus nunmehr

---

[34] Vgl. die m. E. zu selten beachtete Studie von R. A. POIS, National Socialism. Aus verschiedenen Richtungen und für verschiedene Untersuchungsobjekte gelangen etliche Autoren zu verwandten Umschreibungen, z. B. »Physikotheologie« (R. BUCHER, Hitlers Theologie, für Hitlers Position), »biologische Theophanie« (C.-E. BÄRSCH, Goebbels), »politische Säkularreligion« (H. G. HOCKERTS, War der Nationalsozialismus eine politische Religion?). Nach der Öffnung des geschichtswissenschaftlichen Religionsbegriffs für die (europäische) Moderne unter Verwerfung gängiger Säkularisierungsthesen, zugleich des Christentumsbegriffs auch für außerkirchliche Ausformungen sollte von Begriffen wie Pseudoreligion in Bezug auf den Nationalsozialismus abgesehen werden. Grundsätzliches zum stattfindenden Paradigmenwechsel H. LEHMANN, Säkularisierung, welcher mit überzeugenden Argumenten vorschlägt, statt von Säkularisierung besser von einer »Transformation des Religiösen« in der neuesten Geschichte auszugehen. F. W. GRAF, Religion in der modernen Kultur. Zur Diskussion noch weiter gehender Thesen zur Bedeutung von Religion und Christentum im Deutschland des 19. und 20. Jahrhunderts vgl. A. J. STEINHOFF, Ein zweites konfessionelles Zeitalter?, S. 549–570.

[35] U. PUSCHNER, Völkische Weltanschauung sieht hier den Hauptgrund des völkischen neureligiösen Aufbruchs vor dem Ersten Weltkrieg – und titelt konsequenterweise: »Religion. Vom Antiultramontanismus zum arteigenen Glauben«, S. 203–262.

[36] Vgl. u. v. a. Ch. WEBER, Ultramontanismus, S. 20–45: Die von ihm (S. 26) vermerkte ungeheure Vielfalt von Begriffen zur Beschreibung und Denunziation des weltkirchlichen Katholizismus hatte ihren Grund vor allem in der Massivität solcher Anfeindung. In der SS wurde der Hass gegen die päpstliche katholische Kirche ungemein häufig mit dem Begriff »Jesuitismus« zum Ausdruck gebracht.

als fremdvölkischer Angriff auf das innerste Wesen germanisch-deutschen Volkstums dargestellt: als Front des Romanismus wie als Brücke jüdischen Geistes inmitten Deutschlands, deshalb als Ursache seiner religiösen Spaltung und damit seiner politischen Zerrissenheit bis in die Gegenwart, also auch als größtes Hindernis auf dem Wege zur wahrhaften Einheit selbst und gerade auch dann noch, als »der« Führer und der Nationalsozialismus die Vision eines »tausendjährigen Reiches« zu verwirklichen begannen.

Beide Komponenten »arteigener« völkischer Religionsentwürfe lassen sich miteinander ebenfalls im Hinblick auf Charakterisierungen, Beschuldigungen und Aggressionen tief zurück ins »lange 19. Jahrhundert« bis in die Anfänge des in seinen Hauptsachen so wesentlich protestantisch bestimmten deutschen Nationalismus verfolgen. Sie lassen sich zurückverfolgen weit hinter die erste Antisemitenbewegung und den Kulturkampf gegen die »eingeborenen Fremden« des jungen deutschen Nationalstaats in den frühnationalistischen Antijudaismus und Antikatholizismus zu Zeiten französischer Fremdherrschaft und deutscher Erhebung. Mit dem neuerlichen religiösen Umbruch der Jahrzehnte um 1900 sind beide auf der Suche nach der »avantgardistischen Religiosität des neuen Menschen«[37] in protestantischen Kreisen fundamental radikalisiert worden. Daher sind die neureligiösen völkischen Auswucherungen jedenfalls im Hinblick auf katholische Kirche und Katholizismus eben auch als neue Phase des konfessionellen Konflikts zu sehen. Es kann dann der um so viel größere Wahlerfolg der Nationalsozialisten in den überwiegend protestantischen Regionen des Reichs seit 1929/30 ebensowenig erstaunen wie die Beobachtung, dass die NSDAP in der Schlusskrise der Weimarer Republik weithin sehr erfolgreich auf die Mobilisierung antikatholischer evangelischer Motive gesetzt hat und damit in konfessionellen Konfrontationszonen geradewegs zur »protestan-

---

[37] F. W. GRAF, Religion in der modernen Kultur, S. 170–178, zur generalisierenden Charakteristik der Situation. Etliche Sammelbände haben viel neues Licht auf die nationalprotestantischen Selbstverständnisse und Aggressionen gegen die »römische« katholische Kirche sowie zu den Transformationen in völkische neureligiöse Bestrebungen geworfen. Vgl. O. BLASCHKE/F.-M. KUHLEMANN (Hrsg.), Religion im Kaiserreich (hier bes. die Beiträge von N. SCHLOSSMACHER, Entkirchlichung; P. WALKENHORST, Nationalismus); G. KRUMEICH/H. LEHMANN (Hrsg.), Nation, Religion und Gewalt (darin bes. der Beitrag von G. HÜBINGER, Sakralisierung der Nation); H.-G. HAUPT/D. LANGEWIESCHE (Hrsg.), Nation und Religion; S. v. SCHNURBEIN/J. H. ULBRICHT (Hrsg.), Völkische Religion und Krisen der Moderne; M. GEYER/H. LEHMANN (Hrsg.), Religion und Nation (darin bes. die Beiträge von K. PICKUS, Native Born Strangers und L. SARTOUT, Culture Wars mit anregenden Vergleichungen von Juden und Katholiken als »native born strangers« im deutschen Nationalstaat); M. GAILUS/H. LEHMANN (Hrsg.), Nationalprotestantische Mentalitäten; F. W. GRAF/K. GROSSE KRACHT (Hrsg.), Religion und Gesellschaft.

tischen Milieupartei« geworden ist[38]. Die neureligiös begründete Affinität setzte sich fort: einerseits in der durchaus differenzierten Kirchenpolitik des Regimes, aber auch in den ungebrochenen Bindungen erheblicher Teile der nationalsozialistischen Eliten an evangelische Kirchlichkeit[39], Lehren und Geschichtsbilder namentlich um den »deutschen« Luther; andererseits in der massiven Selbstgleichschaltung, teils enthusiastischen Einfügung zunächst überwiegender Mehrheiten der evangelischen Pastoren, Theologen, Verbände, Gemeinden, nur mühsam gebremst im Aufbruch der Barmer Bekenntnissynode. In Anbetracht dieser Umstände wird die Wahrnehmung von Bischöfen und katholischem Kirchenvolk, zeitweise inmitten eines zweiten »Kulturkampfes« zu stehen, historisch verständlicher, wie wenig hinreichend auch immer sie nachher und erst recht gegenwärtig erscheinen kann. Auch die so häufig beklagte Beschränkung auf die Behauptung nur des eigenen Milieus[40] wird nachvollziehbarer. Denn dieses war nicht einfach selbstgewählt, sondern seit der Reichsgründung auch zudiktiert. Und es versteht sich, dass unter solchen Umständen die nachträglich herangetragene Vorstellung einer katholisch-protestantischen Kooperation zum Schutze der jüdischen Mitbürger[41] eine historische Unmöglichkeit war.

Ziel: Vernichtung des Christentums?

Auf die Vernichtung jedweder Religion ist der nationalsozialistische im Unterschied zum bolschewistischen Totalitarismus nicht ausgegangen, in den Vorstellungen der meisten seiner Funktionsträger nicht einmal auf die des Christentums schlechthin. »Zum Atheismus wollen wir nicht erziehen«, palaverte Hitler im engsten Kreis, denn »in jedem Menschen lebt das Ahnungsvermögen, was das Walten dessen angeht, das man Gott nennt«. Und Bormann notierte am Rand der Aufzeichnung seines Adjutanten hinzu: »Nämlich das Walten der Naturgesetze im gesamten Universum«[42]. Durchzusetzen war der totalitäre Anspruch auf Denken und Verhalten jedes einzelnen deutschen Menschen in der Volksgemeinschaft, was Mitgestal-

---

[38] Vgl. Th. FANDEL, Konfession und Nationalsozialismus. Vgl. auch die weiterführenden Beiträge von Th. FANDEL, Konfessionalismus, S. 299–314, und M. KITTEL, Konfessioneller Konflikt, S. 243–298.
[39] Vgl. R. STEIGMANN-GALL, The Holy Reich, passim. Eine Zusammenfassung seiner faktischen Forschungsresultate und seiner heftig diskutierten, hier aber nicht näher zu beleuchtenden Deutungen: R. STEIGMANN-GALL, National Socialism, S. 386–408.
[40] Vgl. für die jüngere Auseinandersetzung bes. scharf O. BLASCHKE, Katholizismus und Antisemitismus, S. 271–282.
[41] So u. a. J. S. CONWAY, Holocaust, S. 361–375, hier S. 370.
[42] A. HITLER, Monologe, S. 40 (11./12. Juli 1941).

tungsansprüche der Kirchen und sie selbst, sofern sie auf solche Ansprüche nicht verzichten würden, ausschließen musste.

Indessen implizierte der totalitäre Anspruch vom »Führer« her abwärts rassistische, arteigene religiöse Angebote, ja, Forderungen: stückwerkhaft, diffus, widersprüchlich und Gegenstand des Machtgerangels führender Persönlichkeiten und Machtzentren. Bei eingehenderer Betrachtung wird aber ebenso rasch deutlich, dass katholische Kirche wie deutscher Katholizismus und damit katholisches weltkirchliches Christentum in einem länger währenden Dritten Reich keinesfalls hätten überleben können. Der ungleich schärfere Kampf gegen sie als der Kampf an je partiellen Fronten evangelischer Kirchen erklärt sich daher. Dabei waren die weitläufig von allen geteilten Motive »arteigener« Religion und der in ihnen wurzelnde Antikatholizismus tragfähiges Fundament für die Gleichrichtung all jener langen, politisch wenig koordinierten Angriffe: von den örtlichen Drangsalierungen einzelner Bischöfe, der Bespitzelung der Gottesdienste, den beständigen Vorladungen und Inhaftierungen von Geistlichen bis zu den Ausschreitungen gegen kirchentreue Jugendliche; von den Schriften Rosenbergs bis zur Einrichtung des »Hexen-Sonderkommandos der SS« und der Wegnahme der Kreuze aus den Klassenzimmern; von der Einführung der Einheitsschulen über die Schließung katholisch-theologischer Fakultäten bis zur Beschlagnahme der Klöster. Es galt: »Das lehrt uns die bolschewistische Front: sie kennen keinen Gott und doch verstehen sie zu sterben. Wenn der Nationalsozialismus längere Zeit geherrscht hat, wird man sich etwas anderes gar nicht mehr denken können. Auf die Dauer vermögen Nationalsozialismus und Kirche nicht nebeneinander zu bestehen.«[43] Davor konnte nur die Zerstörung des nationalsozialistischen Regimes bewahren. Die aber lag außerhalb aller Möglichkeiten von katholischer Kirche und kirchentreuen Katholiken. Ihnen blieb nur der Versuch, die behauptete Gottgläubigkeit, die Differenzen hinsichtlich der Reichweite, Taktik und des Tempos in den Reihen der nationalsozialistischen Führerschaft und zwischen verschiedenen Machtzentren zur Selbstbehauptung so weit und so lange wie irgend möglich auszunutzen.

---

[43] EBD. Anregend, wenngleich die sich hier eröffnenden Perspektiven nur begrenzt entwickelnd B. WEGNER, Hitler, S. 493–518.

Matthias Stickler

Kollaboration oder weltanschauliche Distanz? Katholische Kirche und NS-Staat

Tendenzen der neueren Forschung

Die Frage, wie das Verhalten der katholischen Kirche gegenüber dem Nationalsozialismus zu bewerten sei, gehört zu den großen Streitfragen der deutschen Zeitgeschichtsforschung. Zuletzt ist die Thematik durch Daniel Jonah Goldhagens Buch »Die katholische Kirche und der Holocaust«[1] bzw. die öffentliche Diskussion darüber wieder in das Bewusstsein eines breiteren Publikums gedrungen; dass dieses Buch überhaupt eine derartige Wirkung entfalten konnte, zeigt einmal mehr, wie elementar der Informationsbedarf im Hinblick auf die Bewertung der Rolle der katholischen Kirche in der Zeit des Nationalsozialismus immer noch ist[2]. Konkret warf Goldhagen der Kirche vor, sie habe durch den Abschluss des Konkordats, den »erste[n] große[n] diplomatische[n] Triumph NS-Deutschlands«, die Auflösung der Zentrumspartei bestätigt, »Hitlers Machtergreifung und der von Pacelli und Pius XI. begrüßten Zerstörung der Demokratie in Deutschland Legitimität« verliehen und dadurch zur Konsolidierung von dessen Macht in Deutschland beigetragen; dafür habe sie eingetauscht »religiöse und kulturelle Immunität«. Das Reichskonkordat, welches die Kirche »trotz des ungeheuren Massenmords der Deutschen« nie gekündigt habe, wertet Goldhagen als Teufelspakt, sie habe sich mit dem Abschluss des Konkordats »zur offiziellen Komplizin vieler Verbrechen des Regimes« erklärt, jenes sei zum stillschweigenden Pakt geworden, welcher die Kirche an die NS-Regierung gefesselt habe, deren verbrecherischer Charakter immer deutlicher zutage getreten sei[3]. Goldhagens Referenzwerke sind vor allem die von Guenter Lewy und Klaus Scholder[4]. Die einschlägigen wichtigen Arbeiten von Bracher, Deuerlein, Gotto, von Hehl, Hummel, Hürten, Morsey, Repgen und Volk[5] fehlen. Kritisch hat auch Hans-Ulrich Wehler im vierten Band seiner Deutschen Gesellschaftsgeschichte das Verhalten der

---

[1] D. J. GOLDHAGEN, Kirche und Holocaust.
[2] Zur Goldhagendebatte vgl. den Überblick M. KISSENER, Das Dritte Reich, S. 37–41, M. F. FELDKAMP, Goldhagens unwillige Kirche und K.-J. HUMMEL, Goldhagen, S. 90–94.
[3] Vgl. D. J. GOLDHAGEN, Kirche und Holocaust, S. 59f., 105f., 119f., 213f.
[4] G. LEWY, Die katholische Kirche und das Dritte Reich und K. SCHOLDER, Kirchen und das Dritte Reich, Bde. 1 u. 2.
[5] Vgl. hierzu den Forschungsüberblick von Christoph Kösters in diesem Band.

katholischen Kirche beurteilt. Er spricht von einer »immensen Aufwertung der Diktatur«, die Kirche habe »in machiavellischem Kalkül ohne Zaudern [...] den kampferprobten politischen Katholizismus in Deutschland kaltblütig« geopfert. »Alle zur Zeit verfügbaren Indizien [...] weisen [...] darauf hin, dass der Lockvogel des Reichskonkordats und der unmittelbar dazugehörende Vorlauf an vertraulichen Gesprächen und verschwiegenen Verhandlungen den effektiven Hebel bildete, um nicht nur die katholischen Parteien, sondern auch die Bischöfe für die Unterstützung des Regimes in seiner kritischen Aufstiegsphase zu gewinnen.« Gegenteilige Meinungen sind für Wehler Ausdruck einer »kurialen und historischen Apologetik«, deren Sinn darin liege »strittige Sonderrechte der Kirche, die aus dem einzigen noch immer gültigen völkerrechtlichen Vertrag des Hitler-Regimes hergeleitet werden, auf lange Sicht als Machtposition gegen eine überfällige Revision zu verteidigen«[6].

Sowohl Goldhagen als auch Wehler knüpfen in ihrer Argumentation an den Tübinger Kirchenhistoriker Klaus Scholder (1930–1985) an, der die sogenannte »Junktimthese« begründete und bis zu seinem frühen Tod offensiv vertrat[7]. Diese besagt, dass das Zustandekommen des Reichskonkordats gleichsam der Höhepunkt eines Kompensationsgeschäfts zwischen katholischer Kirche und NS-Staat gewesen sei: Die Kirche habe die Legitimität des neuen Regimes anerkannt und die Gläubigen zu entsprechender Loyalität ermahnt und in letzter Konsequenz schließlich den deutschen politischen Katholizismus preisgegeben. Dafür habe sie von der Reichsregierung eine Art Bestandsgarantie erhalten, welche indes die Kirche mehr gebunden habe als das Reich. Vor allem der katholische Widerstand gegen den Nationalsozialismus sei dadurch behindert worden, indem die deutschen Katholiken über den wahren Charakter des Nationalsozialismus getäuscht worden seien.

Die »Junktimthese« bündelte in gewisser Weise dezidert kirchenkritische Deutungen, die seit den 1950er Jahren gegen allzu vereinfachende Thesen von einer den gesamten Katholizismus zwischen 1933 und 1945 angeblich kennzeichnenden Widerstandshaltung gegenüber dem Nationalsozialismus formuliert worden waren: Zu dieser kirchenkritischen Richtung gehörte vor allem die auf Ernst-Wolfgang Böckenförde zurückgehende »Affinitätsthese«, der eine besondere Affinität der katholischen Kirche zu autoritären Syste-

---

[6] Vgl. H.-U. WEHLER, Deutsche Gesellschaftsgeschichte, Bd. 4, S. 812ff. Zum apologetischen Diskurs zählt Wehler ausdrücklich die Arbeiten von Repgen und Volk (vgl. ebd., S. 1123, FN 3); auffällig ist, dass Wehler die wichtigen Arbeiten von Rudolf Morsey nicht berücksichtigt hat.

[7] Zu den Details der Forschungsdebatte vgl. M. KISSENER, Das Dritte Reich, S. 67–70 und K. REPGEN, Die Historiker und das Reichskonkordat, S. 196–213. Zur »Junktimthese« äußerte sich zusammenfassend und gegen Scholder zuletzt Hubert Wolf, Wie der Papst zu Hitlers Machtantritt stand, in: Frankfurter Allgemeine Zeitung, 28.3.2008, S. 38.

men behauptete, die von Karl Otmar Freiherr von Aretin in die Diskussion eingeführte »Kausalitätsthese«, nach der ein Zusammenhang zwischen dem Konkordatsabschluss und der Zerstörung des politischen Katholizismus bestanden habe und die mit beiden Interpretationen eng verknüpfte »Konsensthese«, die im Reichskonkordat einen Ausdruck gemeinsamer Interessen der Vertragspartner sah. Festgemacht wurde die Kritik an der katholischen Kirche neben dem Abschluss des Reichskonkordats vor allem an der Zustimmung der Reichstagsfraktion des Zentrums zum Ermächtigungsgesetz am 23. März 1933 sowie der Erklärung der deutschen Bischöfe vom 28. März 1933, in der diese ihre bisher ablehnende Haltung gegenüber dem Nationalsozialismus nicht unerheblich revidierten. Affinitäts-, Kausalitäts-, Konsens- und Junktimthese lösten heftige Debatten aus, die in der sogenannten Scholder-Repgen-Kontroverse Ende der 1970er Jahre ihren Höhepunkt fand[8] und sich vor allem auf die Bewertung des Reichskonkordats fokussierte. Konrad Repgen, der bereits seit den frühen 1960er Jahren dezidiert Position bezogen hatte, interpretierte hierbei, sekundiert vor allem von Ludwig Volk und Rudolf Morsey, und unter Würdigung des gesamten verfügbaren Aktenmaterials, das Reichskonkordat als die »vertragsrechtliche Form der Nichtanpassung der katholischen Kirche an das Dritte Reich«[9].

Der Konkordatsabschluss vom 20. Juli 1933 stellt in der Tat für die Bewertung der Haltung der katholischen Kirche gegenüber dem Dritten Reich das zentrale Schlüsselereignis dar, weil er scheinbar den krönenden Abschluss eines seit Januar 1933 laufenden Annäherungsprozesses bildete, in der Außensicht das NS-Regime nicht unerheblich aufgewertet wurde und der Eindruck einer Symbiose beider Vertragspartner entstand, was sich nicht zuletzt auf die Anpassungsbereitschaft der katholischen Gläubigen auswirkte. Dieser Befund kann jedoch nur dann angemessen interpretiert werden, wenn zwei zentrale Punkte berücksichtigt werden: Erstens die historischen Erfahrungen des deutschen Katholizismus seit dem 19. Jahrhundert, die nicht zuletzt die Handlungsweise des Vorsitzenden der Fuldaer Bischofskonferenz, des Breslauer Erzbischofs Kardinal Adolf Bertram, tief prägten, zweitens die überlieferte Praxis der Konkordatspolitik der Kurie und – damit eng verbunden – das kirchliche Staatsverständnis.

---

[8] Vgl. hierzu ausführlich C. Kretschmann, Pacelli, S. 13–24.
[9] K. Repgen, Entstehung der Reichskonkordats-Offerte, S. 533.

Kulturkampf und Integration: Der deutsche Katholizismus bis zum März 1933[10]

Politische Heimat der kirchlich gebundenen Katholiken war bis 1933 die Zentrumspartei bzw. in Bayern die Bayerische Volkspartei (BVP). Bis 1933 erzielten beide Parteien in den Wahlkreisen der überwiegend katholisch besiedelten Teile Deutschlands in der Regel absolute Mehrheiten. Ursache hierfür war auch und vor allem die Kulturkampferfahrung im Kaiserreich, die die Entstehung eines dem kleindeutschen Nationalstaat lange distanziert gegenüberstehenden katholischen Milieus begünstigt hatte, das gekennzeichnet war durch feste Kirchenbindung, eigenständiges katholisches Vereinswesen und (partei-)politischen Katholizismus. Langfristig trugen diese Prägungen dazu bei, dass der deutsche Katholizismus dem Nationalsozialismus gegenüber resistenzfähiger war als andere gesellschaftliche Gruppen. Der sogenannte »Rechtskatholizismus« war lediglich ein randständiges Phänomen, bis zum Ende der Weimarer Republik stand die Mehrheit der kirchentreuen Katholiken loyal zur ersten deutschen Demokratie. Das Zentrum gehörte 1919/20 zur sogenannten Weimarer Koalition, war an nahezu allen parlamentarischen Regierungen bis 1930 beteiligt und damit eine staatstragende politische Kraft. Gegenüber Kommunisten und Nationalsozialisten grenzte sich das Zentrum in Übereinstimmung mit den Verlautbarungen der deutschen Bischöfe scharf ab. Entsprach die Ablehnung des Kommunismus bereits seit dem Syllabus Errorum Papst Pius' IX. von 1864 der geltenden katholischen Lehre, die sich durch die Praxis der sowjetischen Parteidiktatur ab 1917/18 bestätigt sehen konnte, so war der Nationalsozialismus, der erst seit den späten 1920er Jahren zur Massenpartei aufstieg und das Erbe der deutsch-völkischen Bewegung auch im Hinblick auf deren Antiklerikalismus und Antiultramontanismus antrat, ein neuer Gegner. Aufgrund der föderativen Verfasstheit der katholischen Kirche im Deutschen Reich – bis 1933 gab es zwei Bischofskonferenzen, die Freisinger für Bayern und die Fuldaer für das restliche Reichsgebiet; deren Beschlüsse hatten keine unmittelbare Bindewirkung, sondern mussten von den Ortsbischöfen gesondert in Kraft gesetzt werden – oblag die konkrete Auseinandersetzung mit dem Nationalsozialismus den einzelnen Bistümern. Am 17. August 1931 begründete die Fuldaer Bischofskonferenz erstmals offiziell die Ablehnung des Nationalsozialismus und erklärte »die Zugehörigkeit zu dieser Partei für unerlaubt«. Diese eindeutige Abgrenzung, die in erster Linie religiös-kirchlich begründet wurde, stärkte auch dem Zentrum und den katholischen Verbänden den Rücken bei ihrem politischen Kampf gegen

---

[10] Vgl. zum folgenden vor allem W. ALTGELD., German Catholics, S. 100–121; DERS., Zwischen Ausgrenzung und Anpassung, S. 339–362 und H. HÜRTEN, Deutsche Katholiken.

die NSDAP und wurde nach der Ernennung Hitlers zum Reichskanzler am 30. Januar 1933 nochmals bekräftigt. Erwähnt werden muss hier etwa der Aufruf von dreizehn katholischen Verbänden und Organisationen zu den Märzwahlen vom 17. Februar 1933:

> »Wir fragen: Was werden die Früchte einer solchen Herrschaft[11] sein, wenn sie sich einmal im Besitze dauernder Macht weiß? Eine Staatsordnung, in der an Stelle des Rechts Willkür und Parteilichkeit, an Stelle des Gemeinwohls Gruppeninteressen entscheiden; eine Wirtschaftsordnung, in der ein gerechtes Abwägen der Lebensbedürfnisse aller Stände verdrängt wird durch einseitige Bevorzugung bestimmter Schichten; [...] Wir hören stolze Worte von deutschem Geist, deutscher Treue, deutscher Freiheit und Ehre, wahrem Christentum und reiner Religion. Deutsch ist nach unserer Überzeugung Treue gegenüber dem Schwur, den man der Verfassung leistet. Deutsch ist, die Freiheit lieben, auch die Freiheit des Gegners achten und Gewalttätigkeiten nicht straflos lassen. Wahres Christentum ist, seinem Stifter zu folgen, der selig nannte die Friedfertigen und jene, die Hunger und Durst nach der Gerechtigkeit haben!«[12]

Nach dem Sieg der Nationalsozialisten bei den Reichstagswahlen vom 5. März 1933 taten sich dann erste Risse in dieser Abwehrfront auf, erkennbar vor allem in der bereits erwähnten Erklärung der deutschen Bischöfe vom 28. März 1933, in der diese erklärten, ohne »die in unseren früheren Maßnahmen liegende Verurteilung bestimmter religiös-sittlicher Irrtümer aufzuheben«, die früheren »Verbote und Warnungen [...] nicht mehr als notwendig« anzusehen[13]. Hintergrund für dieses Entgegenkommen, das korrespondiert mit der Zustimmung von Zentrum und BVP zum Ermächtigungsgesetz, waren zum einen beruhigende Versicherungen Hitlers über die Inhalte seiner Politik und die Stellung seiner Regierung zum Christentum in seiner Regierungserklärung vom 23. März 1933, aber auch die Furcht vieler Katholiken, bei dem verkündeten »nationalen Aufbruch« abseits zu stehen und (erneut) zu »Reichsfeinden«, national unzuverlässigen, ultramontan gesinnten und intellektuell wie sozial inferioren Außenseitern gestempelt zu werden. Hier brach deutlich die traumatische Erinnerung an

---

[11] Gemeint ist das Kabinett Hitler.
[12] H. GRUBER, Katholische Kirche, Nr. 11, S. 17–20, hier S. 18. Vgl. auch zum gleichen Anlaß die Stellungnahme der Fuldaer Bischofskonferenz vom 20. Februar 1933 (EBD., Nr. 13, S. 22).
[13] EBD., Nr. 22, S. 39f.

den Kulturkampf wieder auf, die nach der Jahrhundertwende zu verblassen begonnen hatte. Die mittlerweile als erfolgreich empfundene Integration in den kleindeutsch-preußischen Nationalstaat erschwerte es den deutschen Katholiken 1933, zu den immerhin legal an die Macht gekommenen Nationalsozialisten in Fundamentalopposition zu gehen. Die Aufstiegserfahrungen der letzten Jahrzehnte machten es scheinbar notwendig, sich der nationalen Verantwortung nicht zu entziehen bzw. sich in die Pflicht nehmen zu lassen, wenn die neuen Machthaber, deren Partei man immerhin bekämpft hatte, dennoch Kooperationswilligkeit signalisierten; eine Ablehnung dieser Offerte schien all das in den vergangenen Jahrzehnten Erreichte zu gefährden. Kardinal Bertram ist ein gutes Beispiel für diese dem heutigen Betrachter schwer verständliche Mentalität. Es gehört zu den folgenschweren Fehleinschätzungen der Repräsentanten des politischen Katholizismus wie der deutschen Bischöfe, dass sie im Frühjahr 1933 nicht erkannten, dass das im Entstehen begriffene Dritte Reich nicht mehr der bei allen Strukturmängeln dennoch rechtsstaatlich verfasste Staat von 1871 war, sondern dass in Deutschland eine totalitäre Staatsordnung im Aufbau begriffen war, deren verbrecherische Dynamik geeignet war, auch die Kirche mit in den Abgrund zu reißen.

Grundsätzliches zur kurialen Konkordatspolitik seit dem 19. Jahrhundert

Unter einem Konkordat versteht man einen zweiseitigen völkerrechtlichen Vertrag zwischen dem Heiligen Stuhl und einem Staat, der die dauernde Regelung gemeinsam berührender kirchlicher und staatskirchenrechtlicher Angelegenheiten zum Ziel hat[14]. Historisch unterscheidet man zwischen »Friedenskonkordaten« (Concordata Pacis), die gleichzeitig einen Friedensschluss zwischen Staat und Kirche darstellen, »Freundschaftskonkordaten« (Concordata amicitiae), die ein bereits bestehendes Freundschaftsverhältnis bekräftigen und Defensivkonkordaten zur Verteidigung der Rechte und der Freiheit der Kirche (Concordata defensionis iurium et libertatis Ecclesiae), zur Verhinderung eines Bruchs zwischen Staat und Kirche bzw. der Herbeiführung einer grundlegenden Neuordnung des beiderseitigen Verhältnisses. Mit Spanien und Portugal sowie zahlreichen deutschen, italienischen und lateinamerikanischen Staaten schloss die Kurie im 19. Jahrhundert Konkordate oder konkordatsähnliche Verträge. Materiell folgten diese zumeist dem Modell der »vertragsgesicherten staatsgebundenen Kirche« (Ernst Rudolf

---

[14] Vgl. hierzu und zum folgenden J. LISTL, Konkordat, Sp. 263.; vgl. ferner A. HOLLERBACH, Konkordate, Sp. 1599–1604. Das erste Konkordat der Kirchengeschichte stellt das Wormser Konkordat (1122) zwischen Papst Calixtus II. und Kaiser Heinrich V. dar.

Huber), es handelte sich also nicht um Staatskirchen, wohl aber existierte eine durchaus enge Verschränkung von Staat und Kirche.

Die Neuordnung Europas nach dem Ersten Weltkrieg eröffnete der Kurie die Option, die Kompetenzen des Staates durch das System der »vertragsgesicherten autonomen Trennungskirche« (Ulrich Stutz) zu schwächen. Nachdem sich die Hoffnung, das deutsche System der Länderkonkordate durch ein allgemeines Reichskonkordat zu ersetzen, zunächst nicht erfüllt hatte, ging der apostolische Nuntius im Deutschen Reich, Eugenio Pacelli, der spätere Papst Pius XII., der ein hervorragender Kenner des modernen Staatskirchenrechts in Europa war, schließlich dazu über, wiederum mit einzelnen Ländern Konkordatsverhandlungen aufzunehmen. Diese waren erfolgreich in Bayern (1924), Preußen (1929) und Baden (1932), nicht aber in Württemberg und Hessen. Außerhalb Deutschlands schloss die Kurie Konkordate bzw. Verträge mit Lettland (1922), Polen (1925), Rumänien, Litauen und der Tschechoslowakei (1927), ferner 1929 mit dem faschistischen Italien die sogenannten Lateranverträge, durch die u. a. der Kirchenstaat als Vatikanstaat wiedererrichtet wurde. Verhandlungen mit der frühen stalinistischen Sowjetunion, wo die Kurie vergeblich versucht hatte, nach den Wirren der bolschewistischen Revolution die Wiederherstellung einer geordneten Seelsorge zu erreichen und dafür auch bereit gewesen wäre, den neuen kommunistischen Staat anzuerkennen, scheiterten indes Mitte der 1920er Jahre.

Die Verhandlungen mit autoritären bzw. totalitären Staaten, die im Reichskonkordat (1933) und den Konkordaten mit Portugal (1940) und Spanien (1953) sowie ab den 1960er Jahren in der Ostpolitik Kardinal Agostino Casarolis ihre Fortsetzung fanden, waren innerkirchlich keineswegs unumstritten, zumal die Regierungen zumeist die Entpolitisierung des Klerus und zumindest indirekt dessen umfassende Kontrolle im Sinne unbedingter Loyalität gegenüber der Obrigkeit forderten. Formal knüpften diese Verträge in der Regel pragmatisch an das Muster des Defensivkonkordats an. Erleichtert wurde diese Politik vor allem dadurch, dass zum einen seit Papst Leo XIII. (1878–1903) die früher praktizierte Bevorzugung der Monarchie als societas perfecta im Verhältnis zu den weltlichen Staaten aufgegeben worden war, dieser wichtige Schritt aber noch nicht verbunden war mit einer Hinwendung zum Ideal der Demokratie liberaler Provenienz. Vielmehr stand die Kirche dieser in einer Art »distanzierter Neutralität« (Ernst Wolfgang Böckenförde) gegenüber. So hieß es etwa in einem Promemoria des Heiligen Stuhls an die deutsche Reichsregierung vom 31. Januar 1934 ausdrücklich:

»Der katholischen Kirche liegt es fern, eine Staatsform oder eine staatliche Um- oder Neuorganisation als solche abzulehnen. Sie lebt in korrekten und guten Beziehungen zu Staaten der verschiedensten Regierungsformen und der unterschiedlichsten inneren Struktur. Sie hat Konkordate abgeschlossen mit Monarchien und Republiken, mit demokratisch und autoritär geleiteten Staaten. Ihre Konkordatsabschlüsse sind Akte religiös-kirchlicher Zielsetzung und keine politischen Parteinahmen. Wie ihre Verlautbarungen und Handlungen vielmals beweisen, denkt sie nicht daran, in weltlich-politischen Dingen Partei zu ergreifen oder ihren Mitgliedern Vorschriften zu erteilen.«[15]

Erstmals 1944 öffnete Pius XII. das Tor zu einer offenen Neutralität in seiner Weihnachtsansprache, in der er die Demokratie ausdrücklich befürwortet[16]. Papst Johannes XXIII. überschritt dann schließlich die Schwelle zur positiven Neutralität mit seiner Enzyklika »Pacem in terris« (11. April 1963), in der er sich zur Menschenrechtserklärung der Vereinten Nationen von 1948 bekannte.

Der Abschluss des Reichskonkordats – Versuch einer kritischen Bewertung

Wie sind vor diesem Hintergrund und im Lichte der aktuellen Forschungsergebnisse aufgrund der Archivöffnungen der letzten Jahre die Konkordatsverhandlungen zwischen der Kurie und der zur Macht gekommenen Regierung Hitler und der schließlich erfolgte Abschluss des Reichskonkordats zu bewerten?[17]

1. Zunächst einmal gilt es festzuhalten, dass der Modus der innerkirchlichen Urteilsbildung und Beschlussfassung sowie Stil und Verfahrensweise der Unterhändler, wie Volk diese bereits 1969 bzw. 1972 herausgearbeitet hatte, nach wie vor als zutreffend bezeichnet werden müssen: Pacelli beschnitt die Kompetenzen des Berliner Nuntius Cesare Orsenigo und behielt sich die Konkordatsangelegenheit selbst vor, an die Stelle der offiziellen Informationskanäle traten inoffizielle (vor allem Prälat Ludwig Kaas, Pater Robert Leiber und der Freiburger Erzbischof Conrad Gröber), die in den offiziellen Akten keinen Niederschlag fanden,

---

[15] D. ALBRECHT, Notenwechsel I, S. 47–71, hier S. 69f.
[16] Vgl. H. J. TÜRK, Staat, Sp. 897f. und E.-W. BÖCKENFÖRDE, Demokratie, Sp. 85f. Vgl. ferner den Beitrag von Wolfgang Altgeld in diesem Band.
[17] Vgl. zum Folgenden vor allem Th. BRECHENMACHER, Reichskonkordatsakten, S. 129–151.

Pacelli hielt die Verhandlungen so lange als möglich im Bereich des Unverbindlichen, um sich keine Handlungsspielräume zu verschließen.
2. In den 1920er Jahren hatte angesichts der erfolgreichen Abschlüsse von Konkordaten mit den wichtigsten deutschen Einzelstaaten, darunter vor allem Preußen, das etwa zwei Drittel des Reichsgebiets umfasste und wo die meisten reichsdeutschen Katholiken lebten, der Plan eines Reichskonkordats an Priorität verloren. Dies änderte sich in dem Moment, als die Nationalsozialisten daran gingen, Rechtsstaatlichkeit und Föderalismus vollständig zu beseitigen, was den Bestand der Länderkonkordate und damit die garantierten Rechte der Mehrheit der deutschen Katholiken grundsätzlich gefährden musste. Not tat vor diesem Hintergrund der Abschluss eines Defensivkonkordats nach dem Vorbild Italiens bzw. der Sowjetunion; letzteres war 1925, wie erwähnt, gescheitert mit erheblichen Konsequenzen für die sowjetischen Katholiken, die der Willkür des stalinistischen Regimes schutzlos ausgeliefert waren. Insofern lag es nahe, auf ein Verhandlungsangebot von Seiten des Dritten Reiches einzugehen; mit Sympathie für das NS-Regime hat dieses in der Kontinuität kurialer Staatskirchenpolitik liegende politische Kalkül nichts zu tun.
3. Nach den vorhandenen Quellen ist kein Zusammenhang nachweisbar zwischen der Reichskonkordatsofferte der Reichsregierung und der Erklärung der deutschen Bischöfe vom 28. März 1933. Pacelli und Orsenigo wurden von den Ereignissen vielmehr überrascht und kritisierten das rasche Entgegenkommen der Bischöfe gegenüber dem Nationalsozialismus nur aufgrund einiger wenig eindeutiger Zusicherungen Hitlers in seiner Regierungserklärung vom 23. März. Genau genommen gefährdete das Vorpreschen der Bischöfe sogar die kirchliche Position, weil eine wichtige Position geräumt worden war ohne eine echte Gegenleistung dafür zu bekommen. Um so wichtiger war es nun, möglichst bald verbriefte Rechtszusagen zu erhalten.
4. Aus den Informationen, die Pacelli aus unterschiedlichen Quellen vorlagen, musste er geradezu den Schluss ziehen, konstruktiv auf Verhandlungsangebote aus Berlin eingehen zu sollen. Beunruhigend waren vor allem die brutale Gleichschaltung in Bayern und die immer deutlicher werdende Gefahr für die Fortexistenz der politischen Parteien und der nichtpolitischen katholischen Vereinigungen. Besondere Signalwirkung hatte hierbei die gewaltsame Sprengung des Ersten Deutschen Gesellentags des Kolpingverbands (8. bis 11. Juni 1933) in München durch SA und SS. Als besonders bedrohlich wurde in diesem Zusammenhang angesichts der im 19. Jahrhundert in den deutschen Einzelstaaten gemachten Erfahrungen auch der Versuch der Bildung einer unbedingt staats-

loyalen und privilegierten evangelischen Reichskirche durch die Nationalsozialisten empfunden. Die Reaktionen der Reichsregierung auf das Scheitern ihrer reichskirchlichen Pläne – Verdrängung des vom Regime abgelehnten Reichsbischofs Fritz von Bodelschwingh und Einsetzung eines Staatskommissars für die preußische Landeskirche – schürte die Befürchtung, einer ungesicherten katholischen Kirche könne es ähnlich ergehen.
5. Die Kurie hatte letztlich vor allem drei Gründe, den Abschluss eines Reichskonkordats voranzutreiben: Erstens sollte ein neuer Kulturkampf vermieden werden bzw. wenigstens versucht werden, der katholischen Minderheit im Dritten Reich Rechtsgrundlagen für einen möglichen Konfliktfall zu schaffen. Zweitens musste, wenn angesichts der sich vollziehenden Gleichschaltung schon Zentrum und BVP nicht zu retten waren, zumindest das katholische Verbandswesen abgesichert werden. Drittens sollte gegenüber dem neuen Staat eine unabhängige kirchliche Sphäre abgegrenzt werden.
6. Scholders These, die Kurie habe das Konkordat gleichsam eingetauscht gegen die Preisgabe von Zentrum und BVP, kann als widerlegt gelten. Es trifft zwar zu, dass die Entpolitisierung des deutschen Laienkatholizismus zugunsten einer Stärkung der besser vom Klerus lenkbaren »Katholischen Aktion« den kirchenpolitischen Vorstellungen der Kurie durchaus entsprach, doch kann man daraus kein Konsensmodell im Bezug auf das NS-Regime ableiten. Pacelli ging vielmehr davon aus, dass die politischen Parteien über kurz oder lang ohnehin verboten werden würden. Er setzte deshalb das Zugeständnis des Verbots der Betätigung in politischen Parteien für Priester (später Art. 31), das der Reichsregierung wichtig war, als Köder ein, um seinerseits eine Bestandsgarantie für das katholische Vereinswesen zu erhalten (später Art. 32). Dazu war es allerdings nötig, dass die Parteien noch mindestens bis zur Ratifizierung des Konkordats weiterbestanden: »Artikel 31 und 32 waren logisch nur denkbar unter der Voraussetzung der Existenz katholischer politischer Parteien. Also musste schnell abgeschlossen werden, solange diese Parteien eben noch existierten. Wäre das Ende des politischen Katholizismus als Preis für das Reichskonkordat bereits im Vorfeld zwischen Hitler, Papen, Kaas, Pacelli oder wem auch immer verabredet gewesen; – der ganze Verhandlungspoker wäre von vornherein absurdes Theater gewesen.«[18] Entsprechend konsterniert war Pacelli, als sich BVP und Zentrum am 4. bzw. 5. Juli 1933, noch vor der Unterzeichnung des Konkordats, auflösten. Dass die Reichsregierung das Konkordat dennoch abschloss, hing nicht zuletzt damit zusammen, dass es für

---

[18] Th. Brechenmacher, Reichskonkordatsakten, S. 148.

sie noch ein zweites Kalkül gab, nämlich das Ziel, das Abkommen in internationale Anerkennung umzumünzen.[19]

Diesen Prestigeerfolg hat die Kurie dem Dritten Reich in der Tat konzediert, man bediente sich jedoch, um diesen wichtigen Gedanken nochmals aufzugreifen, des Instruments eines Defensivkonkordats, dessen Unterzeichnung am 20. Juli 1933 das römisch-katholische Leben in Deutschland auch unter den Bedingungen der sich verfestigenden Diktatur weiter zu sichern schien.

Die Kehrseite dieses Konzepts war, wie oben bereits erwähnt, die Gefahr der Verunsicherung der deutschen Katholiken: Bis zum März 1933 auf strikte Ablehnung des Nationalsozialismus festgelegt, konnten die Märzerklärung der deutschen Bischöfe, die Zustimmung zum Ermächtigungsgesetz durch das Zentrum und der Abschluss des Reichskonkordats durch die Kurie als grundsätzliche Abkehr vom bisherigen Kurs und als Aussöhnung mit dem NS-Regime wahrgenommen werden, ja als indirekte Aufforderung, sich der konstruktiven Mitarbeit im neuen Regime nicht zu verweigern. Auch wenn Eugenio Pacelli sich beeilte, Ende Juli 1933 im »Osservatore Romano« festzustellen, der Heilige Stuhl verhandele »mit den Staaten als solchen, um die Rechte und die Freiheit der Kirche zu sichern« und nehme »von jeder Bewertung anderer Natur Abstand«[20], so belegen doch die sich seit März 1933 häufenden Ergebenheitserklärungen katholischer Verbände gegenüber dem NS-Regime, dass diese eine solche Differenzierung für sich nicht nachvollzogen.

Konkordat(e) und der Kampf gegen die Kirche[21]

Die Hoffnung der Kurie, durch das Reichskonkordat der deutschen Kirche einen Freiraum innerhalb des sich mit großer Geschwindigkeit etablierenden totalitären Systems erhalten zu können, erwies sich schon bald als verfehlt, dies allein schon deshalb, weil die Kirche in der Realität Schritt für Schritt zum Rückzug gezwungen wurde. Das Entgegenkommen der Kirche gegenüber dem NS-Regime wurde von diesem gerade nicht honoriert, sondern im Gegenteil als Schwäche ausgelegt. Erschwerend kam hinzu, dass sich die Sphären von Staat und Kirche nicht wirklich trennen ließen, weil zum einen

---

[19] Siehe dazu im einzelnen den Beitrag K.-J. HUMMEL, Die deutschen Bischöfe, in diesem Band, S. 121 f.
[20] Zit. nach K. REPGEN, Propaganda, S. 460, Anm. 23.
[21] Vgl. zum Folgenden neben der bereits erwähnten Literatur vor allem D. ALBRECHT (Hrsg.), Katholische Kirche; U. v. HEHL/Ch. KÖSTERS, Priester unter Hitlers Terror; L. VOLK, Katholische Kirche und Nationalsozialismus; W. ZIEGLER, Die deutschen katholischen Bischöfe unter der NS-Herrschaft, S. 395–437.

die katholische Lehre wegen des unaufgebbaren Verkündigungsauftrags der Kirche zwangsläufig in den politischen Raum hineinwirken musste und zum andern der NS-Staat jede konkurrierende intermediäre Gewalt, die allein schon durch ihre Existenz seinen totalitären Herrschaftsanspruch in Frage stellte, als Gegner begreifen musste.

Das Reichskonkordat bot zwar in einem gewissen Umfang tatsächlich Schutz vor der nationalsozialistischen Willkürherrschaft, doch zeigte das Regime von Anfang an deutlich, dass es sich weder vom Buchstaben noch vom Geist des Vertrages daran hindern ließ, einen »Weltanschauungskampf« gegen die katholische Kirche zu führen, der sukzessive in einen förmlichen Kirchenkampf mündete. Dieser begann bereits im Herbst 1933 mit Maßnahmen gegen die katholischen Verbände und die Presse sowie inszenierten Devisenprozessen und fand seinen ersten Höhepunkt in den seit 1935 einsetzenden sogenannten Sittlichkeitsprozessen[22] gegen katholische Geistliche, die vom Regime propagandistisch ausgeschlachtet wurden. Kardinal Bertram, der in Verkennung des totalitären Charakters des NS-Regimes die ständigen Auseinandersetzungen an den Erfahrungen des Kulturkampfs maß und die Seelsorge um jeden Preis aufrechterhalten wollte, setzte in der seit 1933 alle reichsdeutschen Bistümer umfassenden Fuldaer Bischofskonferenz, u. a. gegen den kämpferischer eingestellten Berliner Bischof Konrad Graf von Preysing, eine – nicht öffentliche – Eingabepolitik nach dem Vorbild des 19. Jahrhunderts durch; Widerspruch wurde zudem, um dem Vorwurf, man betätige sich politisch, zu entgehen, nur in solchen Fragen eingelegt, die die Kirche bzw. ihre Lehre direkt angingen. Dieser Kurs war insofern geeignet, die katholischen Gläubigen zu verunsichern, weil der Eindruck entstand, die Kirche verhalte sich gegenüber dem Regime permissiv, eine Bewertung, die, wie eingangs gezeigt, bis heute in Teilen der Forschung nachwirkt.

Dennoch ließen die keineswegs wenigen öffentlichen Stellungnahmen vieler Bischöfe für diejenigen, die hinhören wollten, keinen Zweifel daran, dass die Kirche die NS-Ideologie kompromisslos ablehnte. Hingewiesen sei in diesem Zusammenhang vor allem auf das Hirtenwort des bayerischen Episkopats zur Reichstagswahl vom 12. November 1933, die »Adventspredigten« des Münchener Kardinal-Erzbischofs Michael von Faulhaber vom Dezember 1933 und vor allem die am 21. März 1937 (Palmsonntag) an der staatlichen Zensur vorbei von den Kanzeln der deutschen katholischen Kirchen verkündete päpstliche Enzyklika »Mit brennender Sorge«, welche auf einem Entwurf Faulhabers beruhte, sowie die Predigten des Münsteraner Bischofs Clemens August Graf von Galen gegen die im Winter 1939/40 anlaufende Euthanasieaktion »T 4«; Galen ging vor allem deshalb

---

[22] Vgl. hierzu H. G. HOCKERTS, Sittlichkeitsprozesse.

an die Öffentlichkeit, weil die Bertramsche Eingabepolitik völlig erfolglos geblieben war. Zu nennen sind weiterhin der Hirtenbrief Preysings vom 13. Dezember 1942 und der »Dekalog-Hirtenbrief« vom 19. August 1943, der insbesondere das fünfte Gebot (»Du sollst nicht töten«) im Sinne eines unbedingten Lebensschutzes auslegte. Die Wirkung dieser öffentlichen Proteste war freilich unterschiedlich: So zog die Verkündung der Enzyklika »Mit brennender Sorge« umstandslos eine neue Unterdrückungswelle nach sich, während etwa Galens Proteste dazu führten, dass die Aktion T4 zwar offiziell eingestellt wurde, die Morde aber dezentral durchaus weitergingen. Dass die Bischöfe öffentlich nicht dezidiert gegen die Judendeportationen protestierten, hing vor allem damit zusammen, dass man zum einen die völlige Zerschlagung der Kirche als Institution befürchtete und zum andern das Beispiel der niederländischen Bischöfe 1942 gezeigt hatte, dass öffentliche Proteste geeignet waren, die Judenverfolgungen noch weiter zu radikalisieren bzw. zu beschleunigen.

Vielfach ist kritisiert worden, dass die katholische Kirche angesichts der immer mehr zunehmenden Konkordatsverletzungen durch das NS-Regime jenes nicht gekündigt und damit ein eindeutiges Zeichen gesetzt habe. Dass eine solche Konfrontationsstrategie äußerst riskant gewesen wäre, zeigt das Beispiel Österreich[23]. Die österreichische katholische Kirche stand nach 1918 im wesentlichen loyal zur neuen Alpenrepublik. Angesichts der Verschärfung der innenpolitischen Frontstellung zwischen Christlich-Sozialen und Sozialdemokratie seit den frühen 1920er Jahren unterstützte sie 1933/34 die Errichtung des autoritären österreichischen Ständestaats unter Bundeskanzler Engelbert Dollfuß. Dies um so mehr, als dieser sich bei seinem Diktaturexperiment (fälschlich) auf Grundprinzipien der Sozialenzyklika Papst Pius' XI. »Quadragesimo Anno« (1931) berief und die seit 1930 mit dem Heiligen Stuhl laufenden Konkordatsverhandlungen zum Abschluss brachte. Das Abkommen wurde am 5. Juni 1933 unterzeichnet und trat am 1. Mai 1934 in Kraft. Es beseitigte die letzten Reste des josephinischen Staatskirchentums, stärkte den kirchlichen Einfluss auf die Bischofsernennungen, garantierte den Religionsunterricht in den Schulen, erkannte die nach dem kanonischen Recht geschlossenen Ehen als bürgerlich-rechtlich gültig an und schrieb die Staatsleistungen an die Kirche fest. Es handelte sich insofern um ein echtes Freundschaftskonkordat, das an die überkommene Symbiose von Thron und Altar und den Mythos von Österreichs katholi-

---

[23] Zu Österreich vgl. vor allem R. STEININGER, Weg zum Anschluß, S. 99–151; D. A. BINDER, Der »christliche Ständestaat«, S. 203–256; E. TÁLOS/W. NEUGEBAUER (Hrsg.), Austrofaschismus, S. 263–394, H. PAARHAMMER (Hrsg.), Österreichisches Konkordat; K. MEIER, Österreich, S. 755–772 und das nützliche Bändchen von G. HARTMANN, Kirche und Nationalsozialismus.

scher Sendung anknüpfte. Die Parteinahme für den Ständestaat implizierte eine strikte Abgrenzung vom Nationalsozialismus; noch im November 1937 verurteilten die österreichischen Bischöfe vor dem Hintergrund der Verkündung der Enzyklika »Mit brennender Sorge« in einer Solidaritätsadresse an die reichsdeutschen Bischöfe die NS-Kirchenpolitik.

Der Anschluss Österreichs im März 1938 veränderte die Lage vollständig. Der österreichische Episkopat, der umstandslos der Fuldaer Bischofskonferenz beitrat, verhielt sich nun ganz ähnlich wie der reichsdeutsche fünf Jahre zuvor: Er versicherte das NS-Regime am 18. März 1938 in einer feierlichen Erklärung seiner Loyalität und rief die Gläubigen auf, bei der bevorstehenden Volksabstimmung für die Vereinigung Österreichs mit dem Deutschen Reich zu stimmen. Der Wiener Erzbischof Kardinal Theodor Innitzer agierte in diesen Tagen sehr ungeschickt, unterzeichnete das Begleitschreiben an den Reichskommissar und Gauleiter Josef Bürckel mit »Heil Hitler!«, was die Nationalsozialisten propagandistisch ausschlachteten. Warum reagierten die österreichischen Bischöfe so? Erstens hatten sie einen bemerkenswert hohen Anteil an Amtsträgern aus nach 1918 von Österreich abgetrennten Gebieten sowie aus dem Deutschen Reich in ihren Reihen – darunter den aus Weipert bei Komotau stammenden Deutsch-Böhmen Theodor Innitzer selbst. Diese waren für großdeutsches Gedankengut naturgemäß ansprechbar[24]. Hinzu kommt zweitens, dass der Ständestaat bei der Mehrheit der Bevölkerung keinen Rückhalt mehr besaß, der Jubel breiter Massen beim Anschluss Österreichs machte dies den Bischöfen schockartig klar. Diesen wurde mit dem Untergang des Ständestaates, mit dem sich die Mehrheit des Episkopats, wie erwähnt, identifiziert hatte, gleichsam der Boden unter den Füßen weggezogen. Um so mehr mussten sie bestrebt sein, durch Entgegenkommen gegenüber den neuen, wie man im Deutschen Reich in den letzten Jahren hatte sehen können, den Kirchen nicht wohlgesonnenen Machthabern das in den letzten Jahren Erreichte möglichst zu bewahren. In der Kurie war man ob dieser Entwicklung alarmiert, Innitzer wurde nach Rom zitiert und dort zur Unterzeichnung einer Klarstellung veranlasst, die man als faktischen Widerruf der Wiener Märzerklärung betrachten konnte. Doch änderte dies nichts daran, dass das Kind gleichsam schon in den Brunnen gefallen war. Die österreichischen Bischöfe saßen nun zwischen den Stühlen und mussten abwarten, ob die Vorleistungen, die Innitzer in gewisser Weise erbracht, halb aber auch wieder zurückgenommen hatte, nun vom Regime honoriert würden.

Zunächst einmal leitete der Anschluss Österreichs allerdings den nächsten Radikalisierungsschub in der NS-Kirchenpolitik ein: Dokumente, die beim polizeilichen Vorgehen gegen den österreichischen politischen Katholizismus

---

[24] Vgl. W. WEINZIERL, Kirche in Österreich, S. 72–76.

gefunden worden waren und die das Weiterbestehen von Kontakten zu reichsdeutschen katholischen Verbänden belegten, lieferten für Heinrich Himmler den Vorwand, das katholische Verbändewesen im Juni 1938 vollständig aufzulösen – auch im Altreich, wo das Reichskonkordat dieses eigentlich hätte schützen müssen. Erwähnt werden muss in diesem Zusammenhang auch die Hetzjagd gegen den Rottenburger Bischof Joannes Sproll, der es gewagt hatte, am 10. April 1938 nicht an der Volksabstimmung über den Anschluss Österreichs teilzunehmen; er wurde aus seiner Diözese vertrieben und durfte bis Kriegsende nicht zurückkehren. Eine verschärfte Gangart schlug das Regime nun auch gegenüber der österreichischen Kirche ein, die es nach dem vollzogenen und in der Volksabstimmung gebilligten Anschluss nicht mehr brauchte. Verstärkt wurde die ohnehin kirchenfeindliche Haltung von oben noch durch den Radikalismus der österreichischen Nationalsozialisten, die nach den Jahren der Illegalität im Ständestaat nun mit der Kirche abrechnen wollten[25].

Am wichtigsten war der Schlag gegen das Konkordat von 1934[26]: Es wurde mit Schreiben der Reichskanzlei vom 12. Juli 1938 für erloschen erklärt, eine Ausdehnung der Gültigkeit des Reichskonkordats auf Österreich abgelehnt und die Geltung eines konkordatlosen Zustands postuliert, der dem Regime in den kommenden Jahren völlig freie Hand ließ. Diese Praxis wich deutlich ab vom Verhalten des Regimes bei der Rückgliederung des Saargebiets 1935, welches in den Gültigkeitsbereich des Reichskonkordats einbezogen worden war, fand aber ihre Fortsetzung im Zuge der weiteren Expansion des Dritten Reichs, wo in den annektierten und besetzten Gebieten ebenfalls von konkordatlosen Verhältnissen ausgegangen wurde; ein besonders prägnantes Beispiel ist hier der spätere Reichsgau »Wartheland« in Polen[27]. Für Österreich hatte die Nichtanerkennung des Konkordats schwerwiegende Folgen: In den kommenden Monaten wurden 1417 katholische Schulen im Land geschlossen, ebenso die theologischen Fakultäten in Innsbruck und Salzburg, das Schulgebet verboten und der Pflichtreligionsunterricht abgeschafft, unliebsame Priester mit Schauprozessen überzogen, kirchliche Symbole und Feiertage lächerlich gemacht und gegen noch bestehende katholische Verbände vorgegangen. Besonders gravierend war, dass mit dem Konkordat auch die Rechtsgrundlage für die staatliche Kirchenfinanzierung (»Kongrua«) wegfiel und nicht durch das reichsdeutsche Kirchensteuersystem ersetzt wurde. Das am 1. Mai 1939

---

[25] Vgl. zum folgenden neben der bereits erwähnten Literatur: E. BURR BUKEY, Hitlers Österreich, S. 137–162.
[26] Vgl. zum folgenden ausführlich K. SCHOLDER, Österreichisches Konkordat, S. 230–243.
[27] Vgl. hierzu H. BREITINGER, Deutschenseelsorger in Posen; K. ŚMIGIEL, Katholische Kirche im Reichsgau. Vgl. ferner E. HRABOVEC, Der Katholizismus in Ostmitteleuropa, S. 155–200.

erlassene und im Kern bis heute gültige »Gesetz über die Erhebung von Kirchenbeiträgen im Land Österreich« war zwar in gewisser Weise vom reichsdeutschen Kirchensteuerrecht inspiriert, die freiwilligen Kirchenbeiträge waren allerdings juristisch »Vereinsbeiträge«, wovon das Regime sich erstens einen Anreiz zum Kirchenaustritt und zweitens die Unterstellung der Kirche unter den Staat in vermögensrechtlicher Hinsicht erhoffte. Die österreichischen Bischöfe hatten sich anfangs noch bemüht, durch Verhandlungen einen erträglichen modus vivendi zwischen Regime und Kirche zu erreichen, doch scheiterten diese Versuche. Am 19. August 1938 brachen sie die offensichtlich nutzlosen Verhandlungen ab, eine an Hitler gerichtete, recht moderat gehaltene Denkschrift vom 28. September 1938[28], in der der kirchliche Standpunkt dargelegt wurde, blieb unbeantwortet. Das Regime reagierte allerdings insofern auf die bischöfliche Stellungnahme, als Repression und Terror weiter verschärft wurden. Als sich am 7. Oktober 1938 in Wien das Rosenkranzfest zu einer machtvollen Demonstration gegen das NS-System entwickelte, stürmten tags darauf Banden der Hitlerjugend mit Duldung der Polizei das erzbischöfliche Palais. Die von den Nationalsozialisten unter Ausnutzung des verbreiteten Antiklerikalismus inszenierten Ausschreitungen in Wien und anderen Städten dauerten eine Woche und wurden am 13. Oktober gleichsam gekrönt von einer kirchenfeindlichen Großdemonstration von 200.000 Menschen auf dem Heldenplatz, die das »gesunde Volksempfinden« repräsentieren sollte.

Der Kirchenkampf setzte sich sowohl im Altreich als auch in Österreich auch nach Ausbruch des Zweiten Weltkriegs unvermindert fort: Kraft Anordnung vom 15. März 1940 wurden die Kirchenglocken für den Rüstungsbedarf konfisziert, am 29. Oktober 1940 unter dem Vorwand von Luftschutzmaßnahmen die Frühmessen eingeschränkt. Zu nennen ist ferner der von Hitler schließlich nach Protesten gestoppte Klostersturm des Jahres 1941[29], der in Österreich insofern eine Vorgeschichte hat, als dort zwischen 1938 und 1940 bereits zehn Klöster aufgehoben worden waren. Es folgten am 21. April 1941 das Verbot des Schulgebets und am 27. Oktober 1941 die Aufhebung der katholischen Feiertage Fronleichnam und Christi Himmelfahrt. Weiterhin wurden, ebenfalls 1941, kirchliche Kindergärten geschlossen, die letzten Reste der katholischen Presse eingestellt und Wallfahrten, Prozessionen und Exerzitien verboten. Durch die Kriegsentwicklung verlor der Kirchenkampf schließlich zwar an Fahrt, doch stand für die Machthaber außer Frage, dass das Endziel der nationalsozialistischen Kirchenpolitik die völlige Vernichtung des überkommenen Christentums und damit der christlichen Kirchen war.

---

[28] Abgedruckt bei M. LIEBMANN, Theodor Innitzer, S. 178–188.
[29] Vgl. hierzu A. MERTENS, Himmlers Klostersturm.

Fazit

Vor diesem Hintergrund musste sich in der Tat die »mühsam erkämpfte Rechtsbasis des Konkordats [...] als wertlos« erweisen[30]. Der Vergleich Österreichs mit dem Altreich zeigt allerdings, dass bei allen Mängeln das Reichskonkordat doch einen Rest an Schutz gegen den totalitären Staat bot; insofern war die Entscheidung der Kurie wie der deutschen Bischöfe, dieses trotz der Vertragsverletzungen durch das Regime nicht zu kündigen, zweifellos richtig. Nach 1945, als sich in der Bundesrepublik nach manchen innenpolitischen Auseinandersetzungen um die Gültigkeit des Reichskonkordats dieses »unter Auswechslung des ›verfassungsrechtlichen Hintergrundes‹ zu einem Freundschaftskonkordat« wandelte[31], erwies sich der Text, der unter so völlig anderen Voraussetzungen entstanden war, neben den ebenfalls nach wie vor gültigen bzw. neu abgeschlossenen Länderkonkordaten, als eine tragfähige Grundlage für ein gutes Verhältnis zwischen Staat und Kirche. Ob der partielle Nutzen in der Zeit des Nationalsozialismus und die heutige Situation den Preis wert waren, den die katholische Kirche dafür gezahlt hat, ist für einen Historiker schwer zu beantworten. Festzuhalten bleibt indes, dass weder die Kurie noch die reichsdeutschen und österreichischen Bischöfe sich diese schwierige Entscheidung leicht gemacht haben. An dem bereits erwähnten Diktum Konrad Repgens vom Konkordat als der »vertragsrechtliche[n] Form der Nichtanpassung der katholischen Kirche an das Dritte Reich«[32] wird man weiter festhalten können. Diese These ist zwar bis heute nicht unwidersprochen geblieben, sie konnte allerdings bisher durch Quellenfunde nicht widerlegt werden. Das Reichskonkordat verhinderte, wie Carsten Kretschmann kürzlich zu Recht festgestellt hat[33], den Kirchenkampf zwar nicht, aber es erleichterte die Verteidigung. Das ist in einem totalitären Staat nicht eben wenig.

---

[30] Th. Brechenmacher, Reichskonkordatsakten, S. 151.
[31] Vgl. J. Listl, Konkordat, Sp. 264.
[32] K. Repgen, Entstehung der Reichskonkordats-Offerte, S. 533.
[33] C. Kretschmann, Pacelli, S. 24.

Karl-Joseph Hummel

Die deutschen Bischöfe: Seelsorge und Politik

Am 2. Juni 1945 zog Papst Pius XII. eine dankbare Bilanz[1]. Der Papst hatte sich Bischöfe gewünscht, die »mutvoll der eigenen Regierung gegenüber für die Rechte der Religion, der Kirche, der menschlichen Persönlichkeit, für Schutzlose, von der öffentlichen Macht Vergewaltigte eintreten, gleichviel ob die Betroffenen Kinder der Kirche oder Außenstehende sind.«[2] Die drei deutschen Bischöfe – Josef Frings (Köln), Clemens August Graf von Galen (Münster), Konrad von Preysing (Berlin) – die an Weihnachten 1945 mit der Kardinalswürde ausgezeichnet wurden, entsprachen offensichtlich diesem Ideal. Der emigrierte Schriftsteller Thomas Mann, Protestant, sah das kritischer. Er unterschied zwischen einer durchaus respektvollen Anerkennung der institutionellen Haltung der katholischen Kirche im Herbst 1933 – »Immerhin, die Kirchen sind offen, und jeder Kirchgang bedeutet eine oppositionelle Handlung gegen die ›Totalität‹«[3] – und einer deutlichen Kritik an einzelnen Personen wie dem Bischof von Münster, den er 1945 als politisch »unbelehrbaren Geistlichen«[4] charakterisierte. Geradezu vernichtend fiel das Resümee bei dem amerikanischen Soziologen Gordon Zahn und dem Politikwissenschaftler Guenter Lewy aus. Für sie schien »in der Tat unausweichlich«, dass die katholische Kirche in Deutschland als Institution – trotz Kirchenverfolgung und Bedrängnis – versagt habe und ihre führenden Sprecher spätestens mit Kriegsbeginn »zu Werkzeugen nationalsozialistischer Kontrolle über ihre Anhänger« geworden seien[5].

---

[1] Für einen ersten orientierenden Überblick siehe K. REPGEN, Die deutschen Bischöfe und der Zweite Weltkrieg; DERS., Krieg, Gewissen und Menschenrechte; A. LEUGERS, Die deutschen Bischöfe; W. ZIEGLER, Die deutschen katholischen Bischöfe unter der NS-Herrschaft. – Ansprache Pius' XII. an das Kardinalskollegium über den Nationalsozialismus vom 2.6.1945, in: A. F. UTZ/J. F. GRONER, Aufbau und Entfaltung, S. 1800–1812.
[2] Papst Pius XII. in einem Schreiben vom 30.4.1943 an den Berliner Bischof Konrad von Preysing, in: H. GRUBER (Hrsg.), Katholische Kirche, Nr. 246.
[3] Tagebucheintrag von Thomas Mann vom 1.10.1933, in: Th. MANN, Tagebücher 1933–1934, hrsg. v. P. de MENDELSSOHN, S. 204.
[4] RUHR-ZEITUNG ESSEN, 12.5.1945.
[5] Vgl. G. ZAHN, Die deutschen Katholiken, S. 270f. G. LEWY hat diese These dann in seine eigene Veröffentlichung »The Catholic Church and Nazi Germany« (1964) (deutsch: Die katholische Kirche und das Dritte Reich, 1965, S. 256) übernommen. Bei K. DESCHNER, Politik der Päpste I, S. 462, heißt es: »Bis in die letzten Jahre des Zweiten Weltkriegs hinein waren die deutschen Bischöfe Hitlers Werkzeuge, sogar mit zunehmender Intensität.«

Ebenen der Kritik

Schon diese drei Positionen zeigen: In der Diskussion über die seelsorgliche Leistung und die politischen Grenzen der katholischen Bischöfe bleiben die Wissenschaftler nicht unter sich. Die Debatte der Experten wird außerdem immer wieder in populärer Vereinfachung in Medien fortgesetzt, die oft eine größere Wirkung erzielen als wissenschaftliche Erkenntnisse. Kritik wie Verteidigung der Bischöfe setzen dabei in drei verschiedenen Formen an. In der individuellen Variante wird jeder Einzelfall zunächst für sich untersucht und beurteilt; das Bild der ganzen Kirche entsteht erst später als Summe dieser einzelnen Mosaiksteine. In der zweiten Variante wird das persönliche Handeln oder Nichthandeln eines einzelnen Bischofs, ein Hirtenbrief oder eine Predigt nicht für sich genommen, sondern als Position der gesamten Kirche angesehen, manchmal der deutschen, manchmal auch der Weltkirche. In der dritten, wissenschaftlich kaum haltbaren Variante darf der Widerstand Einzelner gegen das NS-Regime von der Kirche nicht in Anspruch genommen, das Versagen einzelner Bischöfe aber sehr wohl der Kirche angelastet werden[6].

Fuldaer Bischofskonferenz

Wie auch immer man vorgeht, bleibt zunächst zu beachten: Ein Bischof ist zunächst Ortsbischof und in dieser Funktion alleinverantwortlich für Entscheidungen auf der diözesanen Ebene. Die tatsächlichen Verhältnisse können sich deshalb von Diözese zu Diözese durchaus unterscheiden. Die katholischen Bischöfe besaßen in der Fuldaer Bischofskonferenz aber auch ein gemeinsames Beratungsgremium, das 1933 aus 27 regulären Mitgliedern bestand. In 13 deutschen Diözesen wurde während des Dritten Reiches ein neuer Bischof eingesetzt, in Berlin sogar zweimal. Dabei zeigte sich eine erstaunliche Gleichförmigkeit im sozialen Herkommen und Karriereverlauf. Der Industriellensohn Frings und die miteinander verwandten Adligen Galen und Preysing waren vom Herkommen die Ausnahme, nicht die Regel. Sozial entstammten zwei Drittel der neuen Bischöfe Bauern- bzw. Handwerkerfamilien oder unteren Beamtenfamilien. Der schnelle persönliche

---

[6] H. MISSALLA, Für Volk und Vaterland, S. 190 und 194: Von den kirchlichen Amtsträgern galt keiner »als Privatmann, der für sich selber handelte [...] vielmehr war jeder Geistliche Vertreter und Repräsentant einer Institution.« Dagegen ständen die Frauen und Männer des Widerstands »nicht für uns oder die Kirche, sondern für die von ihnen vertretene ›Sache‹, und damit gegen diejenigen, die sie allein gelassen haben.« Vgl. dazu H.-J. WOLLASCH, Katholische Kirche.

und sozialer Aufstieg gelang ihnen durch Bildung und Förderung. »Politische Prälaten« waren unter den Bischöfen nicht vertreten.

Die Aussichten, sich in aktuellen politischen Fragen auf gemeinsame Positionen verständigen zu können, waren nicht gerade günstig[7]. Vor 1933 hatte es über viele Jahre überhaupt keine gemeinsame Tagung der beiden Teilkonferenzen gegeben, die in Fulda bzw. Freising/Eichstätt tagten. Erst von 1933 bis 1938 trafen sich die 27 ordentlichen Mitglieder mindestens einmal jährlich in Fulda, 1933, 1936 und 1937 außerplanmäßig ein zweites Mal. Ab 1939 wuchs die Teilnehmerzahl durch die Vertreter der österreichischen Bischofskonferenz von 27 auf bis zu 35. Vorsitzender war seit 1919 der Breslauer Kardinal Adolf Bertram (1859–1945), der nach Juni 1941 an den Sitzungen aber nicht mehr persönlich teilgenommen hat. Im August 1943 fand die letzte der insgesamt 14 im Dritten Reich abgehaltenen Konferenzen statt. Zwischen den Sitzungen blieb nur eine zeitaufwändige briefliche Abstimmung, die ab einer bestimmten Größe der Konferenz aber nicht mehr vertraulich durchgeführt werden konnte; nach der alten Geschäftsordnung konnten Beschlüsse nur einstimmig gefasst werden und waren selbst dann nicht automatisch für alle verbindlich.

Die Hauptvorwürfe

Ähnlich wie Zahn und Lewy kommen auch jüngere Autoren zu der Gesamteinschätzung, die katholische Kirche habe als Institution versagt[8], der katholische Klerus habe sich generell willig mit dem NS-Regime arrangiert[9], der Episkopat sei zu traditionsorientiert, obrigkeitshörig, uneinig, politisch unerfahren, ängstlich, egoistisch und nachgiebig gewesen[10].

Wie lauten die Vorwürfe im Einzelnen? Zunächst attestieren Kritiker den deutschen Bischöfen für die ersten Monate 1933 politische Naivität und anbiedernde Loyalitätsbekundungen und erkennen ihnen eine deutliche Mitverantwortung für die Entstehung des sich etablierenden NS-Regimes zu. »Die deutschen Bischöfe haben in den Anfangsmonaten des Dritten Reiches politische Ratschläge erteilt, die die deutschen Katholiken besser nicht befolgt hätten.«[11] Die Bischöfe hätten 1933 »unentschlossen und

---

[7] Zehn der 15 Bischofsstühle wurden zwischen 1933 und 1939 neu besetzt, fünf in den Kriegsjahren.
[8] D. J. GOLDHAGEN, Kirche und Holocaust, S. 40f.
[9] Daniel J. GOLDHAGEN in: STERN, 26.9.2002.
[10] Vgl. zu gleichlautenden zeitgenössischen Vorwürfen die Aufzeichnungen von Bischof Sebastian (Speyer) auf der Vollversammlung der Fuldaer Bischofskonferenz 20.–22.8.1935, in: B. STASIEWSKI, Akten II, Nr. 229/III, S. 324.
[11] E.-W. BÖCKENFÖRDE, Der deutsche Katholizismus, S. 239.

feige« reagiert, seien »mit festem Schritt ins Neue Reich«[12] marschiert und hätten anschließend die »Leiche im Keller« versteckt[13] – so der Tenor der Vorwürfe.

Zweitens wird dem Episkopat »Milieuegoismus« vorgeworfen und davon abgeleitet mangelnde Sensibilität gegenüber den Grund- und Menschenrechtsverletzungen außerhalb des katholischen Milieus, bis hin zum Völkermord an den europäischen Juden. Die Bischöfe hätten sich – lediglich auf die Erhaltung ihrer Institution fixiert[14] – so zurückgehalten, dass kein einziger auch nur einen Tag im Gefängnis zugebracht habe, im KZ gelandet sei oder seinen Stuhl habe räumen müssen[15].

Die beiden Bischöfe Petrus Legge (Meißen) und Joannes B. Sproll (Rottenburg) werden in dieser Bilanz allerdings meist unterschlagen. Legge wurde 1935 im Zusammenhang mit einem Devisenprozess gegen das Bistum verhaftet und zu 100.000 RM Geldstrafe verurteilt. Bischof Sproll blieb 1938 der Volksabstimmung und der Reichstagswahl nach dem Anschluss Österreichs fern und wurde im Verlauf der darüber entstehenden Konflikte aus seinem Bistum ausgewiesen. Sproll konnte erst nach fast vier Jahren im Juni 1945 nach Rottenburg zurückkehren[16].

Selten berücksichtigt wird auch, dass sich unter den in ihrer großen Mehrheit ausländischen Priestern[17] im Konzentrationslager Dachau auch Bischöfe – aus Polen, Frankreich und der Tschechoslowakei – befanden. Viele deutsche Priester wurden »stellvertretend« für ihren Bischof verhaftet, wie man an Verhaftungen im Bistum Münster oder am Beispiel des Berliner Dompropstes Bernhard Lichtenberg sehen kann.

Das von den Bischöfen propagierte Seelsorgeideal habe, so eine weitere kritische Einschätzung, eine Abgrenzungsstrategie zur Folge gehabt – gegen die Moderne, gegen den Liberalismus, gegen die Demokratie – und so ausgerechnet die Werte und Eigenschaften nicht gefördert, die nötig

---

[12] Serienvorabdruck von Guenter LEWY, Die katholische Kirche und das Dritte Reich, in: DER SPIEGEL, Nr. 8–15, 1965.

[13] Georg DENZLER, Im Keller liegt eine Leiche, und DERS., Feigenblatt für das Versagen der Bischöfe, in: SÜDDEUTSCHE ZEITUNG, 31.5.1985.

[14] Vgl. Rudolf AUGSTEIN in: DER SPIEGEL, Nr. 8, 1965, S. 41, und identisch G. LEWY, Die katholische Kirche und das Dritte Reich, in: DER SPIEGEL, Nr. 14, 1965, S. 41.

[15] K. DESCHNER, Politik der Päpste I, S. 470: »Von den deutschen Ordensoberen waren nur sehr wenige, von den deutschen Bischöfen war kein einziger dort [im KZ]«. Vgl. Pius XII. am 13.5.1940 im Gespräch mit dem italienischen Botschafter Dino Alfieri: »Wir fürchten uns nicht, in ein Konzentrationslager zu gehen.« In: A. MARTINI/B. SCHNEIDER/R. GRAHAM (Hrsg.), Actes et Documents du Saint Siège I, Nr. 313, S. 454, und J. M. SÁNCHEZ, Pius XII. und der Holocaust, S. 57.

[16] Vgl. dazu E. GATZ, Die Bischöfe, S. 141–143 und 467–470.

[17] Von den insgesamt 2.579 katholischen Priestern, die in Dachau inhaftiert waren, stammten 1.780 aus Polen, 417 aus dem Deutschen Reich.

gewesen wären, um zu Gewissensentscheidungen fähige Persönlichkeiten heranzubilden. Autoritative öffentliche Erklärungen der Bischöfe – z. B. in Hirtenbriefen – hätten es einzelnen katholischen Oppositionsstimmen zusätzlich erschwert, sich für den politischen Widerstand zu entscheiden[18]. Die These vom Widerstand der katholischen Kirche sei deshalb eine kirchliche »Lebenslüge«[19].

Hinzu kommen schließlich jene zentralen, immer wieder diskutierten kritischen Einwendungen, auf die dieser Band an anderer Stelle ausführlich eingeht: die angeblich unterlassene Hilfeleistung für die verfolgten Juden, die bischöfliche Haltung gegenüber dem Krieg und die angebliche Weigerung der Bischöfe, sich nach 1945 mit ihrer eigenen, problematischen Vergangenheit auseinanderzusetzen.

Maßstäbe und Methoden

Wer sich mit der Kritik an dem deutschen Bischofskollegium als Ganzem näher auseinander setzt, wird rasch feststellen, dass diese Debatte ihren Maßstab meist nicht an der realen Kirche, sondern an der Vorstellung findet, die katholische Kirche sei eine moralische Institution, an die in jedem Fall höchste Maßstäbe anzulegen seien. Diese Maßstäbe sind dann der jeweiligen Gegenwart des Kritikers entnommen und entsprechen nicht den historischen Maßstäben, an denen sich die Bischöfe in den 1930er/40er Jahren orientierten. Die Bischöfe geraten deshalb eigentlich zweifach in die Kritik. Damals wurden sie kritisiert, weil sie sich zu bestimmten Anlässen oder Themen nicht geäußert hatten, heute werden sie zusätzlich für den Inhalt der Stellungnahmen kritisiert, die sie im Dritten Reich abgegeben hatten.

Im Selbstverständnis der damaligen Bischöfe stand an erster Stelle unzweifelhaft die Seelsorge, deren Grundsätze von den Veränderungen im politischen Leben nicht berührt wurden[20]. Die politische Kritik an den Bischöfen, die heute eindeutig im Vordergrund des Interesses steht, betrifft also einen in der Rangordnung der damaligen bischöflichen Aufgaben klar nach gelagerten Punkt.

Die deutschen Bischöfe handelten meist in enger Abstimmung mit dem Vatikan. Umgekehrt widmete Kardinalstaatssekretär Eugenio Pacelli, der

---

[18] E.-W. Böckenförde, Der deutsche Katholizismus, S. 230 und 232.
[19] Uta Ranke-Heinemann, Ein Antisemit und Kriegsfreund. Ein Beitrag zur Seligsprechung Clemens A. Graf von Galens, in: Junge Welt, 7.10.2005, S. 10.
[20] Vgl. W. Ziegler, Die deutschen katholischen Bischöfe unter der NS-Herrschaft, S. 422; L. Volk, Akten Faulhabers I, Nr. 297 (Pastorale Anweisungen Faulhabers vom 5.4.1933).

spätere Papst Pius XII., der bis 1929 zwölf Jahre als Nuntius in Deutschland gewirkt hatte, in persönlicher Verbundenheit der Kirche in Deutschland mehr Aufmerksamkeit als allen anderen zusammen. Es war deshalb nicht erstaunlich, wenn sich der mit Pacelli seit den 1920er Jahren befreundete Berliner Bischof Konrad von Preysing nach Rom wandte, als es in der Frage des taktischen Vorgehens der Bischofskonferenz einen grundlegenden Dissens gab, der das Gremium beinahe arbeitsunfähig gemacht hätte und bis 1945 nicht entschieden werden konnte[21]. Der 1859 geborene Vorsitzende Kardinal Bertram war persönlich durch die Erinnerung an die seelsorgliche Notsituation der Kulturkampfjahre geprägt und vertrat in seinen theologischen und kirchenpolitischen Grundüberzeugungen eine »Eingabenpolitik«, die öffentliches Aufsehen tunlichst zu vermeiden suchte. In zahllosen, diplomatisch geschliffenen Eingaben an die Reichsregierung protestierte Bertram – überzeugt von einer gottgewollten Harmonie zwischen Staat und Kirche – unermüdlich, aber erfolglos gegen die staatlichen Eingriffe in kirchliche Belange[22].

Preysing[23] (1880–1950) verfocht einen anderen Kurs, in dem er sich spätestens seit der Enzyklika »Mit brennender Sorge« auch aus Rom unterstützt fühlte. Der juristisch und diplomatisch geschulte Bischof wollte die nationalsozialistische Kirchenpolitik durch eine konsequente Verbindung von internen bischöflichen Forderungen mit Appellen an die Öffentlichkeit bekämpfen. Das Beispiel der Euthanasiepredigten seines Cousins, des münsterischen Bischofs Galen[24], und des Bischofs von Hildesheim, Joseph Godehard Machens[25], sprach für einen offensiveren Kurs des deutschen Episkopats. Was, so wäre zu spekulieren, wäre wohl geschehen, wenn dieser Weg von allen Bischöfen in allen zentralen Fragen der Menschenrechtsverletzungen im Dritten Reich beschritten worden wäre?

Da Wissenschaftler nicht spekulieren, mag eine Analogie bei dieser brennenden Frage hilfreich sein. In den Niederlanden hatten die Nationalsozialisten ihre Drohung wahrgemacht und als Antwort auf einen kritischen Hirtenbrief der holländischen Bischöfe im August 1942 auch ca. 250 Katholiken jüdischer Herkunft verhaftet, von denen 114, darunter Edith Stein und ihre Schwester, nach Auschwitz deportiert wurden. Diese Reaktion verfehlte ihre Wirkung nicht und ließ die Bischöfe ebenso von weiteren öffentlichen

---

[21] Ausführlich dazu A. LEUGERS, Gegen eine Mauer bischöflichen Schweigens, S. 83–106.
[22] Zahlreiche Belege bei B. STASIEWSKI/L. VOLK, Akten. Vgl. auch K.-A. RECKER, Berning.
[23] Siehe W. KNAUFT, Preysing; S. ADAM, Preysing; W. ADOLPH, Kardinal Preysing.
[24] Siehe P. LÖFFLER, von Galen; J. KUROPKA (Hrsg.), Clemens August Graf von Galen; DERS. (Hrsg.), Streitfall Galen.
[25] Vgl. E. GATZ (Hrsg.), Die Bischöfe, S. 262–264.

Protesten absehen, wie sie Papst Pius XII. selbst bewogen hat, einen bereits vorbereiteten päpstlichen Aufruf zu verbrennen statt zu veröffentlichen[26].

Kein allgemeines und kein politisches Mandat

Zeitgenössisch hat Kardinal Faulhaber ein konkretes Anforderungsprofil für Bischöfe zwischen Seelsorge und Politik entwickelt: Ein Bischof habe mit offenen Augen die Zeitströmungen und deren Auswirkungen auf das religiös-kirchliche Leben zu beobachten, müsse auf die erfreulichen und bedenklichen Entwicklungen im Glaubensleben und in der Theologie achten, müsse gegen sittliche Auswüchse im täglichen Leben und Verordnungen und Maßnahmen, die gegen das göttliche Sittengesetz verstoßen, öffentlich einschreiten, müsse sich um die Ausbildung und Disziplin des Klerus kümmern, für die Rechte und Freiheiten der Kirche eintreten und schließlich am allgemeinen Wohl von Volk und Vaterland teilnehmen, ohne in das rein Politische zu geraten[27].

Der Pflichtenkatalog des Münchener Erzbischofs schloss politisches Engagement ein, bedeutete aber nicht Engagement um jeden Preis. Ein unterbliebenes Engagement wie am 1. April 1933 konnte deshalb auch andere Gründe haben als »Schweigen«, »Passivität«, »Naivität« oder »Egoismus«. Faulhaber z.B. zeigte sich im Frühjahr 1933 überzeugt, der Boykott jüdischer Geschäfte sei derart unchristlich, dass nicht die Amtskirche, sondern jeder Christ von sich aus dagegen auftreten müsse. Für die kirchlichen Oberbehörden gebe es weit wichtigere Gegenwartsfragen wie z.B. die Schule, den Fortbestand katholischer Vereine oder die Frage der Sterilisierung[28].

In verschiedenen anderen kritischen Situationen – beim »Röhm-Putsch« 1934, beim Anschluss Österreichs im März 1938, nach der Reichspogromnacht 1938, am Beginn des Zweiten Weltkriegs oder am Beginn des Russlandfeldzuges – haben sich die deutschen Bischöfe ebenfalls mit öffentlichen Erklärungen sehr zurückgehalten.

Für Kardinal Bertram, so Heinz Hürten, waren die Bischöfe

»für ihre Gläubigen verantwortlich, für sie hatten sie einzutreten, wenn ihnen Ungemach drohte, und dies ohne alle Rücksicht auf die Um-

---

[26] M. P. LEHNERT, Ich durfte ihm dienen, S. 117f.; TH. SALEMINK, Bischöfe. Dazu in Kritik und Gegenkritik: R. DECKER, Vatikan, und TH. SALEMINK, Vatikan.
[27] K. REPGEN, Die deutschen Bischöfe und der Zweite Weltkrieg, S. 420; L. VOLK, Akten VI, Nr. 868/II e, S. 159f.
[28] Vgl. R. LILL, 1938–1988, S. 7: »Wer sich dem Rassismus als denkender Katholik anschloß, schloß sich dadurch vom katholischen Denken aus.«

stände, aber sie besaßen kein Mandat für die sittliche Gesamtordnung der Gesellschaft und zur Fürsprache für alle Verfolgten gleich welcher Religion. In dieser Auffassung ist Bertram konsequent gewesen, aber sie war in der restriktiven Interpretation der bischöflichen Fürsorgepflicht nicht die allgemeine Auffassung der Kirche. Galen und Preysing, aber auch Pius XII. dachten darüber anders. Aber keiner von ihnen mochte seine Auffassung anderen als Pflicht vorschreiben.«[29]

Weltanschauliche Distanz

Die Ausgangslage für die Auseinandersetzung auf der Weltanschauungsebene war klar und einheitlich. In ihren internen Eingaben, von denen die Öffentlichkeit aber nichts erfuhr, protestierten die Bischöfe konsequent und von Anfang an mit deutlichen Worten[30]. In der öffentlichen Kritik suchten die Bischöfe alles zu vermeiden, was provokativ wirken könnte, aber nichts verbessern würde. Die Kritik an der NS-Ideologie in den zahlreichen Hirtenbriefen war vorsichtiger angelegt als dann der Klartext in der Generalabrechnung der Enzyklika »Mit brennender Sorge« von 1937, deshalb aber nicht weniger deutlich. Führende Vertreter der NSDAP, so äußerte sich Faulhaber bereits 1930, stellten die Rasse über die Religion, lehnten die Offenbarungen des Alten Testaments ab und strebten eine dogmenlose deutsche Nationalkirche an. »Der Nationalsozialismus ist eine Häresie und mit der christlichen Weltanschauung nicht in Einklang zu bringen.«[31]

Die Umsetzung der kirchlichen Grundsatzpositionen in praktische Politik ist dagegen sehr unterschiedlich verlaufen. Die taktischen Differenzierungen begannen bereits im September 1930, als die NSDAP eine offizielle Anfrage zunächst an das Generalvikariat Mainz richtete, ob es Katholiken erlaubt sei, der Partei beizutreten, ob NSDAP-Mitglieder zu den Sakramenten zugelassen würden, ob die Parteiuniform in der Kirche oder bei

---

[29] H. Hürten, Deutsche Katholiken, S. 518.
[30] Vgl. die zusammenfassende Note des Kardinalstaatssekretärs Pacelli vom 31.1.1934 in: D. Albrecht, Notenwechsel I, Nr. 14, S. 46–71, mit Protesten gegen das Gesetz zur Verhütung erbkranken Nachwuchses – wie bereits am 14.7.1933 –, gegen die Schikanen gegen Vereine und Verbände, die Behinderung der Jugendarbeit und Schulen, die Schikanen gegen die Presse, die Verhaftungen von Priestern etc.
[31] Äußerung auf der Diözesan-Synode für die Erzdiözese München und Freising über den Nationalsozialismus, 19.11.1930, in: H. Gruber (Hrsg.), Katholische Kirche, Nr. 3, S. 5. Vgl. Anweisung an den bayerischen Klerus, 10.2.1931, ebd, Nr. 4. Vgl. auch Osservatore Romano, Nr. 238, 11.10.1930: »Das Hakenkreuz ist heidnisch […]. Die Zugehörigkeit zur nationalsozialistischen Partei ist unvereinbar mit dem katholischen Gewissen«, und Osservatore Romano, 21.1.1931: »Die katholische Lehre und der Nationalsozialismus sind unvereinbar.« Zitiert nach: G. Senninger, Glaubenszeugen, S. 42.

Beerdigungen getragen werden dürfe. Die Mainzer Richtlinien ließen mit einer generellen Verweigerung der Sakramentenspendung keinerlei Spielraum für eine Einzelfallentscheidung, wie sie z. B. die bayerischen Bischöfe wünschten. Auf einen gemeinsamen Standpunkt, den sich Bertram als Vorsitzender der Fuldaer Bischofskonferenz vorgestellt hatte, konnte man sich nicht einigen[32].

Ähnliche Schwierigkeiten gab es bei der Erklärung vom 28. März 1933, die schneller erfolgte, als es Kardinalstaatssekretär Pacelli zu diesem Zeitpunkt lieb war[33]. Die unerwartet positive Kundgebung für das NS-Regime, von der Kardinal Pacelli »buchstäblich aus der Presse überrascht worden ist«[34], wurde als eine Art von »einseitig erklärtem Friedensschluss«[35] verstanden und löste eine ganze Welle positiver Stellungnahmen von Katholiken zum Dritten Reich aus. Nicht wenige Zentrumsleute wiesen den Bischöfen damals ausdrücklich die Kompetenz zu, über die Interessen der katholischen Kirche entscheiden zu können. »Unter ihrer Leitung können wir nicht in die Irre gehen«[36].

Als Alfred Rosenberg am 24. Januar 1934 von Hitler mit der geistigen und weltanschaulichen Schulung der Partei beauftragt wurde, setzte die Kirche – binnen zwei Wochen – dessen Hauptwerk »Der Mythus des 20. Jahrhunderts« auf den Index der verbotenen Bücher. Im Herbst 1934 erschienen als Antwort der katholischen Kirche in schließlich 200.000 Exemplaren »Studien zum Mythus des 20. Jahrhunderts«, der Kölner Kardinal Schulte richtete eine eigene weltanschauliche Abwehrstelle ein, die weitere Schriften gegen den Nationalsozialismus verfasste. Im Sommer 1936 sahen die deutschen Bischöfe – in Übereinstimmung mit dem Vatikan – den diplomatischen Weg als erschöpft, wenn nicht als zwecklos an und drängten auf eine Offensive.

Die Enzyklika »Mit brennender Sorge« brachte dann aber nicht den erhofften Erfolg. Das Regime reagierte mit dem Vorwurf des »Landesverrats« und verschärfte den propagandistischen Kampf z. B. durch die Fortführung der Devisen- und Sittlichkeitsprozesse. Der Vatikan wäre daraufhin am Jahreswechsel 1937/38 zu einer weiteren Eskalation und weltweiten Mo-

---

[32] Der Freiburger Erzbischof Gröber erklärte in einem Brief an Kardinalstaatssekretär Pacelli Ende 1933, die Uneinigkeit sei durch unterschiedlichen Informationsstand und die Unterschiede in den Diözesen bedingt.
[33] R. Leiber, Reichskonkordat, S. 217, unter Kritik an R. Morsey, Zentrumspartei, S. 370f.
[34] Ebd. So P. Leiber zur Wahrnehmung des Beschlusses im Vatikan.
[35] So der ungezeichnete Leitartikel »Zur Lage des politischen Katholizismus«, in: Die Hilfe 8 (1933), S. 220f., zitiert bei R. Morsey, Zentrumspartei, S. 369.
[36] Franz Graf von Galen, Zentrumsabgeordneter im Preußischen Landtag, in einem Artikel für das »Westfälische Volksblatt«, zitiert nach R. Morsey, Zentrumspartei, S. 371.

bilmachung gegen den Nationalsozialismus bereit gewesen, wenn Kardinal Faulhaber davon nicht abgeraten hätte. Faulhaber fürchtete, die Nationalsozialisten würden dadurch zu unkontrollierten Vergeltungsmaßnahmen provoziert, die die deutschen Katholiken vor die Wahl zwischen Vaterland oder Kirche stellen und die Kirche in Deutschland spalten könnten. Pius XI. und sein Kardinalstaatssekretär akzeptierten diesen Einwand. Pacelli hat sich selbst mehrfach zu dem Problem geäußert, eine an sich gebotene Handlung unterlassen zu haben, weil die Situation für diejenigen, die davon profitieren sollten, dadurch eventuell verschlechtert worden wäre[37].

Staatsbürgerliche Loyalität und ihre Grenzen

Die deutschen Bischöfe waren schon im Frühjahr 1933 durch Hitlers Versprechungen in ein Dilemma geraten: Einerseits wollten sie »fest verwurzelt im deutschen Boden, aber nicht minder fest im Felsengrund Petri und unserer Kirche (stehen) [...], um mitzuhelfen am Wiederaufbau des Volkes«, andererseits stellten sie »bei diesem Umsturz der Verhältnisse« auch eine ganze Reihe grundsätzlicher Forderungen und Wünsche an den neuen Staat.[38]

> »Im staatspolitischen Bereich werden die gläubigen Katholiken jeder berechtigten Beanspruchung ihrer Treue und Opferbereitschaft nachkommen.«[39] »Wir wollen dem Staat um keinen Preis die Kräfte der Kirche entziehen, und wir dürfen es nicht, weil nur die Volkskraft und die Gotteskraft, die aus dem kirchlichen Leben unversiegbar strömt, uns erretten und erheben kann. Ein abwartendes Beiseitestehen der Kirche dem Staate gegenüber müsste Kirche und Staat verhängnisvoll treffen.«[40]

---

[37] Vgl. das Gespräch mit dem italienischen Botschafter Alfieri 1940, in: A. MARTINI/B. SCHNEIDER/R. GRAHAM (Hrsg.), Actes et Documents du Saint Siège I, Nr. 313, S. 454 und das Schreiben an Bischof Preysing, in: H. GRUBER (Hrsg.), Katholische Kirche, Nr. 246, P. BLET, Papst Pius XII., S. 42f., sowie K. DESCHNER, Politik der Päpste II, S. 53.

[38] 1. gemeinsamer Hirtenbrief der deutschen Bischöfe vom 3. Juni 1933 in: B. STASIEWSKI, Akten I, Nr. 45, S. 248.

[39] Note des Kardinalstaatssekretärs Pacelli an Botschafter von Bergen vom 14. Mai 1934, in: D. ALBRECHT, Notenwechsel I, Anlage zu Nr. 29, S. 127.

[40] 1. gemeinsamer Hirtenbrief der deutschen Bischöfe vom 3. Juni 1933 in: B. STASIEWSKI, Akten I, Nr. 45, S. 247. – Goebbels war skeptisch: »Die Katholiken sind immer Gegner der Macht des Staates. Das müssen sie sein kraft ihres Glaubens«, in: J. GOEBBELS, Tagebücher, Teil 1, Bd. 4, S. 45: Eintrag vom 11.3.1937.

Andererseits markierten die deutschen Bischöfe eine klare Grenze. Wenn die deutschen Katholiken »ihre Unterstützung solchen Strömungen verweigern, die unter staatspolitischer Tarnung weltanschaulich-irreligiöse Ziele verfolgen, dann tun sie dies nicht deshalb, weil sie dem Staate nicht geben wollen, was des Staates ist, sondern weil sie den heiligen Imperativ des Schriftwortes vor sich sehen: ›Man muss Gott mehr gehorchen als den Menschen.‹«[41]

Exemplarisch für diese Haltung ist die Aussage von Bernhard Lichtenberg im ersten Gestapo-Verhör nach seiner Verhaftung im Oktober 1941:

»Damit will ich gesagt haben, daß ich den Staat als solchen anerkenne. Ich kann aber als katholischer Priester nicht von vornherein zu jeder Verfügung und Maßnahme, die von der Regierung getroffen wird, Ja und Amen sagen [...] Wenn sich die Tendenz derartiger Regierungsverfügungen und Maßnahmen gegen die geoffenbarte Lehre des Christentums und damit gegen mein priesterliches Gewissen richten, werde ich meinem Gewissen folgen und alle Konsequenzen mit in Kauf nehmen, die sich daraus für mich persönlich ergeben.« »Die Taten eines Menschen sind die Konsequenzen seiner Grundsätze. Sind die Grundsätze falsch, werden die Taten nicht richtig sein. Das trifft selbst für Adolf Hitler zu. Frage: Damit stellen Sie die Rechte der Kirche vor die des Staates? Antwort: Christus der Herr hat das Recht, zu lehren, Sakramente zu spenden und sittliche Gebote zu geben, nicht dem Staat übertragen, sondern der Kirche.«[42]

Die deutschen Bischöfe versuchten, dem Vorwurf versteckter Vorbehalte offensiv entgegenzutreten und nach wie vor vermutete ultramontane Verdächtigungen und Vorurteile, sie seien national unzuverlässig, abzubauen. Die Loyalität der katholischen Kirche gegenüber einer rechtmäßigen Obrigkeit sollte außer Zweifel stehen. Die deutschen Katholiken wollten ein gleichberechtigter Bestandteil des gesamten deutschen Volkes sein.

Vor 1933 hatten die damaligen deutschen Bischöfe wenig Gelegenheit gehabt, politische Erfahrung zu sammeln. In normalen Zeiten wäre dies kein gravierender Mangel gewesen, ein Bischof musste nach dem traditionellen Selbstverständnis »keine politische Persönlichkeit« sein[43]. Seit der

---

[41] Vgl. das Promemoria des Kardinalstaatssekretärs Pacelli vom 14. Mai 1934, in: D. ALBRECHT, Notenwechsel I, Anlage zu Nr. 29, S. 127, und das Verhör Bernhard Lichtenbergs durch die Gestapo am 25. Oktober 1941, in: O. OGIERMANN, Bernhard Lichtenberg, S. 139–144.
[42] Lichtenberg, Gestapo-Protokoll, 25.10.1941, in: EBD.
[43] Kardinal Faulhaber 1947 in einem Schreiben an Brigadegeneral Telford Taylor, Ankläger in den Nürnberger Prozessen: »Der Kardinal von München ist keine politische Persönlichkeit.« In: H. HÜRTEN, Akten Faulhabers III, Nr. 178, S. 331.

Selbstauflösung der Zentrumspartei und dem Untergang des politischen Laien-Katholizismus galt aber eine völlig neue Rollenverteilung. Die Rolle des politischen Meinungsführers wuchs seitdem – unabhängig davon, ob sie es wollten oder nicht – den Bischöfen zu, die darauf nicht vorbereitet und eher weniger als verstärkt bereit waren, politische Verantwortung zu übernehmen.

Galen hat diesen Standpunkt noch 1935 in aller Deutlichkeit unterstrichen:

> »Ich darf wohl voraussetzen, daß wir alle uns darüber einig sind, daß es nicht unsere Sache ist, über die politische Organisation und Regierungsform des deutschen Volkes, über staatliche Maßnahmen und Vorgänge Werturteile abzugeben, verflossenen Regierungsformen nachzutrauern, gegenwärtige Staatspolitik zu kritisieren. [...] Heute, im ›autoritären Staat‹, wo für den einzelnen Volksgenossen Pflicht und Möglichkeit zur Einflußnahme und Stellungnahme zu politischen Fragen fast ganz entfällt, dürfen und werden wir gern das uns als Priestern und Seelsorgern an sich fernliegende Gebiet der politischen Fragen und Entscheidungen denen überlassen, welche dazu berufen sind.«[44]

Unmittelbar nach seiner Wahl unterstützte auch Pius XII. die Position der grundsätzlichen politischen Abstinenz der Geistlichen. An die Adresse des Deutschen Reiches gerichtet, erklärte der Papst, über die Qualität der Beziehungen zwischen Staat und Kirche entscheide nicht die Regierungsform; die Kirche sei nicht dazu berufen, »in rein irdischen Angelegenheiten und Zweckmäßigkeiten Partei zu ergreifen zwischen den verschiedenen Systemen und Methoden, die für die Meisterung der Notprobleme der Gegenwart in Frage kommen können.«[45] Diese Position entwerte nicht die Leitlinie seines Vorgängers, der, wenn es darum gegangen wäre, auch nur eine Seele zu retten, den Mut gehabt hätte, sogar mit dem Teufel zu verhandeln.

Für die Kirche in Deutschland gab es 1933 drei realistische Verhaltensmöglichkeiten: Sie hätte dorthin gehen, wohin die Massen strömten, und sich für eine aktive Mitarbeit am Aufbau des neuen Reiches entscheiden können. Mit dieser institutionellen Kooperation hätte sie aber ihre eigene Identität aufs Spiel gesetzt. Der Versuch, die Angriffe auf die Schwerpunkte ihrer pastoralen Tätigkeit – Jugend, Schule, Presse, Priester- und Ordensnachwuchs, Klöster – abzuwehren, bedeutete, in die Defensive zu gehen und sich auf einen aufreibenden, langjährigen Verteidigungskampf einzu-

---

[44] Galen auf einer Dechantenkonferenz am 28.10.1935, in: P. LÖFFLER, von Galen, Nr. 139, S. 302.
[45] G. BESIER/F. PIOMBO, Der Heilige Stuhl, S. 301 (Bergen an Auswärtige Amt, 5.3.1939).

stellen. Die dritte Möglichkeit zielte darauf ab, sich mit den beschränkten Möglichkeiten eines defensiven »Sakristeichristentums« zu begnügen und als Seelsorgekirche »das Glaubensleben in möglichst vielen Katholiken so zu vertiefen und zu stärken, daß sie den Prüfungen der Zeit gewachsen sind, auch wenn Bekennertreue von ihnen verlangt wird.«[46]

Das gespannte Gegeneinander von Staat und Kirche im Deutschen Reich galt nicht nur für die Friedensjahre. Entgegen mancher Hoffnungen unter den Bischöfen und trotz patriotischer kirchlicher Einsatzbereitschaft zielte Hitlers Religions- und Kirchenpolitik auch in den Kriegsjahren nicht auf einen »Burgfrieden« mit den christlichen Kirchen. Der Nationalsozialismus wollte selbst »Kirche« sein[47] und konnte deshalb keine andere Kirche neben sich dulden[48]. Sein Anspruch bezog sich kompromißlos auf den ganzen Menschen, auf die öffentliche wie die private Existenz aller Deutschen.

Die katholische Kirche hat versucht, sich dem auf sie ausgeübten totalitären Konformitätsdruck durch eine weltanschauliche Immunisierungsstrategie, politische Zurückhaltung sowie durch eine taktische Kombination von defensiver Verweigerung mit internen Protesten zu widersetzen und zu entziehen.

Menschenrechte, Krieg und Gewalt

Weltanschaulich und theologisch war die Vorstellung von der Einheit des Menschengeschlechts unter den Katholiken nicht strittig. Die Überschreitung der Milieugrenzen in der politischen und gesellschaftlichen Praxis, das Engagement für die allgemeinen Menschenrechte gelang aber erst in den Kriegsjahren.

Galen und andere Bischöfe hatten sich der passiven Abwehrstrategie der Bertram-Politik zunächst mit der Überlegung untergeordnet: Solange »Kardinal Bertram und so viele andere Bischöfe, die an Alter, Erfahrung und Tugend mir überlegen sind«, dabei ruhig blieben, sei es vielleicht sogar töricht, wenn einer sich vordrängen und möglicherweise noch brutalere Maßnahmen gegen die Kirche provozieren würde[49]. Der Verzicht dieser Bischöfe auf öffentliche Stellungnahmen 1934 oder 1938 kann von sol-

---

[46] Strategiedenkschrift von Kardinal Schulte vom 16.1.1937, in: L. VOLK, Akten IV, Nr. 346, S. 152. Vgl. auch: »Man will grundsätzlich und definitiv die Vernichtung des Christentums.« (EBD., S. 151).

[47] J. GOEBBELS, Tagebücher, Teil 1, Bd. 2/III, Eintrag vom 7.8.1933, S. 242. Vgl. H. G. HOCKERTS, Goebbels-Tagebücher 1932–1941, S. 364.

[48] H. HÜRTEN, Endlösung. Vgl. das Promemoria Pacellis vom 14.5.1934, in: D. ALBRECHT, Notenwechsel I, Anlage zu Nr. 29.

[49] Vgl. Galen an Berning vom 26.5.1941, in: L. VOLK, Akten V, Nr. 657, S. 362–366.

chen Überlegungen nicht unbeeinflusst geblieben sein. Spätestens ab 1941 wuchsen aber die Zweifel, »ob wir die Fortführung des uns aufgezwungenen Abwehrkampfes in der bisherigen, fast ganz passiven Weise noch verantworten können« oder »freimütig und öffentlich für die Wahrung von Recht und Freiheit« eintreten müssen[50]. Galen hat sich diese Frage nach Hinweisen auf gravierende Menschenrechtsverletzungen in seinem Bistum im Juli und August 1941[51] mit seinen drei berühmten Predigten selbst beantwortet. Galen und der Hildesheimer Bischof Machens beabsichtigten mit ihren öffentlichen Kanzelprotesten gegen die Vernichtung vermeintlich »lebensunwerten Lebens« keinen Aufruf zu offenem Widerstand, der theologisch-pastoral motivierte Protest entfaltete aber eine enorme politische Wirkung. Die schonungslosen öffentlichen Anklagen gegen die Beschlagnahmung von Klöstern, gegen die Vertreibung von Ordensleuten und dann gegen den organisierten Mord an Altersschwachen und Geisteskranken waren unter den Bedingungen des Jahres 1941 »die im totalitären Staat wirksamste Form von Selbstbehauptung und Resistenz.«[52]

Kardinal Faulhaber hatte bereits im November 1940 in einem Schreiben an den Reichsjustizminister scharf gegen die Euthanasiemorde protestiert, davon ist in der Öffentlichkeit aber nichts berichtet worden[53].

Als ein im November 1941 ausgearbeitetes gemeinsames Hirtenwort, das in der Frage der Menschenrechte an Deutlichkeit nichts zu wünschen übrig ließ, am Einspruch von Kardinal Bertram gescheitert war, gingen zahlreiche west- und süddeutsche Diözesen im März 1942 dazu über, eine gekürzte Fassung von den Kanzeln der Pfarrkirchen verlesen zu lassen: »Jeder Mensch«, hieß es darin, »hat das natürliche Recht auf Leben und auf die zum Leben notwendigen Güter«, und: »Wir Bischöfe werden nicht unterlassen, gegen die Tötung Unschuldiger Verwahrung einzulegen. Niemand ist seines Lebens sicher, wenn nicht unangetastet dasteht: Du sollst nicht töten!«[54]

---

[50] EBD., hier S. 363.
[51] P. LÖFFLER, von Galen, Nr. 333, 336 und 341.
[52] Der Einwand, Galen habe erst reagiert, als katholische Heime betroffen waren, ist vor dem Hintergrund, dass es hier um eine Frage von Leben oder Tod geht, zynisch.
[53] L. VOLK, Akten Faulhabers II, Nr. 793: »Ich habe in dieser sittlich-rechtlichen, nicht politischen Frage es als Gewissenspflicht empfunden, zu reden, weil ich als katholischer Bischof nicht schweigen kann, wenn es sich um die Erhaltung der sittlichen Grundlagen jeder öffentlichen Ordnung handelt [...]. [D]ie Grundrechte des einzelnen Menschen dürfen [...] auch in Kriegszeiten nicht außer Kraft gesetzt werden.« (S. 694). Vgl. dazu D. J. GOLDHAGEN, Kirche und Holocaust, S. 84: »Warum galt die uneingeschränkte ›Gewissenspflicht‹ der deutschen Bischöfe, ›zu reden‹, nicht, als die Opfer des Massenmords Juden waren?«
[54] Den Hirtenbrief vom 22. März 1942 (Abdruck in: L. Volk, Akten Faulhabers II, Nr. 869, 22.3.1942, S. 883–888) stuften die Nationalsozialisten als »Dolchstoß des Klerus« ein.

Kardinal Faulhaber fügte am Passionssonntag 1942 in einem persönlichen Hirtenwort hinzu:

»Wir legen größten Wert darauf, nicht nur für die religiösen und kirchlichen Rechte an zuständiger Stelle einzutreten, sondern auch für die allgemein-menschlichen gottverliehenen Rechte des Menschen. [...] Ohne sie muß die ganze abendländische Kultur zusammenbrechen.«[55]

Der Berliner Bischof von Preysing schrieb in seinem Hirtenbrief im Advent 1942 über das allgemeingültige Recht: »Wer immer Menschenantlitz trägt, hat Rechte, die ihm keine irdische Gewalt nehmen darf. [...] Halten wir daran fest, daß dieses Recht alle schützt, die keiner persönlichen Schuld zu zeihen sind!«[56]

Für Kardinal Bertram galt die Annahme einer gottgewollten Harmonie zwischen Staat und Kirche auch in den Kriegsjahren. Kriegsdienstverweigerer wie Franz Jägerstätter, die keine Möglichkeit für sich sahen, in dieser wichtigen Frage einen Kompromiss zu schließen, sondern ihrem Gewissen folgten, mussten auf moralische Rückendeckung ebenso verzichten wie die Attentäter des 20. Juli 1944. Die in einem herkömmlichen soldatischen Tugendverständnis begründete Aufforderung an die deutschen Katholiken zu Vaterlandsliebe, Treue und Opferbereitschaft auch in einem rassistischen Vernichtungskrieg unterstützte während des Krieges ein Regime, dessen Überwindung die Voraussetzung war für das existentielle Überleben der deutschen Katholiken, der katholischen Kirche und des Christentums in Europa. In diesem Dilemma gab es zu dem praktizierten kooperativen Antagonismus der Kriegsjahre, zu den alltäglichen Formen der Zusammenarbeit zweier Gegner, zwischen denen es letztlich keinen Kompromiss geben konnte, keine allgemeine Alternative. Dies bedeutete aber nicht, dass die Gewissensentscheidung des einzelnen Katholiken nur gegen oder ohne seine Kirche getroffen werden konnte.

Kardinal Faulhabers Einstellung zur Anwendung von Gewalt und seine Reaktion auf den 20. Juli 1944 werden immer wieder neu entdeckt und dann als publizistische Sensation verkauft[57]. Bei seiner Bewertung des 20. Juli 1944

---

[55] Ebd., S. 886.
[56] Hirtenwort Preysings und der Kölner Kirchenprovinz, 12./13.12.1942, in: L. Volk, Akten V, Nr. 804, S. 963f.
[57] Vgl. dazu Faulhabers Bericht über das Treffen auf dem Obersalzberg in: L. Volk, Akten Faulhabers II, S. 184–194, sowie »Auf der Seite der Opfer«, die Auseinandersetzung Karl Otmar v. Aretins mit dem Pamphlet von Rudolf Reiser, Kardinal Michael von Faulhaber. Des Kaisers und des Führers Schutzpatron, in: Rheinischer Merkur, 30.6.2000. Vgl. auch: Rudolf Reiser, Ein Schutzpatron Hitlers, in: Süddeutsche Zeitung, 4./5.3.2000, sowie M. Weitlauff, Kardinal, S. 78, und ders., Leitung der Erzdiözese, S. 334f. Das Gestapo-

als einem »himmelschreienden Verbrechen« muss man berücksichtigen, dass diese Äußerung in einem lebensgefährlichen Gestapo-Verhör nach dem Attentat gemacht wurde und in der vorliegenden Form nur aus dem Gestapo-Protokoll überliefert ist. Inhaltlich entsprach die Äußerung jedoch traditionellen theologischen Überlegungen zum Staat-Kirche-Verhältnis. Der entscheidende Punkt war die Frage der Anwendung von Gewalt gegenüber der Obrigkeit. »Ich bin erschüttert«, hatte Faulhaber am 21. August 1944 gesagt,

> »weil ich als Bischof das Verbrechen eines Mordplanes und vollends eines Planes gegen das Staatsoberhaupt vor aller Welt verdammen und brandmarken muß. Weil ich vor dem 20. Juli einen solchen Wahnsinn, der unser Volk in das furchtbarste Chaos gestürzt und den Bolschewismus in der radikalsten Form zum Sieg geführt hätte, nicht für möglich gehalten hätte. Weil ich persönlich die Verehrung zum Führer seit der langen Aussprache vom 4. November 1936 mir bewahrt habe.«[58]

Kardinal Faulhaber war nach der Begegnung auf dem Obersalzberg von der Persönlichkeit Hitlers tatsächlich nachhaltig beeindruckt. Die Konsequenz aus diesem Gespräch war aber gerade nicht der von Hitler angebotene Handschlag zwischen Kirche und Drittem Reich, das gemeinsame antibolschewistische Einverständnis, sondern die klare Entscheidung zur Konfrontation, die dann wenige Monate später zu der in wesentlichen Teilen von Faulhaber verfassten Enzyklika »Mit brennender Sorge« geführt hat. Es war auch kein Widerspruch, wenn Mitglieder des Episkopats, darunter Kardinal Faulhaber selbst, Widerstandsinitiativen unterstützten wie z. B. die Aktionen von Josef Müller im Herbst 1939[59]. Die Jesuitenpatres Lothar König, Alfred Delp und Augustin Rösch nahmen »mit Wissen, ja sogar im Auftrag von Kardinal Faulhaber«[60], an den Beratungen des Kreisauer Kreises teil.

Verhörprotokoll Faulhabers nach dem 20. Juli 1944, das Weitlauff 2007 »entdeckte«, wurde erstmals 1978 veröffentlicht von L. VOLK, Akten Faulhabers II, Nr. 942.
[58] L. VOLK, Akten Faulhabers II, Nr. 942, S. 1028.
[59] Vgl. K.-J. HUMMEL, Schwarze Kapelle, und J. MÜLLER, Bis zur letzten Konsequenz, S. 159. Zur Rolle von Johann Neuhäusler, der ab 1936 Josef Müller alle zwei bis drei Wochen mit brisanten Informationen über den Kirchenkampf nach Rom schickte, vgl. KARDINAL MICHAEL VON FAULHABER 1869–1952, S. 348–351.
[60] K. O. v. ARETIN, Widerstand, S. 393.

Kritik an einzelnen Bischöfen

Neben dem deutschen Bischofskollegium als Ganzem sind in den vergangenen Jahrzehnten auch einzelne Bischöfe ins Visier kritischer Anfragen geraten. Zwar kann an dieser Stelle bei weitem nicht auf jeden Einwand eingegangen werden, doch vermag auch schon eine Auswahl, die oftmals einseitige Zielrichtung und mangelnde Stichhaltigkeit deutlich zu machen.

Kardinal Bertram, der Vorsitzende der Fuldaer Bischofskonferenz und daher wohl nützliches Objekt kritischer Nachfragen, steht wegen der mit der Autorität seiner Persönlichkeit unbeirrt durchgehaltenen, aber ergebnislosen Kulturkampftaktik in Dauerkritik; ihm werden außerdem seine z. T. ohne Absprache »in ehrerbietigstem Gehorsam« an den »Hochgebietenden Herrn Reichskanzler und Führer« geschickten Geburtstagstelegramme 1940, 1943 und 1944 vorgehalten, die über das diplomatisch Erforderliche weit hinausgingen[61]. Das Telegramm am 20. April 1940 hätte fast zu einer Spaltung der Fuldaer Bischofskonferenz geführt[62]. Bischof Preysing stellte damals sein Amt im Pressereferat der Fuldaer Bischofskonferenz zur Verfügung und bot Papst Pius XII. seinen Rücktritt als Berliner Bischof an.

In ähnlicher Weise hat der Kölner Kardinal Karl Joseph Schulte breites Interesse erregt, weil er am Vorabend zu Hitlers 50. Geburtstag, am 20. April 1939, ein halbstündiges feierliches Geläut und für den Tag selbst Beflaggung und »zur Erflehung von Gottes Segen über Volk und Führer ein feierliches Votivamt zu Ehren des heiligen Michael«[63] angeordnet hat.

Bei Kardinal Michael von Faulhaber wird ebenfalls immer wieder an ein Hitler übermitteltes Telegramm vom 24. Juli 1933 erinnert, in dem er dem Reichskonkordat begeistert zustimmte:

»Was die alten Parlamente und Parteien in sechzig Jahren nicht fertig brachten, hat Ihr staatsmännischer Weitblick in sechs Monaten verwirklicht. Uns kommt es aufrichtig aus der Seele: Gott erhalte unser Volk und unseren Reichskanzler.«[64]

Kardinal Faulhabers Jubeltelegramm ist ein gutes Beispiel für Irreführung durch Halbzitate. Tatsächlich begnügte sich der Kardinal nämlich nicht

---

[61] Umgekehrt nahm niemand Anstoß an dem Glückwunsch des Führers zur Wahl Eugenio Pacellis zum Papst. Vgl. ADAP, Serie D IV, S. 522 f.; G. BESIER/F. PIOMBO, Der Heilige Stuhl, S. 301 f.

[62] A. LEUGERS, Gegen eine Mauer bischöflichen Schweigens, S. 84–106.

[63] In: KIRCHLICHER ANZEIGER FÜR DIE ERZDIÖZESE KÖLN, Nr. 11, 5.4.1939, S. 59.

[64] H. GRUBER (Hrsg.), Katholische Kirche, Nr. 51, S. 111. Vgl. zum Faulhaber-Telegramm H. MÜLLER, Katholische Kirche, Dok. 77, S. 170, und G. LEWY, Die katholische Kirche und das Dritte Reich, S. 123.

mit diesem überschwänglichen Lob, sondern setzte sich in einem zweiten, meist unterschlagenen Teil des Telegramms für die Freilassung der ersten politischen Gefangenen ein:

> »Krönen Sie die große Stunde mit einer großmütigen Amnestie für jene, die ohne Verbrechen, nur wegen einer politischen Gesinnung in Schutzhaft sind und mitsamt ihren Familien seelisch furchtbar leiden.«[65]

Die Kritik am Freiburger Erzbischof Conrad Gröber setzt sich aus verschiedenen Vorwürfen zusammen: Frühe Begeisterung für den Nationalsozialismus, fördernde Mitgliedschaft bei der SS[66], Verantwortung für das von ihm »mit Empfehlung des deutschen Gesamtepiskopates« 1937 herausgegebene Handbuch der religiösen Gegenwartsfragen, zweideutige Haltung nach der Verhaftung des 1944 hingerichteten Priesters Max Josef Metzger[67]. Dieses Beispiel verweist auf einen generell wichtigen Punkt: Die Einstellung von Bischöfen hat sich von 1933 bis 1945 zum Teil grundlegend gewandelt. Der Freiburger Erzbischof entwickelte sich vom »braunen Conrad« zu einem der konsequenten Gegner des Nationalsozialismus. Es ist in solchen Fällen wenig hilfreich, eine anfängliche Begeisterung und öffentliche Unterstützung gegen einen späteren konsequenten Einspruch auszuspielen. In einem fairen Gesamtbild werden beide Haltungen berücksichtigt werden müssen.

Der Ruf von Erzbischof Lorenz Jaeger (Paderborn) wird von seinem Hirtenbrief vom 11. Februar 1942 bestimmt, in dem er die Gläubigen mahnte:

> »Schaut hin auf Russland! Ist jenes arme unglückliche Land nicht der Tummelplatz von Menschen, die durch ihre Gottfeindlichkeit und durch ihren Christushaß fast zu Tieren entartet sind? Erleben unsere Soldaten dort nicht ein Elend und ein Unglück sondergleichen? Und warum? Weil man die Ordnung dort nicht auf Christus, sondern auf Judas aufgebaut hat.«[68]

---

[65] L. Volk, Der bayerische Episkopat, S. 121f. B. Stasiewski, Akten I, Nr. 60: 24.7.1933.
[66] Gröber äußerte sich dazu am 4.9.1946 in einem Brief an P. Ivo Zeiger SJ: »Es war anfangs 1934, in einer Zeit, in der die SS als die anständigste Organisation innerhalb der NSDAP gegolten hat. Nicht bloß ich, sondern völlig unabhängig von mir, sind damals sechs Mitglieder meines Ordinariates von einem gerissenen Werber gefangen worden. Später wurde ich von der SS, wegen meiner Feindseligkeit gegen die Partei, ausgeschlossen.« (Privatbesitz)
[67] H. Ott, Max Josef Metzger.
[68] Zitiert nach H. Gruss, Jaeger, S. 407f.

Der Osnabrücker Bischof Wilhelm Berning, der einzelnen Katholiken den Rat gab, nationalsozialistischen Organisationen beizutreten, um dort katholische Positionen zu vertreten, und selbst im Juli 1933 eine Berufung in den Preußischen Staatsrat annahm, sowie Heinrich Wienken[69], der Leiter des politischen Verbindungsbüros der Bischofskonferenz in Berlin, der lange versuchte, durch Entgegenkommen nationalsozialistische Maßnahmen zu entschärfen, erscheinen als politisch zu kompromissbereite Grenzgänger[70].

Clemens August Graf von Galen, der »Löwe von Münster«, zunächst wegen seiner mutigen Euthanasiepredigten ein auch von Kritikern geschätzter Bischof, gilt neuerdings wegen seiner überdehnten nationalen Einstellung als politisch wenig vorbildhaft. Dass SA-Formationen bei seiner Bischofsweihe in Münster auftraten, hatte er nicht zu verantworten. Die Huldigung gegenüber der neuen staatlichen Obrigkeit, das dreifache Hoch auf Paul von Hindenburg und Adolf Hitler bei einem Empfang zu seiner Bischofsweihe verrieten aber eine Nähe zum neuen Staat, wie sie in der Weimarer Republik kein einziger deutscher Bischof gegenüber der Republik zu erkennen gegeben habe[71]. 1936 habe Galen die Rheinlandbesetzung begrüßt, nach der Pogromnacht 1938 es aber versäumt, sich mit den Juden von Münster öffentlich zu solidarisieren[72] und sich 1939 aus theologischen Gründen geweigert, gegen das kriegführende Deutsche Reich aufzustehen. Für die Kriegszeit wird Galen – und anderen Bischöfen, die bereits den Ersten Weltkrieg mitgemacht hatten wie Erzbischof Jaeger, – eine kompromisslose »Kreuzzugsmentalität« gegenüber dem atheistischen Bolschewismus[73] vorgeworfen.

---

[69] M. Höllen, Heinrich Wienken.
[70] Vgl. den Hinweis auf »andere Seiten« Bernings und Wienkens bei Walter Adolph und Heinrich Krone. »Die Persönlichkeit des Osnabrücker Bischofs«, schreibt Adolph, »dürfte ein Beispiel bieten, daß man sich davor hüten sollte, von vornherein auf einen Bischof ein bestimmtes vereinfachendes Schema anzuwenden.« Adolph erwähnt dann den Einsatz Bernings für die Freilassung Gefangener, die Ausreise gefährdeter Personen, insbesondere von Nichtariern, und den persönlichen Einsatz für die Lübecker Kapläne, in: W. Adolph, Katholische Kirche, S. 177. Krone schreibt über Wienken: »Ich schätze ihn und habe ihn in den Jahren der Verfolgung stets verteidigt, wenn er für die deutschen Bischöfe mit den Nazi-Behörden verhandeln musste und bei diesem Auftrag nicht wie der Bischof von Münster auf die Kanzel gehen und anklagen konnte.« In: H. Krone, Tagebücher I, S. 26f.: Eintrag vom 18.8.1945.
[71] Vgl. R. Morsey, Galens politischer Standort, S. 127, sowie die Beiträge von St. Gerber, Legitimität, S. 95–115, und J. Kuropka, »Etwas Teuflisches«, S. 115–140, in: J. Kuropka (Hrsg.), Streitfall Galen.
[72] Vgl. dazu in diesem Band S. 135.
[73] Vgl. dazu neben dem Hirtenbrief der deutschen Bischöfe vom 19.8.1936 (in: B. Stasiewski, Akten III, Nr. 316) und der Enzyklika »Divini redemptoris« vom 19.3.1937 (in: Acta

Die alltägliche Einbindung in die gesellschaftliche Wirklichkeit der Kriegsjahre wurde durch die weltanschauliche Distanz und die Auswirkungen der kirchenpolitischen Konflikte in ihrer Reichweite wirksam begrenzt. Die katholische Kirche führte nicht gemeinsam mit dem NS-Regime Krieg gegen den atheistischen Bolschewismus, sondern das NS-Regime kämpfte gegen die Sowjetunion und verpflichtete dafür auch katholische Soldaten. In ihrem Selbstverständnis befand sich die Kirche in einem gleichzeitigen Abwehrkampf gegen den atheistischen Bolschewismus und gegen den diffus »gottgläubigen« Nationalsozialismus, das Kreuz kämpfte gegen das Hakenkreuz *und* gegen den Sowjetstern.

Die grundsätzliche Differenz bestand aber nicht nur in den Mitteln, sie erstreckte sich auch auf die Ziele. Das Ziel der katholischen Kirche bestand nicht in der Unterstützung des Krieges, so sehr man diesen aus nationalen Gründen zu gewinnen hoffte, sondern in der Selbstbewahrung bis zur Entscheidung des Entweder-Oder. Die mit dem weltanschaulichen Gegner vorübergehend praktizierten Gemeinsamkeiten waren nicht Selbstzweck, sondern ein Mittel, um institutionell die für die Seelsorge notwendigsten Bedingungen zu retten und die deutschen Katholiken vor der Alternative zu bewahren, zwischen Staat und Kirche wählen zu müssen.

Behauptungen, Verfälschungen und Fehlurteile

Absichtliche Fälschungen kommen selten vor. In unserem Zusammenhang gibt es ein Beispiel, aus dem Uta Ranke-Heinemann ihre These abgeleitet hat, Bischof von Galen sei gar ein »Antisemit und Kriegsfreund«. Das so genannte England-Zitat von 1941, das Galen in den Mund gelegt wird – »Gott hat es zugelassen, daß das Vergeltungsschwert gegen England in unsere Hände gelegt wurde. Wir sind die Vollzieher seines gerechten Willens.« – ist eine Zitatmontage aus einer Erzählung eines gewissen Willi Lindner, die seit 1956 als Fälschung durch die Welt geistert.[74]

Zu den am häufigsten auftauchenden »Falschmeldungen« gehört die Behauptung, das Reichskonkordat sei die erste außenpolitische Vereinbarung der Regierung Hitler gewesen und habe Adolf Hitler international erst salonfähig gemacht. Selbst Kardinal Faulhaber und Erzbischof Gröber

---

APOSTOLICAE SEDIS 1937, S. 65–106) zahlreiche Äußerungen einzelner deutscher Bischöfe sowie den Artikel »Bolschewismus« in: C. GRÖBER, Handbuch, S. 83–88.

[74] Das »Zitat« wurde erstmals von Johannes Fleischer verwendet. Vgl. dazu R. WILLENBORG, Gottesmann, sowie DERS., Hitlers williger Vollzieher?, in: FRANKFURTER ALLGEMEINE ZEITUNG, 26.6.2006, S. 48, und die anschließende Leserbriefdiskussion in: FRANKFURTER ALLGEMEINE ZEITUNG, 3.7., 6.7., 17.7., 28.7.2006.

haben zu dieser Einschätzung beigetragen[75]. Das Reichskonkordat hat sich auf den Versuch Hitlers, internationales Vertrauenskapital zu sammeln, durchaus unterstützend ausgewirkt, der Vatikan ist aber nicht der Türöffner für die diplomatische Bühne gewesen. Tatsächlich hat die Regierung Hitler vor dem Ermächtigungsgesetz bereits 17 Verträge und dann bis zur Unterzeichnung des Reichskonkordats noch einmal 26 Verträge abgeschlossen, u. a. am 6. Juni 1933 in Rom das wichtige Vier-Mächte-Abkommen über »Verständigung und Zusammenarbeit« mit Frankreich, Großbritannien und Italien.

Haben die deutschen Bischöfe Rücksicht auf Adolf Hitler genommen, weil der »Katholik« Hitler Kirchensteuer bezahlt hat? Hitler ist aus taktischen Gründen formell nie aus der katholischen Kirche ausgetreten und hat auch bei anderen darauf bestanden, dass sie diese taktische Rücksicht nahmen. So notierte Goebbels in seinem Tagebuch:

»Der Führer ist schärfster Gegner des ganzen Zaubers, aber er verbietet mir doch, aus der Kirche auszutreten. Aus taktischen Gründen. Und für so einen Quatsch bezahle ich nun schon seit über einem Jahrzehnt meine Kirchensteuer. Das schmerzt mich am meisten.«[76]

Hitler selbst war nur zeitweise kirchensteuerpflichtig. Als Staatsoberhaupt war er generell nicht steuerpflichtig und deshalb auch von der Kirchensteuer befreit. Die Steuerakte Adolf Hitler wurde am 15. März 1935 vom Finanzamt München geschlossen.

Der Osnabrücker Bischof Wilhelm Berning wird mit einem meist nur in einem Zitatausschnitt überlieferten Bericht über seinen Besuch in einem Straflager in eine sympathisierende Nähe zum Dritten Reich gerückt. In einer Rede im Lager Aschendorfermoor im nördlichen Emsland soll der Bischof gesagt haben: »Lange lag das Emsland im Dornröschenschlaf, bis der Prinz kam und es weckte; dieser Prinz ist unser Führer Adolf Hitler.«

---

[75] Kardinal Faulhaber predigte am Papstsonntag, 14.2.1937: »Für das Ansehen der neuen Regierung im Ausland war das eine Tat von unschätzbarer Tragweite. [...] Die deutsche Treue soll ihren reinen Klang in der Welt bewahren. Was eine reine Rechtsfrage ist, soll nicht zu einer Machtfrage umgebogen werden. Das Ja von 1933 darf 1937 nicht zu einem Nein umschwenken.« In: L. VOLK, Akten Faulhabers II, Nr. 612, S. 288 und 296. Vgl. dazu C. GRÖBER, Handbuch der religiösen Gegenwartsfragen, S. 361f.; G. LEWY, Die katholische Kirche und das Dritte Reich, S. 108; K. DESCHNER, Politik der Päpste I, S. 452; D. J. GOLDHAGEN, Kirche und Holocaust, S. 180f.

[76] 29.4.1941, in: J. GOEBBELS, Tagebücher, Teil I, Bd. 9, S. 279f. Heinrich Himmler und Reinhard Heydrich haben dagegen am 18.9.1936 vor dem Amtsgericht in Berlin ihren Austritt amtlich erklären dürfen. Vgl. FRANKFURTER ALLGEMEINE ZEITUNG, 12.7. und 21.7.2005.

Es hat viele Jahre gedauert, bis die einzige Quelle für diese Rede, ein Zeitungsbericht der nazistischen »Ems-Zeitung«, als nationalsozialistischer Propagandatext nachgewiesen werden konnte[77].

Adolf Kardinal Bertram wird fälschlicherweise nachgesagt, er habe 1945 Hitler mit einem Requiem »gehuldigt«[78], das er wenige Wochen vor seinem Tod angeordnet haben soll. Klaus Scholder kam in einer Untersuchung zu dem Ergebnis, es sei nicht zu klären, ob die auf einem handschriftlichen Zettel ohne Datum und Unterschrift geschriebene, dann wieder durchgestrichene Anweisung, ein feierliches Requiem zu halten, überhaupt weitergegeben wurde, außerdem sei der todkranke Kardinal im Mai 1945 mit Sicherheit nicht mehr die Stimme der deutschen Bischöfe, geschweige denn des Kirchenvolkes gewesen. Der Autor hielt die Beantwortung solcher Tatsachenfragen schließlich aber für »nicht wesentlich« und überschrieb seinen Beitrag, auf den sich andere seitdem beziehen, mit der irreführenden Schlagzeile: »Requiem für Hitler«[79].

In polemischen Veröffentlichungen der letzten Jahre spielte häufig die Argumentation eine Rolle, die katholische Kirche habe durch Auskünfte aus den Kirchenbüchern bereitwillig Daten herausgegeben, die dann für die Verfolgung der Juden nützlich gewesen seien. »Viele Kleriker waren jedenfalls Komplizen.«[80] Der Hinweis darauf, dass diese Möglichkeit den deutschen Bischöfen schon frühzeitig als Gefahr bewusst war, der sie zu entgehen suchten, ist seltener. Als die Kirche z. B. 1936 statistische Angaben über Judenkonversionen seit 1900 liefern sollte, argumentierte Kardinal Faulhaber: »Wir können uns aber nicht bereit erklären, zu einer Statistik behilflich zu sein, die antisemitischen Maßnahmen dient. Wir erklären, daß

---

[77] Vgl. die Rezension von G. DENZLER zu K.-A. RECKER, Berning, in: DAS HISTORISCH-POLITISCHE BUCH 1, 1999, Nr. 185, S. 108 f.: »Reckers gründliche Analyse ergibt, daß dieses Zitat der »Ems-Zeitung« keinerlei Echtheit beanspruchen kann, sondern eine gezielte Fälschung darstellt.« – G. LEWY, Die katholische Kirche und das Dritte Reich, S. 193; Karlheinz DESCHNER, Festgeläute zum Geburtstag des geliebten Führers, in: FRANKFURTER RUNDSCHAU, 19.2.1979; Rudolf AUGSTEIN, »Das ist eine Schande«, in: DER SPIEGEL, Nr. 43, 1997, S. 92–107, hier S. 106, sowie STERN, 26.9.2002, Das Heil der Kirche, zitieren die Rede als tatsächlich so gehalten, wie sie z. B. in der KÖLNISCHEN VOLKSZEITUNG, 4.7.1936, abgedruckt worden war. Vgl. U. v. HEHL, Berning.

[78] K. SCHOLDER, Requiem für Hitler. Vgl. D. J. GOLDHAGEN, Kirche und Holocaust, S. 263: »Warum huldigte einer der führenden Kardinäle Deutschlands diesem Henker des jüdischen Volkes mit einem feierlichen Requiem, das die Kirche für jemanden, der ein gläubiges Mitglied der Kirche ist (was Hitler nicht war), nur dann feiern läßt, wenn sie dies als in ihrem öffentlichen Interesse liegend betrachtet.«

[79] K. SCHOLDER, Requiem für Hitler. Vgl. L. VOLK, Akten VI, S. 466, Anm. 2 mit dem Entwurf der durchgestrichenen und nicht veröffentlichten Anweisung.

[80] D. J. GOLDHAGEN in: STERN, 26.9.2002.

der getaufte Jude für uns als katholischer Christ anzusehen und nicht nach rein biologischen Gesichtspunkten als Jude zu betrachten ist.«[81]

Fazit

Die Größe ebenso wie die Grenzen der deutschen katholischen Bischöfe lagen in der Verteidigung der Volkskirche als sozialer Realität in Deutschland – nicht in der Präsentation der Kirche als moralischer oder politischer Institution.[82] In Anlehnung an die römische Vorgabe: »Der Heilige Stuhl kann seine oberstkirchlichen Erwägungen und Urteile nicht von irgendwelchen parteipolitischen Rücksichten beeinflussen lassen. Seine Mission ist das Heil der unsterblichen Seelen.«[83] konzentrierten die Bischöfe sich vor allem und letztendlich auch erfolgreich auf die Bewahrung der Möglichkeiten zur Seelsorge. Die katholische Kirche hat in den zwölf Jahren konfliktiver Auseinandersetzung mit dem Nationalsozialismus zahlreiche Gläubige und wichtige Stützpfeiler des katholischen Milieus verloren, ihre Organisationsstruktur und die Möglichkeiten für die Verkündigung im wesentlichen aber gerettet. Die meisten der insgesamt wenigen »Brückenbauer« unter den Katholiken, die in den Anfangsjahren des Dritten Reiches eine Verständigung mit den Nationalsozialisten gesucht hatten, wurden später eines Besseren belehrt und konnten sich mit ihrer Position innerhalb der Kirche nicht durchsetzen. Das katholische Milieu bröckelte an den Rändern und sah sich scharfen Angriffen ausgesetzt, konnte als Ganzes aber nie von den Nationalsozialisten gewonnen werden. Der vielfach konstatierte »Milieu-Egoismus« resultierte im Grunde daraus, dass die katholischen Bischöfe die oberste Priorität ihres Handelns auf die Sicherung der Seelsorge legten. Dieser Schwerpunktsetzung war es teilweise auch geschuldet, dass bischöfliche Proteste gegen die Verbrechen der Nationalsozialisten nicht so massiv ausgefallen sind, wie es im Rückblick wünschenswert wäre. Diese Zurückhaltung mit einer grundsätzlich autoritätshörigen, demokratie-feindlichen oder gar antisemitischen Haltung der Bischöfe zu erklären, würde weder den ausschlaggebenden Beweggründen für das Handeln der Bischöfe noch den tatsächlichen Verhältnissen gerecht.

---

[81] Faulhaber an Bertram, 23.10.1936, in: L. Volk, Akten Faulhabers II, Nr. 569; G. Lewy, Die katholische Kirche und das Dritte Reich, S. 308f.; D. J. Goldhagen, Kirche und Holocaust, S. 82.

[82] Vgl. das Fazit von U. v. Hehl, Priester unter Hitlers Terror, S. 113–115.

[83] Note des Kardinalstaatssekretärs Pacelli an Botschafter von Bergen vom 14. Mai 1934, in: D. Albrecht, Notenwechsel I, Anlage zu Nr. 29, S. 127.

Oberflächlich betrachtet konnte für den Zeitgenossen dennoch manchmal der Eindruck einer wenigstens partiellen, gegenseitigen Unterstützung von Nationalsozialismus und katholischer Kirche entstehen, weil auf der Seite des Regimes die geplante und beschlossene Vernichtungsoffensive aus taktischen Gründen während der Kriegsjahre nur begonnen, aber nicht entschlossen durchgeführt wurde. Adolf Hitler entschied sich in verschiedenen Krisensituationen jeweils dafür, die Abrechnung mit der katholischen Kirche auf die Zeit nach dem Endsieg zu verschieben, und überließ bis dahin das Vorfeld den religionspolitisch radikalen Akteuren Himmler, Bormann oder Goebbels.

Der kooperative Eindruck konnte aber auch entstehen, weil von kirchlicher Seite versäumt wurde, die grundsätzlichen Differenzen z. B. in der Semantik von Treue und Ehre, Nation, Vaterland oder Antibolschewismus auch institutionell durch einen so deutlichen Abstand zu betonen, wie er weltanschaulich und kirchenpolitisch gewahrt blieb. Hirtenbrief-Aufforderungen zu Vaterlandsliebe, Treue und Opferbereitschaft festigten so Verpflichtungen, die traditionell gegenüber einer legitimen staatlichen Autorität galten, auch einem Staat gegenüber, der durch einen rassistischen Vernichtungskrieg den Anspruch darauf völlig eingebüsst hatte.

Thomas Brechenmacher

Die Kirche und die Juden

Die Kontroverse

Die Haltung der katholischen Kirche zum Völkermord der Nationalsozialisten an den europäischen Juden steht im Zentrum fast jeder Kritik am Verhalten der Kirche dem Nationalsozialismus gegenüber. Als fast einzigartiges Phänomen darf dabei gelten, dass ein Theaterstück, Rolf Hochhuths Anfang 1963 uraufgeführtes Drama »Der Stellvertreter«, den Vorwurf des Schweigens mit einem Nachdruck erhob, der das Bild Pius' XII. im öffentlichen Bewusstsein über Nacht verdunkelte und trotz mannigfacher Bemühungen um Differenzierung bis heute prägt[1]. Seit Rolf Hochhuths Theaterstück besetzt Pius XII. eher den fragwürdigen Rang des »Papstes, der geschwiegen hat«, oder gar die Rolle von »Hitler's Pope.«[2]

Die von Hochhuth losgetretene Welle der Kritik blieb bei der Person des Papstes nicht stehen. Die ältere wissenschaftliche Literatur ging wie Hochhuth mit einem moralischen und einem politischen Argument vor: die Kirche habe moralisch versagt, weil sie mit ihrem Nichtsprechen und Nichthandeln gegen die eigene Verpflichtung zu »christlicher« Nächstenliebe verstoßen habe; außerdem habe die Kirche politisch versagt, weil sie, in Antibolschewismus verblendet, den Nationalsozialismus als natürlichen Verbündeten im Kampf gegen den Sowjetkommunismus betrachtet und dadurch nicht gesehen habe, wie sie zum Handlanger seiner Verbrechen wurde[3]. Eine spätere, eher sozialgeschichtlich akzentuierte Forschungsrichtung präzisierte den Vorwurf der unterlassenen Hilfeleistung, indem sie der katholischen Kirche »Milieuegoismus« attestierte: wenn überhaupt, dann habe sich die gesellschaftliche Gruppe der Katholiken in ihrem eigensüchtig verengten Blickwinkel nur um sich selbst gekümmert[4]. In dem 1999 erschienenen Buch des britischen Journalisten John Cornwell, »Hitler's Pope«,

---

[1] Zur Wirkung von Hochhuths »Stellvertreter« vgl. Th. BRECHENMACHER, Der Dichter als Fallensteller, S. 217–258.
[2] So der deutsche und der englische Titel des Buches von J. CORNWELL, Pius XII.
[3] In dieser Argumentationslinie sind v. a. zu nennen G. LEWY, Catholic Church (dt. Die katholische Kirche und das Dritte Reich, München 1965); S. FRIEDLÄNDER, Pius XII.; hingegen trat verteidigend auf P. LAPIDE, Rom und die Juden.
[4] Vgl. dazu K.-J. HUMMEL, Gedeutete Fakten S. 556f.

finden sich alle Verdikte dieser moralisierend-polarisierenden Kritik zuletzt in publikumswirksamer Weise zusammengefasst und neu präsentiert[5].

Seit etwa 2000 ist zu diesen beiden Argumentationsmustern ein drittes hinzugekommen: dasjenige des »eingefleischten Antisemitismus«. Vor allem der Historiker Olaf Blaschke hat seit 1997 auf methodisch hohem Niveau die Frage nach dem »katholischen Antisemitismus« wiederholt gestellt; sie wurde 2002 von Daniel Jonah Goldhagen mit stark moralisierendem Impuls und deutlich geringerem Interesse am fundierten Sachurteil verstärkt[6]. Hinter ihr steht die Auffassung, der Antisemitismus gehöre zum Wesen des Katholizismus, sei nicht nur ein jahrhundertelang eingeübter charakteristischer Bestandteil katholischer Glaubenspraxis, sondern essentieller Inhalt des kirchlichen Dogmas selbst[7]. Der in dieser Argumentationslinie enthaltene Vorwurf geht viel weiter und tiefer als die Kritik der Hochhuth-Cornwell-Linie, die ja speziell auf das »Versagen« des Papstes und der Kirche zwischen 1933 und 1945 abzielt. Wenn hingegen die Kirche seit ihren Anfängen als »eingefleischt antisemitisch« bezeichnet werden muss, gewinnt das »Schweigen« ihrer hochrangigen Vertreter zur Verfolgung und Ermordung der Juden durch die Nationalsozialisten eine Bedeutung, die über ein »bloßes« Versagen einzelner ihrer Repräsentanten und Amtsträger weit hinausgeht. Dann hätte nicht allein ein Papst, hätten nicht allein diverse Bischöfe, sondern »die Kirche als solche« nicht nur »versagt«, sondern sogar im Sinne ihres, wie angenommen wird, inhumanen Dogmas verbrecherisch gehandelt. Der Judenmord wäre dann folgerichtige Konsequenz aus dem uralten Antisemitismus der katholischen Kirche gewesen. Von diesem würde ein direkter Weg nach Auschwitz führen. Nicht von ungefähr lehnen denn auch Verfechter dieser Argumentationslinie die in der Wissenschaft eingeführte begriffliche Scheidung zwischen einem älteren religiös motivierten »Antijudaismus« und einem jüngeren, sozio-ökonomisch und/ oder rassistisch begründeten »Antisemitismus« vehement ab. Jede Art von

---

[5] Vgl. Anm. 3. – Sehr detailkräftig und abwägend argumentiert hingegen das – leider nur in italienischer Sprache vorliegende – Buch von G. MICCOLI, I dilemmi e i silenzi di Pio XII.

[6] O. BLASCHKE, Katholizismus; O. BLASCHKE/A. MATTIOLI (Hrsg.), Katholischer Antisemitismus; D. J. GOLDHAGEN, Kirche und Holocaust. – Eine gute Zusammenfassung der Debatte »Goldhagen II« mit den wesentlichen Argumenten pro und contra Goldhagens Thesen gibt J. H. SCHOEPS u. a. (Hrsg.), Goldhagen; vgl. auch M. F. FELDKAMP, Goldhagens unwillige Kirche.

[7] In Auseinandersetzung mit Olaf Blaschke wies v. a. Urs Altermatt diese sogenannte »Immanenz-These« zurück; vgl. zusammenfassend Ch. KÖSTERS, Katholische Kirche im nationalsozialistischen Deutschland S. 36–38.

Judenfeindschaft in der Geschichte, so ihre Auffassung, sei per se als »Antisemitismus« zu klassifizieren[8].

Die alte Judentheologie der Kirche und die Unterscheidung zwischen Antijudaismus und Antisemitismus

Allerdings sprechen sachliche Gründe dafür, an der Unterscheidung »Antijudaismus«/»Antisemitismus« festzuhalten. Zwar wird niemand beim Blick in die abendländische Kirchengeschichte umhin können, gegen Judentum und Juden gerichtete Lehren und Verhaltensweisen festzustellen, die regelmäßig auch gewaltsame Übergriffe gegen Juden motivierten und provozierten. Gleichwohl war Feindseligkeit keineswegs das leitende Handlungsprinzip der Kirche gegenüber dem Volk des Alten Bundes. Im Gegenteil: schon seit den Tagen Papst Gregors des Großen (590–604) hatte die katholische Theologie jene Lehre entwickelt, die das Verhältnis der Kirche zu den Juden bis hin zum Zweiten Vatikanum maßgeblich bestimmen sollte. Ihr zugrunde lag die Einsicht, dass die Juden wie die andere Seite der Medaille zum Christentum unverzichtbar hinzugehören, und sei es nur als »Zeugen« für Jesus Christus. Weil obendrein Hoffnung und Verheißung bestehe, die Juden würden dereinst doch noch zum »rechten Glauben« finden, könne Gewaltanwendung von Christen gegen Juden niemals gerechtfertigt sein; die Kirche müsse den Juden vielmehr durch vorbildliche Haltung sogar Anreize bieten, sich für einen Übertritt zum Christentum zu entscheiden. In diesem Rahmen aber komme den kirchlichen Hierarchen und insonderheit dem Papst sogar die Rolle eines Schutzherrn der Juden zu, der dafür zu sorgen habe, die Juden vor christlicher Gewalt zu bewahren[9].

Als komplementäres Prinzip setzte die kirchliche Hierarchie dem freilich stets die Aufgabe gegenüber, die Christen vor den Juden zu schützen. Umgang mit Juden, so wurde befürchtet, könnte Christen in ihrem Glauben

---

[8] Neben Blaschke und Goldhagen sind hier beispielsweise auch zu nennen D. I. KERTZER, Die Päpste gegen die Juden, sowie J. CARROLL, Constantine's Sword. Vgl. auch M. F. FELDKAMP, Goldhagens unwillige Kirche, S. 93–95.

[9] In klassischer Formulierung ist dieses Prinzip in der Konstitution »Licet perfidia Iudeorum« Papst Innocenz' III. von 1199 überliefert. »Obwohl der Unglaube der Juden in vieler Hinsicht zu verurteilen ist, dürfen die Juden von den Gläubigen doch nicht verfolgt werden, wird doch durch sie unser Glaube erst wirklich bestätigt. […] Auch wenn sie lieber in ihrer Hartnäckigkeit verharren als die Weissagungen der Propheten und die Geheimnisse des Gesetzes zu erkennen und zur Botschaft des christlichen Glaubens durchzudringen, schenken wir, da sie die Hilfe unserer Verteidigung anrufen, in milder christlicher Sanftmut und den Spuren unserer Vorgänger seligen Angedenkens folgend, ihrem Gesuche Gehör und gewähren ihnen den Schild unseres Schutzes.« Innocenz III., Constitutio pro Iudaeis, 15.9.1199, in: S. SIMONSOHN (Hrsg.), Apostolic See, S. 74f., Nr. 71, hier S. 74.

erschüttern, ja im schlimmsten Fall deren Seelenheil gefährden. Um dies zu vermeiden, sollte der soziale Umgang von Christen und Juden reglementiert und minimiert werden. Hier lagen die religiösen Begründungen für die Separation von Juden in eigenen, teils abgeschlossenen Wohnvierteln, für das Verbot, öffentliche Ämter zu bekleiden, bestimmte Berufe auszuüben, »Wucherzinsen« zu nehmen und christliche Dienstboten zu beschäftigen sowie auch für das Gebot, durch ein sichtbar am Gewand getragenes Zeichen die Zugehörigkeit zum Volk des Ersten Bundes jedermann sofort kenntlich zu machen. Die vier einschlägigen Konstitutionen des Vierten Laterankonzils von 1215 begründeten eine Tradition restriktiver Gesetzgebung gegen Juden, die im Kirchenstaat zumindest auf dem Papier sowie mit Signalwirkung für viele andere christliche Staaten bis ins 18. und 19. Jahrhundert bestehen bleiben sollte. Jedoch legitimierten auch diese Gesetze weder Gewaltanwendung gegen Juden noch Vertreibungen. Für die – lehramtlich maßgebliche – Spitze der katholischen Kirche galten bis in das 20. Jahrhundert hinein Prinzip und Praxis der doppelten Schutzherrschaft[10].

Dafür lassen sich zahlreiche Beispiele anführen, wobei Rom in Phasen, in denen die Kirche in die Defensive geriet, nicht von der Tendenz verschont blieb, die doppelte Schutzherrschaft selbst einseitig, zuungunsten der Juden zu gewichten. Im letzten Drittel des 19. Jahrhunderts etwa, als der Zusammenbruch des Kirchenstaates die Fortexistenz des römischen Papsttums für einige Zeit ernsthaft in Frage stellte, flossen die gegen die geistigen, sozialen und ökonomischen Strömungen der Moderne – Säkularisierung und Relativismus, Pluralismus, Liberalismus, Kapitalismus, Sozialismus – gerichteten Verlustängste immer wieder in akzentuiertem Antijudaismus zusammen[11]. Zweifellos bestehen Zusammenhänge und fließende Übergänge zwischen solcher älteren Tradition christlich-religiös motivierter Judenfeindschaft – also dem »Antijudaismus« – und dem jüngeren, ökonomisch und rassistisch argumentierenden Antisemitismus.

---

[10] Dies im einzelnen entwickelt bei Th. BRECHENMACHER, Das Ende der doppelten Schutzherrschaft; eine gekürzte Fassung, ohne wissenschaftlichen Apparat, in: DERS., Der Vatikan und die Juden, S. 19–26.

[11] »Das Judentum mit all seinen vom Talmud inspirierten Sekten steht dem Christentum immer auf verschlagene Weise gegenüber«, gab der einstige Kardinalstaatssekretär Pius' X., Raffaele Merry del Val, 1928 im Heiligen Offizium zu Protokoll. Mehr noch, »heute, nach dem [Ersten Welt-] Krieg, erhebt es sich mehr denn je und versucht das Reich Israel gegen Christus und gegen dessen Kirche wiederaufzurichten.« Archivio della Congregazione per la dottrina della fede (ACDF), S. O. 125/28 [Rerum Variarum 1928, n. 2], Vol. 1, Nr. 20; Voto del Card. Segr. S. O. nelle Congr. di Feria IV, 7-marzo 1928. Zum Zusammenhang dieser Äußerung vgl. Th. BRECHENMACHER, Der Vatikan und die Juden, S. 157–159; vgl. auch H. WOLF, Pro perfidis Judaeis, S. 611–658.

Dennoch scheint es aus einer weiteren historischen Perspektive angeraten, die beiden Begriffe beizubehalten, weil sie zwei im Effekt (Judenfeindschaft) zwar verwandte, jedoch in den Motivationen und Trägerschichten sehr unterschiedliche Phänomene kennzeichnen. Bezogen auf die engere Thematik der Haltung der katholischen Kirche zum nationalsozialistischen Judenmord birgt die Unterscheidung der Begriffe »Antijudaismus« und »Antisemitismus« noch eine zusätzliche Erkenntnischance. Rein theologisch gesehen konnte aus der Lehre von der doppelten Schutzherrschaft, so antijudaistisch sie war, niemals ein Weg zum Völkermord an den Juden führen, konnten gläubige Christen die Vorstellung, das Volk der Juden durch Mord ausrotten zu müssen, nicht ableiten. Das Dogma der katholischen Kirche gibt für »eingefleischten Anti*semitismus*«, geschweige denn »eingefleischten eliminatorischen Antisemitismus« kein Argument an die Hand.

Trotz Ambivalenz kein Schweigen zum Antisemitismus

Andererseits lässt sich jedoch aus dem älteren religiösen Antijudaismus – der ein Teil des kirchlichen Dogmas und ein Teil der doppelten Schutzherrschaft ist – jene »Ambivalenz« erklären, mit der viele Katholiken von der Basis der Laien bis hinauf in die höchsten Ränge der Hierarchie der nationalsozialistischen Judenverfolgung mitunter gegenüber standen. Obwohl die Kirche den Rassenantisemitismus deutlich verurteilte, verfielen nicht wenige ihrer Amtsträger, wenn es um Juden ging, immer wieder einem Denken in Vorurteilen und Ressentiments, die einerseits jenem Schatz religiös motivierter Antijudaismen entsprangen, der Teil ihrer persönlichen Sozialisation war, und die sich andererseits zu unreflektiert der Versatzstücke des sozio-ökonomischen Antisemitismus bedienten.

Eine derartige Disposition war zweifellos mit dafür verantwortlich, dass die beiden ranghöchsten Vertreter des deutschen Episkopats, die Kardinäle Bertram und Faulhaber, in Reaktion auf die erste massiv judenfeindliche Maßnahme der neuen nationalsozialistischen Regierung in Deutschland – den »Judenboykott« von Anfang April 1933 – davon abrieten, öffentlich zu protestieren. Bertram erhob in einem Rundbrief an die Erzbischöfe Deutschlands vom 31. März 1933 Bedenken gegen eine Stellungnahme der Kirche, weil es sich bei dem Boykott um einen wirtschaftlichen Kampf »in einem uns in kirchlicher Hinsicht nicht nahestehenden Interessenkreise« handle; ein Schritt der Bischöfe könne »als Einmischung in eine Angelegenheit erscheinen, die das Aufgabengebiet des Episkopates« weniger berühre; außerdem stehe anzunehmen, »daß der Schritt keinen Erfolg haben dürfte.«[12] Der Münchener Erzbischof Kardinal Faulhaber bezog demgegenüber wenigstens eine im Grundsätzlichen klare Stellung, wenn er an den Journalisten Alois Wurm schrieb: »Dieses Vorgehen gegen die Juden ist derart unchristlich, daß jeder Christ, nicht bloß jeder Priester dagegen auftreten müßte.« Aber eingedenk der Situation, fügte Faulhaber hinzu, bestünden »für die kirchlichen Oberbehörden weit wichtigere Gegenwartsfragen« – »Schule, der Weiterbestand der katholischen Vereine, Sterilisierung.«[13] Gegenüber Kardinalstaatssekretär Pacelli präzisierte Faulhaber seine Gedanken: »Uns Bischöfen wird zur Zeit die Frage vorgelegt, warum die katholische Kirche nicht, wie soft in der Kirchengeschichte, für die Juden eintrete. Das ist zur Zeit nicht möglich, weil der Kampf gegen die Juden zugleich ein Kampf gegen die Katholiken werden würde und weil die Juden sich selber helfen können, wie der schnelle Abbruch des Boykottes zeigt.«[14]

Bei Urteilen wie diesen aus der Frühzeit der nationalsozialistischen Diktatur in Deutschland flossen unterschiedliche Faktoren zusammen: die Sorge der Bischöfe über die Bedrängungen der eigenen Kirche und die Unsicherheit über die bevorstehenden Entwicklungen trugen zu einer angstvoll zögernden Haltung bei, die zu legitimieren antijudaistischen Ressentiments leichte Argumente liefern konnten. Aussagen wie diejenigen Bertrams und Faulhabers sollten denn auch eher als Ausdruck höchster Irritation und bischöflicher Verunsicherung genommen werden und weniger als Basis einer Beurteilung der Gesamthaltung der Kirche zur Judenverfolgung.

Auch die heute schwer verständlichen Ausführungen Pius' XII. vor dem Kardinalskollegium am Heiligen Abend des Jahres 1942 waren nicht frei von anti*judaistischen* theologischen Interpretationsmustern. Angesichts einer entchristlichten, sich in einem hoffnungslosen Krieg befindlichen Welt, forderte der Papst die Kardinäle auf, nicht in kleinmütiger Klage zu versinken, sondern als wahre Diener der Kirche »die Wahrheit und die Tugend« zu verteidigen. Diese Haltung schließe eine besondere Art der Klage und Trauer nicht aus, nämlich jene, »die auf dem Herz des Erlösers lastete [...] beim Anblick Jerusalems, das seiner Einladung und seiner Gnade mit starrer Verblendung und hartnäckiger Verleugnung entgegentrat, die es auf dem Wege der Schuld, bis hin zum Gottesmord geführt hat.«[15] Pius XII. griff

---

[12] Bertram an die Metropoliten Deutschlands, 31.3.1933, in: H. GRUBER (Hrsg.), Katholische Kirche, S. 41 f.

[13] Faulhaber an Alois Wurm, 8.4.1933, in: H. GRUBER (Hrsg.), Katholische Kirche, S. 54 f.

[14] Faulhaber an Pacelli, München, 10.4.1933, Auszug in: Bernhard STASIEWSKI (Bearb.), Akten deutscher Bischöfe über die Lage der Kirche 1933–1945, Bd. I (1933–1934), S. 54, Anm. 1.

[15] Pius XII., Allocuzione della vigilia di natale al sacro collegio, in: DISCORSI E RADIOMESSAGGI DI SUA SANTITÀ PIO XII, Bd. 4, S. 318–323, hier S. 321.

hier ein Zentralverdikt des religiösen Antijudaismus auf – dasjenige des Gottesmordes. Die Wahl dieser Bildlichkeit war vor dem Hintergrund der aktuellen Ereignisse nicht besonders glücklich. Freilich sollte nicht vergessen werden, dass Pacelli nicht über die Situation der Juden in dem von NS-Deutschland beherrschten Europa sprach, sondern unter Zuhilfenahme eines althergebrachten Bildes einen Appell an die Kardinäle formulierte. Die theologische Aussage war keine politische.

Dass Pacelli sehr wohl in der Lage war, Theologie und tagesaktuelle Politik, theologisch geschulte interne Adressaten (Kardinäle) und weltweite Öffentlichkeit voneinander zu trennen, zeigt seine Entscheidung, das noch von seinem Vorgänger initiierte Projekt einer Enzyklika über Rassismus und Antisemitismus nicht weiterzuverfolgen. Angesichts der nationalsozialistischen Verfolgung der Juden Europas die althergebrachte Judentheologie der Kirche noch einmal ex cathedra auszubreiten, schien ihm offenbar zu missverständlich oder gar zu gefährlich; die Lektüre der von drei Jesuitenpatres ausgearbeiteten Entwürfe zu dieser Enzyklika muss diese Auffassung unbedingt stützen; zu sehr versuchen diese Entwürfe, rassistische Positionen zwar zu verwerfen, aber religiös antijudaistische Verurteilungen unterschwellig zu rechtfertigen[16]. Der kirchliche Antijudaismus war noch nicht hinreichend reflektiert, eine *neue* Judentheologie trotz erster Ansätze noch nicht vorhanden. Pius' XII. Haltung gegenüber der geplanten Enzyklika zu Rassismus und Antisemitismus wird aus diesem theologischen Dilemma erklärbar: er lehnte nicht die Idee einer Enzyklika zu diesem Thema ab, sondern die vorgelegten Entwürfe. Für neue Entwürfe sah er aber offenbar noch keine theologisch ausreichende Basis.

Andererseits war eine neuerliche päpstliche Verurteilung des Antisemitismus zum Zeitpunkt des Beginns des Pacelli-Pontifikates nicht mehr nötig. Die Kirche hatte zu diesem Thema mehrfach mit höchster Autorität Stellung genommen. Der Weltöffentlichkeit konnte hinreichend bekannt sein, welche Position der Papst zur Verfolgung von Juden einnahm. In derselben Verlautbarung, mit der er die ersten organisatorischen Brückenschläge zwischen Juden und Christen und deren Bemühungen, die Karfreitagsbitte zu revidieren, 1928 unterband[17], verurteilte Papst Pius XI. »ganz besonders den Haß gegen das einst auserwählte Volk Gottes, nämlich jenen Haß, den man

---

[16] Die Texte in G. PASSELECQ/B. SUCHECKY, Die unterschlagene Enzyklika; A. RAUSCHER (Hrsg.), Wider den Rassismus; vgl. Th. BRECHENMACHER, Der Vatikan und die Juden, S. 186f.

[17] Eine als »Amici Israel« auftretende Vereinigung von Priestern und Ordensleuten hatte 1926 mit ihrem Antrag, den Text der Karfreitagsfürbitte für die »treulosen Juden« (»perfidis Judaeis«) abzuändern, einen bemerkenswerten, letztlich aber erfolglosen Vorstoß unternommen. Die Vereinigung wurde per Dekret des Heiligen Offiziums am 25. März 1928 aufgelöst.

heute gewöhnlich ›Antisemitismus‹ nennt.«[18] Der Papst meinte jene sich erst im Laufe des letzten Drittels des 19. Jahrhunderts entwickelnde Judenfeindschaft, die Juden aufgrund einer vermeintlichen Rassenzugehörigkeit diskriminierte. Dies aber war genau die Judenfeindschaft der Nationalsozialisten, und solchen Rassismus wies die katholische Kirche auf entschiedenste Weise zurück. An dieser päpstlichen Position hatte sich auch zehn Jahre später nichts geändert. Zu einem Zeitpunkt, da das italienische faschistische Regime unter seinem Duce Mussolini – das im besetzten Abessinien eine rassistische Politik der schwarzafrikanischen Bevölkerung gegenüber bereits betrieb – auch im eigenen Land dazu überging, auf den deutschen Kurs antisemitischer Rassenpolitik einzuschwenken, sprach der Papst unmissverständlich. In einem weltweit an alle katholischen Universitäten gerichteten, sogenannten »Rassensyllabus«, der am 3. Mai 1938 genau zum Zeitpunkt von Hitlers pompösen Staatsbesuch in Rom veröffentlicht wurde, wies er die »höchst gefährlichen« Lehren eines rassistischen Menschenbildes explizit zurück. Noch deutlicher hieß es dann wenige Wochen vor den Pogromen in Deutschland am 9./10. November 1938 in seiner Ansprache an belgische Pilger, eigentlich aber adressiert an Mussolini: »Antisemitismus ist unvertretbar. In geistigem Sinne sind wir Semiten.«[19]

»Geschwiegen« hat auch der neue Papst, Pius XII., nicht; im Gegenteil, er sprach mehrfach, so beispielsweise in seiner Radiobotschaft zu Weihnachten 1942, die vom Berliner Reichssicherheitshauptamt geradezu als Solidaritätsadresse des Papstes für die verfolgten Juden gewertet wurde[20].

Trotz diplomatischer Neutralität kein Zuschauen

Seit Beginn des Krieges indessen stellte sich dem Papst sehr viel weniger dringlich die Frage des Sprechens als die des Handelns. Auf welche Weise konnten *allen* Opfern – unter diesen natürlich auch den jüdischen – möglichst effizient konkrete Hilfeleistungen des Heiligen Stuhls zukommen? Einen ersten und wichtigen Schritt in diese Richtung bildete die Einrichtung des Informationsbüros für die Kriegsgefangenen beim Staatssekretariat sogleich im September 1939. Datenermittlung über Gefangene, Deportierte und Verschollene wurde hier gekoppelt mit dem Versuch, den durch die Suchdienste Ermittelten auch materiell zu helfen. Im Archiv des Informa-

---

[18] Dekret S. O., 25.3.1928, hier zit. nach Abdruck und Übersetzung in G. PASSELECQ/B. SUCHECKY, Die unterschlagene Enzyklika, S. 124f.
[19] Documentation Catholique 39 (1938), Sp. 1460.
[20] Dazu im Detail Th. BRECHENMACHER, Der Vatikan und die Juden, S. 210–213.

tionsbüros zeugen um die vier Millionen Datenblätter von dieser umfangreichsten vatikanischen Hilfsaktion[21].

Die Zeit beharrlicher diplomatischer Proteste bei der deutschen Regierung, welche der Vatikan seit 1933 im Sinne seiner universalen, d. h. politische Grenzen und religiös-konfessionelle Schranken überschreitenden Mission nicht nur zugunsten der sogenannten »katholischen Nichtarier« unternommen hatte, war längst abgelaufen. Die anfänglichen, mit Blick auf das rasche Boykottende im Frühjahr 1933 getroffenen und von der jüdischen Bevölkerung geteilten Einschätzungen, die deutsche Regierung werde von ihren Verfolgungsmaßnahmen ablassen, sobald der Nationalsozialismus seine Machtbasis erst stabilisiert habe, waren von der Realität längst überholt worden. Dass sich die katholische Kirche aber gerade jener Gruppe von Personen annahm, die, ungeachtet ihres Übertritts vom Judentum zum Katholizismus, von den Nationalsozialisten als »Rassejuden« verfolgt wurden, war keineswegs »milieuegoistisch«. Welche Institution, wenn nicht die Kirche, sollte sich dieser Christen annehmen, die durch ein »Rassenkriterium« unversehens zu Verfolgten geworden waren? Jüdische Hilfsorganisationen, mit der Bedrohung der eigenen Glaubensangehörigen konfrontiert, fühlten sich für diese »Nichtarier« jedenfalls kaum zuständig. Kardinalstaatssekretär Pacelli hatte im September 1933 die Frage der »katholischen Nichtarier« bei der Regierung vorzubringen versucht; die Reaktion charakterisiert in typischer Weise, welche Strategie die deutschen Behörden solchen Interventionen der Kirche gegenüber anwandten: Ihr wurde schlichtweg die Zuständigkeit bestritten. Weder die »Säuberung der Beamtenschaft« noch die »Judenfrage« habe mit konfessionellen Themen etwas zu tun[22].

Bereits die Stellungnahme des Heiligen Stuhls zu einem Gebiet der Politik, das nur wenig außerhalb der durch das Reichskonkordat beschriebenen Schnittmenge kirchlicher und staatlicher Interessen lag, wies Berlin zurück, von einem Einsatz der Kirche für »nichtkatholische Nichtarier« ganz zu schweigen. Diese Erfahrung sollte sich sowohl für den Heiligen Stuhl als auch für die deutschen Bischöfe bis in die letzten Jahre des Weltkrieges hinein in unzähligen Fällen wiederholen. Dem vatikanischen Informationsbüro für die Kriegsopfer verboten die Regierungsinstitutionen, in Deutschland tätig zu werden; Nuntius Orsenigo, vom Staatssekretariat immer wieder beauftragt, bei den Behörden in Berlin zugunsten verfolgter Juden – ob getauft oder nicht getauft – zu intervenieren, berichtete stereotyp von der Aussichtslosigkeit seiner Bemühungen. »Die Lage der Juden ist von jeglicher

---

[21] INTER ARMA CARITAS, hier insbes. Bd. 2, S. 643–716.
[22] EBD., S. 397, Anm. 3.

gutgemeinten Intervention ausgeschlossen.«[23] Als Faulhaber im November 1941 Bertram gegenüber anregte, angesichts der Massenabtransporte von Juden aus den Städten beim Reichssicherheitshauptamt vorstellig zu werden, waren sich beide Bischöfe einig: die »Rassenfanatiker« würden eine entsprechende Eingabe wegen formaler Unzuständigkeit des Episkopats sofort unbesehen ablehnen[24].

Warum aber hatte die Kirche nicht bereits viel früher protestiert, etwa als die Nationalsozialisten mit den Nürnberger Gesetzen des Jahres 1935 den entscheidenden Schritt zur völligen rechtlichen Ausgrenzung der Juden in Deutschland gegangen waren? Wo war die Stimme der kirchlichen Würdenträger im November 1938 zu vernehmen gewesen, als der vermeintliche »Volkszorn« gewaltsam gegen die Juden im ganzen deutschen Reich tobte? Richtig ist, dass weder seitens des Heiligen Stuhls noch seitens der deutschen Bischöfe ein offizieller und unmittelbarer Protest gegen Nürnberger Rassegesetze und »Reichskristallnacht« erging. Dies bedeutet nicht, dass beide Ereignisse nicht als schreiendes Unrecht erkannt, beurteilt und auch kommentiert wurden. Die Berichte des päpstlichen Gesandten Orsenigo aus Deutschland sowohl von 1935 als auch von 1938 zeigen, dass die Perfidie der nationalsozialistischen Judenpolitik von der päpstlichen Diplomatie zutreffend diagnostiziert wurde[25]. Dennoch blieb ein massiver kirchlicher Protest insbesondere zur Judenverfolgung aus. *Geschwiegen* haben Papst und deutsche Bischöfe – wie bereits ausgeführt – jedoch nicht.

Der Dissens zwischen NS-Regime und Kirche – auch in der »Judenfrage« war seit 1933 deutlich artikuliert, so deutlich, dass ein jüdischer Kaufmann aus Rotterdam 1936 an Pius XI. schreiben konnte: »Seine Heiligkeit, sowie Seine Eminenz Kardinal Faulhaber und noch viele andere hohe katholische Geistliche [haben] die Utopien der Rassen- und Religionsbekämpfungen in Deutschland öffentlich als nicht christlich und im Gegensatz zu dem Fundament aller Religionen und den zehn Geboten gebrandmarkt.«[26] Allerdings sah sich die Kirche auch Kritik ausgesetzt, weniger von jüdischer als von eigener Seite. Angesichts eines bevorstehenden Hirtenbriefs der Bischöfe fragte der Kirchenhistoriker Joseph Schmidlin im August 1935 den Papst, »warum man nicht statt der blossen Reden auch einmal zum unzweideutigen Handeln schreitet. [...] Welchen Schaden muss uns [...] diese faule Friedenspolitik zufügen, indem sie unsere Freunde einschläfert

---

[23] Orsenigo an Maglione, 20.7.1942, in: P. BLET/A. MARTINI/B. SCHNEIDER/R. GRAHAM (Hrsg.), Actes et Documents du Saint Siège, hier Bd. VIII (1974), S.603f., Zit. S. 604.

[24] S. 462f., und Bertram an Faulhaber, Breslau, 17.11.1941, EBD. S. 465f.

[25] Faulhaber an Bertram, München, 13.11.1941, in: H. GRUBER (Hrsg.), Katholische Kirche, S. 462f., und Bertram an Faulhaber, Breslau, 17.11.1941, EBD. S. 465f.

[26] Joseph Salomon an Pius XI., Rotterdam, 22.2.1936, AES., Germania, Pos. 692, fasc. 261, fol. 120rv.

und unsere Feinde ermutigt! Umgekehrt [...] wird sich die kirchliche Widerstandskraft bewähren, sobald es zum ausgesprochenen Kampfe kommt.«[27] Doch konnte der »ausgesprochene Kampf« wirklich ohne weiteres als ultima ratio gelten? Als der Heilige Stuhl im Herbst 1937 mit einer internationalen Aufklärungsaktion gegen den Nationalsozialismus zu Felde ziehen wollte, riet Faulhaber ab. Zum gegenwärtigen Zeitpunkt halte er eine derartige Initiative für »unpassend und gefährlich«, könnte sie doch leicht »eine Verschärfung der Verfolgung auf dem eigentlichen religiösen Gebiet hervorrufen.« Vor allem fürchtete der Münchener Erzbischof ein neues Aufflammen der propagandistisch in Szene gesetzten Sittlichkeitsprozesse gegen Ordensangehörige sowie Folgen für die noch existierenden katholischen Schulen[28]. Die Angst vor möglichen Weiterungen des »Volkszorns« dämpfte zweifellos auch den Mut kirchlicher Würdenträger, nach dem 9. November 1938 öffentlich gegen die antijüdischen Ausschreitungen in der sogenannten »Reichskristallnacht« zu protestieren. Präzedenzfälle lagen vor[29]. Die nationalsozialistische Propaganda hatte keinen Zweifel daran gelassen, dass ihre Kampfansage dem »Weltjudentum und seinen schwarzen und roten Bundesgenossen« gelte. »Vorgestern gegen die Juden, heute gegen die Katholiken!«[30] Auch Bischof Galen von Münster – gewöhnlich in der Gruppe jener Bischöfe zu finden, die öffentliche Stellungnahmen statt diplomatischer Noten empfahlen – trat nicht auf die Kanzel, um die Barbarei der Pogromnacht anzuprangern. Offenbar bedauerte er einige Jahre später, gegen dieses »sakrilegische Verbrechen nicht sofort und öffentlich protestiert zu haben.«[31] Gleichwohl scheinen ihn im November 1938 sorgfältige Überlegungen von einem öffentlichen Auftreten abgehalten zu haben. Im Zentrum dieser Überlegungen stand wahrscheinlich – die Quellenlage ist nicht ganz eindeutig – die Befürchtung, ein Protest des Bischofs könne unkalkulierbare Folgen sowohl für die Juden von Münster als auch für die Katholiken nach sich ziehen[32].

---

[27] Joseph Schmidlin an Pius XI., Colmar, 5.8.1935, AES., Germania, Pos. 686, fasc. 254, fol. 64r-66r.

[28] Vgl. im Detail, einschließlich der Zitatnachweise, Th. BRECHENMACHER, Enzyklika »Mit brennender Sorge«.

[29] Nur einen Monat vorher hatten Randalierer auf Anweisung nationalsozialistischer Parteistellen hin das erzbischöfliche Palais in Wien verwüstet. Auch Kardinal Faulhaber protestierte nicht bei Regierungsstellen, weder gegen den antisemitischen Vandalismus noch gegen den Angriff des aufgehetzten Pöbels auf seine Residenz in München und seine Person am Abend des 11. November, – eine direkte Nachwirkung der Ausschreitungen gegen die Juden.

[30] Bericht Faulhabers, [München, 12.11.1938], in: L. VOLK, Akten Faulhabers II, S. 604–607, hier S. 604.

[31] M. BIERBAUM, von Galen, S. 395.

[32] Zusammenfassung des aktuellen Forschungsstandes bei H. MUSSINGHOFF, Bischof Clemens August von Galen, S. 199–220, hier v. a. S. 205–207.

Die Spielräume der Kirche gegenüber dem nationalsozialistischen Regime waren eingeengt und sie wurden während des Krieges noch enger. Mutiges öffentliches Auftreten, wie dasjenige Faulhabers, Galens oder Preysings erzeugte teils massive Gegenreaktionen, die in der Regel Untergebene eines Bischofs, nicht den Bischof selbst trafen. Galen rechnete mehrfach mit seiner Festnahme, besonders nachdem er im Juli 1941 gegen das Euthanasieprogramm der Nationalsozialisten gepredigt hatte. NS-Parteifunktionäre forderten sogar seine Hinrichtung; zuletzt setzte sich jedoch wieder das sublimere Prinzip durch, nicht den Hirten, sondern ihm Anvertraute zu strafen. Als Reaktion auf die Predigten von Galens verhaftete die Gestapo dreißig Priester des Bistums Münster, von denen mehrere in Konzentrationslagern ihr Leben lassen mussten. Auch der Berliner Dompropst Bernhard Lichtenberg, der am 23. Oktober 1941 verhaftet wurde, büßte nicht allein für sein öffentliches Gebet für die Juden, sondern stellvertretend für seinen Bischof Preysing, dessen ablehnende Haltung dem Regime gegenüber bekannt war. Die kirchlichen Würdenträger standen einer existentiellen Grundfrage gegenüber: wer öffentlich auftrat, musste stets auch die Folgen kalkulieren, sowohl für die eigene »Klientel« – die Katholiken Deutschlands – als auch für die verfolgten Juden. Wie kontraproduktiv öffentlicher Protest sein konnte, zeigte das Beispiel der niederländischen Juden im Sommer 1942: nach einem öffentlichen Protest der protestantischen und katholischen Bischöfe der Niederlande gegen die Deportationen ließ die Gestapo zusätzlich auch diejenigen »nichtarischen« Christen abtransportieren, die zu verschonen sie den Bischöfen vorher bereits zugesagt hatte[33]. Unter den Opfern der Deportation vom Juli 1942 befand sich auch jene Ordensschwester Edith Stein, die sich bereits im April 1933 hilfesuchend an den Papst gewandt und die Ausweitung der Judenverfolgung prophezeit hatte.

Desillusioniert hatte Pius XII. bereits im Mai 1940 dem italienischen Botschafter Alfieri gegenüber geklagt: »Die Italiener wissen sicher und genau über die schrecklichen Dinge Bescheid, die sich in Polen ereignen. Wir müßten Worte des Feuers gegen derartige Dinge schleudern, und das einzige, was uns davon abhält, ist das Wissen, daß wir das Los dieser Unglücklichen nur noch verschlimmern würden, wenn wir sprächen.«[34] Fast drei Jahre später entgegnete er auf eine Bitte Preysings, angesichts der neuen Welle von Deportationen aus Berlin »noch einmal [zu] versuchen, für die vielen Unglücklichen-Unschuldigen einzutreten«: »Den an Ort und Stelle tätigen Oberhirten überlassen Wir es abzuwägen, ob und bis zu

---

[33] Internuntius Paolo Giobbe, Den Haag, an Maglione, Rom, 9.10.1942, ADSS VIII, S. 677f.; Orsenigo an Montini, Berlin, 28.7.1942, EBD., S. 607f.

[34] Aufzeichnung Montinis über eine Audienz für den italienischen Botschafter Alfieri, 13.5.1940, ADSS I, S. 453–455, hier S. 455.

welchem Grade die Gefahr von Vergeltungsmassnahmen und Druckmitteln im Falle bischöflicher Kundgebungen [...] es ratsam erscheinen lassen, trotz der angeführten Beweggründe, ad maiora mala vitanda Zurückhaltung zu üben. Hier liegt einer der Gründe, warum Wir selber Uns in Unseren Kundgebungen Beschränkungen auferlegen.«[35]

Schon lange vorher war nicht nur Rom, sondern auch die Kirche in Deutschland aufgrund ihrer Erwägungen über Sprechen und Handeln dazu übergegangen, in den verbliebenen Spielräumen konkret Hilfe zu leisten. Das »Caritas-Notwerk« unter dem Vorsitz des ehemaligen Zentrumsabgeordneten und letzten Vorsitzenden des »Vereins zur Abwehr des Antisemitismus«, Heinrich Krone, unterstützte politisch und rassisch verfolgte Katholiken. Die Arbeit des Caritas-Notwerkes mündete in das im Sommer 1938 gegründete »Hilfswerk beim Bischöflichen Ordinariat Berlin« unter Leitung von Dompropst Bernhard Lichtenberg. Nach dessen Verhaftung 1941 übernahm Bischof Preysing persönlich die Leitung und rückte die Geschäftsführerin Margarete Sommer in die Position einer zentralen Ansprechpartnerin für hilfesuchende »Nichtarier«[36]. Das »Sonderhilfswerk« des »St. Raphaels-Vereins« bemühte sich seit 1933, »konvertierten Juden und Nichtariern« die Emigration vor allem in die USA, nach Südafrika, Brasilien und Argentinien zu ermöglichen. Die Ausreisehilfen wurden allerdings angesichts zunehmender deutscher Restriktionen und sinkender ausländischer Unterstützung bei der Visa-Erteilung zu einem fast aussichtslosen Wettlauf mit der Zeit. Als Koordinationsstelle aller Hilfswerkaktivitäten fungierte der »Hilfsausschuß für katholische Nichtarier« unter dem Vorsitz des Osnabrücker Bischofs Berning. Ähnliche Dienste für »katholische Nichtarier« versuchte seit Ende 1940 die »Erzbischöfliche Hilfsstelle« in Wien zu erbringen. Gestapo und Sicherheitsdienst überwachten diese Einrichtungen ständig; ein Devisenprozeß bedrohte zeitweise die wirtschaftliche Existenzgrundlage des »St. Raphael-Vereins«[37]. Ende Juni 1941 schloss die Polizei das Büro des »St. Raphael-Vereins« in Hamburg –, nur wenige Tage vor Görings Anweisung an Heydrich, eine »Gesamtlösung der Judenfrage im deutschen Einflußgebiet in Europa« vorzubereiten[38]. Damit war jegli-

---

[35] Pius XII. an Preysing, 30.4.1943, in: H. GRUBER (Hrsg.), Katholische Kirche, S. 484–489, Zit. S. 486f.; das Zitat aus Preysing an Pius XII., Berlin, 6.3.1943, in: B. SCHNEIDER, Briefe Pius' XII., S. 239.

[36] J. LEICHSENRING, Die Katholische Kirche und »ihre Juden«.

[37] Einen Überblick über die Hilfsaktivitäten der katholischen Kirche in Deutschland, mit allen wichtigen Literaturhinweisen, gibt J. LEICHSENRING, Christliche Hilfen für »Nichtarier«, S. 302–314.

[38] Göring an Heydrich, Berlin, 31.7.1941, zit. nach W. HOFER (Hrsg.), Nationalsozialismus, S. 296f.

cher weiteren Auswanderung von »Nichtariern« aus den von Deutschland beherrschten Gebieten ein Riegel vorgeschoben.

Während des Krieges reichte der Arm des Heiligen Stuhls gerade dorthin am wenigsten, wo die meisten zivilen Opfer ihr Leben lassen mussten. In die von den Deutschen nahezu hermetisch abgeriegelten Gebiete des Ostens, insbesondere nach Polen, bestanden für den Heiligen Stuhl nach dem September 1939 keinerlei geregelte Informationskanäle mehr. Die polnische Kirche war zerschlagen. Nachrichten drangen allenfalls zufällig, über den Untergrund oder die polnische Exilregierung in den Vatikan. Trotzdem verdichteten sich sehr bald Ahnungen über das Schicksal der Deportierten. Orsenigo war einer der ersten, der im Juli 1942 von irrlichternden Meldungen in Berlin »über katastrophale Transporte und sogar Massentötungen von Juden« zu berichten wusste[39]. Eine Aufzeichnung der als Exilorganisation weiterarbeitenden polnischen Botschaft für das Staatssekretariat vom 19. Dezember 1942 sprach von über einer Million ermordeter polnischer Juden und beschrieb präzise das deutsche Vernichtungssystem, die Selektion »Arbeitsunfähiger« zur sofortigen Tötung sowie die Vernichtung der Verbliebenen »durch Arbeit«. Dies alles geschehe an »Orten, die speziell für diesen Zweck eingerichtet wurden.«[40] Spätestens am 5. Mai 1943 bestand im Staatssekretariat allenfalls noch ungläubiger, jedoch kein begründeter Zweifel mehr an der Existenz von Todeslagern, Todestransporten und dem Einsatz von Giftgas: Von etwa viereinhalb Millionen polnischer Juden seien vielleicht noch 100.000 übrig. Die anderen seien verschwunden, ohne dass weitere Nachrichten über sie existierten[41].

Eine der frühesten Informationen über den Plan einer völligen Vernichtung der Juden Europas und dessen bereits begonnene Ausführung war jedoch schon ein Jahr früher, im März 1942, im Vatikan eingegangen. Zwei Mitarbeiter des Jüdischen Weltkongresses, Richard Lichtheim und Gerhart Riegner, hatten einen ausführlichen Bericht über die Situation der Juden in den von den Deutschen dominierten Gebieten Europas zusammengestellt[42]. Das sogenannte Riegner-Memorandum, in dem speziell um eine Intervention für die Juden in der von Deutschland abhängigen Slowakei gebeten wurde, führte sogleich zu verstärkten diplomatischen Bemühungen des Heiligen Stuhls, den Deportationen aus der Slowakei Einhalt zu gebieten. Erreicht wurde jedoch nur wenig; dies war umso bedrückender, als der slowakische Präsident Josef Tiso katholischer Priester war. Erst nachdem

---

[39] Orsenigo an Montini, Berlin, 28.7.1942, ADSS VIII, S. 608.
[40] Polnische Botschaft an Staatssekretariat, 19.12.1942, ADSS VIII, S. 755.
[41] Aufzeichnung des Staatssekretariats, 5.5.1943, ADSS IX, S. 274.
[42] G. M. RIEGNER, Das jüdische Volk und die Menschenrechte, S. 158f.; vgl. auch ADSS VIII, S. 466; das Riegner-Memorandum ist dort jedoch nicht publiziert.

auch die slowakischen Bischöfe ein Hirtenschreiben zugunsten der Juden erlassen hatten, ließ Tiso im Juli 1943 weitere Deportationen aufschieben. Allerdings begannen die Verfolgungen 1944 von neuem. Nun sandte der Papst seinen Geschäftsträger in Preßburg persönlich zu Tiso, um diesen eindringlich seiner priesterlichen Würde und seines priesterlichen Gewissens zu gemahnen. Tiso antwortete dem Papst mit einem Brief, der keinerlei Einsicht verriet[43]. Welche Einflussmöglichkeiten blieben dem Vatikan nun noch? Ob eine kirchenrechtliche Disziplinierungsmaßnahme wie die Exkommunikation Tiso zu einem dauerhaften Einlenken hätte bewegen können, lässt sich nur spekulativ beantworten. Zu bedenken steht in jedem Fall, dass Tisos Handlungsspielräume als Präsident einer Regierung von deutschen Gnaden gering waren und auch durch eine Exkommunikation nicht verändert worden wären. Kein Protest konnte die Deportationen aus der Slowakei verhindern; immerhin jedoch trugen die kirchlichen Interventionen in Verbindung mit der Arbeit der unterschiedlichen, auch vom Vatikan unterstützten oder geleiteten Hilfsorganisationen dazu bei, dass etwa ein Drittel der slowakischen Juden vor der Deportation bewahrt und gerettet werden konnte[44].

Das Beispiel der Slowakei lässt ein weiteres Grundmuster des vatikanischen Handelns erkennen: neben die hartnäckige diplomatische Intervention über Nuntien und Botschaften trat in allen Ländern der Versuch, so viel Hilfeleistungen wie möglich zu erbringen. Konkret bedeutete dies meist, bestimmte eindeutig zu fassende Gruppen vor der Deportation zu bewahren: »nichtarische Katholiken«, Neugetaufte – nicht selten wurden »Taufscheine« in großer Zahl ohne jede Bedingung ausgegeben –, Mischehen von katholischen und jüdischen Partnern, Kinder, Kranke. Noch dringender als in der Vorkriegszeit waren Emigrationswege zu erschließen, Ausreisen zu finanzieren, Visa zu beschaffen. In Rumänien entstand eine enge Kooperation zwischen dem Apostolischem Nuntius und den Häuptern der jüdischen Gemeinden bei der Evakuierung von Juden aus den von Deutschland besetzten Gebieten; zusammen mit dem »War Refugee Board« und dem Delegaten in der Türkei und Griechenland, Roncalli, gelang die Ausreise von mehr als tausend Juden über Istanbul in Richtung Palästina. Roncalli, der spätere Papst Johannes XXIII., wirkte über die gesamten Kriegsjahre nicht nur als Nachrichtenzentrale im Südosten Europas, sondern auch als Helfer bei allen Bemühungen, die Juden Griechenlands und Bulgariens der Deportation zu entziehen.

---

[43] Tardini an Burzio, Vatikan, 29.10.1944, ADSS X, S. 462 und Tiso an Pius XII., Preßburg, 8.11.1944, ADSS X, S. 475–477.
[44] W. BRANDMÜLLER, Holocaust, S. 106.

Die Politik der diplomatischen Intervention erzielte ihren größten Erfolg in Ungarn, wo Reichsverweser Horthy nach einem Telegramm Pius' XII. im Juli 1944 die Deportationen einstellen ließ[45]. Freilich glich die Situation in Ungarn insofern derjenigen in der Slowakei, als auch Horthy unter deutschem Druck stand und über wenig Entscheidungsfreiheit verfügte. Fand im Fall Horthy der Appell des Papstes an Gewissen und Humanität mehr Gehör als bei Tiso, fruchtete er in Ungarn auf Dauer ebenso wenig wie in der Slowakei. Im Oktober 1944 wurde Horthy gestürzt und durch den fanatischen Antisemiten Szálasi ersetzt, der die Verfolgung der Juden sogleich wieder aufnahm. Pius schloss sich einem Aufruf der ungarischen Bischöfe für die Verfolgten an[46] – erneut ohne durchschlagende Wirkung. Wenigstens konnten von der Nuntiatur ausgegebene Schutzbriefe einige tausend »katholische Nichtarier« Ungarns vor der Deportation bewahren. Das moralische Gewicht des Heiligen Stuhls genügte nicht, um gegen die realen Machtverhältnisse Bedeutendes auszurichten. Dies zeigte sich auch in Kroatien, für dessen 40.000, zum größten Teil getauften Juden nur wenig zu erreichen war. Wer sich bis Ende 1941 vor der Verfolgung durch das faschistische Ustascha-Regime in die von italienischen Truppen besetzten Gebiete retten konnte, hatte Glück und wurde, auch dank vatikanischer Bemühungen, nicht wieder nach Kroatien abgeschoben. Der Erzbischof von Zagreb, Louis Stepinac, anfänglich durchaus dazu geneigt, den »katholischen« Diktator Pavelić zu unterstützen, wandte sich angesichts der Massaker an Serben und Juden ab und protestierte öffentlich. Auch der Heilige Stuhl ging auf klare Distanz[47].

Italien und die von ihm kontrollierten Gebiete in Dalmatien, Albanien, Griechenland und Südfrankreich blieben bis zum September 1943 von Deportationen frei. In Italien bestand die Hilfe für Juden zunächst im wesentlichen darin, Abschiebungen zu vermeiden sowie Emigrationsmöglichkeiten zu schaffen. Hier bewährte sich die Zusammenarbeit des Heiligen Stuhls und dessen Sondervermittler bei der italienischen Regierung, Pater Tacchi Venturi, mit der italienisch-jüdischen Hilfsorganisation »Delasem« (»Delegazione assistenza ebrei emigranti«) und dem »St. Raphaelswerk«. Eine höchst aktive Hilfszelle insbesondere für jüdische Flüchtlinge aus Südfrankreich leitete der Kapuzinerpater Benedetto da Bourg d'Iré in Rom, der

---

[45] Pius XII. an Horthy, Vatikan, 25.6.1944, ADSS X, S. 328; Cicognani an Maglione, Washington, 9.8.1944: Dank der amerikanischen Juden für den Beitrag zur »entschiedenen Verbesserung« der Lage in Ungarn, EBD., S. 378.

[46] Pius XII. an Kardinal Serédi, Vatikan, 26.10.1944, ADSS X, S. 460.

[47] Vgl. A. RHODES, Der Papst und die Diktatoren, S. 280–292, hier insbes. S. 288f.; P. BLET, Papst Pius XII., S. 182–185.

darüber auch dem Papst persönlich berichtete[48], eine andere der deutsche Pallottinerpater Anton Weber. Über diese Organisationen wurden mehrere tausend Juden unterstützt und um die 25 Millionen Lire, großenteils aus kirchlichen Fonds, an Hilfsgeldern eingesetzt[49]. Nach der Besetzung Nord- und Mittelitaliens durch die Deutschen Anfang September 1943 änderte sich auch die Lage in Italien schlagartig. Die »Delasem« war gezwungen, in den Untergrund abzutauchen, und die kirchlichen Organisationen hatten sich auf eine erbarmungslose Verfolgung und Deportation ihrer Hilfsbefohlenen einzustellen.

Wenn Rolf Hochhuth unter Verwendung eines aus dem Zusammenhang gerissenen Zitates des deutschen Vatikan-Botschafters von Weizsäcker zu Beginn des 3. Aktes des »Stellvertreter« suggeriert, Papst Pius XII. habe sogar noch »geschwiegen«, als die Juden Roms unter seinen eigenen Fenstern[50] abtransportiert wurden, kommt dies einer Geschichtsklitterung gleich. Zwar konnten die rund 1.000 am 16. Oktober in Rom aufgegriffenen Juden nicht mehr befreit werden. Alle, sofort nach dem Bekanntwerden der Razzia im römischen Ghetto einsetzenden Anstrengungen, auch des Heiligen Stuhls, blieben vergeblich. Andererseits fanden nach dem 17. Oktober 1943 keine Massenrazzien in und Massendeportationen aus Rom mehr statt. Eine indirekte, über den allgemein nur als Fluchthelfer für ehemalige NS-Verbrecher bekannten Bischof Alois Hudal klug eingefädelte Einflussnahme des Heiligen Stuhls via Wehrmacht auf die SS-Führung trug wesentlich dazu bei, zahlreiche Juden Roms vor dem Tod zu retten. Hinzu kam, dass bereits vor der Razzia vom 16. Oktober etwa die Hälfte der 8.000 in Rom lebenden Juden hatten untertauchen können – zum großen Teil in kirchlichen Einrichtungen, in Klöstern, Konventen, Kongregationen, Pfarreigebäuden, Stiftungen, Kinderheimen, Waisenhäusern sowie im Vatikan selbst und in dessen exterritorialen Liegenschaften. Nicht wenige Klöster öffneten auf Anweisung des Staatssekretariats die Klausuren, um Verfolgte aufzunehmen. Manche blieben nur einige Tage, um in andere Verstecke überführt zu werden; der weitaus größte Teil harrte unter abenteuerlichen Bedingungen

---

[48] Kapuzinergeneral Donato da Welle an Marchetti Selvaggiani, 5.12.1944, über die Aktivitäten Pater Benedettos, ACDF S. O. 125/1928 [R.V. 1928, n. 2], Nr. 62.

[49] Die Zahlen nach der Darstellung Pater Benedettos, Rom 20.7.1944 und der Zusammenstellung Renzo de Felices, in: DERS., Storia degli ebrei italiani, Anhang Dok. 40 und 41.

[50] Ernst von Weizsäcker schrieb am 17.10.1943 wörtlich nach Berlin: »Die Kurie ist besonders betroffen, da sich der Vorgang sozusagen unter den Fenstern des Papstes abgespielt hat.« Zit. nach S. FRIEDLÄNDER, Pius XII., S. 144. Die amerikanische Historikerin Susan Zuccotti übernimmt dieses Zitat sogar in den Titel ihres mit anklagender Tendenz geschriebenen Buches über »Vatikan und Holocaust in Italien«: Under His Very Windows. The Vatican and the Holocaust in Italy.

monatelang in den kirchlichen Einrichtungen aus, bis zum Abzug der Deutschen und zur Befreiung durch die Alliierten[51].

Heiliger Stuhl und katholische Kirche entfalteten während des Zweiten Weltkriegs weitverzweigte und differenzierte Hilfsmaßnahmen. Den Umständen entsprechend fielen die Erfolge dieser Arbeit nicht selten frustrierend gering aus. Die von Pinchas Lapide »errechnete« Zahl von 700.000 bis 860.000 Juden, »zu deren Rettung die katholische Kirche beigetragen hat«, erscheint stark übertrieben[52]; ein Schätzwert von etwa 100.000 Personen wird der Realität deutlich näherkommen. Auch wenn nur ein kleiner Bruchteil der verfolgten Juden gerettet werde konnte, schrieb der Heilige Stuhl den Hilfsaktivitäten jederzeit höchste Priorität zu. Leben zu retten ging vor, wobei jedes einzelne Leben zählte; falsches Sprechen, so war die Überzeugung, hätte diese Aufgabe behindert, wenn nicht gar akut gefährdet.

Fazit

Das Verhältnis von Katholiken und Juden zwischen 1933 und 1945 zu beschreiben und zu bewerten, zählt zu den komplexen, von der kirchlichen Zeitgeschichte zu bewältigenden Aufgaben. Pauschalurteile, ob akkusatorischer oder apologetischer Natur, können dieses Verhältnis wahrheitsgetreu nicht abbilden. Je höher der Rang innerhalb der katholischen Hierarchie, umso schwerer lastete Verantwortung auf den Handelnden. Dass innerhalb des Dilemmas, »carità universale« für alle Menschen üben zu müssen, ohne die eigenen Schutzbefohlenen Verfolgung und Gewalt auszusetzen, das Handeln einzelner ihrer Angehörigen gegenüber den Zumutungen des nationalsozialistischen Regimes auch irrig und schuldhaft ausfallen konnte, trifft zweifellos zu. »Durchaus diskutabel« bleibt, wie Konrad Repgen resümierte, ob die Bemühungen der katholischen Kirche um Gegensteuerung »in jedem Falle rechtzeitig und mit dem größtmöglichen Nachdruck« einsetzten[53]. Nicht selten behinderte der traditionelle kirchliche Antijudaismus größere Klarheit der kirchlichen Reaktionen auf die nationalsozialistische Judenverfolgung. Nicht zuletzt hat schließlich die Angst, nach den Juden »nächster« zu sein, manch kirchlichen Würdenträger in seinen öffentlichen Stellungnahmen zögern lassen.

---

[51] Eine Zusammenstellung der Zufluchtsorte, mit Zahlen, gibt R. DE FELICE, Storia degli ebrei italiani, Anhang, Dok. 40; vgl. auch A. FALIFIGLI, Salvati dai Conventi.
[52] P. LAPIDE, Rom und die Juden, S. 359, Anm. 189.
[53] K. REPGEN, Edith Steins Eingabe an Pius XI., S. 68; vgl. jetzt auch DERS., Widerstand oder Abstand?, S. 558.

Keinesfalls jedoch rechtfertigen solche Feststellungen Universalverdikte wie die vom »Schweigen« des Papstes oder gar von einer Affinität zwischen katholischer Kirche und Nationalsozialismus, etwa gemeinsamer Judenfeindschaft. Katholisches Dogma und NS-Ideologie standen sich substantiell unvereinbar gegenüber: nie hat ein maßgeblicher kirchlicher Würdenträger ernsthaft anderes behauptet. Rassismus und Rassenantisemitismus verurteilte die Spitze der römisch-katholischen Kirche mehrfach und unmissverständlich. Lautes und möglicherweise kontraproduktives Sprechen wurde, nach stets reiflicher Überlegung der Beteiligten, zugunsten konkreter Hilfsmaßnahmen im Zweifelsfall zurückgestellt. Das Urteil der Nachgeborenen über diese Entscheidungen mag in Kenntnis des vollen Umfangs der Geschehnisse kritisch ausfallen, gerechterweise und unter Berücksichtigung des durch Quellen gesicherten Wissensstandes steht es ihm jedoch kaum an, die Ernsthaftigkeit und Wahrhaftigkeit der kirchlichen Auseinandersetzung mit der nationalsozialistischen Judenverfolgung anzuzweifeln.

Christoph Kösters

Katholisches Milieu und Nationalsozialismus

Definition, Begriffsgeschichte und das Grundproblem der Bewertung

In der Katholizismusforschung zählt der Begriff des »katholischen Milieus« heute zum Standard. Wann immer von den Katholiken, ihrem religiöskirchlich geprägten Lebensalltag und dessen »Abschottung« gegen »die Moderne« gesprochen wird, ist vom »katholischen Milieu« die Rede. Was ist damit gemeint?

Der Begriff stammt aus den Sozialwissenschaften. Er umschreibt eine historisch von der Mitte des 19. bis zur Mitte des 20. Jahrhunderts fassbare katholische Lebenswelt und Lebensform. Diese war für den einzelnen Katholiken zwar nicht frei von inneren Konflikten, aber doch relativ geschlossen, was – so die Beobachtung der historischen Sozialwissenschaft – mit einem vergleichsweise hohen Grad der gesellschaftlichen Selbstorganisation zusammenhängt. Diese katholische Lebenswelt organisierte sich in den zahlreich entstehenden Pfarreien »vor Ort«, im konfessionellen Schul- und Bildungswesen, in einem dicht geknüpften Netz katholischer Vereine und Verbände, das die außerschulischen Lebensbereiche und -interessen umgriff, einer erstaunlichen Zahl v. a. weiblicher Ordensgenossenschaften, die soziale Hilfen in den von ihnen getragenen Krankenhäusern und (Berufs-)Schulen gewährleisteten, in einem katholischen Pressewesen und nicht zuletzt in der eigenen politischen Vertretung, der Zentrumspartei. Kurzum: Man war katholisch sozialisiert und organisiert »von der Wiege bis zur Bahre«[1].

Dass sich die Katholiken zu einem vorrangig religiös (und nicht interessen- oder klassen-) bestimmten Milieu organisierten, war kein Zufall. Die Sozialgeschichte interpretiert diese Herausbildung zu einer katholischen Teil- bzw. Gegengesellschaft als Antwort von Kirche und Katholiken auf die Herausforderung der gesellschaftlichen Modernisierung: die Nationalstaatsbildung im Zeichen protestantisch-kleindeutscher Vorherrschaft sowie die den religiösen Kosmos aufsprengenden Entwicklungen der Industrialisierung und Urbanisierung, die im 19. und 20. Jahrhundert vormals ländlich bestimmte Siedlungs- und Wohnräume der Katholiken in rascher, jedoch

---

[1] So der Titel von M. KLÖCKERS Buch »Katholisch – von der Wiege bis zur Bahre. Eine Lebensmacht im Zerfall?«

unterschiedlicher Geschwindigkeit erfasste. Wo dies der Fall war, verdichtete sich das katholische Leben zum viel beschriebenen katholischen Milieu[2]. Wie ist dieser für den deutschen Katholizismus kennzeichnende organisatorische Zusammenschluss historisch zu bewerten? Die Antwort hängt nicht zuletzt damit zusammen, welcher Stellenwert »Religion« bzw. »Kirche« in der »modernen« Gesellschaft grundsätzlich beigemessen wird. Sieht man in ihnen nur ein vormodernes Hindernis, über das die vorwärts strebende, »moderne« und »säkulare« demokratische Gesellschaft auf Dauer hinweggehen wird[3]? Oder erkennt man in ihnen einen Ort individueller Sinnstiftung, der sich gerade angesichts der Krisen und Verlusterfahrungen gesellschaftlicher Modernisierung als menschlich notwendig erwiesen hat? Die historischen Beurteilungen des katholischen Milieus und seiner religiös bestimmten Identität sind zweifellos davon abhängig, wie normativ wertend Begriff und Theorie der »Modernisierung«, »Säkularisierung« und des »Milieus« jeweils besetzt waren (und sind).

Gerade in den Auseinandersetzungen über das »Dritte Reich« erhielten solche normativ aufgeladenen Begriffe eine besondere Brisanz[4], zumal wenn sie – wie seit den 1960er Jahren – in die Selbstvergewisserungen der bundesrepublikanischen Gesellschaft über ihre politische Gegenwart und Zukunft hineinverwoben waren[5]. Die Entstehung des Milieu-Begriffs und seine weitere Rezeption durch die historische Forschung haben ihren Ort in ebendiesen geschichtspolitischen und geschichtswissenschaftlichen Kontroversen über den Nationalsozialismus. So erklärte 1966 der Soziologe M. Rainer Lepsius die Krise und den Untergang der Weimarer Demokratie damit, dass die moderne Gesellschaft seit der Kaiserzeit durch sozialmoralische Milieus geradezu segmentiert gewesen sei[6]. So habe nicht zuletzt das katholische Milieu mit seinem von vormodernen Orientierungen und Werten bestimmten politischen Verhalten die Ausbildung eines allgemeinen Staatsbürgertums und eine frühzeitige Parlamentarisierung behindert. Andererseits habe die erfolgreiche subkulturelle Abschottung des Milieus

---

[2] Vgl. Ch. Kösters/A. Liedhegener/W. Tischner, Religion, Politik und Demokratie, in: Historisches Jahrbuch 127 (2007), S. 353–392.

[3] Gerade die Sozialgeschichtsschreibung der 1970er Jahre begriff den gesellschaftlichen Modernisierungsprozess als linearen Fortschritt, der das traditionell und religiös bestimmte katholische Sozialmilieu letztlich überflüssig machen werde.

[4] Zu den komplizierten sozialgeschichtlichen Debatten über das Verhältnis von Nationalsozialismus, »Moderne« und »Modernisierung« vgl. U. v. Hehl, Nationalsozialistische Herrschaft, S. 100–110; Th. Breuer, Verordneter Wandel, S. 372, Anm. 20, plädiert zwar in einer Fußnote für ein wertneutrales Modernisierungsverständnis, ohne dass dies jedoch Auswirkungen für seine eigene Darstellung hat.

[5] Vgl. dazu die Beiträge von Ch. Kösters, Die Katholiken im Dritten Reich, und K.-J. Hummel, Umgang mit der Vergangenheit, in diesem Band.

[6] Vgl. M. R. Lepsius, Parteiensystem und Sozialstruktur, S. 68–70.

an der Basis »gegenüber dem Nationalsozialismus eine [...] große *Resistenz* ermöglicht.«[7] Eineinhalb Jahrzehnte später weitete Martin Broszat in den von ihm initiierten sozial- und alltagsgeschichtlichen Forschungen über »Bayern in der NS-Zeit«[8] den Untersuchungszeitraum über das Jahr der Machtergreifung hinaus aus und verschob die wertenden Akzente, indem er das Resistenzpotential des katholischen Milieus als strukturgeschichtlich bedeutsamsten Widerstand in Bayern hervorhob.

War »Milieuforschung« zunächst also vor allem NS-Forschung[9], so erweiterte die gesellschaftsgeschichtliche Blickrichtung »von unten« Forschungsfeld und -spektrum beträchtlich. Das Interesse richtete sich nun auf das alltägliche Verhalten von Kirche und Katholiken gegenüber dem NS-Regime, und zwar sowohl im Hinblick auf dessen (intentionale) weltanschauliche Fundierung als auch dessen (funktionale) Herrschaftsstabilisierung. Die Breite und Dichte lokal- und regionalgeschichtlicher Studien über »nationalsozialistische Herrschaft und katholische Subgesellschaft im Konflikt«[10] förderte neben den vielen »resistenten« Formen des zivilen Mutes auch die zahlreichen kleinen und größeren »Anpassungen« zutage. Je enger dabei der geographische Radius gezogen wurde, desto klarer erschienen sowohl die Konturen der katholischen Täter bzw. Opfer als auch die vielfachen Grautöne alltäglicher Kompromisse. Der katholische Dorflehrer, der in Personalunion auch Ortsgruppenleiter und Organist war, sowie der (allerdings seltene) Kleriker, der offen mit der NSDAP-Ortsgruppe und ihren Ideen sympathisierte, typisieren die Bandbreite.

Zwei Punkte sind als heuristisch bedeutsam hervorzuheben: 1. Katholische Beharrungskraft und Selbstbehauptungswillen im Dritten Reich wurden in die bis ins 19. Jahrhundert zurückreichenden sozialen und religiösen Vorerfahrungen des katholischen Milieus eingebunden bzw. eingeordnet. Die Beschränkung der Forschungsperspektive auf die Kirchenpolitik wurde aufgesprengt[11]. 2. Lokale Erzählstränge der NS-Erlebnisgeneration und die aus ihnen erwachsenden Geschichtsbilder wurden, allerdings in teilweise ausgesprochen »aufklärerischer« Absicht, ergänzt und korrigiert.

---

[7] Vgl. EBD., S. 65.
[8] Vgl. M. BROSZAT (Hrsg.), Bayern in der NS-Zeit.
[9] Die systematische Erforschung des katholischen Milieus setzte in Deutschland erst Ende der 1980er Jahre ein. Urs Altermatts Studie über »Katholizismus und Moderne« in der Schweiz wirkte initialzündend und steht stellvertretend für ein seitdem anwachsendes Interesse der Sozialgeschichtsschreibung an zu lange vernachlässigten Fragen nach der Relevanz von Religion und Kultur. Vgl. U. ALTERMATT, Katholizismus und Moderne.
[10] Vgl. M. BROSZAT (Hrsg.), Bayern in der NS-Zeit. Die Untertitel der Bände 2–4: »Herrschaft und Gesellschaft im Konflikt.«
[11] H. HÜRTEN, Deutsche Katholiken, S. 271; vgl. auch C. RAUH-KÜHNE, Anpassung und Widerstand?, S. 152.

Der Problemaufriss zeigt: Für die Erforschung des sozialen und politischen Verhaltens von Kirche und Katholiken im »Dritten Reich« bietet »der Zugang über den Milieu-Ansatz die zwar komplexeste, aber auch interpretationsträchtigste Annäherung«[12]. Die Kontroversen über das katholische Milieu in der nationalsozialistischen Gesellschaft ergeben sich nicht primär aus den vielfältigen historischen Befunden, sondern aus ihrer sozialgeschichtlichen Einordnung und Bewertung. Dies erfordert, sich zunächst über den Forschungsgegenstand, das katholische Milieu, zu vergewissern, bevor einzelne Kontroversen aufgegriffen und erläutert werden.

Wie »katholisch« war das katholische Milieu?

»Ich war katholisch – das war bei uns selbstverständlich, es gibt wenig Andersgläubige in dieser Gegend, und meine väterliche Familie war, solange man sich erinnern konnte, katholisch gewesen«, bekannte der in Mainz um die Jahrhundertwende aufgewachsene Schriftsteller Carl Zuckmayer in seinen 1966 veröffentlichten autobiographischen Erinnerungen, um dann fortzufahren:

> »Aber auch das halte ich für einen der Glücksfälle meiner Jugend. [...] Das Kind läuft in die Kirche wie in den Bäckerladen, es ist nichts pietistisch Würdevolles oder Griesgrämiges dabei, hier riecht es nach warmem Brot, dort nach steinkühlem Weihrauch; das Kniebeugen, Niederknien, Händefalten, Kreuzschlagen, das Klingeln der Messglöckchen, das Heben der Monstranz und das Klopfen an die Brust während der tiefen Stille bei der Wandlung, das alles fügt sich ins tägliche Leben ein wie Schlafengehn, Aufstehn, Anziehen, Lernen, Spielen – es ist der Sonntag, der allen gehört, und an dem sich der dicke schwarze Mann aus dem Pfarrhaus in eine Heiligenfigur mit prachtvollen Gewändern verwandelt. Nicht dass ich andere Religionen für schlechter hielte. Aber das war nun die meine [...]«[13]

Zuckmayers im gesellschaftlichen Umbruch der sechziger Jahre niedergeschriebenen, ungetrübten Kindheitserinnerungen sind durchaus typisch für einen von praktizierter volksfrommer Religiosität geprägten »katholischen Habitus«[14], der geradezu die Innenseite des katholischen Milieus ausmachte. Dieser bestimmte nicht allein die Lebenswelt in Dorf und Kleinstadt, son-

---

[12] So G. PAUL/K.-M. MALLMANN, Widerstandsgeschichte und Gesellschaftsgeschichte, S. 21.
[13] C. ZUCKMAYER, Als wär's ein Stück von mir, S. 152.
[14] W. K. BLESSING, Deutschland in Not, S. 16. Die folgenden Zitate EBD. S. 17.

dern vermochte sich auch »als Grundform religiöser Daseinsversicherung im stärker rational geprägten Alltag vieler Bürger und Industriearbeiter« zu behaupten. Eingebettet war dieser von Ritualismus geprägte Habitus in das strukturierte kirchliche Leben der Pfarrei, das sich vor allem auf ein dichtes Geflecht katholischer Organisationen stützte. Priester und Bischöfe besaßen als »Seelenführer« eine »Autorität der Welterklärung und Lebensorientierung, die von kirchlichen Glaubenssätzen aus feste Muster des Denkens und Handelns gab.« Die messbare Katholizität erreichte ein entsprechend hohes Niveau: Ende der 1920er Jahre beachtete reichsweit mindestens jeder zweite Katholik den kirchlich gebotenen Besuch der Messe am Sonntag sowie den Empfang der jährlichen Osterkommunion[15]. Nach außen neigte das Milieu zu einer für soziale und religiöse Minderheiten typischen Abgrenzung, zumal gegenüber dem gesellschaftlich dominierenden Protestantismus.

Angesichts dieses äußeren Eindrucks stellt sich allerdings die Frage, wie »geschlossen«, »einheitlich« und gegenüber der modernen Gesellschaft »abgeschottet« das »katholische Milieu« tatsächlich war. Diese Frage ist nicht so ohne weiteres eindeutig zu beantworten. Zunächst ist begrifflich zu unterscheiden: Wer in den Registern der Standesämter als »katholisch« geführt wurde, war, wie Heinz Hürten feststellt, »keineswegs ohne weiteres jener Bevölkerungsgruppe zuzurechnen, die gemeinhin als ›die Katholiken‹ bezeichnet werden: die kirchentreuen, praktizierenden, ›ultramontanen‹, in katholischen Verbänden organisierten, Zentrum oder gegebenenfalls Bayerische Volkspartei wählenden Katholiken.«[16] Der Unterschied zwischen nomineller und kirchengebundener Katholizität ist leicht einzusehen: Adolf Hitler, Joseph Goebbels und Heinrich Himmler waren »katholisch«, aber in anderem Sinne als Konrad Adenauer, Clemens August Graf von Galen oder Edith Stein. Das katholische Milieu umfasste alle Katholiken, aber nicht alle in gleicher Weise.

Durchschnittlich war nur die Hälfte der deutschen Katholiken in ähnlicher Weise sozialisiert, wie es Carl Zuckmayer rückblickend beschrieben hat, wobei es erhebliche regionale und soziale Unterschiede gab: zwischen dem dominant »katholischen« Rheinland, Westfalen, Baden und Bayern im Westen und Süden des Reiches und der großen Diaspora Mittel- und Ostdeutschlands, zwischen den Großstädten und den ländlichen Regionen[17], zwischen Bauern, Bergarbeitern und Dienstmädchen, Volksschullehrerinnen

---

[15] Vgl. die Tabellen bei H. Hürten, Deutsche Katholiken, S. 566f.
[16] H. Hürten, Deutsche Katholiken, S. 18.
[17] Die Forschung unterscheidet von jenen Regionen, wo sich die katholische Lebenswelt zu einem Milieu verdichtete, die »traditionalen Lebenswelten«, die von der gesellschaftlichen Modernisierung unberührt blieben, und »nichtkirchliche Regionen« katholischer Diaspora, in denen sich kirchliche Strukturen kaum finden lassen. Vgl. AKKZG, Konfession und Cleavages.

und Akademikern, Industriemagnaten und Adligen. Die Bedeutung des Kirchenglaubens konnte deshalb für den einzelnen Katholiken sehr verschieden sein. Der Glaube durchdrang zwar den Lebensalltag, aber »Katholiken arbeiteten, wohnten und kauften nicht in einem katholischen Milieu.«[18] Man lebte gerade *nicht* abgeschottet von der modernen Gesellschaft, sondern in ihr. Dass dem Klerus in diesem Zusammenhang eine führende und integrative Funktion zukam, steht außer Zweifel. Nicht zu unterschätzen ist andererseits, dass vor allem der verbandlich organisierte Laienkatholizismus (vereins-)rechtlich »neben der hierarchischen Kirche«[19] stand und somit eigenständig und durchaus selbstbewusst auftrat. Alles in allem: Das katholische Deutschland war keineswegs jene monolithische Einheit, die auch »seine Selbstwahrnehmung seit den Tagen des Kulturkampfes so nachdrücklich geprägt hat.«[20] Es war aber auch nicht jenes von »Milieumanagern« geschaffene »ultamontane Direktorialregime«[21], das mancher allzu strukturfreudige Sozialhistoriker meint rekonstruieren zu können.

Der dennoch oftmals vorherrschende Eindruck eines abgeschotteten »katholischen Ghettos« resultiert aus der die deutsche Gesellschaft bis in die 1950er Jahre hinein prägenden konfessionellen Segmentierung. »Vorurteile und Missverständnisse des protestantischen Deutschlands [haben] [...] viel dazu beigetragen«, »die präformierte katholische Subkultur politisch zu radikalisieren und damit über ein halbes Jahrhundert aus dem politischen Gemeinwesen zu isolieren.«[22] Die vor allem in der Weimarer Republik wachsende, aber schon bei der Gründung der Zentrumspartei 1870 vorhandene Einsicht, dass es einer die christlichen Konfessionen verbindenden politischen Interessensvertretung bedürfe, konnte die tiefen Gräben wechselseitiger, vorurteilsbeladener Wahrnehmungen bis 1945 nicht überwinden[23].

Der Gewinn, den der »Milieu«-Ansatz für die historische Erforschung von katholischer Kirche und (Laien-)Katholizismus erbringt, ist offenkundig. Religion und Konfession haben sozialgeschichtliche Relevanz; an der klassenübergreifenden und sozialräumliche Unterschiede umspannenden, kulturellen Prägekraft des katholischen Milieus kann kein Zweifel bestehen. Dass es sich dabei nicht um ein statisches, sondern um ein dynamisches Gefüge handelt, legt schon der gesellschaftliche Modernisierungsprozess

---

[18] H. Hürten, Deutsche Katholiken, S. 25.
[19] So die treffende Formulierung Hans Maiers, zit. n. H. Hürten, Zukunftsperspektiven, S. 99.
[20] AKKZG, Konfession und Cleavages, S. 382.
[21] So Olaf Blaschke und Frank-Michael Kuhlemann, zit. n. A. Holzem, Das katholische Milieu, S. 33.
[22] M. Rainer Lepsius, Parteiensystem und Sozialstruktur, S. 69f.
[23] Zusammenfassend zuletzt R. Morsey, 1918–1933, S. 35–43.

einschließlich seiner Verwerfungen (nicht nur zwischen 1933 und 1945) nahe. Für die Diskussion über die Geschichte des katholischen Milieus in der NS-Zeit haben diese Beobachtungen weitreichende Konsequenzen.

Die »Antimodernisierungsthese« oder: War das katholische Milieu im Dritten Reich nur »antimodern« und »säkularisierungsfeindlich«?

Das katholische Milieu war ein Phänomen der *modernen* Gesellschaft des 19. und 20. Jahrhunderts. Dass die Katholiken ihren gemeinsamen, religiös durchdrungenen Lebensalltag mit einem dichten Netz katholischer Organisationen abstützten, die die bürgerliche Vereinsform importierten und so zum eigentlichen Rückhalt der politischen Vertretung in der Zentrumspartei wurden, wirkte teilmodernisierend auf das Milieu[24]. Anders als diese avantgardistische äußere Gestalt wurde die Weltsicht, die der katholische Lebenskosmos vermittelte, in der Sozialgeschichtsschreibung als »rückständig« interpretiert und das katholische Milieu mit dem Attribut »antimodern« versehen.

Es ist unschwer erkennbar: Ein solches Urteil über das katholische Milieu kann nur zustande kommen, wenn mit dem »Modernisierungs«-Begriff bestimmte Wertungen verknüpft sind. In diesem Sinne wurde der Prozess gesellschaftlicher Modernisierung in der Sozialwissenschaft des 20. Jahrhunderts lange Zeit normativ als »Demokratisierung« bzw. »Säkularisierung« verstanden. Das katholische Milieu erschien als »antidemokratisch« und »säkularisierungsfeindlich«, weil es sich gegen die Entwicklungen der modernen Gesellschaft stemmte, »gegen die Entzauberung der Welt, die Privatisierung von Religion, Differenzierung von Religion und Politik«[25].

Hier liegen die Wurzeln für eine einflussreiche These über das Verhalten von Kirche und Katholiken im Nationalsozialismus. Sie besagt, dass die katholischen Konflikte mit dem NS-Regime nicht weltanschaulich und damit politisch motiviert waren, sondern aus traditionellen Antimodernisierungsreflexen und »Säkularisierungskonflikten«[26] des katholischen Milieus heraus erfolgten. Konkret wird im Anschluss an Lepsius' parteiensoziologische Beobachtungen ein antidemokratisches Zentrumsmilieu für das Scheitern der Weimarer Demokratie verantwortlich gemacht. Dessen Politik sei nicht vom Verfassungspatriotismus geleitet gewesen, sondern vielmehr unter dem

---

[24] Darauf hat insbesondere Thomas NIPPERDEY, Deutsche Geschichte 1866–1918, Bd. 1, S. 439–444 hingewiesen.

[25] Vgl. zur Kritik dieses normativen Verständnisses M. BORUTTA, Religion und Zivilgesellschaft, S. 9.

[26] G. PAUL, Das katholische Milieu, S. 141.

wachsenden Druck divergierender Interessen und sozialer Spannungen sowie schleichender Wählerverluste nur noch auf sozialmoralische Existenzfragen beschränkt geblieben. Als es im Frühjahr 1933 dann um die Existenz der Demokratie gegangen sei, habe sich das Zentrum selbst aufgegeben[27]. Die relativ hohe Zustimmung, die die katholische Partei bis zu den letzten »freien« Reichstagswahlen im März 1933 in seinen katholischen »Hochburgen« erreichte, und die damit einhergehende Abwehrhaltung gegenüber dem Nationalsozialismus könnten darum gerade *nicht* als Ausdruck bewussten Eintretens für Verfassung und Demokratie verstanden werden.

Nicht minder einflussreich war (und ist) die inhaltliche Weiterführung dieser These über das Schwellenjahr 1933 hinaus: Nach der »Selbstgleichschaltung des politischen Katholizismus«[28] sei das katholische (Rest-)Milieu nur darauf bedacht gewesen, seine eigene Sozialmoral zu bewahren. Konflikte sei man darum wie schon in den Jahren des Kulturkampfes und der Weimarer Republik nur eingegangen, wenn es um kirchliche, genauer »antimodernistische« Interessen gegangen sei[29]. Diese defensive Selbstbehauptung dürfe *nicht* als politisch motivierter Weltanschauungskampf gegen das NS-Regime missdeutet werden. Die Selbstbewahrung erkläre sich vielmehr aus dem das katholische Milieu kennzeichnenden »säkularisierungsfeindlichen« Verhalten. »Wogegen diese [katholische Kirche] sich wehrte, war also jener Prozess einer institutionellen Entflechtung von Kirche und Gesellschaft, der gemeinhin als Säkularisierung bezeichnet wird.«[30] Die These gewinnt noch an zusätzlicher Plausibilität, wenn das »säkularisierungsfeindliche« Verhalten zugleich als »milieuegoistisch« verurteilt werden kann. Die nur auf »antimoderne« Selbstbewahrung gerichtete Haltung des katholischen Milieus wird konfrontiert mit dessen unterlassener Hilfe für die gewaltsam bedrängten sozialistischen bzw. kommunistischen Konkurrenzmilieus, vor allem aber für das mit dem Christentum in seinen Wurzeln verbundene Judentum und seine Gläubigen. Obwohl (oder weil?) der zusätzlich moralisch aufgeladene Begriff des »Milieu*egoismus*« zur wissenschaftlich begründeten Einsicht zusätzlich nichts beiträgt, durchzieht er wie ein roter Faden die Studien über das katholische Milieu im Dritten Reich.

Die Schlussfolgerungen ergeben sich von selbst: Solches allein auf das eigene Überleben gerichtete Verhalten einer moralischen Instanz und Ins-

---

[27] Vgl. neben den Studien von G. PAUL und Th. BREUER auch C. RAUH-KÜHNE, Katholisches Milieu.
[28] G. PAUL, Das katholische Milieu, S. 60.
[29] Vgl. Th. BREUER, Verordneter Wandel?, S. 373. – Mit dem Hinweis auf den (Anti-)Modernismus führt Breuer das kirchliche Verhalten gegenüber dem Nationalsozialismus auch auf jenen innerkirchlichen »Integralismus« zurück, der im frühen 20. Jahrhundert gegen alle theologischen Widerstände autoritativ durchgesetzt wurde.
[30] Th. BREUER, Verordneter Wandel?, S. 372.

titution habe anders als das politisch widerständige sozialistische Milieu die »Zeichen der Zeit« verkannt. Nicht nur die katholische Kirchenführung, sondern das gesamte katholische Milieu und alle Katholiken hätten letztlich politisch versagt. Die ausgedehnte Interpretation der Auseinandersetzungen zwischen nationalsozialistischer Herrschaft und katholischem Milieu als »Säkularisierungskonflikte« hat in der Forschung sogar zu dem historischen Kurzschluss geführt, die nationalsozialistische Religionspolitik habe die laizistische Kirchenpolitik des modernen Staates lediglich fortgeführt. Das NS-Regime habe mit seiner Politik der Entkonfessionalisierung nicht danach getrachtet, die katholische Kirche zu zerstören, sondern sie nur in jene Grenzen zu verweisen, die schon im 19. Jahrhundert Liberalismus und Sozialdemokratie gefordert hätten[31]. Bei zahlreichen Auseinandersetzungen des Klerus mit den örtlichen nationalsozialistischen Machthabern habe es sich sogar nur um soziale oder persönliche Statuskonflikte konkurrierender Sozialeliten gehandelt[32].

Es verblüfft, dass sich diese These vom »antimodernen«, allein auf Selbstbewahrung konzentrierten und daher unpolitischen katholischen Milieu bereits in Deutschland-Berichten der Exil-SPD aus den 1930er Jahren wiederfindet: Die kirchlichen Gruppen seien »politisch schwach, weil ihr Kampf sich nicht kompromisslos gegen das System als solches wendet, sondern weil sie nur um einen größeren Lebensraum innerhalb des Regimes kämpfen oder es in dieser oder jener Richtung umgestalten, nicht aber um jeden Preis stürzen wollen.«[33] Nun muss eine solche wertende Rückbindung[34] an die sehr spezifische, zeitgenössische Außenwahrnehmung der katholischen Kirche Mitte der 1930er Jahre nicht gegen die »Antimodernisierungsthese« selbst sprechen. Es wird jedoch deutlich, dass mit der These vom »antimodernen« katholischen Milieu nicht nur die mentalen Handlungs*motive* und sozialen Handlungs*bedingungen* thematisiert werden, sondern zugleich immer auch eine historisch-*politische Bewertung* transportiert wird. Hier ist die Interpretation vom »antimodernen« und »säkularisierungsfeindlichen« katholischen Milieu in drei Punkten zu ergänzen und zu korrigieren:

---

[31] Vgl. G. PAUL, Das katholische Milieu, S. 135.
[32] Vgl. G. PAUL, Das katholische Milieu, S. 143; vgl. auch R. SCHLÖGL/M. SCHWARTZ/H.-U. THAMER, Konsens, Konflikt und Repression, S. 27f.
[33] DEUTSCHLAND-BERICHT DER SOPADE 2 (1935), S. 138f., vgl. allgemein: P. MASER, Kirchenkampf von außen, S. 303–390. Demnach entfielen nur ca. 2% des gesamten Textvolumens der SoPaDe-Berichte auf die Auseinandersetzungen beider christlicher Kirchen mit dem NS-Regime (S. 318).
[34] Vgl. den bei G. PAUL, Das katholische Milieu, in den Fußnoten (S. 570, Anm. 181) geführten Quellenhinweis für den behaupteten (S. 117) katholischen Milieuegoismus.

a) Die Ablehnung der nationalsozialistischen Weltanschauung

Dem Urteil über das »antidemokratische« katholische Milieu, das die Krise der Weimarer Demokratie letztlich befördert habe, hat Jürgen Falter als ein Ergebnis seiner wahlhistorischen Forschungen entgegengehalten: »Hätte es [...] nur Katholiken gegeben, wäre es wohl nie zu einer nationalsozialistischen Machtübernahme gekommen [...].«[35] Damit ist ein ebenso eingängiges wie pointiertes Plädoyer für die historisch und politisch wirksame Ablehnung des Nationalsozialismus durch das katholische Milieu formuliert, welche bei der Analyse der divergierenden Interessenlagen im politischen Katholizismus leicht aus dem Blick zu geraten droht. Die hohe und relativ stabile Zustimmung auch der nicht mehr kirchengebundenen Katholiken zur Zentrumspartei korrelierte mit einer geringen Zustimmung für die NSDAP und ihre Ideologie[36].

Dieser Zusammenhang ging trotz veränderter Macht- und Herrschaftsverhältnisse nach dem 30. Januar 1933 nicht einfach verloren. Er blieb vielmehr politisch virulent, wie nicht zuletzt die Nein-Stimmen beim August-Plebiszit 1934 insbesondere der rheinisch-westfälischen Hochburgen des katholischen Milieus zeigen[37]. Die Kulturkampfmetapher, die katholische Zeitgenossen vergleichend heranzogen, um die Konflikte um die Existenz katholischer Vereine, Schulen und Ordensgemeinschaften einzuordnen, zeigt, dass den Katholiken auch die politische Dimension der Vorgänge bewusst war. Bei den Auseinandersetzungen über Alfred Rosenbergs »Mythus des 20. Jahrhunderts«, die das negative Abstimmungsergebnis im katholischen Milieu maßgeblich beeinflussten, ging es eben nicht um katholische Interessen, sondern um den Rassegedanken als Kernbestandteil nationalsozialistischer Weltanschauung.

b) Die Bedeutung der nationalsozialistischen Religionspolitik

Zu Recht ist der Auffassung, die im Nationalsozialismus lediglich den Vollender der Säkularisierung sieht, mit dem Argument widersprochen worden, sie verkenne »den totalitären Charakter des nationalsozialistischen Regimes«[38]. In der Forschung ist inzwischen so gut wie unbestritten, dass die nationalsozialistische Religionspolitik nicht nur auf eine Entkonfessionalisierung der deutschen Gesellschaft zielte, sondern im Letzten darauf, das dem zentralen Rassegedanken entgegenstehende Christentum und seine organisatorischen Träger auszuschalten. An dieser

---

[35] J. FALTER, Hitlers Wähler, S. 179.
[36] Vgl. dazu auch die Wahlkarte in diesem Band.
[37] Nachweis der Abstimmungsergebnisse im STATISTISCHEN JAHRBUCH FÜR DAS DEUTSCHE REICH 1934, S. 551.
[38] Vgl. C. RAUH-KÜHNE, Anpassung und Widerstand?, S. 156.

angestrebten »Endlösung der religiösen Frage«[39] änderte auch die Tatsache nichts, dass Hitler ihre Umsetzung zeitweise anderen Zielen nachordnete und ihre eher ruckartige Verwirklichung regionale Brechungen erfuhr. Ebenso ließen jene Gauleiter und Verantwortlichen in Regierungs- und Oberpräsidien, die zwischenzeitlich auf ein scheinbar gedeihliches Auskommen mit den Kirchen setzten, keinen Zweifel daran, dem kirchenpolitischen »Führerwillen« entgegenarbeiten zu wollen. Das galt auch und gerade während der Kriegsjahre[40]. Deshalb waren die Zusammenstöße zwischen den nationalsozialistischen Akteuren in Partei bzw. Verwaltung und Repräsentanten des katholischen Milieus auf der anderen Seite stets mehr als nur »Säkularisierungskonflikte«. Die »für die Betroffenen mitunter existenzbedrohende Brisanz alltäglicher Konfliktkonstellationen«[41] dürfen nicht bagatellisierend allein auf soziale oder lokalpolitische Statuskonflikte des katholischen Milieus reduziert werden.

c) Die Bedeutung der eigendynamischen »Verkirchlichung« des sich wandelnden Milieus

Die massiven Übergriffe des NS-Regimes auf das katholische Leben beschleunigten bereits im Gang befindliche Entwicklungen des katholischen Milieus. Zwei gegenläufige Entwicklungen lassen sich ausmachen, die sich über das Schwellenjahr 1945 hinaus auswirkten. Zum einen zeigt sich eine »Verkirchlichung«[42] und »Verdichtung« des katholischen Milieus, die aus einer religiösen Eigendynamik hervorgingen, ohne die der Wandel des katholischen Milieus nicht erklärbar ist[43]. In der kirchentreuen katholischen Bevölkerung bildete sich neben der volkskirchlichen Tradition ein neues religiöses Bewusstsein, das die Kirche »mehr als je zuvor zum Kernbereich des persönlichen Lebens«[44] werden ließ. Ein kleiner werdender Teil der Katholiken nahm intensiver am kirchlichen

---

[39] So der SS-Führer und führende Kirchenexperte im SD, Albert Hartl, zit. n. W. DIERKER, Himmlers Glaubenskrieger, S. 528. Vgl. auch die Hinweise bei H. HÜRTEN, »Endlösung« für den Katholizismus.

[40] Vgl. zuletzt J. JOHN u. a. (Hrsg.), Die NS-Gaue.

[41] M. HUTTNER, Milieukonzept und Widerstandsdebatten, S. 179.

[42] Der auf den langjährigen Generaldirektor des Volksvereins, August Pieper, zurückgehende, von Heinz Hürten dann Ende der 1980er Jahre in die Katholizismusforschung eingeführte Begriff bezeichnet eine seit Mitte der 1920er Jahre wachsende religiöse Ausrichtung des Laienkatholizismus und einen zunehmenden Einfluss des kirchlichen Amtes auf denselben. Vgl. H. HÜRTEN, Zukunftsperspektiven, S. 101.

[43] Darauf macht in überzeugender Weise die Studie von A. LIEDHEGENER, Christentum und Urbanisierung, S. 482, 584–586 aufmerksam.

[44] Vgl. H. HÜRTEN, Deutsche Katholiken, S. 330.

Leben teil[45]. Für die Auseinandersetzungen mit dem Nationalsozialismus war dies nicht unbedeutsam, verstand doch dieser Teil der Katholiken die gewalttätigen Übergriffe auf das kirchliche Leben noch sehr viel grundsätzlicher als existentielle Bedrohung ihres Kirchenglaubens.

Dass andererseits selbst in der »schwarzen« Diözese Münster das katholische Milieu an den Rändern zu bröckeln begann, war nicht vorrangig ein Indiz dafür, dass es dem kontinuierlichen Säkularisierungsprozess nicht mehr standhielt. Vielmehr wirkte sich einschneidend aus, dass das NS-Regime das milieustützende Organisationsnetzwerk aus machtpolitischen Gründen zerschlug und Entwicklungen gesellschaftlicher Modernisierung aus ideologischen Gründen beschleunigte. Die von den Nationalsozialisten kampagnenartig geforderten Kirchenaustritte erreichten 1937 ein Jahrhunderthoch. Und die mit den Kriegsvorbereitungen einhergehenden vielfachen Dienstverpflichtungen und Evakuierungsmaßnahmen mobilisierten vor allem, aber nicht nur die junge Männergeneration und entfremdeten sie dem gewohnten katholischen Lebensumfeld. Schließlich brach die bereits Mitte der 1930er Jahre einsetzende starke Binnenwanderung die Begrenzungen katholisch dominierter Regionen auf und verschärfte in den Kriegsjahren die schwierigen seelsorgerlichen Verhältnisse[46]. Der kirchenfromme Teil der Gläubigen, die Frauen zumal, wandten sich dafür dem gottesdienstlichen Leben um so intensiver zu. Die nationalsozialistische Terrorherrschaft und der von ihr verursachte Zweite Weltkrieg bedeuteten einen doppelten Einschnitt für das katholische Milieu, der von liturgischer Verdichtung und »Verkirchlichung« einerseits und schleichender Erosion andererseits gekennzeichnet ist.

Die Beweggründe, die im katholischen Milieu zu Konflikten mit dem Regime geführt haben, waren also vielfach miteinander verschränkt. Welches Gewicht ihnen jeweils zukam, gestaltete sich im katholischen Deutschland

---

[45] Während der Besuch der Sonntagsmesse und die Beteiligung an der jährlichen Osterkommunion von 1933 bis 1942 um 15% bzw. 10% zurückgingen, wuchs die Anzahl derjenigen Gläubigen, die nicht mehr nur zu Ostern die Sakramente empfingen. Vgl. die Übersicht im Kirchlichen Handbuch XXIII, S. 416f. Danach ging der Kirchenbesuch von 54,7% (1933) auf 40,1% (1942), die Beteiligung an der Osterkommunion von 61,2% (1933) auf 51,9% (1942) zurück. Hingegen blieb im gleichen Zeitraum die Anzahl der pro Katholik empfangenen Heiligen Kommunion stabil bei 12 im Jahr. – Für die Einschätzung des zurückgehenden Kirchenbesuchs nach 1937 ist unbedingt zu berücksichtigen, dass die wachsende Zahl der Wehrmachtsangehörigen statistisch zwar noch als Mitglieder der Pfarrei galten, an dessen religiösem Leben aber nur noch selten teilnehmen konnten.

[46] Vgl. dazu die Hinweise im Beitrag von Annette Mertens in diesem Band; außerdem Ch. Kösters, Kirche und Glaube an der Heimatfront, S. 366–370.

unterschiedlich. Allein auf »antimoderne« katholische Abwehrreflexe lassen sie sich nicht reduzieren. Zwar ist es wichtig und richtig, das Verhalten der Katholiken auf Erfahrungen und Deutungen von Wirklichkeit zurückzuführen, die in den Auseinandersetzungen mit sozialen und wirtschaftlichen Modernisierungsprozessen entstanden sind. Dies darf aber nicht dazu führen, dass überregionale, institutionelle Zusammenhänge, totalitäre Herrschaftsbedingungen und eigendynamische Entwicklungen des katholischen Milieus zu kurz kommen. Aus ihren sozialgeschichtlichen Bezügen darf die Geschichte des katholischen Milieus zwischen 1933 und 1945 ebenso wenig herausgelöst werden wie aus den besonderen, totalitären Herrschaftszwängen und innerkirchlichen Prozessen.

Die »Affinitätsthese«, oder: Wie konsensorientiert war das katholische Milieu?

Mit dem sozialgeschichtlichen Befund, die deutschen Katholiken hätten sich zu einem »antimodernen« und »säkularisierungsfeindlichen« Milieu formiert, ist nicht nur der Vorwurf einer rein defensiven, selbstbezogenen und vermeintlich unpolitischen Selbstbewahrung im Dritten Reich verknüpft worden. In ihrer Kritik noch weiter geht die These, die katholische Abwehr der Moderne habe geradezu zu einer Annäherung an das NS-Regime geführt. Diese gründe in gemeinsamen gesellschaftlichen und weltanschaulichen Schnittmengen und habe dessen herrschaftssichernde Stabilisierung bewirkt.

Im Sinne einer solchen »Affinitätsthese« argumentierte bereits 1961 der Jurist Ernst-Wolfgang Böckenförde in seinem ebenso umstrittenen wie einflussreichen Aufsatz »Der deutsche Katholizismus im Jahre 1933«. Noch ohne den Milieu-Begriff zu verwenden, führte Böckenförde bei der Suche »nach den *inneren* Gründen der ›Anfälligkeit‹ des deutschen Katholizismus für das NS-Regime im Jahre 1933« diese letztlich auf einen Kirche und Regime verbindenden

> »tief verwurzelten Antiliberalismus [zurück], aus dem sich die Ablehnung von Demokratie und moderner Gesellschaft, die Hinneigung zu autoritärer Regierung, Führertum und ›organischer Volksordnung‹ von selbst ergab. Hinzu trat die erklärte Feindschaft gegen den Bolschewismus, den man als unmittelbare Bedrohung empfand, und der Ärger über die verbreitete ›öffentliche Unsittlichkeit‹.«

Überdies habe im katholischen Denken die »Treue zur bestehenden geschichtlichen Verfassung [...] keinen naturrechtlichen Ort. Hitler erschien [...] als die ›rechtmäßige Obrigkeit‹, die Anspruch auf Treu und Gehorsam hat.«[47] Böckenförde war überzeugt, die »innere Affinität der Kirche zu autoritären Regimen« resultiere letztlich daraus, dass diese aus kirchlicher Sicht am ehesten versprachen, die grundsätzliche Spannung zwischen der Gültigkeit unveränderlicher katholischer Prinzipien (Naturrecht) und den politisch veränderbaren Gegebenheiten der »Moderne« zu überbrücken[48].

Die sozial- und mentalitätsgeschichtliche Forschung hat Böckenfördes Argumentation und Stichworte aufgegriffen, mit der »Antimodernisierungsthese« verknüpft und weiter vertieft. Die Affinitäten des katholischen Milieus zum Nationalsozialismus erklärten, weshalb es den neuen Machthabern nach dem widerstandslosen Untergang des politischen Katholizismus so rasch gelang, in das katholische Milieu einzudringen.

»Orientierungslos und gegenüber den neuen Machthabern auf eine geradezu tragisch anmutende Weise bemüht, die eigene staatsbürgerliche Zuverlässigkeit unter Beweis zu stellen, nahmen die Katholiken es [1933] hin, [dass] das katholische Selbstverständnis und die Strukturen des Milieus immer stärker erschüttert wurden. [...]«[49]

Zwar habe das durch die Ausschaltung katholischer Verbände ausgezehrte, auf Pfarrei und ritualisierte Alltagskultur reduzierte katholische Milieu zunächst noch dem nationalsozialistischen Gleichschaltungsstreben im Wege gestanden. Aber gewachsene Innenbindung und Abschottung des Milieus nach außen gepaart mit symbolischen Glaubenstraditionen sei lediglich aus der Perspektive der Machthaber eine Absage an den NS-Staat gewesen, »als die sie kirchlicherseits allerdings gar nicht gemeint war«. Die Kritik der Katholiken »beschränkte sich stets nur auf die kirchenfeindliche Politik des Nationalsozialismus, galt antikonfessionellen weltanschaulichen Elementen der Partei, niemals jedoch dem von den Nationalsozialisten usurpierten Staat.«[50] Im Gegenteil: Die äußere Repression habe dazu geführt, dass die Katholiken um so beflissener ihren Willen zur Mitarbeit bekundet hätten.

Die Forschung hat in den letzten Jahren darüber hinaus zwei weitere, vermeintlich katholische Affinitäten zum Nationalsozialismus herausgestellt, die Böckenförde – bemerkenswerterweise – nicht aufführt: den Nationalismus und den Antisemitismus. Im Unterschied zu Böckenförde sieht die sozial- und mentalitätsgeschichtliche Zeitgeschichtsforschung diese

---
[47] Vgl. E.-W. BÖCKENFÖRDE, Der deutsche Katholizismus, S. 215–239; Zitate S. 236, 225.
[48] Vgl. E.-W. BÖCKENFÖRDE, Ethos, S. 17.
[49] So das Resümee von C. RAUH-KÜHNE, Katholisches Milieu, S. 423.
[50] Vgl. EBD., S. 424.

beiden Säulen der nationalsozialistischen Ideologie auch im Denken und Kirchenglauben der Katholiken und des katholischen Milieus verwurzelt. Olaf Blaschke spricht in seinen Studien von einem antimodernen »katholischen Antisemitismus«. Die Katholiken seien antisemitisch gewesen, nicht obwohl, sondern weil sie katholisch waren[51]. Demnach führte ein Weg vom »antimodernen« ultramontanen katholischen Glauben des 19. Jahrhunderts unmittelbar in den Holocaust des Dritten Reiches. Waren also die Katholiken »antiliberal«, »antidemokratisch«, »antibolschewistisch« oder sogar »antisemitisch«, waren sie »nationalistisch«, »obrigkeitshörig«, »bedingungslos loyal«, weil sie katholisch waren? Und: Wurden diese »Affinitäten« zum Einfallstor des NS-Regimes in das katholische Milieu und höhlten es in seiner Substanz gleichsam von innen her aus?

Zunächst ist eine sprachliche Unterscheidung vonnöten: Einen *katholischen* Antisemitismus oder *katholischen* Antibolschewismus gab es genauso wenig wie einen *katholischen* Nationalismus. Diese gesellschaftlichen Strömungen waren nicht Bestandteil katholischer Glaubenslehre. Dies lässt sich allein für den Gehorsam gegenüber der staatlichen Obrigkeit sagen, der biblisch (Röm 13) bzw. lehrmäßig (Naturrecht) verankert und geläufiges Glaubenswissen (4. Gebot) war, aber deshalb gerade nicht als bedingungsloser Kadavergehorsam verstanden wurde. Die Loyalität der Katholiken gegenüber der Obrigkeit blieb deshalb bis 1945 ungebrochen; die kirchliche Tradition hielt jedoch – so paradox es auf den ersten Blick scheint – zugleich auch die Voraussetzung bereit, um den bedingungslosen Gehorsam gegenüber dem Führer zu hinterfragen[52]. Es gab allerdings sehr wohl Priester, Laienkatholiken und auch Bischöfe, auf die die Attribute »antisemitisch«, »antibolschewistisch« oder »nationalistisch« in der einen oder anderen Form zutrafen. Die theologischen »Brückenbauer«, die den Nationalsozialismus an die katholische Glaubenslehre anzupassen versuchten, waren indes kaum erfolgreich. Obwohl sie zur geistigen Elite des katholischen Milieus zählten, blieben sie ebenso an dessen Rand wie jene kaum 150 katholischen Geistlichen, die man als »braune« Priester oder NS-Spitzel bezeichnen kann[53]. Ebenso blieb der Organisationsgrad der NSDAP in katholischen Regionen nach 1933 vergleichsweise gering, weil die »Zentrums-Tradition« nachwirkte[54].

Gleichwohl gab es partielle Anknüpfungspunkte: Vor allem die Anfangssympathien galten einer Regierung, deren Kampf gegen den Liberalismus

---

[51] Vgl. O. BLASCHKE, Katholizismus, S. 71.
[52] Dies gilt beispielsweise für die kleine Zahl katholischer Widerstandskämpfer. Vgl. dazu den Beitrag von Michael Kißener in diesem Band.
[53] Vgl. K. SPICER, Hitler's Priests.
[54] Vgl. die Übersichten bei H. HÜRTEN, Deutsche Kathoiken, S. 571f.

und die laizistische Demokratie, gegen den Versailler »Schandfrieden« und den »gottlosen« und kirchenfeindlichen Kommunismus, gegen Säkularismus und Vermassung kein spezifisch katholisches, sondern ein allgemeines tiefes gesellschaftliches Unbehagen ansprach. Zugleich erschwerte die Mehrdeutigkeit der NS-Ideologie und ihre kirchenpolitisch geschmeidige Umsetzung es den von Modernisierungsängsten geplagten Bischöfen und Gläubigen, eine stets unmissverständliche Haltung gegenüber dem NS-Regime einzunehmen.

Schnittmengen ergaben sich immer dort, wo traditionell Religion und Politik, Kirche und »Welt« ineinandergriffen. Je stärker und länger sie mit der Tradition des katholischen Milieus verwoben waren, desto ausgeprägter war die Verbindung: Nationaler Patriotismus war den Katholiken nicht fremd. Desavouiert war die Nationalidee im Europa der Nationalstaaten durch den Ausgang des Ersten Weltkrieges keineswegs; eher war das Gegenteil der Fall. »Gut deutsch, aber auch gut katholisch«[55] zu sein bildete für die Katholiken keinen Widerspruch, auch deshalb nicht, weil ihr nationales Bewusstsein konfessionsbedingt weniger enthusiastisch als im preußisch-nationalen Protestantismus war. Hier wirkte das katholische Milieu eher bremsend, auch wenn die Katholiken, vielleicht noch verstärkt durch das »Kulturkampf-Trauma«, weder 1933 noch 1939 abseits stehen wollten. Und versteht man das katholische Milieu als Bestandteil der deutschen Gesellschaft, konnten sie es wohl auch nicht.

Hingegen lehnte der weitaus größte Teil des Klerus und der Katholiken Sozialismus, Kommunismus und Bolschewismus als »gottlos« ab. Das war zwar auch nicht spezifisch »katholisch«, aber eindeutig religiös-christlich aufgeladen; es markierte deshalb von Beginn an eine ideologische Grenze beider – des katholischen und des sozialistischen – Milieus. Die anfänglichen Bekenntnisse Hitlers zu einem »positiven Christentum« bildeten für Kirchenführung und Kirchenvolk eine erhebliche Versuchung, zumal im stürmischen Jahr der Machtergreifung. Der neue Reichskanzler schien christliche Traditionen wieder aufzurichten. Wie wirksam das Motiv des Antibolschewismus war, verdeutlicht der Umstand, dass es die Gewaltsamkeit, mit der die Gegner bekämpft wurden – Verhaftungsaktionen 1933/34, später dann das deutsche Eingreifen in den Spanischen Bürgerkrieg 1936 – überlagerte. Insbesondere bei den katholischen Soldaten erwies sich der Kampf gegen den »gottlosen Bolschewismus« als starkes legitimatorisches Deutungsmuster für Hitlers Krieg im Osten[56].

Jedoch war nicht nur dem Papst bewusst, dass Hitlers Antibolschewismus ein anderer als derjenige der Kirche war, der – »antimodern« – sich

---

[55] So die provozierende Kapitelüberschrift bei G. PAUL, Das katholische Milieu, S. 26.
[56] Vgl. K-J. HUMMEL/Ch. KÖSTERS (Hrsg.), Kirchen im Krieg.

gegen Materialismus, Atheismus, Freidenkertum, moralischen Niedergang richtete. Feldpostbriefe wie auch der Umgang mit den diskriminierten sowjetischen Zwangsarbeitern liefern klare Hinweise, dass der nationalsozialistische Rassegedanke im katholischen Milieu keineswegs verfing[57]. Aus Sicht der Machthaber wiederum war bedeutsamer, dass die katholische Kirche »Hakenkreuz« und »Sowjetstern« stets in einem Atemzug als antikirchlich ablehnte. Dies war bereits vor 1933 der Fall gewesen, und es gipfelte 1937 in der zeitgleichen päpstlichen Verurteilung von Nationalsozialismus und Kommunismus als glaubens- und kirchenfeindliche Ideologien. Für das Regime wirkte sich dies zwiespältig aus: Der propagierte »Kreuzzug« gegen den Bolschewismus stand stets und zumal während der Kriegsjahre unter dem Vorbehalt, den religionspolitischen Kampf gegen die katholische Kirche nicht zu weit voranzutreiben, um nicht den Rückhalt in der katholischen Bevölkerung zu verlieren[58].

Wieder anders verhielt es sich beim antisemitischen Rassismus: Angesichts der belasteten und von Gewalt durchzogenen eigenen christlich-jüdischen Geschichte fehlte in dieser Frage die erforderliche Trennschärfe. Zu Antisemitismus und Judentum waren die Glaubensaussagen ambivalent: Der Rassenantisemitismus wurde als häretisch abgelehnt, nicht aber die Zurückdrängung des wirtschaftlichen und gesellschaftlichen Einflusses der politisch den liberalen oder sozialistischen Parteien zuneigenden Juden. Die nationalsozialistische Judenverfolgung und -vernichtung bewirkte auch im katholischen Kirchenvolk angstbesetzte Abgrenzungen gegenüber der jüdischen verfolgten Minderheit. Die in der konfessionell und religionsgemeinschaftlich segmentierten deutschen Gesellschaft vorhandenen Unterschiede wurden nicht schwächer, sondern eher noch klarer markiert.

Dies schloss jedoch für die Bedrängten stille Einzelhilfen nicht aus. Sie galten nicht nur, aber hauptsächlich jenen als »Nichtarier« verfolgten Katholiken, die jüdische Vorfahren hatten oder selbst zur katholischen Kirche übergetreten waren. Dass es sich nur um begrenzte Hilfen handelte, die weitgehend auf Fürsorge und Seelsorge beschränkt blieben, ist kein Indiz für eine kirchliche Unterstützung der Judendeportationen[59]. Deutlich wird vielmehr: Das Verhalten der Katholiken war nicht durch den nationalsozialistischen Rassenantisemitismus motiviert. Angesichts eines zur Staatsdoktrin avancierten Antisemitismus erwies es sich als ebenso schwierig wie

---

[57] Vgl. die Beiträge von Th. BRECHENMACHER, Der Heilige Stuhl, S. 34; Ch. KÖSTERS, Kirche und Glaube an der Heimatfront, S. 385, 388; Ch. HOLZAPFEL, Das Kreuz der Weltkriege, S. 438.

[58] Vgl. dazu H. HÜRTEN, Katholische Kirche und nationalsozialistischer Krieg, S. 160–163; Ch. HOLZAPFEL, Das Kreuz der Weltkriege, S. 439, H. SMOLINSKY, Rußlandbild, S. 345–352.

[59] Antonia Leugers spricht von einer »Perfektionierung des nationalsozialistischen Vernichtungsapparats«. A. LEUGERS, Die deutschen Bischöfe, S. 52.

problematisch, die vorherrschenden sozialen und mentalen, durch Repression noch verschärften wechselseitigen Abgrenzungen der konfessionell und religionsgemeinschaftlich segmentierten Gesellschaft zu durchbrechen. Es ist also alles in allem historisch nicht gerechtfertigt, pauschal von »ideologischen Affinitäten« des katholischen Milieus zum Nationalsozialismus zu reden. Es gab gesamtgesellschaftliche Denktraditionen, Wahrnehmungen und Befindlichkeiten, die nicht spezifisch katholisch, aber unter Katholiken weit verbreitet waren. Damit verwoben waren umgekehrt katholische Deutungen von Wirklichkeit, die zur partiellen Akzeptanz des Regimes im katholischen Milieu beitrugen. Die daraus sich ergebenden Schnittmengen mit dem Regime waren unterschiedlich groß und je nach Herrschaftsverhältnissen regional verschieden ausgeprägt. Schließlich gab es unmissverständliche Glaubenslehren, die das kirchliche Handeln maßgeblich beeinflussten und einem Konsens mit dem Nationalsozialismus entgegenstanden, weil das Selbstverständnis von Kirche und gläubigem Kirchenvolk berührt war. Sie wurden keineswegs von allen Katholiken beachtet, aber sie boten einen Rückhalt für resistentes Verhalten.

Die Resistenzthese, oder: Wie »widerständig« war das katholische Milieu?

Von Beginn an richteten sich die Thesen über das antimodern-säkularisierungsfeindliche bzw. konsensorientierte katholische Milieu kritisch gegen jene Strömungen der (keineswegs nur katholischen) Zeitgeschichtsforschung, die stärker den Widerstand von Kirche und Katholiken gegen den totalitären Weltanschauungsanspruch des NS-Regimes herausstellten. Einen neuen kräftigen Schub erhielt die Kontroverse zu Beginn der 1980er Jahre durch die von Martin Broszat maßgeblich beeinflusste, sozial- und alltagsgeschichtliche Erforschung des Widerstandes in Bayern. Broszat hob als zentrales Ergebnis die »außerordentlich wirksame Resistenzkraft gegenüber dem Nationalsozialismus« hervor, die »Regionen mit dichtem katholischen Milieu«[60] dem oppositionellen Verhalten katholischer Pfarrer und Bischöfe geboten hätten bei ihrer »teilhaften, im wesentlichen auf den Bereich der christlichen Weltanschauung und der Erziehung in Kirche und Schule beschränkten, hier aber prinzipiell geführten Auseinandersetzung.«[61] In seiner sozial-strukturellen Wirkung sei »diese Front des Widerstandes in Bayern, aber sicher nicht nur hier, die bedeutendste« gewesen. Dies gelte unbeschadet der Tatsache, dass dieser sichere Rückhalt in den überwiegend kirchenfrommen Teilen der bayerischen Landbevölkerung »keineswegs fu-

---

[60] M. Broszat, Resistenz und Widerstand, S. 703.
[61] Ebd., S. 702.

genlos dicht war und in gewissen Bereichen Neigungen zur Anpassungsbereitschaft zeigte.«[62]
Der britische Historiker Ian Kershaw mochte diesem prägnanten Zusammenhang zwischen Resistenz und katholischer Milieugebundenheit nicht widersprechen, schränkte aber mit Blick auf Antisemitismus und Holocaust die historische Bedeutung der Selbstbehauptung von Kirche und Kirchenvolk gegenüber dem Nationalsozialismus deutlich ein: Die Kirchen als Institutionen hätten »keinen grundsätzlichen Widerstand« geleistet, und:

»Beide Religionsgemeinschaften hielten [...] den eigenen hartnäckigen Widerstand im Rahmen des ›Kirchenkampfes‹ mit der Zustimmung zu wesentlichen Punkten der nationalsozialistischen Politik für vereinbar, vor allem in Bereichen, in denen sich die nationalsozialistischen Vorstellungen mit ›allgemeinen‹ nationalen Aspirationen deckten«,

womit die patriotische Unterstützung des Krieges, der Kreuzzug gegen den Bolschewismus und vor allem das Schweigen zu Deportation und Vernichtung der Juden gemeint waren[63]. Ein lediglich auf Selbstbehauptung zielender Kirchenkampf – so die implizite Schlussfolgerung – gefährdete die nationalsozialistische Herrschaft nicht.

Eine über diese kontrovers diskutierte Reichweite der Resistenzthese hinausgehende Kritik zielte darauf, das Geschichtsbild vom »Widerstand der katholischen Kirche« als »katholische Uminterpretation« der kirchlichen NS-Vergangenheit durch eine kirchennahe, apologetische Katholizismusforschung zu entlarven. Gerhard Paul hat vom »Mythos der katholischen Resistenz und der behaupteten Stabilität und Konsistenz des katholischen Milieus« gesprochen, welcher lediglich der katholischen Exkulpation von ihrer von Selbstbehauptung und Anpassung bestimmten NS-Vergangenheit diene[64]. Die Frage der so genannten »Vergangenheitsbewältigung« von Kirche und Katholizismusforschung wird in diesem Buch an anderer Stelle behandelt[65]. Indessen deutet auch die skizzierte Entstehung der Kontroversen an, wie sehr solche Urteile (und Verurteilungen) selbst zeitgeschichtsbedingt sind und Geschichtsbilder entwerfen. Es genügt also, abschließend der Frage nachzugehen: Wie »resistent« und »widerständig« war das katholische Milieu?

---

[62] So E. FRÖHLICH, Gegenwärtige Forschungen, S. 31. Daran anschließend hat Heinz Hürten erstmals von der »Resistenz des katholischen Milieus« gesprochen. H. HÜRTEN, Selbstbehauptung und Widerstand, S. 248.
[63] Vgl. I. KERSHAW, Der NS-Staat, S. 319f., Zitat S. 320.
[64] Vgl. G. PAUL, Das katholische Milieu, S. 89f., Zitate S. 90.
[65] Vgl. den Beitrag von Ch. KÖSTERS, Die Katholiken im Dritten Reich, in diesem Band.

Unstrittig ist, dass es zu teilweise erbittert geführten Auseinandersetzungen zwischen kirchengebundenem Kirchenvolk und den nationalsozialistischen Machthabern kam, wenn die totalitäre NS-Ideologie sich gegen die religiös-kirchlichen Traditionen richtete (Kirchen- und Bekenntnisfreiheit, Rassenlehre). Die schon erwähnten Auseinandersetzungen um Alfred Rosenbergs »Mythus des 20. Jahrhunderts« (1934), das Verbot gleichzeitiger Mitgliedschaft in katholischen und nationalsozialistischen Organisationen (1934), Devisen- und Sittlichkeitsprozesse (1935; 1936/37), die staatspolizeilichen Maßnahmen gegen ein öffentliches Auftreten und schließlich das Verbot katholischer (Jugend-)Organisationen (1934–1937/39), die regional unterschiedlich verlaufenden Schulkämpfe (Ausschluss des Klerus vom Religionsunterricht 1935/37, Aufhebung der Bekenntnisschule 1936–1939, Entfernung von Schulkreuzen 1937) und die weitestgehende Kontrolle der kirchlichen Presse drängten die katholische Kirche sukzessiv auf ein »Sakristeichristentum« zurück.

Dieser katholische »Kirchenkampf« zwischen 1933 und 1945 ist intensiv erforscht und belegt. Die Pfarrseelsorge wirkte als religiös-mentale Barriere gegen die nationalsozialistische Weltanschauung, wie umgekehrt das Kirchenvolk dem Seelsorgeklerus Rückhalt für seine Opposition bot. Die Auswirkungen solcher milieugestützten Resistenz spiegelt sich wohl am dichtesten im breit dokumentierten Konfliktverhalten des katholischen Klerus wider: Jeder dritte Weltpriester zwischen 1933 und 1945 geriet mit dem Regime in Konflikt. Der erhebliche und wachsende Anteil, den die Gestapo als Ermittlungs- und später auch als Vollstreckungsinstanz am Vorgehen gegen die Geistlichen hatte, unterstreicht, wie sehr die Maßnahmen des Regimes vom Bild des »politischen Geistlichen« als »wichtigstem Staats- und Volksfeind« neben Juden, Kommunisten und Freimaurern bestimmt waren. Dass fast die Hälfte aller sanktionierten Delikte tatsächlich einen seelsorglichen Hintergrund hatte, bestätigt diesen Befund, belegt zugleich aber auch die Entschlossenheit vieler Pfarrseelsorger, die Einschränkungen der Kernaufgaben ihres Wirkens nicht widerspruchslos hinzunehmen[66]. In gleicher Weise sind auch die öffentlichen Glaubenskundgebungen im Rahmen von Prozessionen und Wallfahrten einzuordnen und zu bewerten.

Mit Werner K. Blessing kann resümiert werden:

»So entstand dort, wo die Kirche orientierungsleitend war, eine Zone sozial breiter Nichtanpassung gegenüber dem umfassenden Verfügungsanspruch des NS-Staates. Die Nichtanpassung blieb überwiegend partiell, sie wurde nur ausnahmsweise zur generellen Absage. [...]

---

[66] Vgl. U. v. HEHL/Ch. KÖSTERS, Priester unter Hitlers Terror; Zitat EBD. S. 78.

Und sie galt weitgehend der Selbstbewahrung von Kirche, religiöser Praxis und katholischer Moral.«[67]

Es gilt aber ebenso Konrad Repgens Fazit: Das katholische Milieu vermittelte grosso modo jenen wertegebundenen »Abstand«[68] zur totalitären Ideologie des Regimes, der *eine* Bedingung für kirchenpolitische Proteste der Bischöfe und schließlich die Gewissensentscheidung einiger weniger Katholiken zur politischen Fundamentalopposition bildete. Die religiös bzw. weltanschaulich bedingten Konflikte schlossen nicht aus, dass es daneben zwischen kirchlichen und regimekonformen Organisationen auf gemeinsamen Handlungsfeldern wie dem Gesundheitswesen eine pragmatische und praktische Zusammenarbeit gab, die den Interessen beider Seiten diente. So führte der Einsatz ausländischer Zivilarbeiter in Einrichtungen der katholischen Kirche während des Zweiten Weltkrieges zu vielfältigen und vielfachen Ambivalenzen. Winfried Süß hat solche nicht weltanschauliche, sondern institutionelle Bewahrung kirchlicher Existenz als »antagonistische Kooperation« bezeichnet. Nicht immer blieb das kirchliche Verhalten auf die institutionelle Seite beschränkt. So stand die religiös begründete Seelsorge an den diskriminierten Zivilarbeitern quer zur rassenideologisch begründeten Diskriminierung durch das NS-Regime.

Insgesamt wird klar: Versteht man das »katholische Milieu« als Bestandteil der nationalsozialistischen Gesellschaft, so kann nicht unmittelbar von dessen Existenz auf seine Resistenz geschlossen werden. Das heißt nicht, dass weltanschaulich bedingte Auseinandersetzungen unbedeutsam waren, im Gegenteil. Sie waren auch spezifisch »katholisch motiviert«, in der Art ihrer Auseinandersetzungen aber eben nur ein Teil der katholischen Milieu-Realität. Die Alltagswirklichkeit des Milieus war von einer Verknüpfung des kirchlich-religiös bestimmten »Kosmos« mit anderen, sozialen und ökonomischen Interessen bestimmt, die es zu wahren galt. Mit anderen Worten: Das Milieu war so resistent, wie die Katholiken »katholisch«, Kirche und Katholizismus »antimodern« und das NS-Regime totalitär waren. Es war die Gleichzeitigkeit verschiedener Motive, die Widersprüchlichkeit katholischer Interessen, aber auch die Mehrdeutigkeit einer totalitären NS-Ideologie, die den Alltag des katholischen Milieus im Nationalsozialismus ausmachten. Eben diese vielfältigen Verschränkungen und Spannungslagen des katholischen Milieus im Kontext einer politischen Herrschaftsgeschichte des Dritten Reiches zu untersuchen, bleibt auch künftig die Aufgabe einer sozial- und mentalitätsgeschichtlich ausgerichteten Katholizismusforschung.

---

[67] W. K. BLESSING, Deutschland in Not, S. 109.
[68] Vgl. dazu K. REPGEN, Widerstand oder Abstand?, S. 555–558.

Michael Kißener

Ist »Widerstand« nicht »das richtige Wort«?

Ein größerer Gegensatz als er in der Frage nach dem »Widerstand« der katholischen Kirche im Dritten Reich zwischen der Einschätzung der Zeitgenossen und weiten Teilen der modernen Geschichtsforschung besteht, lässt sich wohl kaum denken: unmittelbar nach dem Krieg war für den Großteil der deutschen Bevölkerung wie für die meisten alliierten Besatzer klar, dass die katholische Kirche zu jenen ganz wenigen gesellschaftlichen Großgruppen gehört hatte, die erfolgreich der nationalsozialistischen Gleichschaltung widerstanden und so etwas wie eine Restmenge moralischer Substanz der Deutschen in die Nachkriegszeit gerettet hatten. Eben deshalb waren die Kirche und ihre Repräsentanten bei der staatlichen Neuordnung gefragt, hatte ihr Wort in Sachen Entnazifizierung und im Umgang mit der deutschen Bevölkerung Gewicht. Die weit verbreitete Einschätzung über die Rolle der Kirche im Dritten Reich brachten Autoren wie der Jesuit Anton Koch 1947 stolz auf eine bündige Formel: »Kirche und Nationalsozialismus schlossen sich in allem Wesentlichen aus wie Licht und Finsternis, wie Wahrheit und Lüge, wie Leben und Tod.«[1]

Heute, nach weit mehr als 60 Jahren Forschung, urteilen viele Historiker ganz anders. »Widerstand ist nicht das richtige Wort«, hat 2003 der Bamberger Kirchenhistoriker Georg Denzler seine Publikation über »Katholische Priester, Bischöfe und Theologen im Dritten Reich« betitelt und damit eine Reihe sehr kritischer Forschungserträge auf einen Nenner gebracht. Seine Kritik richtet sich zunächst gegen die »Amtskirche«, die mit dem Reichskonkordat den absehbar falschen Weg eines Ausgleichs mit einem menschenverachtenden Regime gegangen sei und der katholischen Bevölkerung sogar die Aussöhnung mit Hitler nahe gelegt habe. Beredter Ausdruck dieser Kooperationsbereitschaft sind für ihn insbesondere auch die kirchlichen Glückwunschadressen, die anlässlich der Führergeburtstage in Kirchenzeitungen veröffentlicht wurden. Insbesondere, so Denzler, sei die Rolle der Kirche im Dritten Reich nach ihrem Verhalten gegenüber der Judenverfolgung zu beurteilen und hier zeige sich, dass die Kirche durch das völlig fehlende Eintreten für die Juden, durch die bei einigen Bischöfen feststellbaren antijüdischen Ressentiments, ja schließlich durch das »Schweigen des Papstes« im Angesicht des Holocaust schwere Schuld auf sich geladen habe. Nicht einmal die Worte des Dekaloghirtenbriefs von 1943, in dem sich die Bischöfe gegen die Tötung von Menschen »fremder

---
[1] A. KOCH, Widerstand, S. 469.

Rassen und Abstammung« gewandt hatten, erscheinen Denzler hinreichend, weil sie nicht ausdrücklich den Holocaust, der bekannt gewesen sei, beim Namen nennen. Und nicht zuletzt ist für ihn auch die Befürwortung des Krieges durch die Bischöfe, insbesondere die Unterstützung des Kampfes gegen den sowjetischen Bolschewismus, ein deutliches Zeichen der Kooperationswilligkeit der katholischen Kirche im Dritten Reich[2].

Zu einer solch kritischen Einordnung entscheidender Stationen der bischöflichen Kirchenpolitik im Dritten Reich sind in den vergangenen Jahrzehnten weitere nachdenklich stimmende Quellenfunde und Analysen getreten, die die Rede vom kirchlichen Widerstand fragwürdig erscheinen ließen. Das Hitlerattentat vom 20. Juli 1944 fand die Zustimmung der Bischöfe nicht. Der Münchner Kardinal Faulhaber wollte dagegen öffentlich Stellung nehmen, wenn es von ihm verlangt würde. Politischen Widerstand, der sogar den Tyrannenmord einschloss, hielt er für nicht zu rechtfertigen[3]. Diejenigen Katholiken, die sich dazu aus eigener Überzeugung entschlossen, scheinen zumindest in einigen Fällen der Hilfe ihrer Kirchenleitungen entbehrt zu haben. So klagte etwa ein Sohn der Familie von Nikolaus Groß, der als führendes Mitglied der KAB an der Verschwörung des 20. Juli 1944 mitbeteiligt gewesen war, dass man trotz vielfacher Bitten vom Apostolischen Nuntius Erzbischof Orsenigo keine wirkliche Hilfe für den vom Tode bedrohten und schließlich hingerichteten Vater erfahren habe. Auch im Falle des pazifistisch eingestellten Priesters Max Josef Metzger, der mit einem »Manifest für ein neues Deutschland« im Ausland auf die deutsche Widerstandsbewegung aufmerksam machen wollte, wurden ähnliche Vorwürfe laut. Der zuständige Freiburger Diözesanbischof Gröber habe Metzger, der 1943 wegen Vorbereitung zum Hochverrat und Feindbegünstigung zum Tode verurteilt wurde, nicht hinreichend geholfen[4].

Schließlich ist auch das katholische Kirchenvolk selbst im Rahmen von Milieustudien untersucht und dessen generelle Regimeferne, die die historische Wahlforschung für die Jahre bis 1933 belegt hat, in Frage gestellt worden. In Einzeluntersuchungen konnte festgestellt werden, dass auch in diese Milieuverbände der Nationalsozialismus einzudringen vermochte und von »Widerstand« allenfalls im Sinne der Bewahrung eigener kirchlicher Strukturen die Rede sein könne. Bei vielen partiellen Übereinstimmungen mit dem Regime habe es keine fundamentale Opposition, nicht einmal einen Blick über die engen Grenzen des eigenen Milieus hinaus gegeben[5].

---

[2] G. Denzler, Widerstand, S. 26, 28, 36, 42f., 46.
[3] H. Gruber, Katholische Kirche und Nationalsozialismus, Nr. 249–251, S. 496–499.
[4] Vgl. die Aufsätze von R. Feneberg und J. Köhler in: R. Feneberg/R. Öhlschläger (Hrsg.), Metzger. G. Beaugrand/H. Budde, Nikolaus Groß, S. 94.
[5] Vgl. z. B. C. Rauh-Kühne, Anpassung und Widerstand?, S. 145–163.

Im Rahmen einer groß angelegten Untersuchung von Widerstand und Widerständigkeit im überwiegend katholisch geprägten Saarland kam man sogar zu dem Ergebnis, dass es vielmehr einer Lösung aus den Bindungen des katholischen Milieus und der katholischen Kirchlichkeit bedurft habe, um bereit zu sein für politisch motivierten Widerstand im Dritten Reich[6]. Damit wurde älteren Forschungsergebnissen des Instituts für Zeitgeschichte in München widersprochen, das in einem groß angelegten Projekt über »Bayern in der NS-Zeit« das Resistenzpotential gerade in der katholischen Bevölkerung belegt hatte.

Vor diesem Hintergrund erscheint »Widerstand« bisweilen wirklich nicht das »richtige Wort« zu sein. Und nicht wenig Zweifel ist aufgekommen, ob »Katholische Kirche« und Widerstand überhaupt in irgendeine positive, tragfähige Verbindung zueinander zu bringen sind.

Doch kann das sein? Wie ist es möglich, dass die Erfahrung einer ganzen Generation so fundamental anders war, als es solche Befunde historischer Forschung zeigen? Wie wäre denn dann der bekannte, mutige und aktive Widerstand der katholischen Arbeitervereine (KAB), Widerstand und Verfolgung der rund 400 »KZ-Priester« in Dachau oder auch das Eintreten für ein nichtnationalsozialistisches Deutschland von so katholisch geprägten Männern wie Joseph Wirmer, Eugen Bolz oder Reinhold Frank[7] im Rahmen der Verschwörung des 20. Juli 1944 einzuordnen? Warum wurde denn so vielen katholischen Priestern durch die Gestapo nachgestellt? Seit vielen Jahren ist durch eine große Publikation unter Leitung Ulrich von Hehls ja das Schicksal tausender von Priestern bekannt, die nach dem Krieg im Rahmen einer Fragebogenaktion bereit waren, über ihren Leidensweg im NS-Staat Auskunft zu geben. Auch wenn bei weitem nicht alle Widerstandskämpfer im engeren Wortsinne waren, so dokumentiert ihr Beispiel doch den Verfolgungseifer, mit dem der NS-Staat der katholischen Kirche begegnete[8].

Wer bereit ist, sich vorurteilsfrei mit diesen Fragen auseinanderzusetzen, der wird beim Studium der mittlerweile außerordentlich breiten einschlägigen Literatur sehr bald schon erkennen, dass eine Antwort doch viel schwerer zu finden ist, als dies auf den ersten Blick den Anschein hat.

Zunächst fällt auf: Dass die katholische Kirche eine regelrechte, womöglich politische »Widerstandsorganisation« gewesen sei – das hat kaum je ein

---

[6] G. Paul/K.-M. Mallmann, Milieus und Widerstand, S. 536.
[7] Rechtsanwalt Joseph Wirmer (1901–1944), der sich 1936 einem Kreis regimekritischer Gewerkschafter angeschlossen hatte, wurde ebenso wie der ehemalige württembergische Staatspräsident Eugen Bolz (1881–1945) und der Karlsruher Rechtsanwalt Reinhold Frank (1896–1945) wegen der Beteiligung am 20. Juli 1944 vom Volksgerichtshof verurteilt und hingerichtet.
[8] U. v. Hehl/Ch. Kösters, Priester unter Hitlers Terror.

Vertreter der Kirche noch ein ernst zu nehmender Historiker behauptet. Selbst die frühen, die Gegnerschaft der Kirche gegenüber dem Nationalsozialismus betonenden Schriften formulieren, schaut man genau hin, sehr selten eine politische Gegnerschaft der Kirche, sondern vielmehr einen weltanschaulichen Dissens. Und auch schon unmittelbar nach 1945 gab es bereits kritische Stimmen in der Kirche selbst, die einer allzu euphorischen und ausschließlichen Einordnung der Kirche in die Geschichte des Widerstands widersprachen. Die Positionen sind mithin so gegensätzlich nicht wie es bei manch kritischer Publikation den Anschein hat[9].

Auch dass die Kirche bei dem, was sie tat, von ihrem Aufgabengebiet ausging und sich ihrer traditionellen Haltung entsprechend nicht als politische Instanz verstand, wird man zunächst und per se nicht kritisieren können, wenn man für das Verhalten der Kirche nicht andere Maßstäbe in Anschlag bringen will als für andere, zu politischem Widerstand berufenere Institutionen. »Die Kirche kann, wo sie als Kirche gefordert ist, nie anders handeln, als es ihrer Qualität als Kirche entspricht«, hat Heinz Hürten einmal treffend formuliert[10]. Zu ergänzen wäre: Auch die Parteien, auch die staatliche Exekutive, auch die Justiz, auch die finanzkräftige Wirtschaft, auch die Gewerkschaften u. a. haben zunächst ihr eigenes Interesse, ihren eigenen Aufgabenbereich im Blick gehabt. Auch sie haben dem Ansturm des Nationalsozialismus nicht standgehalten: »Eine Welt ist binnen weniger Augenblicke an die Stelle einer anderen getreten«, notierte der französische Botschafter André François-Poncet verwundert über den raschen Abgang sämtlicher konkurrierender staatlicher und gesellschaftlicher Institutionen im Jahre 1933[11]. Widerstand hat sich, wenn überhaupt, auch in anderen gesellschaftlichen Gruppen oder Institutionen erst langsam entwickelt. Warum z. B. so wenig politischer Widerstand aus dem Bereich der relativ frei agierenden Wirtschaft kam, deren führende Repräsentanten doch besseren Zugang zu Informationen über die Politik des Regimes hatten als die Bischöfe, deren Stellung durch ihre Bedeutung für die Kriegspolitik des Regimes und durch ihre Finanzkraft doch bedeutend war, muss eigentlich mehr erstaunen als im Falle der Kirche.

Eine solche relativierende Einordnung des kirchlichen Verhaltens im Dritten Reich hilft, Proportionen zu wahren, die Rahmenbedingungen nicht zu vergessen – auf die eigentliche Frage nach dem Widerstand gibt sie natürlich noch keine Antwort.

Die Problematik wird allerdings deutlich, wenn man vor diesem Hintergrund die große Zahl jener Katholiken wahrnimmt, die in virulente Kon-

---

[9] Vgl. U. v. HEHL, Kirche, Katholizismus und Nationalsozialismus, S. 16.
[10] H. HÜRTEN, Widerstehen aus katholischem Glauben, S. 132.
[11] A. FRANÇOIS-PONCET, Botschafter, S. 127.

flikte mit dem NS-Regime geraten sind, insbesondere auch den hunderten Priestern, die für ihre Anschauungen im KZ gelitten haben, die notwendige Beachtung schenkt. Solche Konflikte, die bisweilen rasch die Grenzlinie zum Politischen überschritten, hat es ja auf allen Ebenen der kirchlichen Hierarchie gegeben. Wie etwa sollten folgende Beispiele mit der Vorstellung einer nicht widerständigen, sondern im Gegenteil kollaborierenden katholischen Kirche in Einklang zu bringen sein?

Der Berliner Bischof Konrad von Preysing galt schon in seiner Zeit als Repräsentant eines offensiveren Konfrontationskurses gegenüber dem Regime. 1942, auf dem Höhepunkt der nationalsozialistischen Machtentfaltung, konfrontierte er in einem Hirtenbrief den christlichen Naturrechtsgedanken mit der Praxis der nationalsozialistischen Herrschaft. Für jeden Zuhörer war seine Regimekritik und der schroffe Gegensatz zur nationalsozialistischen Rasse- und Volkstumspolitik verständlich, wenn er z. B. formulierte: »Wer immer Menschenantlitz trägt, hat Rechte, die ihm keine irdische Gewalt nehmen darf«. Die Londoner BBC verlas sein Hirtenwort in voller Länge im Radio, in Washington wurde es im Repräsentantenhaus vorgetragen. In beiden Ländern galt es als Ausdruck einer sich formierenden regimekritischen Opposition. So nahm es auch der SD des Reichsführers SS wahr: dort meinte man, es handle sich hier um einen »ziemlich unverhüllten« Angriff auf die Grundlagen des nationalsozialistischen Rechtsdenkens, der geeignet sei, »die Politik des Reiches gegenüber fremden Rassen und Volkstümern der Rechtlosigkeit zu verdächtigen.« Reichspropagandaminister Goebbels echauffierte sich denn auch über die Unbotmäßigkeit des Bischofs, der bald schon Kontakte zum Kreisauer Widerstandskreis unterhielt und auch den Hitlerattentäter Claus Schenk Graf von Stauffenberg empfing[12].

Noch offener als Preysing agierte ein Gemeindepfarrer namens Oskar Deppisch im badischen Osterburken. Von Anfang an legte er sich in seinen Predigten mit den örtlichen NSDAP-Parteigrößen an, wie aus seinem Schutzhaftbefehl 1934 deutlich wird. Stadtpfarrer Deppisch, so hieß es dort, »hat durch geschicktes Einwirken auf die katholische Bevölkerung Osterburkens es fertig gebracht, dass die Mehrzahl der Einwohner heute gegen die NSDAP eingestellt sind und hat durch diese Haltung bewirkt, dass es am 30.6.34 anlässlich seiner Festnahme in Osterburken zu einem Auflauf gekommen ist, wobei die Einwohnerschaft, soweit sie nicht hinter der NSDAP steht [also ›die Mehrzahl der Einwohner‹], gegen die Gendarmerie und gegen die SA eine feindliche und drohende Haltung eingenommen hat.« Nach Brombach versetzt, fuhr er in dieser Weise fort und hielt anlässlich der Erstkommunionfeier 1937 eine Predigt, in der er sich besonders lobend über das »auserwählte Volk der Juden« äußerte. Den Katholizismus

---

[12] S. ADAM, Preysing, S. 117–122, 152f.

bezeichnete er als »herrliche« Weltanschauung, die keines Ersatzes bedürfe: »Wir haben schon eine Weltanschauung, wir brauchen keine neue«, gab er klar zu verstehen[13].

Und auch im katholischen Kirchenvolk finden sich ohne Mühe viele Beispiele einer unzweideutigen Ablehnung des Regimes und seiner »Weltanschauung«, die auf einem christlichen Fundament ruhen. Eines der bekanntesten Beispiele, das zugleich auch den Weg in die aktive, tatbereite Aktion zeigt, ist das von Willi Graf, einem Mitglied der Münchner Widerstandsgruppe »Weiße Rose«, der für seine Beteiligung an der Verbreitung der berühmten regimekritischen Flugblätter im Oktober 1943 hingerichtet worden ist. Graf war Katholik, geprägt durch die katholische Jugendbewegung, außerordentlich interessiert an den innerkirchlichen Reformströmungen seiner Zeit. In kaum verhüllter biblischer Sprache hieß es z. B. im fünften, von ihm mitverteilten Flugblatt: »Ein Verbrechertum kann keinen deutschen Sieg erringen. Trennt Euch rechtzeitig von allem, was mit dem Nationalsozialismus zusammenhängt! Nachher wird ein schreckliches, aber gerechtes Gericht kommen über die, so sich feig und unentschlossen verborgen hielten«. Am Ende trat er mit dem Flugblatt für »Freiheit der Rede, Freiheit des Bekenntnisses, Schutz des einzelnen Bürgers vor der Willkür verbrecherischer Gewalttaten« als den »Grundlagen des neuen Europa« ein[14].

Nimmt man nur diese drei Beispiele, so wird deutlich, dass die Frage nach dem kirchlichen »Widerstand« sich nicht so einfach mit dem Verweis auf im einzelnen unbestrittene Fehlleistungen der »Amtskirche« oder Milieubindungen, die egoistisch nur den Erhalt der eigenen Lebenswelt im Auge hatten, beantworten lässt. In allen drei Fällen ist die christliche Basis des Konfliktes mit dem Nationalsozialismus unschwer zu erkennen, alle drei Fälle zeigen, dass es den »Widerständlern« nicht nur um die Bewahrung der eigenen Identität ging, sondern der Blick über die Grenzen des eigenen Milieus hinaus auf die Respektierung christlicher Werthaltungen für alle Menschen gerichtet wurde. Dass dazu eine Abkehr vom eigenen Milieu nötig gewesen wäre, wird man bei Bischof Preysing ebenso wie bei Pfarrer Deppisch ohne weitere Begründung ausschließen können. Aber auch für Willi Graf gilt das: sein Brief an die Schwester vom 6. Juni 1942, der gelegentlich als Beleg für seine Abkehr von der Kirche gesehen wird, stellt sich, beachtet man den Zusammenhang, als das genaue Gegenteil dar, als ein Dokument des Suchens nach einem tiefer reflektierten Glauben nicht

---

[13] M. MAYER, Oskar Deppisch, S. 136f., 142.
[14] Abdruck in R. LILL (Hrsg.), Hochverrat?, S. 205f.

außerhalb, sondern innerhalb der Kirche[15]. Dies hat im Übrigen auch die Edition der Briefe Josef Furtmeiers belegt, eines Justizangestellten, der als Autodidakt und entschiedener Gegner des NS-Regimes zu einem der geistigen Mentoren der »Weißen Rose« wurde. Auch der Katholik Furtmeier haderte zutiefst mit seiner Kirche und vor allem mit dem kirchenpolitischen Kurs der Bischöfe. Aber eines war für ihn genauso klar: »Übrigens müssen wir trotz allem der Kirche treu bleiben.«[16]

Deutlich wird an den drei Beispielen aber ebenso, dass »Widerstand« aus dem kirchlichen Umfeld nur im Einzelfall zu erfassen ist. Im Einzelfall entscheidet sich auch, wie groß das Maß christlicher Motivation für widerständiges Verhalten ist, denn in der Regel, so Martin Greschat, findet sich das christliche Element in der Motivation für widerständiges Verhalten selten rein, sondern meist in der Form von »Amalgamen«. »Von christlich motiviertem Widerstand« könne man daher »immer nur annäherungsweise« reden. Willi Graf etwa war bei seinem Widerstandskampf gegen den Hitlerstaat zweifellos christlich inspiriert, doch hat sein Entschluss ebenso zweifellos auch andere Motive gehabt: die Erfahrung der Einschränkung der ihm so wichtigen Jugendarbeit z. B. oder auch das Erlebnis des Vernichtungskrieges an der Ostfront.

Wenn also von Widerstand in der Geschichte der katholischen Kirche zwischen 1933 und 1945 die Rede ist, so kann kaum *der* Widerstand *der* Kirche als Ganzes gemeint sein: dass eine Kirche sich als Ganzes »in den Widerstand begibt«, so Hans Maier, sei ja auch »wenig realistisch«[17]. Gemeint ist also der Widerstand einzelner Katholiken, der sich immer auch nur aus der einzelnen Biographie präzise definieren lässt.

Da dieser Widerstand sehr unterschiedliche Ausprägungen hatte und der totalitäre NS-Staat grundsätzlich jede Form abweichenden Verhaltens als politischen Widerstand zu werten geneigt war, wie schon die zahlreichen vor den nationalsozialistischen Sondergerichten verhandelten Heimtückevergehen belegen, behält das von Klaus Gotto, Konrad Repgen und Hans Günter Hockerts entworfene Widerstandsmodell nach wie vor seine Gültigkeit und erweist sich bei der Einordnung der Phänomene als nützlich. Sie unterscheiden punktuelle Nonkonformität, die sich z. B. in Nörgelei über Einzelmaßnahmen des Regimes ausdrückte, von »Resistenz«, deren Ziel die Bewahrung eigener sozialer Identität war. Dieses Verhalten war nicht auf politischen Umsturz gerichtet und konnte durchaus mit der partiellen

---

[15] G. Paul/K.-M. Mallmann, Milieus und Widerstand, S. 135–139. Vgl. Brief vom 6. Juni 1942, in: A. Knoop-Graf/I. Jens (Hrsg.), Willi Graf, S. 161–164.

[16] S. Zankel/Ch. Hikel (Hrsg.), Josef Furtmeier, S. 103 (Brief vom 30. August 1946).

[17] H. Maier, Christlicher Widerstand im Dritten Reich und M. Greschat, Facetten des christlichen Widerstandes, S. 14 und S. 42f.

Bejahung von politischen Zielen des Regimes einhergehen. Auf einer dritten Stufe jedoch wurde der Widerstand als offener Protest, auf einer vierten Stufe als aktiver Widerstand direkter und tatbereiter gegen das bestehende Regime[18]. Freilich kann auch dieses Modell wie viele andere die ganze Breite widerständigen Verhaltens und die Komplexität der Verhaltensweisen nicht restlos einfangen. Schwierig etwa ist der aus dem Exil geübte geistige und zugleich offensiv-öffentliche Widerstand eines Waldemar Gurian einzuordnen[19]. Auch die Reisen des Münchner Rechtsanwaltes Josef Müller nach Rom in den Anfangsjahren des Krieges, mit denen er über vatikanische Kanäle die Hilfe des Auslandes für die deutschen Widerständler organisieren wollte, tangieren mehrere Bereiche[20]. Wie auch wären die vielen öffentlichen und nichtöffentlichen Stellungnahmen und Eingaben des Episkopats gegen einzelne Maßnahmen des Regimes zu verorten? Und in welche Kategorie gehört das öffentliche Beten des Berliner Pfarrers Lichtenberg für die Juden nach der Reichspogromnacht 1938 bzw. Gertrud Luckners Hilfe für die »nichtarischen Christen«?[21]

Ob und inwieweit der im einzelnen ausgeübte Widerstand schließlich politisch war, ob sich das »abweichende Verhalten« selbst überhaupt als »Widerstand« verstand oder ob man nicht besser für den Einzelfall andere Begriffe finden müsste, die das Phänomen treffender beschreiben, wird ohnehin seit langem diskutiert, jedoch werden die Ergebnisse solcher Überlegungen in der z. T. heftigen Debatte um den kirchlichen Widerstand nur selten wirklich rezipiert. Beispiele hierfür sind der von Heinz Hürten seit Jahren vorgeschlagene Begriff des »Zeugnisses«[22] oder jüngst auch die Empfehlung Konrad Repgens, »widerständiges« Verhalten in der katholischen Kirche nicht als Widerstand, sondern als »Abstand« zu bezeichnen[23].

Entscheidend bleibt jedoch: Für alle diese Formen des »Widerstands« stellte der in der Kirche gelehrte Glaube die wichtigste Wertorientierung dar. Aus dem in der Kirche gepredigten Wertekanon, aus der hier vorgestellten Gegenwelt der Werte zum Nationalsozialismus, zogen diejenigen, die sich zum Widerstand auf welcher Ebene auch immer entschlossen, ihre Orientierung. Insofern kann mit Recht auch von einem kirchlichen Widerstand gesprochen werden in der Form eines, so Winfried Becker, »Kultur-Widerstands«, weil in der Kirche jene Diskussion um die Grundwerte noch geführt wurde, die auf der Straße des nationalsozialistischen

---

[18] K. GOTTO/H. G. HOCKERTS/K. REPGEN, Nationalsozialistische Herausforderung, S. 175f.
[19] H. HÜRTEN, Waldemar Gurian.
[20] J. MÜLLER, Bis zur letzten Konsequenz.
[21] H.-J. WOLLASCH, Ermittlungsakten der Geheimen Staatspolizei gegen Gertrud Luckner.
[22] H. HÜRTEN, Verfolgung, Widerstand und Zeugnis.
[23] K. REPGEN, Widerstand oder Abstand?, S. 505–508.

Deutschland nicht mehr möglich war[24]. Es ist deshalb kein Zufall gewesen, dass die jungen Widerständler der »Weißen Rose« so intensiv die kirchliche Tradition und Tyrannislehre studierten und so eifrig in der Kirche den kirchlichen Wertekanon diskutierten. Und es dürfte auch kein Zufall sein, dass sogar der völlig kirchenferne Hitlerattentäter Georg Elser die Kirche aufsuchte, um dort ein Vaterunser zu beten, weil er sich danach schlicht besser, innerlich gefestigt gefühlt habe. Dies verweist auf jene von der Kirche repräsentierten kulturellen Hintergründe und Werthaltungen, die in der existentiellen Situation des tatbereiten Widerständlers von erheblicher Bedeutung waren[25]. Diese Orientierungshilfe, diese »Werte-Gegenwelt« ist es, die schon der Doyen der deutschen Widerstandshistoriographie, der nach Amerika emigrierte Historiker Hans Rothfels, meinte, wenn er davon sprach, dass Kirche und Glaube die »stärkste Kraft« gewesen sei, die den Widerstand angetrieben habe, dass »Körper und Geist« der Opposition gleichsam von hier aus genährt worden seien[26].

Wiederum einzelne Widerständler, wie etwa den Jesuiten Alfred Delp, führte diese »Werte-Gegenwelt« in der Erkenntnis des Ausmaßes der Verbrechen schließlich auch zu einer Neudefinition der Rolle der Kirchen im modernen Staat. Sie müsse Hüterin der allgemeinen Menschenrechte werden, meinte er. Das zeigt sein Entwurf unter dem Titel »Was kann von der Kirche erwartet werden?«, den er auf Bitten Helmuth James Graf von Moltkes für eine Tagung des Kreisauer Widerstandskreises ausarbeitete. Darin formulierte er gleich im ersten Satz: »1. Sinn und Zweck der Kirche ist weder die Politik noch das Politische. [...] Die Kirche würde in gefährlicher Weise ihre Grenzen überschreiten, wollte sie zu direkten politischen Aktionen übergehen.« Gleichwohl sah Delp die Verantwortung der Kirche in der Wahrung des Naturrechts, des ius nativum: »Da die heute bestehende staatliche Ordnung das ius nativum aufhebt, hat jedes Eintreten der Kirche für das ius nativum auch unmittelbare politische Konsequenzen. Das entbindet jedoch die Kirche nicht von der Pflicht, folgerichtig, eindeutig und unbeirrt für die gottgesetzte Ordnung einzutreten.«[27] Für solche Überzeugungen wurde Delp vom nationalsozialistischen Volksgerichtshof verurteilt und hingerichtet.

Eine solche in widerständiges Verhalten mündende Konsequenz der Bewahrung christlicher Wertvorstellungen mag in der Praxis dann manch einem katholischen Oberhirten Sorgen bereitet, ja missfallen haben, wenn er sich immer wieder in die Lage versetzt sah, Geistliche und Gläubige, die

---

[24] W. BECKER, Christen und der Widerstand, S. 490.
[25] Vgl. L. GRUCHMANN (Hrsg.), Elser, S. 75, 83f.
[26] H. ROTHFELS, Deutsche Opposition, S. 186, 188.
[27] A. DELP, Gesammelte Schriften IV, S. 401f.

in Konflikt mit dem Regime geraten waren, zu rechtfertigen oder ihnen zu helfen. Bischöfen wie Conrad Gröber in Freiburg erschien diese Situation auch als Unterwanderung ihrer Autorität, weil sie in einem vorkonziliaren Kirchenverständnis davon überzeugt waren, dass es ihre und nicht die Aufgabe der nachgeordneten Priester und Laien sei, solch weitreichende Entscheidungen zu treffen, deren Folgen der einzelne womöglich gar nicht übersehe.

Otto B. Roegele, der mitgeholfen hatte, eine Neudeutschland-Schülergruppe in Bruchsal gegen das staatliche Gebot am Leben zu erhalten, und daher ins Visier der Gestapo geraten war, hat diese Problematik anschaulich beschrieben. Als er mit seinen Freunden nach dem Krieg bei Erzbischof Gröber vorstellig wurde und wegen seiner Standhaftigkeit in der NS-Zeit besonderes Lob des Oberhirten erwartete, wurde er bitter enttäuscht: der Bischof würdigte das widerständige Verhalten der Jugendlichen überhaupt nicht. Später, so bekannte er, wurde ihm die Haltung des Bischofs klarer: Zwar hatte die Jugendgruppe »ein Zeichen der Glaubens- und Kirchentreue« aufgerichtet, auf der anderen Seite der Bilanz aber standen zwei verhaftete Priester, die der Seelsorge entzogen worden waren, und die Schließung einer von Ordensschwestern geleiteten Kinderschule, die der zuständige Kreisleiter aus diesem Anlass gleich mitverfügt hatte. Für einen Bischof, der die Aufrechterhaltung der Seelsorge allen Widrigkeiten zum Trotz im Blick haben musste, stellte folglich die mutige Selbstbehauptung der Jugendgruppe in der Schlussbilanz keine Erfolgsgeschichte dar[28]. Auch solche Zusammenhänge gilt es wohl zu berücksichtigen, wenn die Reaktion der Kirchenleitungen auf widerständiges Verhalten von Kirchenmitgliedern kritisch betrachtet wird.

In aller Regel jedenfalls haben die Bischöfe die freie, verantwortliche Entscheidung des einzelnen Gläubigen zumindest respektiert und ihre Hilfe den vom Regime verfolgten Gläubigen nicht versagt. Der Berliner Bischof Preysing, der politische Gefangene persönlich in der Haft besuchte, ist dafür ein sprechendes Beispiel. In den Fällen von Nikolaus Groß und Max Josef Metzger ist in einer kontrovers geführten wissenschaftlichen Diskussion das Verhalten des Nuntius Nikolaus Groß gegenüber problematisiert, zugleich aber auch aufgedeckt worden, dass der Kölner Erzbischof Frings sich trotz der völlig aussichtslosen Lage für Groß einzusetzen versucht hat. Außerhalb der Kirche hat sich Groß jedenfalls nie gesehen. Zum Schicksal des Freiburger Priesters Metzger sind unterschiedliche Interpretationen eines umstrittenen Schreibens von Erzbischof Gröber entwickelt worden.

---

[28] O. B. Roegele, Gestapo gegen Schüler, S. 58, 64f.

Groß ist im übrigen mittlerweile seliggesprochen, im Falle Metzgers läuft ein entsprechendes Verfahren noch[29].

Wie wichtig am Ende der von der Kirche beharrlich gegen die Anfeindungen des Regimes bewahrte Wertekanon als geistiger Kraftquell für den Widerstand war, welch »immunisierende« Wirkung ihm zukam, lässt sich ermessen, wenn man in Anlehnung an Klemens von Klemperers Studien[30] umgekehrt fragt, ob die allgemeine Erforschung des Widerstands gegen das Dritte Reich auch am Ende vielleicht ohne die Komponente von Kirche und Glauben auskommen könnte.

Ein Blick auf den Kreisauer Kreis gibt dazu wichtige Aufschlüsse. Helmuth James Graf von Moltke, das Zentrum dieses Widerstandskreises, der sich mit Planungen für ein nachnationalsozialistisches Deutschland beschäftigte, war zunächst wohl kaum direkt kirchlich oder religiös inspiriert in seinem Widerstandshandeln. Gleichwohl kam er bei seiner Widerstandstätigkeit mit einer Reihe von pointiert katholisch orientierten Menschen zusammen, von denen die Jesuiten Alfred Delp, Lothar König und Augustin Rösch sicher die bekanntesten sind. Von deren Ablehnung des nationalsozialistischen Staates und christlichen Grundüberzeugungen für die Gestaltung eines neuen Deutschland wurde Moltke aber offensichtlich so angezogen, dass der christliche Einfluss auf die Gespräche und Zunkunftsplanungen des Kreisauer Kreises insgesamt als beträchtlich bezeichnet werden muss. In einem seiner letzten Briefe an seine Frau Freya hat Moltke selbst das Verhältnis zwischen Glaube und Widerstand bei seiner Widerstandstätigkeit sehr prägnant beschrieben. Sein Richter Roland Freisler habe ihn letztlich, so meinte er, wegen seiner christlich-kirchlichen Orientierung verurteilt. »Letzten Endes entspricht diese Zuspitzung auf das kirchliche Gebiet dem inneren Sachverhalt und zeigt, daß F. eben doch ein guter politischer Richter ist. Das hat den ungeheuren Vorteil als wir nun für etwas umgebracht werden was wir a. getan haben und was b. sich lohnt.«[31]

Solch christliche Einflüsse prägten aber nicht nur Moltkes Weg in den Widerstand, sie bestimmten auch seine Zukunftsvorstellungen. In einem Brief an seinen englischen Freund Lionel Curtis hatte er schon 1942 geschrieben, seine größte Hoffnung sei ein allmähliches geistiges Erwachen in Deutschland: »Das Rückgrat dieser Bewegung bilden die beiden christlichen Konfessionen, die protestantische wie die katholische. Die katholischen Kirchen sind jeden Tag voll, die protestantischen noch nicht, aber die

---

[29] Vgl. K. DROBISCH, Wider den Krieg und H. OTT, Max Josef Metzger, S. 308 sowie B. SCHWALBACH, Conrad Gröber, S. 174. Zu Groß vgl. auch J. ARETZ (Hrsg.), Nikolaus Groß, S. 36f.

[30] K. v. KLEMPERER, Glaube, Religion, Kirche, S. 293–309.

[31] B. RUHM v. OPPEN, (Hrsg.), von Moltke, S. 602.

Entwicklung ist wahrnehmbar. Wir versuchen auf dieser Grundlage aufzubauen [...] Vielleicht erinnerst Du Dich, daß ich in Unterhaltungen vor dem Kriege der Meinung war, daß der Glaube an Gott nicht wesentlich sei, um dahin zu kommen, wo wir jetzt sind. Heute weiß ich, daß ich Unrecht hatte, ganz und gar Unrecht. Du weißt, daß ich die Nazis vom ersten Tage an bekämpft habe, aber der Grad von Gefährdung und Opferbereitschaft, der heute von uns verlangt wird und vielleicht morgen von uns verlangt werden wird, setzt mehr als gute ethische Prinzipien voraus, besonders da wir wissen, daß der Erfolg unseres Kampfes wahrscheinlich den totalen Zusammenbruch als nationale Einheit bedeuten wird. Aber wir sind bereit, dem ins Gesicht zu sehen.«

Weit über die Lagebeschreibung hinaus erläuterte Moltke seinem englischen Freund dann auch sein Ziel, für das er und seine Freunde ihr Leben einsetzen wollten: »Für uns ist Europa nach dem Kriege weniger eine Frage von Grenzen und Soldaten, von komplizierten Organisationen oder großen Plänen. Europa nach dem Kriege ist die Frage: Wie kann das Bild des Menschen in den Herzen unserer Mitbürger aufgerichtet werden. Das ist eine Frage der Religion, der Erziehungen, der Bindungen an Arbeit und Familie, des richtigen Verhältnisses zwischen Verantwortung und Rechten«[32].

---

[32] W. LIPGENS (Hrsg.), Europa-Föderationspläne, S. 129f.

Thomas Brechenmacher

Der Papst und der Zweite Weltkrieg

Die Kontroverse

Die Kontroverse um Pius XII. und den Zweiten Weltkrieg ergibt sich aus differierenden Bewertungen der Neutralitäts- und Friedenspolitik, aber auch der Persönlichkeit des Papstes: Die päpstliche Neutralität, so argumentieren die Kritiker, sei in Wirklichkeit Voreingenommenheit, wenn nicht für Hitler, so doch für Deutschland, und wenn nicht für den Nationalsozialismus, so doch für totalitäre politische Systeme gewesen[1]. Die Friedenspolitik des Heiligen Stuhls schließlich habe vor allem dazu gedient, Pius' »Ehrgeiz« zufriedenzustellen, »zum obersten aller Richter [...] zu werden [...], als Stellvertreter des Königs Christus auf Erden.«[2] Beides zusammengenommen, entsteht das Bild eines verblendeten egomanischen Theokraten auf dem Papstthron, dessen »Versagen« im Zweiten Weltkrieg nicht nur die Institution Papsttum, sondern die von ihm geführte Weltkirche mit moralischer Schuld befleckt habe.

Seit Rolf Hochhuths Drama »Der Stellvertreter« von 1963 hat die Auffassung vom »Versagen der Weltkirche«, personifiziert im »Schweigen« ihres obersten Hirten, Papst Pius' XII., fast allgemeingültiges Maß angenommen. Einfach nachgesprochen oder polemisch zugespitzt hält sie sich seither hartnäckig in einer Vielzahl von Werken von Karlheinz Deschner über Carlo Falconi bis hin zu John Cornwell und Daniel Jonah Goldhagen.[3] Doch trifft das zu? Erfasst die These vom »Versagen« des Papstes und der römisch-katholischen Kirche im Krieg das grundsätzliche Dilemma des Heiligen Stuhls zwischen den Mächten in den Jahren des Krieges?

---

[1] Der vorliegende Beitrag ist eine grundlegend überarbeitete Version meiner Studie »Der Heilige Stuhl und die europäischen Mächte im Vorfeld und während des Zweiten Weltkriegs«, in: K.-J. HUMMEL/Ch. KÖSTERS (Hrsg.), Kirchen im Krieg, S. 25–46.

[2] J. CORNWELL, Pius XII., S. 267.

[3] K. DESCHNER, Mit Gott und den Faschisten; C. FALCONI, Das Schweigen des Papstes; D. J. GOLDHAGEN, Kirche und Holocaust. – Bereits seit der zweiten Hälfte der 1940er Jahre existierte darüber hinaus ein auch im Westen weit verbreitetes Genre kommunistischer Propagandaliteratur, das darauf abzielte, Pius XII. als erklärten Bündnispartner der faschistischen Diktatoren zu denunzieren, mit dem Ziel die Autorität des Papstes als Mahner gegen den Kommunismus in der Nachkriegszeit zu untergraben; vgl. z. B. A. MANHATTAN, Vatican in World Politics.

Inter Arma Caritas

Entgegenhalten lässt sich die päpstliche Maxime: »Inter arma caritas« – zwischen den Waffen die Nächstenliebe[4]: Programmatisch fassen diese Worte das Konzept zusammen, unter dessen Vorzeichen der Vatikan unter Papst Pius XII. durch den Zweiten Weltkrieg zu steuern versuchte. Vor dem Hintergrund dieses Leitbildes und seiner – zu keiner Zeit reibungs- und problemlosen – konkreten Realisierung sollte auch das Verhältnis des Heiligen Stuhls zu den kriegführenden europäischen Mächten und ihren Bündnissen zwischen 1939 und 1945 gesehen werden, wenn eine Basis gefunden werden soll, das Verhalten der »Weltkirche« im Zweiten Weltkrieg sinnvoll und gerecht zu beurteilen.

Nur wenige Tage nach Kriegsbeginn, im September 1939, ordnete Papst Pius XII. an, beim Vatikanischen Staatssekretariat ein Informationsbüro für Kriegsgefangene einzurichten. Bald wurden täglich mehrere hundert Anfragen über das Schicksal von Kriegsgefangenen, Verschollenen, Verschleppten und Deportierten an allen Kriegsschauplätzen bearbeitet. Das europaweit eng geknüpfte Netz der kirchlichen Institutionen war wie kein zweites geeignet, diese Aufgabe zu erfüllen. Wo immer möglich, wurde versucht, die reine »Datenerhebung« und -dokumentation durch konkrete Hilfeleistungen, Besuche in Gefangenen- und Konzentrationslagern, Lieferungen von Lebensmitteln, Kleidung, Medikamenten zu ergänzen. Neben dem Internationalen Roten Kreuz bildete das vatikanische Informationsbüro sehr schnell die wichtigste Anlaufstelle für all jene, die verzweifelt nach ihren verschwundenen Angehörigen fahndeten.

Das humanitäre Engagement führt ins Zentrum des Selbstverständnisses des Heiligen Stuhls von seiner Aufgabe in jenem Krieg, den der Papst trotz angestrengter Diplomatie nicht hatte verhindern können. Die Nächstenliebe »zwischen den Waffen« entsprach dem Bewusstsein einer »universalen Mission« der katholischen Kirche für alle Menschen, nicht nur für die eigene katholische Klientel. »Es liegt in den Traditionen des Heiligen Stuhls, seine universale Friedens- und Liebesmission allen Menschen gegenüber auszuüben, welcher sozialen Schicht oder welcher Religion sie auch immer angehören«, hatte Kardinalstaatssekretär Eugenio Pacelli – der spätere Papst Pius XII. – bereits Anfang April 1933 an den Nuntius Cesare Orsenigo in Deutschland telegraphiert[5]. Die drängende Frage lautete: Auf welche Weise,

---

[4] INTER ARMA CARITAS.
[5] Pacelli an Orsenigo, Città del Vaticano, 4.4.1933, Archivio della Congregazione per gli Affari Ecclesiastici Straordinari, Città del Vaticano (= AES), Germania, Pos. 643, fasc. 158, fol. 4r; vgl., mit weiteren Einzelheiten, den Beitrag »Katholiken und Juden« im vorliegenden Band.

mit welcher Politik den offensichtlich verbrecherischen totalitären Regimen gegenüber, war die »universale Mission« am zweckmäßigsten zu erfüllen? Wie war sie zu vereinbaren mit der engeren Schutz- und Fürsorgepflicht des Papstes gegenüber den Kirchen und Katholiken in den einzelnen Ländern? Hier lag ein offener Zielkonflikt vatikanischer »Außenpolitik« am Vorabend des Zweiten Weltkriegs. Dass zu dessen Lösung Patentrezepte schwer zu finden waren, hatten die Erfahrungen der dreißiger Jahre mit dem nationalsozialistischen Deutschland und dem faschistischen Italien hinlänglich gezeigt.

Traditionelle Leitlinien vatikanischer Außenpolitik

Seit dem Entstehen von Staaten, denen ein Bündnis von Thron und Altar keineswegs mehr selbstverständlich war, bestand die wesentliche diplomatische Aufgabe des Heiligen Stuhles darin, die Stellung und die Rechte der katholischen Kirche in solchen Ländern vertraglich festzuschreiben. Dies geschah – und geschieht noch heute – in Konkordaten, in Vereinbarungen über die Rechte der katholischen Kirche innerhalb des fremden Landes.[6]

Konkordatsdiplomatie und möglichst »stille« Nuntiendiplomatie: Dies entsprach exakt dem Erfahrungshorizont Eugenio Pacellis. Nach Priesterweihe und juristischem Hochschulabschluss war er als Mitarbeiter in die Kongregation für die außerordentlichen kirchlichen Angelegenheiten eingetreten, wo er sich fortan zu *dem* Spezialisten für Konkordate entwickelte. Einen ersten Höhepunkt seiner Tätigkeit stellte das Konkordat mit dem Königreich Serbien vom Juni 1914 dar. Während seiner Zeit als Nuntius in Deutschland folgten, im wesentlichen von ihm ausgehandelt, die Konkordate mit Bayern (1924/25), Polen (1925), Preußen (1929) sowie, von Pacelli als Nuntius noch vorbereitet, mit Baden (1932/33).

Selbst mit Vertretern der kommunistischen Sowjetunion hatte Pacelli zwischen 1924 und 1927 in Berlin über ein Konkordat zu verhandeln versucht – allerdings erfolglos, mit katastrophalen Folgen für die Kirche unter sowjetkommunistischer Herrschaft. Zunächst konnte zwar ein päpstliches Hilfswerk in der Sowjetunion betrieben werden. Nach der alleinigen Machtübernahme Stalins 1927 aber setzte eine Politik der vollständigen Liquidierung jedweder Religion ein, die sich zuerst in einer systematischen Verfolgungswelle und dann im Zuge der »Großen Säuberungen« 1935–1938 entlud und sich mit der Ausweitung des sowjetischen Machtbereiches im Baltikum, in Polen, der Ukraine und Weißrussland fortsetzte. Seit 1937

---

[6] Vgl. zum Nachfolgenden, mit Hinweisen auf die weiterführende Literatur Th. BRECHENMACHER, Teufelspakt, hier S. 597–604.

gab es in Russland keinen amtierenden katholischen Bischof mehr, und die katholische Seelsorge wurde unter hohem Blutzoll von Priestern und Gläubigen in den Untergrund gedrängt.[7]

Hingegen konnte mit einem anderen autoritären Regime, Mussolinis faschistischem Italien, in den Lateranverträgen von 1929 ein außerordentlicher Erfolg erzielt werden. Scheitern mit der Sowjetunion auf der einen, Erfolg mit Italien auf der anderen Seite: In diesem Spannungsfeld vor allem sind Pacellis diplomatische Aktivitäten der 1930er Jahre zu sehen. Die Lehre konnte nur sein: Konkordate sind notwendig, und sie sind, mit den meisten Staatsformen, Monarchie, Demokratie, faschistischem Staat, auch zu erreichen – nur offenbar nicht mit dem kommunistischen Sowjetstaat.

Ähnliche Erfahrungen schienen sich für den Heiligen Stuhl während der 1930er Jahre auch in Spanien anzubahnen: Die dort seit April 1931 bestehende Republik ließ in ihrem Bestreben, den spanischen Staat konsequent zu laisieren, auch extreme Gewaltausbrüche gegen Priester und Klöster zu. Die konservative Wende vom November 1933, mit dem Ziel, Spanien in einen katholisch-korporativen Ständestaat umzuwandeln, blieb Intermezzo: Seit Februar 1936 vollzog die Republik einen erneuten radikalen Linksruck, der schließlich unmittelbar in den Bürgerkrieg führte[8]. Während des Krieges wahrte der Heilige Stuhl grundsätzliche Neutralität, wobei eine gewisse Tendenz für die nationalistische Seite unter General Franco nicht zu übersehen ist. Einerseits hielten die extremen Grausamkeiten der republikanischen Seite gegen Bischöfe, Priester und Ordensangehörige unverändert an, andererseits versprach ein Sieg Francos die traditionell starke Rolle der katholischen Kirche in Spanien wiederherzustellen[9]. Ähnliche

---

[7] Neue seriöse Schätzungen gehen davon aus, dass bis 1941 etwa 350.000 orthodoxe Christen wegen ihres Glaubens verfolgt wurden, darunter 140.000 Geistliche; allein 1937 wurden 150.000 Gläubige verhaftet, 80.000 von ihnen ermordet; im Kerngebiet der Sowjetunion waren vor Beginn des Krieges 1941 im Vergleich zu den ausgehenden 1920er Jahren weniger als fünf Prozent der Geistlichen und Gotteshäuser übriggeblieben. Vgl. M. V. ŠKAROVSKIJ, Die russische Kirche unter Stalin; vgl. auch A. RHODES, Der Papst und die Diktatoren, S. 111–119.

[8] Ein guter Überblick bei C. COLLADO SEIDEL, Der Spanische Bürgerkrieg, S. 15–60; detaillierter A. RHODES, Der Papst und die Diktatoren, S. 95–110.

[9] Pius XI. betonte die grundsätzliche Neutralität des Heiligen Stuhls im Spanischen Bürgerkrieg in einer Ansprache vor spanischen Pilgern am 14.9.1936; diese Position wiederholte der »Osservatore Romano« am 21.10.1937. Anfang Juli 1937 hatten sich zwar die spanischen Bischöfe für Franco erklärt, nicht jedoch der Heilige Stuhl. Vgl. A. RHODES, Der Papst und die Diktatoren, S. 104f., hier S. 106 auch Angaben zur Zahl der während des Bürgerkrieges ermordeten Kleriker; Ph. CHENAUX, Pie XII, S. 203f., 219.

Erwägungen galten für die Position des Heiligen Stuhls zu dem »christlichen Ständestaat« in Österreich[10]. Ihn kennzeichnete keine dezidert antiklerikale Ideologie, sondern im Gegenteil, eine defensive Haltung gegenüber dem ihn bedrohenden kirchenfeindlichen Nationalsozialismus. Die katholische Kirche in Österreich war, bei aller grundsätzlichen Ablehnung faschistischer Importe, etwa in der Jugendarbeit, dazu bereit, einen »Kopiefaschismus« zu stützen, um den Nationalsozialismus zu verhindern. Insofern agierte sie als »Bündnispartner« des Ständestaates, nicht als dessen Gegner.

Lässt sich aus diesen Beispielen eine größere Geneigtheit der Kirche autoritären Staaten gegenüber ablesen, solange diese der Kirche Spielraum zubilligten (und auch Konkordate zu schließen und einzuhalten bereit waren), steht demgegenüber doch festzuhalten, dass von einer bedingungslosen Unterstützung faschistischer Regime durch den Heiligen Stuhl nirgends die Rede sein kann. Der Heilige Stuhl focht mit dem falangistischen Franco-Regime jahrelange Konflikte über die Besetzung der Bischofsstühle in Spanien aus; in den vom nationalsozialistischen Deutschland kontrollierten »Satellitendiktaturen« in Ungarn (Horthy/Szálasi), der Slowakei (Tiso, laut Unterstaatssekretär Tardini »ein Verrückter«[11]) und Kroatien waren die gegenseitigen »Beziehungen« von permanenten Auseinandersetzungen über die Rolle der Kirche und über die Verfolgung der Juden geprägt[12]. Als besonders heikel erwies sich die seit 1941 in Kroatien wütende Ustascha-Diktatur Pavelićs, die sich selbst »katholisch« nannte. Zwar hatte der Heilige Stuhl das Pavelić-Regime zunächst sogar begrüßt, ging aber auf deutliche Distanz, als sich dessen außerordentliche Gewalttätigkeit gegen die orthodoxen Serben und die Juden offenbarte. Der Aufforderung Pavelićs, den gegen Massaker und Judenverfolgung opponierenden Erzbischof Stepinac von Zagreb abzusetzen, leistete Pius XII. selbstverständlich nicht Folge[13].

Neben der Sicherung kirchlichen Lebens in den Ländern durch Konkordate arbeitete der Heilige Stuhl während des ersten Drittels des 20. Jahrhunderts an einer neuen Aufgabe, einem neuen, über die engeren katholischen Belange hinausführenden weltpolitischen Rollenbild. Vor allem durch die Initiativen Papst Benedikts XV. während des Ersten Weltkrieges konnte sich der Vatikan als un- und überparteiliche Friedensinstanz etablieren. Die von Victor Conzemius so genannte »passion de la neutralité« und die

---

[10] E. HANISCH, Österreichische Gesellschaftsgeschichte, S. 314. Vgl. auch den Beitrag von Matthias Stickler in diesem Band.
[11] Notiz Tardinis, 27.3.1942, in: P. BLET/A. MARTINI/B. SCHNEIDER/R. GRAHAM (Hrsg.), Actes et Documents du Saint-Siège (= ADSS) VIII, S. 479.
[12] Vgl. die einschlägigen Kapitel in ADSS, hier insbes. die Bde. VIII–X.
[13] A. RHODES, Der Papst und die Diktatoren, S 280–292, hier insbes. S. 288f.; P. BLET, Papst Pius VII., S. 182–185.

»obsession de la paix« prägten fortan den außenpolitischen Auftritt des Heiligen Stuhls[14]. Auch die »universale Mission«, die »caritas inter arma«, wurde bereits zwischen 1914 und 1918 durch eine vatikanische Kriegsgefangenenhilfe praktiziert, an die das Informationsbüro der Jahre 1939 bis 1945 wieder anknüpfte[15]. Pacelli erwies sich nicht nur darin als gelehriger Schüler Benedikts XV.

Bei der Beurteilung der »leidenschaftlichen Neutralität« sollte gerade mit Blick auf den Beginn der dreißiger Jahre ein weiteres Moment nicht außer Acht bleiben. Zwar hatte sich der Heilige Stuhl, dessen Territorium, der Kirchenstaat, 1870 dem Ansturm der italienischen Nationaltruppen zum Opfer gefallen war, während der Pontifikate Leos XIII. (1878–1903), Pius' X. (1903–1914) und Benedikts XV. (1914–1922) erneutes weltweites Ansehen auch ohne weltliche Machtbasis erworben. Jedoch wurde der Zustand der »Gefangenschaft des Papstes« im Vatikan, mitten im italienischen Staat, zunehmend als unerträglich empfunden. Durch die mit Mussolini 1929 geschlossenen Lateranverträge erhielt der Heilige Stuhl mit dem »Vatikanstaat« nach sechzig Jahren wieder ein völkerrechtlich definiertes Territorium. Allerdings hatte er sich zu außenpolitischer Neutralität verpflichten müssen, um – wie es im Lateran-Staatsvertrag hieß – seiner »Friedensmission«, seiner »moralischen und geistlichen Macht« unangefochten gerecht werden zu können[16]. Was für den Papst eine ehrenvolle Anerkennung als »Macht über den Mächten« bedeutete, interpretierte der italienische Diktator eher als eine Art politischer Ruhigstellung des Heiligen Stuhls: Verstoß gegen die Neutralitätsverpflichtung konnte als Verstoß gegen den Staatsvertrag aufgefasst werden. Diese Klausel veranlasste die päpstliche Politik zu einer gewissen wohlwollenden Rücksichtnahme gegenüber dem faschistischen Mussolini-Regime und nach 1933 vielleicht auch gegenüber dem verwandten, mit Italien schließlich verbündeten nationalsozialistischen System in Deutschland. Denn die frisch errungene staatliche Souveränität sogleich wieder akut zu gefährden, lag nicht im Interesse des Heiligen Stuhls.

Die Fiktion der »Unparteilichkeit«

Der Zweite Weltkrieg teilte Europa: in jene Staaten, die mit dem nationalsozialistischen Deutschland paktierten und die Staaten der »Anti-Hitler-Koalition« sowie die neutralen Länder, die gleichwohl vom Kriegsgeschehen

---

[14] V. CONZEMIUS, Eglises chrétiennes, S. 469.
[15] M. VALENTE, Eugenio Pacelli, S. 246–287.
[16] Trattato e Concordato con l'Italia, 11.02.1929, in: A. MERCATI (Hrsg.), Raccolta di Concordati, S. 84–103; hier Trattato, Art. 24.

nicht unberührt blieben. Die Kriegsgegner waren von Deutschland und seinen Verbündeten okkupiert, in ganz unterschiedlicher Art und Ausdehnung militärisch annektiert oder aber unbesetzt. Damit ging die ganze Brandbreite der Unterdrückung von werbender Unterstützung bis zur hemmungslosen Ausbeutung und Vernichtung der einheimischen Bevölkerung durch die Besatzer und ihre Kollaborateure einher, was eine unterschiedlich praktizierte Religionspolitik einschloss. Das dynamische Kriegsgeschehen ereignete sich vor dem Hintergrund eines religiös-konfessionell vielgestaltigen Europas, dessen Länder die konfessionelle Identität in ganz unterschiedlicher Weise mit ihrem nationalen Bewusstsein verbanden[17]. Wie konnten Papst und Heiliger Stuhl in diesem aus den Fugen geratenen europäischen Machtgefüge handeln?

Erzeugten schon die äußeren Kriegsumstände schwierige Rahmenbedingungen, so wurden die päpstlichen Handlungsspielräume dadurch weiter erschwert, dass der Heilige Stuhl keineswegs zu allen europäischen Nationen gleich gute diplomatische Verbindungen unterhielt. Für das italienische Mussolini-Regime, das die Beziehungen zum Heiligen Stuhl 1929 in den Lateranverträgen geregelt hatte, gab es gerade im Vergleich zum nationalsozialistischen Deutschland im italienischen Episkopat und Klerus, aber auch im Vatikan nicht zu übersehende Sympathien. Der ehemalige Staatssekretär Gasparri und der Nuntius beim italienischen Staat, Borgongini Duca, waren nicht die einzigen vatikanischen Politiker, die den Faschismus für eine legitime Äußerung des italienischen Nationalgefühls hielten, an dem zu partizipieren den Katholiken nicht untersagt werden könne. Unmissverständlich aber war die päpstliche Kritik an der von Mussolini seit 1937 konsequent betriebenen Rassenpolitik[18].

In Deutschland war das Verhältnis der katholischen Kirche zum Staat durch das 1933 abgeschlossene Reichskonkordat geregelt. Seine völkerrechtlich bindenden Bestimmungen hatten die Nationalsozialisten allerdings seitdem offen gebrochen oder doch zumindest ausgehöhlt. Insbesondere das Beharren der deutschen Bischöfe auf dem noch verbliebenen defensiven Charakter des Vertrages hielten Papst und Kurie davon ab, den päpstlichen Grundsatz der Vereinbarungstreue zu verlassen und 1937 das Konkordat aufzukündigen[19]. Die Opposition zum Nationalsozialismus war an der

---

[17] Vgl. K.-J. HUMMEL/Ch. KÖSTERS (Hrsg.), Kirchen im Krieg.
[18] Vgl. mit weiterführenden Literaturhinweisen Th. BRECHENMACHER, Der Vatikan und die Juden, S. 190–192.
[19] Vgl. K. REPGEN, Robert Leiber, S. 25–36, hier S. 35. Die diplomatischen Beziehungen unbedingt aufrechtzuerhalten, war am 20.6.1937 auch Konsens in der Kongregation für die außerordentlichen kirchlichen Angelegenheiten gewesen, »weil die Katholiken in der Person des Apostolischen Nuntius die Gegenwart

Kurie sehr viel ausgeprägter und grundsätzlicher als diejenige gegenüber dem italienischen Faschismus. Die Enzyklika »Mit brennender Sorge« hatte im März 1937 weltweit unüberhörbar zum Ausdruck gebracht, dass weder für Pius XI. noch für seinen Kardinalstaatssekretär und späteren Nachfolger Pacelli ein Weg vom nationalsozialistischen Neuheidentum zum Christentum führte[20]. »Die Gegnerschaft des Vatikans gegen das Neuheidentum des Nationalsozialismus ist fundamental«, stellten 1938 jüdisch-zionistische Politiker mit Befriedigung fest. Und so ausgeprägt (und begründet) der Anti-Kommunismus beim Heiligen Stuhl war, so wenig konnte diese Haltung eine Kooperation mit dem Nationalsozialismus rechtfertigen; für die Zeit nach dem Juni 1941 wird sogar eher von einer umgekehrten Konstellation auszugehen sein, hielt sich die Kirche doch in diesen Jahren mit Aussagen gegen den Kommunismus zurück, der nun auf der Seite der Alliierten gegen den Nationalsozialismus kämpfte.

Anders als zu Deutschland, Italien oder auch Frankreich bestanden 1939 keine offiziellen diplomatischen Verbindungen des Heiligen Stuhls zu den bis zu ihrem Kriegseintritt im Dezember 1941 offiziell neutralen USA. Umso bemerkenswerter erscheint vor diesem Hintergrund die offensichtliche Annäherung zwischen Vatikan und Vereinigten Staaten. Seit Pacelli auf seiner großen Nordamerikareise im Herbst 1936 den amerikanischen Präsidenten Franklin D. Roosevelt kennengelernt hatte, suchte er den Kontakt zu intensivieren und 1938 eine Gegenkoalition der Moralität zu bilden, wie Kardinalstaatssekretär Pacelli dem amerikanischen Präsidenten in einem Memorandum mitteilen ließ[21]. Das veränderte Verhältnis zwischen Heiligem Stuhl und den Vereinigten Staaten kam Ende 1939 durch die Ernennung des Präsidenten-Vertrauten Myron C. Taylor zum persönlichen Repräsentanten Roosevelts beim neuen Papst Pius XII. sichtbar zum Ausdruck.

Friedensvermittlung und »universale Mission« für alle Opfer des Krieges, Einsatz für Recht und Gerechtigkeit: das waren die großen Themen

---

des Heiligen Vaters sehen, und weil der Nuntius die am besten geeignete Person ist, um sowohl Rom mit Informationen zu versorgen als auch die Anweisungen des Heiligen Stuhls zu übermitteln.« AES, Stati Ecclesiastici, Rapporti delle sessioni, Anno 1937, Nr. 1376, ohne Foliierung.

[20] Einzelheiten bei Th. BRECHENMACHER, Enzyklika »Mit brennender Sorge«.

[21] Angesichts der »Wirren der Gegenwart« steige die Notwendigkeit, in enger Verbindung »mit den höchsten moralischen Mächten der Welt« zu bleiben, »die sich zu Zeiten machtlos und isoliert fühlen in ihrem täglichen Kampf gegen alle Arten politischer Exzesse aus den Reihen der Bolschewiken und der neuen, den jungen ›arischen‹ Generationen entwachsenden Heiden.« Memorandum Pacellis für Joseph P. Kennedy, 19.4.1938 (John F. Kennedy Library, Boston); http://www.americamagazine.org/content/article.cfm?article_id=3129 (Stand: 8.4.2008); Ch. R. GALLAGHER, »Personal, Private Views«, S. 8–10.

Pius' XII. während des Krieges. Weil dies alles jedoch nicht ohne Urteilen und Verurteilen möglich war, musste das Konzept der strikten Unparteilichkeit immer fragwürdiger erscheinen. Eigentlich hatte Pius selbst noch als Kardinalstaatssekretär Pacelli dieses Konzept zugunsten der Westmächte bereits verletzt, als er 1938 Roosevelt gegenüber die »Koalition der Moralität« anregte, derweil die Westmächte die Tschechoslowakei der außenpolitischen Aggression Hitlers überließen. Er verletzte es ein zweites Mal, als er Anfang 1940 in mehreren Geheimaudienzen den Kontakt zwischen deutschem militärischen Widerstand und britischer Regierung herzustellen half, mit dem Ziel, Hitler von zwei Seiten zu stürzen, durch einen aufgrund des Verrats militärischer Operationspläne möglichen Sieg der Briten vor Skandinavien sowie durch den gleichzeitigen Aufstand hoher deutscher Wehrmachtsoffiziere. Doch die Konspiration misslang, die deutschen Truppen rückten schnell in Dänemark und Norwegen vor und dieser weitere militärische Erfolg Hitlers schwächte wiederum die Gruppe der zum Widerstand Entschlossenen[22].

Im Mai 1940 schließlich prangerte der Papst die Verletzung der Neutralität der Benelux-Länder durch die deutschen Truppen in drei an die Königin der Niederlande, den König von Belgien und die Großherzogin von Luxemburg gerichteten und drei Tage später im »Osservatore Romano« veröffentlichten Telegrammen an[23]. Pius XII. äußerte die Hoffnung auf Wiedereinsetzung der Monarchen in »Freiheit« und »Gerechtigkeit«. Das war eine kaum missxuverstehende Stellungnahme zur völkerrechtswidrigen deutschen Aggression, aber auch ein Zeichen gegen einen möglichen, am 10. Juni dann tatsächlich erfolgenden Kriegseintritt Italiens, das in den Reihen der Faschisten sehr wohl verstanden wurde[24]. Der »Osservatore Romano« ging noch weiter und kommentierte, zweifellos mit päpstlicher Billigung: »Der von Deutschland entfesselte totale Krieg hat sich eindeutig

---

[22] Vgl. P. LUDLOW, Papst Pius XII., S. 299–341; knapp auch M. FELDKAMP, Pius XII. und Deutschland, S. 135f.

[23] Pius XI. an König Leopold von Belgien, Königin Wilhelmine von den Niederlanden und Großherzogin Charlotte von Luxemburg, 10.5.1940, in: ADSS I, S. 444f; die Veröffentlichung im »Osservatore Romano« erfolgte in der Ausgabe Nr. 111 vom 13./14. Mai 1940, S. 6.

[24] Das machte die Aussprache Pius XII. mit dem italienischen Botschafter beim Heiligen Stuhl, Alfieri, am 13. Mai 1940 deutlich. Alfieri drohte Pius XII. unverblümt, er könne nicht ausschließen, daß »sich etwas Schwerwiegendes [gegen den Papst] ereignen könnte.« Dem entgegnete »der Heilige Vater […], er habe keine Angst davor, zu sterben, und sei es in einem Konzentrationslager. […] Der Papst könne in bestimmten Situationen nicht schweigen.« Aufzeichnungen Montinis über die Audienz von Botschafter Alfieri bei Pius XII., 13.5.1940, in: ADSS I, S. 453–455.

als ein erbarmungsloser Vernichtungskrieg enthüllt, der im Widerspruch zum Kriegsrecht geführt wird.«[25] »Koalition der Moralität« und Unterstützung des deutschen Widerstands via Großbritannien waren Aktivitäten des Papstes im Verborgenen; wiederholt schreckte Pius XII. vor seiner eigenen Courage wieder zurück. Musste nicht nach außen wenigstens die Hülse der Unparteilichkeit erhalten bleiben, um die von der »caritas inter arma« geforderten Hilfsmaßnahmen in den vom Krieg betroffenen Ländern durchführen zu können und die Opfer durch »zu lautes« Sprechen nicht noch mehr zu gefährden sowie auch, um den Katholiken besonders in Deutschland nicht den Eindruck zu vermitteln, der Papst kehre sich von ihnen ab? Dem italienischen Botschafter gegenüber brachte Pius diese Erwägungen am 13. Mai 1940 auf den Punkt. Angesichts des deutschen Wütens in Polen müsste der Papst, »Worte des Feuers« schleudern, »doch einzig das Wissen, daß Unser Sprechen die Situation der Unglücklichen nur noch verschlimmern würde, hindert Uns daran.«[26] Trotz des fundamentalen Dissenses über die Teilnahme am Krieg blieb die Situation der Kirche in Italien so »günstig«, dass der Heilige Stuhl seiner »universalen Mission«, in erster Linie also der Kriegsopferhilfe, bis zum Sturz Mussolinis und der Besetzung Nord- und Mittelitaliens durch deutsche Truppen Anfang September 1943 relativ unbehelligt nachgehen konnte[27].

Die wegen dieses Grunddilemmas zögernde Haltung des Papstes führte zu Spannungen mit den Alliierten, deren Ziel darin bestand, den Heiligen Stuhl offen auf ihre Seite zu ziehen. So intervenierte etwa der Botschafter Frankreichs im Mai 1940, jenen Tagen, in denen die Wehrmacht in Frankreich eindrang, Pius XII. möge die Verletzung der Neutralität der Benelux-Länder noch deutlicher anprangern, als er es in seinen Telegrammen an die Monarchen bereits getan hatte[28]. Nach der Radio-Ansprache des Papstes zu Weihnachten 1942, die allgemein als die äußerste und deutlichste Form des öffentlichen Protestes gilt, der von Pius XII. gegen Nationalsozialismus und Judenverfolgung zu vernehmen war, fragte der Stellvertreter Myron Taylors, Harold Tittmann, beim Papst nach, wen er denn gemeint habe, als er der »vielen Hunderttausend Menschen« gedachte, »die ohne den Hauch

---

[25] Zit. nach J. M. Sánchez, Pius XII. und der Holocaust, S. 35.
[26] Aufzeichnungen Montinis über die Audienz von Botschafter Alfieri, in: ADSS I, S. 455.
[27] Vgl. den Beitrag »Die Kirche und die Juden« im vorliegenden Band.
[28] Aufzeichnungen Magliones, 13./14.5.1940, in: ADSS, S. 453, 457. Die Telegramme wurden im »Osservatore Romano« veröffentlicht und klar kommentiert: »Der von Deutschland entfesselte totale Krieg hat sich eindeutig als ein erbarmungsloser Vernichtungskrieg enthüllt, der im Widerspruch zum Kriegsrecht geführt wird.« Zit. nach J. M. Sánchez, Pius XII. und der Holocaust, S. 35.

einer eigenen Schuld, sondern allein aufgrund ihrer Nationalität oder ihrer Herkunft zum Tod oder zu langsamer Verelendung verurteilt sind.«[29] Pius antwortete, es sei doch »jedem klar geworden, dass er auf die Polen, Juden und Geiseln verwiesen habe.«[30] Hätte er, fügte Pius hinzu, die Nationalsozialisten beim Namen genannt, hätte er im gleichen Atemzug auch »die Bolschewisten« erwähnen müssen, und dies wiederum hätte sicher den USA und Großbritannien missfallen, an deren Seite ja die Sowjetunion gegen NS-Deutschland kämpfe[31].

Obwohl nicht wenige Politiker, Diplomaten, Beobachter der alliierten Seite die Worte des Papstes für zu allgemein hielten, wurden sie in Berlin verstanden. Das Reichssicherheitshauptamt analysierte die Weihnachtsbotschaft im Januar 1943. Der Papst habe in ihr, so eines der Ergebnisse, »seinen grundsätzlichen Gegensatz [...] zum Nationalsozialismus« bekundet. »Auch wenn er seinen Namen nicht nennt.« Er habe »praktisch dem deutschen Volk ein Unrecht an Polen und Juden vorgeworfen. [...] Der Papst macht sich zum Fürsprecher und Vorkämpfer für diese wahrsten Kriegsverbrecher.«[32] Wie bereits zwei Jahre zuvor der Botschafter Italiens[33] ließ nun der deutsche Außenminister von Ribbentrop Pius XII. Vergeltungsmaßnahmen für den Fall androhen, dass der Heilige Stuhl seine traditionell neutrale Haltung aufzugeben beabsichtige. Mit der Besetzung Roms durch deutsche Truppen im September 1943 gewann diese Bedrohung eine neue Qualität.

Gerade das Schicksal der Ewigen Stadt musste dem Papst besonders am Herzen liegen. Seit der Götterdämmerung des Mussolini-Regimes im Frühjahr 1943 entfaltete die kuriale Politik intensive Aktivitäten, um bei den kriegführenden Parteien die Anerkennung Roms als offene, also von Kriegshandlungen verschonte Stadt zu erreichen[34]. Doch von dem zwischen den Fronten agierenden, von Unparteilichkeit geleiteten und auf Neutralität bedachten Papst ließen sich weder der von einer militärischen

---

[29] Radiobotschaft Pius' XII. zu Weihnachten 1942, in: ADSS VII, S. 161–167, Zit. S. 166.

[30] Bericht des amerikanischen Diplomaten Leland Harrison an Außenminister Cordell Hull, 5.1.1943, in: Foreign Relations of the United States. Diplomatic Papers (FRUS) 1943, Bd. 2, S. 911f., hier zit. nach J. M. SÁNCHEZ, Pius XII. und der Holocaust, S. 39. Die Episode ist auch nachzulesen in: H. H. TITTMANN, Il Vaticano di Pio XII., S. 121.

[31] H. H. TITTMANN, Il Vaticano di Pio XII., S. 121, in ähnlichem Wortlaut, S. 122.

[32] Bericht des RSHA, 22.1.1943, aus dem Politischen Archiv des Auswärtigen Amts publiziert in: A. RHODES, Der Papst und die Diktatoren, S. 233–235, Zit. S. 233, 235.

[33] Vgl. Aufzeichnungen Montinis über die Audienz von Botschafter Alfieri bei Pius XII., in: ADSS I, S. 453–455.

[34] Dazu allg. P. BLET, Papst Pius XII., S. 206–230.

Option bestimmte Churchill noch der italienische König beeindrucken, den Pius XII. auf Drängen der Vereinigten Staaten diplomatisch verklausuliert zur Loslösung von Mussolini aufgefordert hatte. Am 19. Juli 1943 bombardierten amerikanische Geschwader zum ersten Mal Rom.[35] Pius XII. begab sich persönlich in die betroffenen Viertel, um mit der Bevölkerung zu beten. Sein Befremden über die militärische Aktion gegen die Ewige Stadt gab der Papst in Washington schriftlich kund[36].

Spielball der Mächte

Diese wenigen aber doch typischen Beispiele zeigen, zu welchen Gratwanderungen der Heilige Stuhl zwischen den kriegführenden Mächten genötigt war. »Unparteilich«, nicht zwischen den Parteien, sondern vielmehr über den Parteien versuchte Pius XII. seine eigene Position als Repräsentant des »göttlichen Rechts« zu bestimmen. Dass sich Nationalsozialismus und Faschismus als Ideologien wie als verbrecherische Regime außerhalb dieses »göttlichen Rechts« bewegten, stand außer Frage; dass auf der anderen Seite zumindest die westlichen Alliierten, wenn schon nicht für das göttliche Recht, so doch wenigstens für Recht und Gerechtigkeit nach menschlichen Begriffen kämpften, war ebenso eindeutig. Trotzdem konnte der Papst, um seiner »universalen Mission« willen nicht ohne weiteres auf deren Seite übergehen. So wurde der nach außen unparteiliche Heilige Stuhl zum Ziel der Begehrlichkeiten und des Drucks von beiden Seiten. Denn zur moralischen Rechtfertigung des eigenen kriegerischen Vorgehens wäre die Stimme des Papstes Gold wert gewesen, und als Mittel psychologischer Kriegsführung wurde sie auch weidlich benutzt, ob nun mit ihrer wahren oder mit einer gefälschten Botschaft. Der Goebbels-Apparat setzte zur »Volksaufklärung« in Polen einen manipulierten Text der Antrittsenzyklika Pius' XII. von 1939 in Umlauf, um die Bevölkerung durch den Eindruck zu demoralisieren, der Papst unterstütze und bete für die *Deutschen* und nicht, wie Pius in Wirklichkeit geschrieben hatte, für die *Polen*[37]. Im Gegenzug warfen französische Flugzeuge zehntausende Flugblätter mit dem originalen Text der Enzyklika über Deutschland ab[38].

Von einer derartigen Rolle als gerngesehener moralischer Legitimationslieferant abgesehen, war dem Heiligen Stuhl im blutigen Krieg zwischen 1939 und 1945 keine tragende Stimme zugewiesen. Er war doch eher »Spielball

---

[35] Vgl. P. BLET, Papst Pius XII., S. 213.
[36] Pius XII. an Roosevelt, 20.7.1943, in: ADSS VII, S. 502–504.
[37] O. CHADWICK, Britain and the Vatican, S. 85.
[38] J. M. SÁNCHEZ, Pius XII. und der Holocaust, S. 33.

der Mächte« denn wirklicher Akteur. Der Traum des Papstes von der großen Friedensstiftung zerstob dort schnell, wo die reale Macht zählte, um Interessen politisch und nötigenfalls auch militärisch durchzusetzen. »Der Papst: wieviele Divisionen hat er?«, fragte zynisch Josef Stalin. Bereits vor dem Beginn des Krieges hatte sich das Scheitern der Friedensvision und -mission Pacellis abgezeichnet. Nachdem sich die europäische Lage im März 1939 durch den Übergriff Hitlers auf die »Rest-Tschechei« dramatisch zugespitzt hatte und ein Krieg unabwendbar schien, appellierte der frischgewählte Papst Pius XII. an die Mächte Deutschland, Italien, England, Frankreich und Polen und lud zu einer Fünf-Mächte-Konferenz, um die Explosion des europäischen Pulverfasses zu verhindern. Das Echo auf diese päpstliche Friedensinitiative vom April 1939 war schlicht kläglich. Alle Eingeladenen, sogar das akut bedrohte Polen, sagten höflich aber deutlich ab[39]. Für sie war die Zeit des Verhandelns offenkundig bereits abgelaufen.

Fluchthilfe für Kriegsverbrecher?

Zu den häufig erhobenen, jedoch in seinen einzelnen Facetten mit am schlechtesten erforschten Vorwürfen gegen »den Vatikan«, zählt derjenige der »Rattenlinie«: »der Vatikan« beziehungsweise einzelne seiner höheren und hohen Würdenträger sollen demzufolge nach 1945 zahlreichen NS- und anderen faschistischen Kriegsverbrechern, vor allem Aktivisten des kroatischen Ustascha-Regimes und des slowakischen Tiso-Staates, zur Flucht nach Übersee, speziell Süd- und Mittelamerika, verholfen haben. Die Mythenbildung auf diesem Gebiet, an der – wie neuerdings nachgewiesen wurde[40] – 1961 auch der Staatssicherheitsdienst der DDR aktiv mitgewirkt hat – ist weit fortgeschritten und überwuchert vielfach den realen Kern des Geschehens. Der argumentative Kreis schließt sich, wenn wie im Falle des Rektors des deutschen Priesterkollegs Santa Maria dell'Anima, Bischof Alois Hudal, die Fluchthilfe für NS-Kriegsverbrecher mit dessen ambivalenten und von Pacelli massiv kritisierten Sympathien für den Nationalsozialismus zusammengesehen werden kann[41].

---

[39] Vgl. P. BLET, Papst Pius XII., S. 1–22.
[40] H. SCHNEPPEN, Odessa und das Vierte Reich, S. 61–70.
[41] In den 1930er Jahren hatte Hudal versucht, einen »guten« vom »schlechten« Nationalsozialismus zu trennen, um schließlich ein Bündnis zwischen »gutem« Nationalsozialismus und katholischer Kirche zu propagieren. Allerdings hatte dieser »Versöhnungsversuch« Hudal in den Augen Pius' XI. und auch Pacellis diskreditiert und ihm jede weitere Karriere im Vatikan verbaut. Dazu jetzt im einzelnen K.-J. HUMMEL, Hudal, S. 85–113; D. BURKARD, Alois Hudal, S. 61–89.

Ein seriöses wissenschaftliches Urteil wird von allen Verschwörungstheorien über geheime Fluchthilfeorganisationen (»Odessa«), die in systematischer Zusammenarbeit mit Klöstern (»Klosterlinie«) und dem Heiligen Stuhl, gar unter Billigung des Papstes selbst, Kriegsverbrecher unter Mitnahme erheblicher Vermögenswerte (»Bormann-Schatz«) nach Südamerika verschifften, Abstand nehmen müssen[42]. Tatsächlich ergoss sich nach dem Zusammenbruch Nazi-Deutschlands und dem Vorrücken der Roten Armee über Osteuropa hinweg ein nicht versiegender Strom von Flüchtlingen nach Italien. Zwischen 100.000 und einer Million »Displaced Persons« versuchten über die Häfen von Rom, Triest, Venedig, vor allem aber Genua Europa zu verlassen. Unter ihnen befanden sich zahlreiche als Kriegsverbrecher und Verbrecher gegen die Menschlichkeit gesuchte Funktionsträger aller Hierarchieebenen des NS- und SS-Staates. Um nur einige zu nennen: der Kommandant des Vernichtungslagers Treblinka, Franz Stangl, die Ghettokommandanten Josef Schwammberger und Eduard Roschmann, KZ-Arzt Josef Mengele, SS-Hauptsturmführer Erich Priebke, mitverantwortlich für die Geiselerschießungen bei den »Fosse Ardeatine« nahe Rom, SS-Standartenführer Erich Müller (»Gestapo-Müller«) sowie – der markanteste Fall – Adolf Eichmann.

Die untertauchenden Kriegsverbrecher konnten auf ihrem Weg über Italien in Richtung Südamerika von mehreren Faktoren profitieren: Das administrative Chaos, dem sich die Hilfsorganisationen, allen voran das Internationale Komitee des Roten Kreuzes, aber auch das 1944 gegründete Päpstliche Hilfswerk (Pontificia Commissione Assistenza, PCA) ausgesetzt sahen, das Interesse vor Ort, die Flüchtlingsströme möglichst schnell und ungehindert aus Italien »abfließen« zu lassen, schließlich das ostentative Interesse der süd- und mittelamerikanischen Aufnahmeländer – und zeitweise wohl auch der US-amerikanischen Geheimdienste – vor allem »Antikommunisten« aus Europa zu requirieren. Den Weg in die neue Heimat ebnete in der Regel eine neue persönliche Identität, die aus der Täter- eine Opferbiographie machte. Ein Reisedokument des Internationalen Roten Kreuzes war leicht zu beschaffen, da die behauptete Identität kaum zu überprüfen war; um ganz sicher zu gehen, genügte die Empfehlung einer kirchlichen Hilfsorganisation oder gar eines kirchlichen Würdenträgers. Kaum ein Kirchenmann weigerte sich unter den gegebenen Umständen, einem »vom

---

[42] Zu den nur mit Vorsicht zu benutzenden, spekulativen, teils Irrtümer verbreitenden Werken zählen G. SERENY, Gespräche mit Franz Stangl; E. KLEE, Persilscheine; U. GONI, Odessa. – Eine knappe aber ausgewogene Darstellung, leider ohne wissenschaftlichen Apparat bei W. KALTEFLEITER/H. OSCHWALD, Spione im Vatikan, S. 192–204. Den fundiertesten neueren Abriss zum Thema gibt H. SCHNEPPEN, Odessa und das Vierte Reich.

Kommunismus verfolgten Katholiken« den Wunsch nach Unterstützung bei der Ausreise abzuschlagen. Im Falle des »Ricardo Klement« alias Adolf Eichmann leistete diesen Dienst ein ungarischer Franziskanerpater in Genua, ohne über die wahre Identität des Flüchtlings im Bilde zu sein[43].

Nach diesem Muster liefen wohl die meisten »Fluchthilfen« kirchlicher Einrichtungen und Funktionsträger für Kriegsverbrecher ab: In von Fall zu Fall unterschiedlichen Dosierungen wirkte eine Mischung aus Überforderung, Gutgläubigkeit, falsch verstandener christlicher Nächstenliebe, vermeintlicher katholischer und antikommunistischer Solidarität, die sicherlich dazu angetan war, Verdachtsmomente in einzelnen Fällen zu überspielen. Idealistische Helfer, wie Pallottinerpater Anton Weber, der während des Krieges ein Hilfswerk für Juden betrieben hatte[44], wurden von flüchtenden Kriegsverbrechern mitunter schlicht ausgenutzt. Allerdings liegen auch deutlich problematischere Fälle vor. Die PCA delegierte ihre Arbeit seit Kriegsende auf nationale Unterkomitees, um die Flüchtlingswelle besser bewältigen zu können. Diese Unterkomitees arbeiteten weitgehend autonom, ohne Kontrolle durch die Zentrale. Ein Netzwerk besonderer Art bildete sich um den kroatischen Pater Krunoslav Draganovic, der als zentrale Kontaktfigur für Kroatien-Flüchtlinge in Rom fungierte, unter ihnen auch die Führungsgruppe des Ustascha-Regimes, einschließlich ihres »Poglavnik« Pavelić. Dieser und ca. 30 weitere kroatische Kriegsverbrecher entkamen mit Unterstützung Draganovics in Richtung Argentinien, zwar ebenfalls mit neuer Identität, aber doch wohl mit Wissen des Fluchthelfers, um welchen Personenkreis es sich wirklich handelte[45].

Bischof Hudal erhielt bis 1950 für seine Tätigkeit Mittel der PCA als Leiter des österreichischen Unterkomitees. Unter deutschen und österreichischen Flüchtlingen war bekannt, dass der Rektor ihren Anliegen sehr aufgeschlossen gegenüberstand; insgesamt scheint Hudal in etwa 1.500 Fällen Hilfe zur Ausreise geleistet zu haben, wobei jedoch betont werden muss, dass sich darunter lediglich wenige NS-Kriegsverbrecher befanden. Zu ihnen zählten aber immerhin Franz Stangl, Otto Gustav Wächter, Gouverneur des Distrikts Galizien, sowie der ehemalige Kreisleiter von Braunschweig, Bernhard Heilig, der längere Zeit im Anima-Kolleg gewohnt haben soll[46]. Zur Flucht Eichmanns hingegen half der Rektor des Priesterkollegs aller

---

[43] Vgl. dazu jetzt im Detail D. CESARANI, Adolf Eichmann.
[44] Vgl. dazu den Beitrag über »Kirche und Juden« im vorliegenden Band, S. 125.
[45] H. SCHNEPPEN, Odessa und das Vierte Reich, S. 188; W. KALTEFLEITER/H. OSCHWALD, Spione im Vatikan, S. 195.
[46] H. SCHNEPPEN, Odessa und das Vierte Reich, S. 44.

Wahrscheinlichkeit nach nicht[47]. Auch Alois Hudal dürfte über die wahren Identitäten der fliehenden NS-Funktionäre nicht durchweg informiert gewesen sein; möglicherweise war er an besserem Wissen aber auch gar nicht interessiert. Seinen Ehrbegriffen schien die Versicherung genügt zu haben, deutschen und obendrein vom Kommunismus verfolgten Wehrmachtsoffizieren aus einer prekären Lage helfen zu können. Fest steht, dass die Rolle Bischof Hudals bei weitem nicht so zentral gewesen ist, wie sie dem »braunen Bischof« von einigen sensationsheischenden Publikationen auf den Leib geschneidert wurde[48]. Vor allem war Alois Hudal nicht »der Vatikan« und niemals Erfüllungsgehilfe des Papstes. Hudal agierte als eine Randgestalt im päpstlichen Rom aus eigenen und eigenartigen Antrieben und nutzte dazu die ihm verfügbare Infrastruktur. Er bildet einen wichtigen Fixpunkt im unübersichtlichen Bild der Fluchtaktivitäten von NS- und Kriegsverbrechern, steht jedoch keineswegs repräsentativ für die offizielle Linie des Heiligen Stuhls oder auch nur für das Verhalten anderer kirchlicher Institutionen und Würdenträger.

Welche Rolle spielte der Heilige Stuhl in der internationalen Politik am Ende des Krieges? Auch hier musste Pius XII. wiederum eine Enttäuschung hinnehmen: Die über Europas und Deutschlands Zukunft entscheidenden »großen Drei« interessierten sich wenig für die Ansichten des Papstes. Besonders deprimiert zeigte sich Pius XII. darüber, dass das katholische Polen dem sowjetkommunistischen Einflussbereich zugeschlagen wurde[49]. Die Gefahr einer Ausdehnung des Sowjetsystems über ganz Europa hinweg bildete die größte politische Sorge des Papstes nach dem Zweiten Weltkrieg. Von den beiden konkurrierenden totalitären Ideologien der ersten Jahrhunderthälfte war nurmehr der Kommunismus siegreich »übriggeblieben«. Wenn im Juni 1949 das »Decretum contra communismum« des Heiligen Offiziums Katholiken die Mitgliedschaft in kommunistischen Parteien verbot, bildete den Hintergrund dazu nicht allein die Sowjetisierung Osteuropas, sondern auch die Situation in Italien, wo allein die Kommunisten bis Ende des

---

[47] EBD., S. 59. – Hudal selbst behauptete 1960 in einem Interview, er könne »weder behaupten noch leugnen, dass unter jenen Flüchtlingen auch Eichmann war« (DER SPIEGEL, Nr. 26, 1960, S. 51). Alle heute vorliegenden Indizien weisen jedoch darauf hin, dass Eichmann direkt über Genua ausreiste, ohne Rom zu berühren.

[48] So z. B. E. KLEE, Persilscheine, aber auch M. AARONS/J. LOFTUS, Unholy Trinity; dagegen mit dem gesicherten Wissensstand H. SCHNEPPEN, Odessa und das Vierte Reich, S. 42–51.

[49] P. BLET, Papst Pius XII., S. 282–284.

Pontifikates Pius XII. eine gewichtige politische Stimme und eine durchaus ernstzunehmende Bedrohung für die neue Republik darstellten[50].

Fazit

War die Politik Pius' XII. während des Zweiten Weltkrieges, so zwiespältig und kritisierbar sie in einzelnen ihrer Aktionen auch gewesen sein mag, deshalb erfolglos, vergeblich, falsch angelegt? Sicher, die Zielkonflikte der eigenen Maximen zwangen den Heiligen Stuhl zu beständigem Lavieren: Friedensinstanz zu sein, die eigene Kirche dort zu schützen, wo sie bedroht und verfolgt war, und gleichzeitig für alle, nicht nur die katholischen Opfer des Krieges einzutreten, also »caritas inter arma« zu üben, ließ sich nicht ohne Reibungen, ohne Lavieren gleichzeitig erreichen. In seinen Dilemmata zögerte der Papst vielleicht mitunter dort zu sehr, wo er lauter hätte sprechen können und versteifte sich auf eine Unparteilichkeit, die der Kriegsverlauf in ihrer Substanz längst widerlegt hatte. Niemals jedoch wich Pius XII. von seiner Grundbotschaft ab. Unablässig meldete er sich zu Wort: zu Weihnachten (1939–1944), Ostern (1940, 1941) Pfingsten (1941), anlässlich seines Namenstages am 2. Juni (1943, 1944, 1945) oder des Jubiläums seiner Bischofsernennung am 13. Mai (1942). Hinzu kamen – um nur die wichtigsten zu nennen – die beiden Enzykliken *Summi Pontificatus* (20. Oktober 1939), *Mystici Corporis* (29. Juni 1943), der »Aufruf an die Welt zu einem gerechten Frieden« vom 24. November 1940, sowie die Ansprachen zum Fest Peter und Paul am 29. Juni 1941, nach dem deutschen Überfall auf die Sowjetunion, und zum fünften Jahrestag des Kriegsbeginns am 1. September 1944. Gebetsmühlenartig wiederholte er die immer gleichen Gedanken, verdammte den Krieg, drängte zum Frieden, forderte eine Staats- und Gesellschaftsordnung nach christlichen Werten, verurteilte den modernen heidnischen Totalitarismus, reklamierte die Einhaltung des göttlichen und des Menschenrechts, flehte und betete für die unschuldigen Opfer.

Zusammen mit der konkreten Hilfstätigkeit[51] bildete diese Botschaft die Triebfeder vatikanischer Politik gegenüber den Mächten während des Krieges. Langfristig überlebte nicht Stalin mit seinen Divisionen, sondern das Papsttum mit seiner Friedensbotschaft.

---

[50] Vgl. die Tabelle mit den Ergebnissen der italienischen Parlamentswahlen bei M. SEIDLMAYER, Geschichte Italiens, S. 513.
[51] Vgl. dazu auch den Beitrag »Katholiken und Juden« im vorliegenden Band.

Annette Mertens

Deutsche Katholiken im Zweiten Weltkrieg

Positionen und offene Fragen

Inmitten der intensiven Debatten um das Verhalten der katholischen Kirche im Dritten Reich ist die Rolle der Katholiken im Zweiten Weltkrieg lange Zeit merkwürdig unterbelichtet geblieben. Eine Monographie zu diesem Thema ist bis heute nicht erschienen. Weder innerhalb der Geschichtswissenschaft und Kirchengeschichte noch in der Öffentlichkeit hat über die »Kirche im Krieg« bisher eine Diskussion stattgefunden, die mit den Auseinandersetzungen um Papst Pius XII. oder um den Widerstand der katholischen Kirche vergleichbar wäre. Obwohl die Quellen seit den 1980er Jahren in großem Umfang gedruckt vorlagen, hielten sich die Historiker mit deren Auswertung merklich zurück. Die Debatte um Fremdarbeiter in katholischen Einrichtungen, die im Sommer 2000 durch Medienberichte ausgelöst wurde, traf die Kirche und die Katholizismusforschung völlig unvorbereitet und lenkte den Blick auf eine ganze Reihe blinder Flecken im Forschungsfeld »Kirche im Krieg«. Inzwischen hat eine intensive Aufarbeitung dieses Forschungsfeldes begonnen, doch viele Fragen sind noch nicht abschließend beantwortet.

Dass die deutschen Katholiken am Zweiten Weltkrieg genauso beteiligt waren wie alle anderen Deutschen, steht außer Zweifel. Dies geschah durchaus nicht nur unter dem Druck des NS-Regimes: Vor der Herausforderung des Krieges sah die katholische Kirche auch von sich aus ihren Platz inmitten der mobilisierten deutschen Gesellschaft. Davon betroffen waren nicht nur Millionen von Gläubigen, die als Soldaten zur Wehrmacht eingezogen wurden, sondern auch die Kirche in der Heimat: 1943 waren rund 3.400 kirchliche und klösterliche Einrichtungen für kriegsbedingte Zwecke in Anspruch genommen, schätzungsweise zwei Drittel aller Ordensfrauen erfüllten kriegswichtige Aufgaben, vor allem in der Krankenpflege. Neben rund 650 Militärgeistlichen standen etwa 20.000 weitere Geistliche, Ordensleute oder Priesteramtsanwärter zumeist als Sanitätssoldaten an der Front.

Umstritten ist die Beurteilung der kirchlichen Beteiligung am Krieg. Wichtige Anstöße dazu hat der Essener Kirchenhistoriker Heinrich Missalla geliefert, der sich seit 1978 in einer Reihe von Publikationen insbesondere mit der Militärseelsorge befasst hat[1]. Missalla vertritt dabei eine sehr kriti-

---

[1] H. MISSALLA, Für Volk und Vaterland; DERS., Feldbischof Rarkowski; DERS., Für Gott, Führer und Vaterland.

sche Position und spricht von der »Verstrickung der katholischen Seelsorge in Hitlers Krieg«, wobei sein Hauptinteresse allerdings kein historisches, sondern vielmehr ein moralisches, zugleich gegenwartsbezogenes Anliegen ist. Ihm geht es um eine grundsätzliche Kritik an der Verfasstheit der katholischen Kirche und am Amts- und Autoritätsverständnis der Bischöfe sowie um die Frage nach dem richtigen Verhältnis von Kirche und Staat.

Noch vor Missalla hatte der amerikanische Soziologe Gordon Zahn eine Untersuchung über »Die deutschen Katholiken und Hitlers Kriege« veröffentlicht (1963, deutsche Übersetzung 1965) und darin ebenfalls scharfe Kritik an den Bischöfen geübt. In seinen Augen hatten sich die Bischöfe geradezu der Kriegstreiberei schuldig gemacht, denn selbst ohne den Druck des Regimes hätten die Katholiken laut Zahn »dieselbe Haltung einer restlosen Übereinstimmung mit den Forderungen der nationalen Kriegsbestrebungen gezeigt«[2], weil die Bischöfe sie entsprechend beeinflusst hätten. Zahns Thesen beruhen allerdings auf einer sehr schmalen Quellenbasis und sind in der Forschung kaum rezipiert worden.

In neueren Untersuchungen spielen die Begriffe der »Legitimierung« des Krieges und der »Stabilisierung« der nationalsozialistischen Kriegsführung durch die Katholiken eine zentrale Rolle. Die Katholiken selbst sahen sich dabei allerdings keineswegs als Kämpfer für den Nationalsozialismus. Antonia Leugers hat daher von der »Diskrepanz zwischen faktischer Mittäterschaft und subjektiv erlebter Unschuld« gesprochen[3].

Um zu einer angemessenen historischen Beurteilung der Haltung der Kirche zum Krieg zu kommen, ist es erforderlich, sich die Urteilsmaßstäbe bewusst zu machen, an denen die Katholiken in ihrem Verhalten gemessen werden sollen. Dabei ist zu unterscheiden zwischen der Haltung der Bischöfe, die den Krieg aus einer relativ distanzierten Position kommentierten, den Soldaten (Priestersoldaten wie Laien), die ihn an der Front unmittelbar führten und erlebten, und schließlich jenen Priestern und Gläubigen, die die Auswirkungen des Krieges in der Heimat zu spüren bekamen. Für ein historisches und nicht allein moralisches Urteil ist es schließlich unerlässlich, die Frage nach der Kenntnis, Rezeption und Umsetzung amtskirchlicher Äußerungen unter den Gläubigen an der Front und »Heimatfront« zu stellen, um die Wirkung dieser Äußerungen einschätzen zu können.

---

[2] G. C. Zahn, Die deutschen Katholiken, S. 232.
[3] A. Leugers, Opfer, S. 160.

Die Bischöfe und der Krieg

Zu den umstrittensten Fragen gehört die Haltung der deutschen Bischöfe zum Zweiten Weltkrieg. Wenige Tage vor dem Beginn des Krieges kamen sie in Fulda zu ihrer alljährlichen Konferenz zusammen. Dabei müssen sie über den bevorstehenden Krieg gesprochen haben, was aber im Konferenzprotokoll nicht festgehalten worden ist.

Einen gemeinsamen Hirtenbrief der deutschen Bischöfe zum Kriegsbeginn gab es nicht. Der Mainzer Bischof Stohr veröffentlichte am 17. September 1939 im Mainzer Bistumsblatt einen Text, den er als »Gemeinsames Wort der deutschen Bischöfe« bezeichnete, obwohl er von den übrigen Bischöfen nicht autorisiert worden war. Darin hieß es:

> »In dieser entscheidungsvollen Stunde ermuntern und ermahnen wir unsere katholischen Soldaten, im Gehorsam gegen den Führer, opferwillig, unter Hingabe ihrer ganzen Persönlichkeit ihre Pflicht zu tun. Das gläubige Volk rufen wir auf zu heißem Gebet, dass Gottes Vorsehung den ausgebrochenen Krieg zu einem für Vaterland und Volk segensreichen Erfolg und Frieden führen möge.«[4]

Autorisiert oder nicht – inhaltlich entsprach dieser Aufruf der Haltung der meisten Bischöfe zum Krieg. Pflichterfüllung, Einsatz- und Opferbereitschaft bildeten die zentralen Begriffe ihrer Hirtenbriefe und Predigten im September 1939.

Der Krieg wurde von den Bischöfen nicht ausdrücklich begrüßt, schon gar nicht mit der Art von Kriegsbegeisterung, wie sie noch 1914 geherrscht hatte. Auch im Vergleich zu den Äußerungen evangelischer Bischöfe verhielten sich ihre katholischen Amtsbrüder zurückhaltend. Kritische Stellungnahmen sind allerdings ebenso wenig zu finden. Der Krieg wurde als gegebene Tatsache anerkannt, seine Berechtigung nicht hinterfragt. Dabei wurde auch das Problem des Tötens nicht erörtert.

Den bischöflichen Stellungnahmen lag ein ganzes Bündel von Motiven zugrunde: Persönliche Überzeugung spielte ebenso eine Rolle wie das Amtsverständnis der Bischöfe, theologische Positionen und schließlich taktische Gründe.

Eine überzeugt nationale Haltung kam zum Ausdruck, wenn der Münsteraner Bischof von Galen in dem neuen Krieg die Fortsetzung des Ersten Weltkriegs sah, »der 1919 durch einen erzwungenen Gewaltfrieden äußerlich beendet wurde«[5]. Diese politische Stellungnahme stellte im Episkopat

---

[4] H. GRUBER, Katholische Kirche, Nr. 201.
[5] Predigt vom 14.9.1939, in: P. LÖFFLER, von Galen II, Nr. 290, Zitat S. 747.

allerdings keine Mehrheitsmeinung dar. In der Regel legten die Bischöfe den Schwerpunkt ihrer Äußerungen auf eine religiöse Interpretation des Krieges. Zu politischen Stellungnahmen fühlten sie sich weder aufgerufen noch in der Lage. Ihre Aufgabe sahen sie in der Sicherstellung der Seelsorge und in ihrem Auftrag, das Lehr- und Wächteramt der Kirche öffentlich wahrzunehmen. »Der Kardinal von München ist keine politische Persönlichkeit«, betonte Kardinal Faulhaber noch 1947[6].

Der Schlüssel zur Akzeptanz des Krieges lag in dessen Interpretation als göttliches Strafgericht und gottgewollte Bewährungsprobe[7], die auch in den Äußerungen Papst Pius' XII. zum Ausdruck kam: Er nannte den Krieg im September 1939 »eine entsetzliche Gottesgeißel« und »Tage der Prüfung«[8]. Bezogen auf die Situation der Deutschen konnte das bedeuten, dass Gott die Menschen dafür bestrafte, dass sie unter der nationalsozialistischen Regierung vom rechten Weg abgekommen waren. Der Kriegsdienst war demnach eine Buß- oder Sühneleistung: Der katholische Soldat tat mit seinem Einsatz Buße, und zwar nicht allein für persönliche Sünden, sondern stellvertretend für sein Volk. Die vorwiegend theologische Interpretation des Krieges führte dazu, dass im Grunde keine Auseinandersetzung mit dem konkreten, von Hitler begonnenen Krieg stattfand, sondern die religiöse Bedeutung des Krieges an sich thematisiert wurde.

Obwohl bereits der Erste Weltkrieg eine ganz neue Dimension des Krieges gezeigt hatte, hatten die traditionellen theologischen Deutungsmuster am Vorabend des Zweiten Weltkriegs noch immer Bestand. Die Erfahrung des Ersten Weltkriegs hatte nur in Ansätzen zu einem Umdenken geführt[9]. Der 1917 gegründete Friedensbund Deutscher Katholiken um P. Franziskus Stratmann hinterfragte die traditionelle kirchliche Lehre vom gerechten Krieg, doch nur vereinzelt griffen Bischöfe diese Überlegungen auf (z. B. Faulhaber in seiner Silvesterpredigt 1928). Als der Friedensbund 1933 verboten wurde, geschah das ohne bischöfliche Proteste.

So konnten die Bischöfe 1939 nur auf jene Lehre vom gerechten Krieg zurückgreifen, die Thomas von Aquin im 13. Jahrhundert unter Bezugnahme auf den Kirchenvater Augustinus formuliert hatte. Krieg war nach dieser Lehre nicht grundsätzlich etwas Böses, sondern konnte von Gott gewollt sein. Ein »gerechter Krieg« musste drei Kriterien erfüllen: Er musste auf Befehl der staatlichen Obrigkeit geführt werden, aus einem gerechten

---

[6] Aufzeichnung vom 22.10.1947, in: H. Hürten, Akten Faulhabers III, Anlage zu Nr. 178, Zitat S. 331.
[7] W. Damberg, Kriegserfahrung, S. 324f.; ders., Krieg, S. 211f.
[8] Schreiben an den belgischen Botschafter, 14.9.1939, bzw. Ansprache an deutsche Pilger, 26.9.1939, beide in ADSS, Bd. 1, Nr. 202 bzw. 210, Zitate S. 306 bzw. 313.
[9] B. Höfling, Katholische Friedensbewegung, bes. S. 90–97, 110–135 und 280–291.

Grund begonnen und außerdem mit dem Ziel geführt werden, den Frieden wiederherzustellen. Unter diesen Bedingungen war die Beteiligung der Gläubigen am Krieg eine Selbstverständlichkeit. Die Entscheidung über die Berechtigung des Krieges lag dabei weder in der Verantwortung noch in der Kompetenz des einzelnen Soldaten.

Den Zweiten Weltkrieg als einen »gerechten Krieg« zu bezeichnen, mutet freilich aus der Rückschau geradezu absurd an, auch wenn sein wahrer Charakter zu Beginn noch nicht offensichtlich war. Ganz wohl war den Bischöfen angesichts von Hitlers Kriegspolitik aber nicht: »Eine ethische Qualifizierung als ›gerecht‹, wie dies 1914 durchaus üblich war, findet sich [...] nirgends«[10]. Als Widerlegung dieser Feststellung ist auf eine Erklärung Bertrams aus dem Jahr 1940 verwiesen worden[11]: »Die Kirche [...] bejaht den gerechten Krieg, insbesondere zur Sicherung von Staat und Volk, betet um einen siegreichen Ausgang dieses jetzt brennenden Krieges in einem für Deutschland und Europa segensreichen Frieden«[12]. Die ausdrückliche Betonung »dieses jetzt brennenden Krieges« gegenüber der allgemeinen Formulierung »den gerechten Krieg« lässt es allerdings sehr zweifelhaft scheinen, ob Bertram das Attribut »gerecht« tatsächlich auf den Zweiten Weltkrieg angewendet sehen wollte.

Diese und andere gewundene Formulierungen machen deutlich, dass den Bischöfen die Problematik des Krieges durchaus bewusst war. Aus diesem Grund sprachen sie auch nur in Einzelfällen (wie in der Erklärung Bertrams) von einem deutschen Sieg und gaben im Allgemeinen lediglich ihrer Hoffnung auf einen »gerechten« oder »segensreichen« Frieden Ausdruck[13].

Warum bekannten sie sich trotz ihrer Zweifel so deutlich zum Vaterland und riefen die Gläubigen so nachdrücklich zur Erfüllung ihrer patriotischen Pflichten auf? Heinz Hürten hat darauf hingewiesen, dass eine wissenschaftlich zulängliche Klärung dieser Frage nicht einseitig von einer Analyse kirchlicher Äußerungen während des Krieges ausgehen könne, sondern die bereits zuvor entstandene Situation einbeziehen müsse[14]. Diese Situation war geprägt von den Angriffen des nationalsozialistischen Regimes auf die katholische Kirche. In ihrem Hirtenbrief vom 19. August 1938 hatten die Bischöfe betont, dass der Konflikt zwischen Kirche und Regime nicht ihnen angelastet werden könne, da sie sich »wiederholt und in unzweideutiger und aufrichtiger Weise zum Volk und Vaterland auch in seiner Neugestaltung

---

[10] W. DAMBERG, Krieg, S. 210. Zu der Ausnahme des Feldbischofs Rarkowski siehe unten S. 229.
[11] A. LEUGERS, Die deutschen Bischöfe, S. 43, bes. Anm. 53.
[12] 15.9.1940, in: L. VOLK, Akten V, Nr. 584, Zitat S. 187.
[13] W. DAMBERG, Kriegserfahrung, S. 323.
[14] H. HÜRTEN, Katholische Kirche und nationalsozialistischer Krieg, S. 172.

bekannt und [ihre] bürgerlichen Pflichten gewissenhaft erfüllt« hätten. Mit diesem Bekenntnis ging die Ermahnung an die Gläubigen einher, auch ihrerseits »in der Treue und Liebe zu Volk und Vaterland zu verharren. Denn das Unrecht, das manche in unserem eigenen Volk und Vaterland uns zufügen, darf das Vaterland nicht büßen.«[15] Schon 1938 trafen die Bischöfe also jene Unterscheidung zwischen dem Vaterland und der NS-Regierung, die während des Krieges ihre Fortsetzung finden sollte. Der Krieg erforderte in ganz besonderem Maß einen Beweis der vaterlandstreuen Haltung der Katholiken.

Eine historische Beurteilung dieser Haltung muss die Frage nach Handlungsalternativen einbeziehen. Soweit wir wissen, haben die Bischöfe selbst darüber nicht diskutiert. Es ist daher nicht mehr als ein Gedankenspiel, über die Konsequenzen nachzudenken, die eine andere Haltung gehabt hätte: Für Millionen katholischer Soldaten hätte es einen schier unlösbaren Loyalitätskonflikt bedeutet, wenn die Bischöfe ihre Teilnahme am Krieg in Frage gestellt hätten. Auf die Verweigerung des Wehrdienstes, die als »Zersetzung der Wehrkraft« galt, stand im Dritten Reich die Todesstrafe. Die konsequente Verweigerung des Kriegsdienstes konnten Sekten wie die Zeugen Jehovas von ihren Mitgliedern verlangen. Für die katholische Kirche als Volkskirche war die Aufforderung zum Martyrium undenkbar. Hürten hat die nur scheinbare Handlungsfreiheit in der damaligen Situation treffend charakterisiert:

»Eine Aufforderung der Kirche zur Verweigerung des Kriegsdienstes hätte entweder – wäre sie befolgt worden – das Ende des Systems bedeutet oder im anderen Fall die Vernichtung der Kirche. Aber solches trat nicht einmal als Denkmöglichkeit in den Horizont der damaligen Lebenswelt.«[16]

Was dem heutigen Betrachter als Unterstützung des Krieges erscheint, beurteilten die Überwachungsorgane des NS-Regimes ganz anders. Den Nationalsozialisten ging die Vaterlandstreue der Bischöfe längst nicht weit genug. Es gehört zu den grundlegenden Widersprüchen ihrer Kirchenpolitik, dass sie einerseits die Unterstützung der Katholiken einforderten und andererseits ihre kirchenfeindliche Politik und Propaganda auch während des Krieges fortsetzten.

Noch stärker als die Bischöfe betraf die Kritik des Regimes den Pfarrklerus. »Die Predigten, die das Volk in der Kirche hörte, müssen manchmal

---

[15] L. VOLK, Akten IV, Nr. 477, Zitate S. 557 und 563.
[16] H. HÜRTEN, Deutsche Katholiken, S. 467.

noch zurückhaltender gewesen sein als die bischöflichen Verlautbarungen«[17]. Die Interpretation des Krieges als »Strafe Gottes« belegte in den Augen des SD, »wie wenig diese Kreise mit dem Sieg des nationalsozialistischen Deutschland einverstanden sind«. In einem Bericht des RSHA vom Herbst 1939 war vom »passiven Widerstand« und der »stillen Sabotagearbeit der katholischen Priesterschaft gegen Führer und Reich« die Rede[18].

Es ist bemerkenswert, dass die Berichte, die der Nuntius in Berlin, Cesare Orsenigo, an das Kardinalstaatssekretariat in Rom schickte, ähnlich klangen wie die Überwachungsberichte der Gegenseite. Am 13. April 1940 meldete er,

> »daß ein Teil des Klerus für sich eine fast offen feindselige Haltung gegenüber dem im Kriegszustand befindlichen Deutschland eingenommen hat, die so weit geht, daß man eine völlige Niederlage wünscht. Diese Einstellung des Klerus, die leider nicht verborgen bleibt, weckt nicht nur das Missfallen der Regierung, sondern allmählich auch des ganzen Volkes, da das Volk fast in seiner Gesamtheit für seinen Führer begeistert ist«[19].

Nach Orsenigos Auffassung kamen viele priesterliche Äußerungen jener »staatsfeindlichen Haltung« allzu nahe, in der die Regierung »das wirksamste Argument« finde, »um mit ihrer Propaganda die Massen aufzuhetzen«.

Nach dem Angriff auf die Sowjetunion im Sommer 1941 wurde das ambivalente Verhältnis zwischen Regierung und Kirche im Krieg noch deutlicher. Mit der »Pest des Bolschewismus« (Galen und Bornewasser) gab es nunmehr Schnittmengen zwischen den Feindbildern der Nationalsozialisten und denen der Katholiken[20]. Antibolschewistische Propaganda schlug sich auch in den Äußerungen einiger Bischöfe nieder. So bezeichnete Erzbischof Jaeger von Paderborn in seinem Fastenhirtenbrief 1942 Russland als einen »Tummelplatz von Menschen, die durch ihre Gottfeindlichkeit und durch ihren Christushaß fast zu Tieren entartet sind.«[21]

Solche Formulierungen blieben allerdings auf die Äußerungen einzelner Bischöfe beschränkt und fielen erst einige Zeit nach dem 22. Juni 1941. In ihrem ersten gemeinsamen Hirtenbrief nach dem Angriff auf die Sowjetunion äußerten sich die Bischöfe dagegen überhaupt nicht zu diesem

---

[17] EBD., S. 462.
[18] Zitate nach A. MERTENS, Himmlers Klostersturm, S. 82 und 87.
[19] B. SCHNEIDER, Briefe Pius' XII., Nr. 16*c, Zitat S. 355.
[20] Siehe dazu den Beitrag von Wolfgang Altgeld in diesem Band.
[21] Amtsblatt für die Erzdiözese Paderborn vom 11.2.1941. Siehe dazu L. LEMHÖFER, Gegen den gottlosen Bolschewismus, S. 77f.

entscheidenden Kriegsereignis: Da die Kirchenverfolgung in Deutschland just zu diesem Zeitpunkt einen neuen Höhepunkt erreicht hatte, gaben die Bischöfe darin nicht etwa ihrer Genugtuung über den Krieg gegen den Bolschewismus Ausdruck, sondern ihrer Sorge um den Kampf gegen die Kirche in Deutschland[22]. Prompt äußerte Kirchenminister Kerrl »das tiefe Befremden der Reichsregierung« darüber, dass die Bischöfe »von diesen Sorgen aller Deutschen in jenen Tagen augenscheinlich nicht berührt« seien[23]. Goebbels sprach gar von einem »Dolchstoß des katholischen Klerus in den Rücken unserer Kriegführung«[24]. Die Bischöfe ließen sich davon nicht beeindrucken. So sprach Galen zwar – wie oben zitiert – von der »Pest des Bolschewismus«, um aber in derselben Predigt

> »auf die drohende Gefahr hinzuweisen, daß im Rücken des siegreichen deutschen Heeres Falschlehren und Irrtümer, die gleich dem russischen Kommunismus die Fortführung sind des auch in Deutschland gelehrten und verbreiteten Naturalismus und Materialismus, geduldet und befolgt werden.«[25]

Trotz der fortgesetzten Angriffe des NS-Regimes auf die katholische Kirche und trotz der immer offensichtlicher werdenden Erkenntnis, dass es sich beim Zweiten Weltkrieg um keinen »normalen« und schon gar nicht um einen »gerechten« Krieg handelte, sind die Bischöfe bis zum Kriegsende von ihrer Position nicht grundsätzlich abgerückt. Auch wenn sie den Krieg nicht ausdrücklich als »gerecht« bezeichneten, drückten sie durch äußere Zeichen wie das (vom Kirchenministerium angeordnete) Glockengeläut nach dem Einmarsch deutscher Truppen in Warschau implizit ihre Zustimmung aus. Auch die »Erklärung der deutschen Bischöfe [vom 17. September 1939] wie auch die Hirtenbriefe zahlreicher Diözesanbischöfe [...] können schwerlich anders denn als Anerkennung der Rechtmäßigkeit des Krieges verstanden werden.«[26].

Das bedeutet aber nicht, dass die Bischöfe die Verbrechen legitimiert hätten, die im Zweiten Weltkrieg begangen wurden. Vielmehr protestierten sie ausdrücklich gegen die Gewaltexzesse, die der Krieg mit sich brachte. In ihrem gemeinsamen Hirtenbrief vom 19. August 1943[27] stellten sie klar: »Tötung ist in sich schlecht, auch wenn sie angeblich im Interesse des Ge-

---

[22] Hirtenbrief vom 26.6.1941, in: L. VOLK, Akten V, Nr. 670.
[23] Schreiben an Bertram, 4.8.1941, in: H. GRUBER, Katholische Kirche, Nr. 226.
[24] Zit. n. H. G. HOCKERTS, Goebbels-Tagebücher 1932–1941, S. 386.
[25] 14.9.1941, in: P. LÖFFLER, von Galen II, Nr. 348, Zitate S. 902 und 907.
[26] H. MISSALLA, Für Volk und Vaterland, S. 38.
[27] L. VOLK, Akten VI, Nr. 872/II. Siehe dazu H. HÜRTEN, Patriotismus und Friedenswille, S. 33.

meinwohls verübt würde: An [...] unschuldigen Geiseln und entwaffneten Kriegs- oder Strafgefangenen, an Menschen fremder Rassen und Abstammung.« Das Töten von Menschen im Rahmen »normaler« Kriegshandlungen schlossen sie in ihre Kritik allerdings nicht mit ein.

In demselben Hirtenbrief nahmen die Bischöfe übrigens auch gegen die Misshandlung von Fremdarbeitern Stellung: »Beseelt von dieser [Gottes-] Liebe, treten wir auch ein für die, die sich am wenigsten selber helfen können: für die [...] fremdstämmigen Arbeiter, für deren Recht auf menschenwürdige Behandlung und auf sittliche wie religiöse Betreuung.«

Dieser so genannte »Dekalog-Hirtenbrief« war die erste gemeinsame bischöfliche Äußerung, die in so deutlicher Form gegen die nationalsozialistischen Verbrechen Stellung bezog. In der Literatur wird der Hirtenbrief häufig unterschätzt, was mit seiner schwierigen Entstehungs- und Rezeptionsgeschichte zusammenhängt[28]: Der Ausschuss für Ordensangelegenheiten war im Herbst 1941 mit seiner Hirtenbrief-Initiative zunächst gescheitert, und auch der Text, auf den sich die Bischöfe im August 1943 schließlich einigten, war gegenüber dem Entwurf des Kölner Erzbischofs Frings nur eine deutlich entschärfte Version, die zudem nicht in allen Diözesen gleichzeitig verlesen wurde. Trotz allem handelt es sich bei dem Dekalog-Hirtenbrief um ein Dokument unversteckter, öffentlicher Kritik an der NS-Regierung, das in den Kriegsjahren in Deutschland einzigartig war.

Zur Rezeption und Umsetzung religiöser Kriegsdeutungen

»Über die Haltung der Laien, der vielen, die nun Soldat werden mußten, sind wir nur sehr ungenügend unterrichtet«, konstatierte Hürten im Jahr 1992[29]. Nicht weniger galt diese Feststellung für die in der Heimat verbliebenen Gläubigen. Durch die Auswertung von Erinnerungsberichten und zeitgenössischen Quellen wie Feldpostbriefen konnte diese Forschungslücke inzwischen teilweise geschlossen werden[30].

Kriegerisches Vokabular musste den jungen Katholiken nicht erst beigebracht werden. Militärische Metaphern, Begriffe wie »Kampf«, »Tapferkeit« und »Heldenmut« spielten in der Ideenwelt der katholischen Jugend eine wichtige Rolle. In Feldpostbriefen katholischer Soldaten wurde der Krieg

---

[28] Siehe dazu A. LEUGERS, Gegen eine Mauer bischöflichen Schweigens, S. 245–258.
[29] H. HÜRTEN, Deutsche Katholiken, S. 463.
[30] Siehe dazu die Dokumentationen MENSCH, WAS WOLLT IHR DENEN SAGEN; H. J. BRANDT (Hrsg.), Priester in Uniform; DERS. (Hrsg.), Christen im Krieg, J. PERAU, Priester; Ch. HOLZAPFEL, Alltagsreligiosität im Krieg; DERS., Das Kreuz der Weltkriege; W. DAMBERG, Kriegserfahrung, S. 333–338; A. LEUGERS, Opfer.

daher in der ersten Zeit »regelrecht als eine neue Art von Fahrt- und Lagererlebnis geschildert.«[31] Von der »Begierde nach Wagnis und Kampf« sprach der junge katholische Soldat und Reichsführer der »Sturmschar« Hans Niermann (Jahrgang 1913). Seine Aufzeichnungen aus dem Frankreichfeldzug wurden zusammen mit Berichten seiner Kameraden unter dem Titel »Der Weg des Soldaten Johannes« als Broschüre veröffentlicht und kursierten in großer Zahl unter der katholischen Jugend[32].

Die Aufrufe der Bischöfe an die Gläubigen, »opferwillig [...] ihre Pflicht zu tun«, fiel bei den katholischen Soldaten auf fruchtbaren Boden: »Im Vertrauen auf Gott und die Autoritäten taten sie das, was sie für ihre Pflicht hielten«[33]. Den Militärdienst grundsätzlich in Frage zu stellen, kam ihnen nicht in den Sinn. Vielmehr war der Krieg für sie »eine schicksalhafte von Gott zugelassene Prüfung«. Die bischöfliche Interpretation des Krieges als Strafe Gottes, als Heimsuchung und Prüfung wurde in Feldpostbriefen katholischer Soldaten häufig aufgegriffen[34].

Dabei fühlten sie sich freilich nicht als Soldaten für Hitler, sondern als Kämpfer für Gottes Reich. Niermann empfand sein Soldatendasein als »Gleichnis [...] für ein anderes Soldatentum, die Militia Christi«. Soldatisches und christliches Pflichtbewusstsein bildeten für ihn eine Einheit. Das Dilemma, für Deutschland, aber nicht für Hitler kämpfen zu wollen, lösten viele katholische Soldaten für sich dadurch auf, dass sie ihren Kriegsdienst als Dienst an ihrem Volk und nicht als Dienst für den NS-Staat betrachteten. Dieses Motiv verstärkte sich nach dem Beginn des Russlandfeldzugs, der sich in Feldpostbriefen als »Kreuzzug gegen den Kommunismus und Sowjetrußland als Sitz des Bösen« niederschlug[35].

Gefangen in dem kämpferischen Sprachgebrauch der katholischen Jugend und beeinflusst von den Hirtenbriefen und Predigten der Priester und Bischöfe, die ebenfalls von »Pflicht« und »Bewährung« sprachen, blieben viele katholische Soldaten zunächst blind für die Realität des Krieges. Sie fragten sich nicht ernsthaft, wofür sie kämpften und ob sie tatsächlich als »Militia Christi« auftraten, wenn sie gegen Polen oder Frankreich ins Feld zogen. Die kriegerischen Vokabeln blieben leere Begriffe. Christel Beilmann (Jahrgang 1921), die den Krieg als Leiterin einer katholischen Mädchengruppe (Hedwigsgruppe) im Ruhrgebiet erlebte, gab 1989 eine kommentierte Sammlung von Briefen und Berichten aus der NS-Zeit heraus. Darin

---

[31] H. WALLE, Einführung, S. 65.
[32] Auszüge in: H. GRUBER, Katholische Kirche, Nr. 207.
[33] Ch. HOLZAPFEL, Alltagsreligiosität im Krieg, S. 89.
[34] EBD., S. 68–70.
[35] H. WALLE, Einführung, S. 51 und 65.

schilderte sie rückblickend mit dem zeitlichen Abstand von rund fünfzig Jahren diesen Realitätsverlust:

»Nein, zu präzisen Fragen sind wir (samt unserem katholischen Milieu) nicht vorgestoßen. Wir schwammen in einem Gemisch von Volk, Vaterland und Gottesreich, von Kampf, Opfer und Tod, von Pflicht und Mut und Treue, von Ehre und von Heldentum – kein Mensch konnte auseinanderklauben, worauf sich das jeweils bezog: auf den Soldaten Gottes, auf den Soldaten des Vaterlandes? Auf den Soldaten des Führers wurde das in unserem Milieu sicherlich nicht bezogen, aber machte das in der Realität einen Unterschied, da man als Soldat Dreifaches in einem war und drei Reichen den Eid geschworen hatte?«[36]

Im Nachhinein zeigte sie sich selbst »erschrocken über die Art und Weise, wie wir beteiligt und doch nicht beteiligt waren.«[37]

Ein wesentliches Element der christlichen Soldatenpflicht war die Bereitschaft zum Opfer, die auch von den Bischöfen eingefordert wurde. »Wir [...] müssen geradezu opferwütig, opferselig gewesen sein. [...] Wir haben sozusagen pausenlos geopfert«[38], erinnerte sich Christel Beilmann. Als Opfertod interpretierten die katholischen Kameraden auch den Tod Hans Niermanns, der schon im Juni 1940 in Frankreich ums Leben kam. »In das Opfertuch des Altars eingehüllt, die Hände in Kreuzesform auf die Brust gelegt, so liegt Hans nun selbst als eine Opfergabe vor dem Altar des Herrn, so brachte er sein großes Opfer dar.«[39]

»Der Weg des Soldaten Johannes«, in dem dieser Bericht abgedruckt wurde, galt lange als das »eindrucksvollste Zeugnis über die Auffassungen eines jungen Katholiken über Krieg und Soldatentum«[40]. Wilhelm Damberg konnte später allerdings nachweisen, dass Ludwig Wolker, der Generalsekretär des Katholischen Jungmännerverbandes (KJMV), nicht nur redaktionell, sondern auch inhaltlich erheblichen Einfluss auf die Texte genommen hatte[41]. Das Bild des jungen christlichen Märtyrers, für den der Krieg eine Art Gottesdienst war, entstand erst durch die Unterschlagung von Fragen und Ergänzungen Niermanns, die den Krieg im ursprünglichen Text in ein ganz anderes Licht rückten. So schrieb er z. B. über den Abend des zweiten Weihnachtsfeiertages 1939 in der Kaserne, er sei »scheußlich«

---

[36] Ch. BEILMANN, Eine katholische Jugend, S. 215.
[37] EBD., S. 9.
[38] EBD., S. 73f.
[39] Zit. n. A. LEUGERS, Opfer, S. 162f.
[40] H. HÜRTEN, Deutsche Katholiken, S. 465f. Siehe auch die Analyse des Textes bei A. LEUGERS, Opfer.
[41] W. DAMBERG, Kriegserfahrung, S. 326–333.

gewesen, von Christentum nichts mehr zu spüren: »um 9 Uhr lag alles im Bett, voll Bier, aber ohne Weiber. Und die Gespräche waren wie das Brüllen der Stiere«. »Wie wird das alles enden?«, fragte er kritisch an anderer Stelle. In der bereinigten Fassung des Manuskripts fehlen diese Kommentare. Tatsächlich kann »Der Weg des Soldaten Johannes« deshalb »schwerlich als ein ›authentisches‹ autobiographisches Zeugnis der jungen katholischen Kriegsgeneration herangezogen werden«[42].

Die spätere Phase des Krieges, in der er vor allem im Osten als Ausrottungs- und Vernichtungskrieg geführt wurde, hat Niermann nicht mehr erlebt. In den Briefen der Soldaten, die den Krieg im Osten mitmachten, wichen im Lauf der Zeit Kampfbereitschaft und Zuversicht immer mehr der Resignation und dem Entsetzen über die Kriegsereignisse. Angesichts der herannahenden Katastrophe drängte sich die Sinnfrage nachdrücklich auf. Die frühere Interpretation und teilweise religiöse Überhöhung des Krieges hielt dessen Realität nicht stand. »Die Distanz zwischen der unmittelbaren Kriegserfahrung an der Front und der Wahrnehmung in der Heimat war und blieb groß.«[43]

Diese Erfahrung machten nicht zuletzt die Geistlichen, Ordensleute und Priesteramtsanwärter, die als offizielle Militärseelsorger oder »Priestersoldaten« unmittelbar am Kriegsgeschehen beteiligt waren. Während viele Theologen zunächst noch zuversichtlich und voller Gottvertrauen in den Krieg zogen, fühlten sie sich im weiteren Verlauf des Krieges zunehmend verlassen und einsam. Der Krieg zeigte sich mehr und mehr als ungerechte Sache, in der die Geistlichen ihren Dienst nur mit schlechtem Gewissen verrichten konnten. Einige von ihnen sprachen rückblickend von dem »Dilemma« oder der »Zwickmühle«, in der sie sich in der Kriegssituation befanden und aus der sie keinen Ausweg wussten[44]. Von den Bischöfen fühlten sich viele Geistliche dabei im Stich gelassen: Deren abstrakte Kriegstheologie ließ sich mit der konkreten Realität dieses Krieges immer weniger vereinbaren.

Die Rolle der Militärseelsorge

Schon seit der Mitte der dreißiger Jahre arbeitete die NS-Regierung mit einer Reihe von Verordnungen auf eine strikte Trennung von Kirche und Wehrmacht hin[45]: So durften Soldaten keinen Ministrantendienst mehr

---

[42] EBD., S. 332.
[43] EBD., S. 338.
[44] Siehe z. B. H. J. BRANDT (Hrsg.), Priester in Uniform, S. 36f., 43, 91, 135 und 290f. Vgl. H. MISSALLA, Für Gott, Führer und Vaterland, S. 56, 172f. und 178f.
[45] H. HÜRTEN, Deutsche Katholiken, S. 473.

verrichten und nicht gruppenweise an Prozessionen teilnehmen. Im Krieg durften die Feldgeistlichen keine Schreiben mit »seelsorgerischem Inhalt« an die Angehörigen von Gefallenen senden, verwundete Soldaten nur auf deren ausdrücklichen Wunsch hin im Lazarett besuchen und religiöse Schriften außer dem Neuen Testament und den Hirtenbriefen des Feldbischofs nur nach vorheriger Genehmigung durch das Oberkommando der Wehrmacht an die Soldaten verteilen. Seit 1942 wurden frei gewordene Stellen von Feldseelsorgern nicht mehr neu besetzt und in neu aufgestellten Divisionen gar keine entsprechenden Stellen mehr eingerichtet.

Trotz dieser Einschränkungen bestand die offizielle Militärseelsorge, deren Aufbau und Aufgaben in Artikel 27 des Reichskonkordats festgeschrieben waren, bis zum Ende des Krieges weiter fort. Die Militärseelsorge bildete die engste Nahtstelle zwischen Kirche und Wehrmacht. Ausgerechnet an ihrer Spitze stand ein Bischof, für den der Vorwurf der »Verstrickung« in den Nationalsozialismus nicht bestritten werden kann: »Feldbischof« Franz Justus Rarkowski.

Rarkowski fällt in jeder Hinsicht aus dem Rahmen und gibt den Historikern nach wie vor Rätsel auf. Wegen der lückenhaften Quellenüberlieferung ist seine Biographie bis heute nur in Umrissen bekannt. Immerhin liegt seit 1997 eine Sammlung der Aufsätze, Rundschreiben und Hirtenbriefe des Feldbischofs vor, die Heinrich Missalla veröffentlicht und mit einer kritischen Stellungnahme versehen hat[46].

Zu den Sitzungen der Fuldaer Bischofskonferenz war Rarkowski nicht zugelassen. Seine Hirtenschreiben und sonstigen Verlautbarungen unterschieden sich so sehr von der Haltung der übrigen Bischöfe, dass Radio Vatikan sich im Oktober 1940 genötigt fühlte, einen Kommentar auszustrahlen, der mit den Worten begann: »Der katholische Armeebischof hat einen Hirtenbrief an die katholischen Soldaten der Wehrmacht gerichtet, der ganz gewiß nicht die Billigung einer sehr großen Zahl deutscher Katholiken findet.«[47]

Rarkowski hatte sich in einem Hirtenschreiben vom 1. September 1940 voll und ganz mit den deutschen Kriegszielen identifiziert und von einem »gerechten Krieg« gesprochen, »herausgeboren aus der Notwendigkeit völkischer Notwehr«[48]. Dies war keine einmalige Entgleisung: Für Rarkowski war bereits die Wiedereinführung der allgemeinen Wehrpflicht 1935 eine »kühne Befreiungstat des Führers«, der ihm auch 1942 noch als »leuchtendes Vorbild« galt. Das Weihnachtsfest wurde zu »unserer deutschen Weihnacht«,

---

[46] H. Missalla, Schule Gottes.
[47] D. Albrecht, Notenwechsel II, S. 102, Anm. 1. Siehe dazu auch H. Apold, Rarkowski, S. 106; H. Missalla, Feldbischof Rarkowski, S. 122f.
[48] Ebd., S. 42.

von der Franzosen und Engländer nichts verstünden. Die deutschen Soldaten kämpften laut Rarkowski für »das höchste und edelste, was es geben kann: Heimat, Freiheit, Vaterland und Lebensraum für unser Volk«. Selbst vom »bolschewistischen Untermenschentum« war in einem seiner Hirtenbriefe die Rede[49]. »Losungswort sei allzugleich: ›Treu zu Führer, Volk und Reich!‹« – so endete die »Kriegsstrophe« in der Version des Kirchenliedes »Großer Gott wir loben Dich«, die in dem von Rarkowski genehmigten Katholischen Feldgesangbuch abgedruckt war[50].

Seine Äußerungen bewegten sich nicht nur sehr nah an der nationalsozialistischen Propaganda, sondern waren auch von einem geistigen Niveau, das einem Bischof schwerlich angemessen war. Prälat Ludwig Kaas scheint mit seiner Einschätzung nicht allein gestanden zu haben: »eine unqualifizierte, unterdurchschnittliche und unbedeutende Persönlichkeit«[51]. Rarkowski wurde von Zeitgenossen außerdem als jähzornig, ängstlich und durchsetzungsschwach charakterisiert. Zudem war er 1936 bereits 63 Jahre alt. Um so mehr drängt sich die Frage auf, wie er in seine Position kommen und Bischof der katholischen Kirche werden konnte.

1929 wurde er mit Zustimmung der deutschen Bischöfe zum Leiter der Militärseelsorge (Verweser der katholischen Feldpropstei) bestellt, durfte seit 1936 den Titel »Kommissarischer Feldbischof der Wehrmacht« führen und wurde zwei Jahre später von Nuntius Orsenigo zum Bischof geweiht. Dies war das Ergebnis einer langwierigen und zähen Auseinandersetzung zwischen der Reichsregierung und dem Vatikan, dem nach den Bestimmungen des Reichskonkordats die Ernennung des Feldbischofs zustand[52]. Zweifellos war Rarkowski eher der Kandidat der staatlichen als der kirchlichen Seite. Um so unverständlicher ist es, dass der Vatikan seiner Ernennung schließlich doch zustimmte. Aus den bisher bekannten Quellen lässt sich diese Entscheidung nicht schlüssig erklären, möglicherweise werden nach der Öffnung weiterer vatikanischer Archive neue Akten Aufschluss darüber geben können.

Die Ernennung Rarkowskis zum Feldbischof war eine Fehlbesetzung dieses Amtes. Um zu einer historischen Beurteilung seiner Person zu kommen, ist jedoch nach der Wirkung seiner Äußerungen zu fragen, das heißt vor allem nach seinem tatsächlichen Einfluss auf die katholischen Soldaten. Wehrmachtseelsorger erklärten nach dem Krieg, sie hätten Rarkowskis Hirtenbriefe in der Regel gar nicht verlesen[53]. In den Feldpostbriefen ka-

---

[49] 15.8.1942, EBD., S. 80.
[50] H. MISSALLA, Für Gott, Führer und Vaterland, S. 54.
[51] Zit. n. M. SINDERHAUF, Wehrmachtseelsorge, S. 277.
[52] Siehe dazu J. GÜSGEN, Militärseelsorge, S. 374–387.
[53] H. APOLD, Rarkowski, S. 87; H. J. BRANDT (Hrsg.), Christen im Krieg, S. 13.

tholischer Soldaten taucht die offizielle Wehrmachtseelsorge nur am Rande auf; sie war personell viel zu schwach ausgestattet, um eine flächendeckende Seelsorge an den Soldaten leisten zu können: Auf knapp 17 Millionen Soldaten, die in der Wehrmacht kämpften, kamen nur rund 650 katholische Geistliche, die als offizielle Feldseelsorger im Einsatz waren[54]. Rarkowskis Einfluss blieb offenbar sehr gering[55].

Dennoch war die Wehrmachtseelsorge Teil des nationalsozialistischen Kriegsapparats. Folgt daraus zwingend, dass sie »verstrickt« war und zur Stabilisierung des Systems beitrug? Natürlich hätte die katholische Kirche ihre Seelsorger aus der Wehrmacht zurückziehen können. Damit hätte sie aber die katholischen Soldaten der seelsorglichen Betreuung beraubt und sie vollends allein gelassen. Durch die Vermittlung christlicher Glaubensinhalte vermochten die katholischen Geistlichen im Krieg ein Gegengewicht zur NS-Ideologie zu bilden. Zusätzlich zur offiziellen Militärseelsorge leisteten viele Priestersoldaten (verbotenerweise) seelsorgliche Dienste sowohl an den deutschen Soldaten als auch an der Bevölkerung der besetzten Länder und handelten damit genau gegen die rassistische, auf Ausrottung angelegte Ideologie der NS-Machthaber. Die katholischen Soldaten, die ihre Einsatzbereitschaft nicht aus einem übersteigerten Nationalismus und Führerkult, sondern aus ihrem christlichen Glauben heraus begründeten, distanzierten sich damit von dem totalen Zugriff durch das Regime. So blieb die katholische Militärseelsorge, obwohl Teil des Systems, zugleich ein Fremdkörper darin: »sie diente dem Menschen und nicht dem System«[56]. Die argwöhnische Beobachtung ihrer Tätigkeit durch die Überwachungsorgane zeigt, dass die politische Bedeutung dieses »Querdenkens« dem Regime durchaus bewusst war und von ihm gefürchtet wurde.

Katholiken an der Heimatfront

Auch in der Heimat war das Verhältnis zwischen Staat und Kirche im Krieg von Widersprüchen geprägt: Auf der einen Seite stand die anhaltende Bedrängung der katholischen Kirche. Hitler äußerte zwar aus taktischen Gründen mehrfach den Wunsch, die kirchenpolitischen Auseinandersetzungen für die Dauer des Krieges einzustellen und die Abrechnung mit den Kirchen für die Zeit nach dem »Endsieg« aufzusparen, aber trotzdem verschärften Bormann und Himmler die Repressionsmaßnahmen: Ziel-

---

[54] Zahl nach: MENSCH, WAS WOLLT IHR DENEN SAGEN, S. 197.
[55] H. MISSALLA, Feldbischof Rarkowski, S. 125; M. SINDERHAUF, Wehrmachtseelsorge, S. 278.
[56] J. GÜSGEN, Militärseelsorge, S. 472.

scheiben waren nunmehr die kirchliche Presse, die Kindergärten und nicht zuletzt das Ordenswesen. Der viel zitierte »Burgfrieden« zwischen Regime und Kirche war nicht mehr als eine enttäuschte Hoffnung der Bischöfe und eine nachträgliche Schutzbehauptung der Täter (Ernst Kaltenbrunner vor dem Kriegsverbrecher-Tribunal in Nürnberg). Auch die Gottesdienste als Kernbereiche kirchlichen Lebens waren zunehmenden Beschränkungen ausgesetzt[57]. Im März 1940 wurde die Beschlagnahme von Kirchenglocken verfügt, im Oktober 1940 erging das Verbot, nach nächtlichem Fliegeralarm am nächsten Morgen vor 10 Uhr Gottesdienste zu feiern, der Schutz der kirchlichen Feiertage wurde stark eingeschränkt, und immer mehr »Arbeitsdienste« fielen auf den Sonntag. Verfolgungsmaßnahmen wirkten dabei mit den Folgen des Krieges zusammen: Die Einziehung von Theologen zur Wehrmacht führte dazu, dass 1943 etwa jede fünfte Personalstelle für Geistliche unbesetzt war und unter den Pfarrern etwa jeder achte das 65. Lebensjahr bereits überschritten hatte.

Auf der anderen Seite stand die Partizipation der katholischen Kirche an der deutschen Kriegsgesellschaft. Ein Beispiel dafür ist die Beschäftigung von Fremdarbeitern in katholischen Einrichtungen, die nach provozierenden Medienberichten im Jahr 2000 inzwischen in einem umfangreichen Forschungsprojekt in allen bundesdeutschen Diözesen wissenschaftlich untersucht worden ist[58]. Gemessen an den ersten Sensationsmeldungen, nach denen die katholische Kirche »in großem Umfang«, »in großem Stil« und »flächendeckend« Zwangsarbeiter beschäftigt habe, erbrachten diese Recherchen eine bescheidene Zahl: Gegenüber geschätzten 13,5 Millionen Zwangsarbeitern (Zivilarbeitern, Kriegsgefangenen und KZ-Häftlingen) im Deutschen Reich insgesamt konnten 4.829 ausländische Zivilarbeiter sowie 1.075 zwangsweise beschäftigte Kriegsgefangene in 776 katholischen Einrichtungen festgestellt werden. Dabei ist allerdings – insbesondere für die Kriegsgefangenen – mit einer Dunkelziffer zu rechnen, die quellenmäßig nicht mehr fassbar ist. Mehr als die Hälfte der Zivilarbeiter, die überwiegend aus Polen, der Sowjetunion und der Ukraine stammten, war in der Landwirtschaft eingesetzt, ein weiteres Drittel ging hauswirtschaftlichen Tätigkeiten nach.

Grundsätzlich war das Schicksal der Zwangsarbeiter in kirchlichen Einrichtungen erträglicher als das der Rüstungsarbeiter in der deutschen Industrie. Allerdings ist dies nicht allein mit der christlichen Einstellung der Arbeitgeber zu erklären. Vielmehr waren es vor allem die Art der Arbeit und die Struktur der Einrichtungen, die den Arbeitsalltag z. B. in einer klösterlichen Landwirtschaft oder einem katholischen Krankenhaus leichter

---

[57] Siehe dazu Ch. KÖSTERS, Kirche und Glaube an der »Heimatfront«.
[58] K.-J. HUMMEL/Ch. KÖSTERS (Hrsg.), Zwangsarbeit.

machten als in einem Rüstungsbetrieb. Zudem machten die ausländischen Arbeiter in der Regel nur einen geringen Prozentsatz der Belegschaft kirchlicher Einrichtungen aus.

Trotz der relativ niedrigen Zahlen von Zwangsarbeitern in kirchlichen Einrichtungen ist »kirchlicher Triumphalismus nicht angebracht«[59], denn an dem unrechtmäßigen Charakter der Zwangsarbeit kann kein Zweifel bestehen. Der so genannte »Reichseinsatz« ließ auch die katholischen Einrichtungen nicht unberührt. Ohnehin in ihrer Arbeit durch das NS-Regime mehr und mehr eingeschränkt, bedurften sie zur Verfolgung ihrer caritativen Ziele bestimmter ökonomischer Voraussetzungen, zu denen nicht zuletzt ausreichend Arbeitskräfte gehörten. In Zeiten des zunehmenden Arbeitskräftemangels im Krieg war der Betrieb vieler Einrichtungen ohne den Einsatz ausländischer Arbeiter nicht aufrecht zu erhalten.

Ein wesentlicher Umstand unterschied jedoch den Einsatz von Zwangsarbeitern in kirchlichen Einrichtungen von dem in staatlichen Betrieben: Das NS-Regime verfolgte mit der Zwangsarbeiterbeschäftigung neben der Arbeitsleistung vor allem rassistische Ziele – die Polen- bzw. Ostarbeitererlasse führten eine klare Hierarchie unter den Arbeitern aus den verschiedenen Herkunftsländern ein, und der Tod ungezählter Arbeiter unter unmenschlichen Arbeitsbedingungen wurde zumindest billigend in Kauf genommen. Diese rassistische Zielsetzung war den kirchlichen Arbeitgebern fremd: »Insbesondere der katholische Seelsorgsgedanke lag grundsätzlich quer zum nationalsozialistischen Rassegedanken.«[60] Bestimmte Prinzipien der nationalsozialistischen Politik wurden bei der Beschäftigung von Zwangsarbeitern in katholischen Einrichtungen nicht befolgt – teilweise aus christlichen Motiven, teilweise auch aus praktischen Gründen. So war z. B. die getrennte Unterbringung von Arbeitern unterschiedlicher Herkunft in der Praxis oft gar nicht umsetzbar. Christlicher Motivation entsprachen dagegen der arbeitsfreie Sonntag, die Weigerung christlicher Ärzte und Krankenschwestern, an Schwangerschaftsabbrüchen bei Fremdarbeiterinnen mitzuwirken, und nicht zuletzt die Seelsorge an den Fremdarbeitern. All diese Praktiken gewannen im Kontext der NS-Herrschaft politischen Charakter, denn sie widersprachen dem totalitären Herrschaftsanspruch des Regimes. Die Überwachungsorgane betrachteten vor allem die seelsorglichen Bemühungen sehr skeptisch »als Teil eines grundsätzlichen weltanschaulichen Entscheidungskampfes zwischen Staat und Kirche.«[61]

---

[59] Ch. Kösters, Zwangsarbeit und katholische Kirche 1939–1945, S. 125.
[60] Ebd., S. 71.
[61] Ebd., S. 126.

Ein Gebiet, auf dem traditionelle katholische Tätigkeiten und Krieg besonders eng aufeinander trafen, war das Gesundheitswesen[62]. Allen nationalsozialistischen Repressalien zum Trotz blieben die katholischen Krankenhäuser und Pflegeanstalten im Wesentlichen arbeitsfähig und korrumpierten sich auch nicht durch die freiwillige Übernahme rassenhygienischer Denkmuster. Dennoch leisteten sie einen wesentlichen Beitrag zum Funktionieren des medizinischen Systems im Nationalsozialismus – teils notgedrungen, wie in der Frage von Zwangssterilisationen, teils aber auch freiwillig, insbesondere in der Kriegskrankenpflege. Im Zusammenhang mit dem Gesundheitswesen hat Winfried Süß den Begriff der »antagonistischen Kooperation« geprägt, um die Ambivalenz im Verhältnis zwischen Staat und Kirche in der Kriegszeit zu beschreiben.

Das Ende des Krieges

Die Wirklichkeit des nationalsozialistischen Vernichtungskrieges hat die traditionelle theologische Deutung des Krieges überholt. Dennoch führte auch das katastrophale Ende des Krieges nicht unmittelbar zu einem Umdenken. In den Berichten von Priestern über die letzten Wochen des Krieges findet sich die »Erkenntnis, dass es ein widerrechtlicher Angriffskrieg war, […] ebenso selten wie die grundsätzliche Verwerfung des Krieges.«[63] Die Betrachtung des Kriegsdienstes als selbstverständliche Pflicht und die religiöse Interpretation des Krieges als Prüfung oder Strafe hatten auch diesen Krieg überdauert[64]. Die Kriegsschuldfrage wurde in der Regel ausgespart[65]. Selbstkritische Äußerungen wie die von Feldgeneralvikar Georg Werthmann, der im Juli 1945 rückblickend von »vermessener Selbstgerechtigkeit« sprach, blieben die Ausnahme[66].

In ihrem Hirtenwort vom 5. Juni 1945 dankten die westdeutschen Bischöfe »unseren christlichen Soldaten, jenen, die in gutem Glauben, das Rechte zu tun, ihr Leben eingesetzt haben für Volk und Vaterland«[67]. Es wäre den vielen katholischen Kriegsheimkehrern, den Kriegsgefangenen und den Angehörigen der Gefallenen kaum zu vermitteln gewesen, wenn die Bischöfe nach all den Jahren, in denen sie Pflichterfüllung und Treue

---

[62] Siehe dazu W. Süss, Antagonistische Kooperationen.
[63] W. Ziegler, Bayern im Übergang, S. 85.
[64] Ebd.; V. v. Wiczlinski (Hrsg.), Kirche in Trümmern, S. 15.
[65] Siehe dazu das Hirtenwort Gröbers vom 8.5.1945, in: L. Volk, Akten VI, Nr. 976, hier S. 475; Predigt Galens vom 1.7.1945, ebd., Nr. 998, hier S. 564. Vgl. das Hirtenwort Frings' vom 27.5.1945, ebd., Nr. 983, hier S. 501.
[66] Zit. n. L. Lemhöfer, Gegen den gottlosen Bolschewismus, S. 67.
[67] L. Volk, Akten VI, Nr. 988, Zitat S. 521.

zum Vaterland gepredigt hatten, nach 1945 plötzlich das Eingeständnis geäußert hätten, dass die Katholiken in Wirklichkeit keinem christlichen Ziel, sondern einem verbrecherischen System gedient hatten.

Die Problematik, von der die Haltung der katholischen Kirche zum Krieg geprägt war, kommt besonders deutlich im Umgang der Kirche mit den wenigen Kriegsdienstverweigerern zum Ausdruck, die es in ihren Reihen gegeben hat: Mindestens 14 Katholiken haben im Zweiten Weltkrieg aus religiösen Gründen den Wehrdienst verweigert und diese Entscheidung größtenteils mit dem Leben bezahlt[68]. Der bekannteste unter ihnen war der österreichische Bauer Franz Jägerstätter. Wie die übrigen Verweigerer traf er seine Entscheidung gegen den ausdrücklichen Willen und ohne die Unterstützung der Amtskirche. Dies lag in der Konsequenz der Erkenntnis, dass es aus der Sicht der Bischöfe in der Situation des September 1939 keine Alternative zur Akzeptanz des Kriegsdienstes gab. Inzwischen sind einige der Kriegsdienstverweigerer als Märtyrer anerkannt, Franz Jägerstätter ist im Oktober 2007 selig gesprochen worden. Bis zu ihrer moralischen Rehabilitierung durch die Kirche dauerte es jedoch bis zum Zweiten Vatikanischen Konzil. Während der Konzilsberatungen forderte der frühere Erzbischof von Bombay, der Jesuitenpater Thomas Roberts:

»Märtyrer wie Jägerstätter sollen nie das Gefühl haben, daß sie allein sind.« – »Denn es ist die Tragik von Millionen von jungen Katholiken […], welche dem von der weltlichen Behörde erhaltenen Befehl […] gehorchten, daß das Unrecht der ›Nazis‹ nicht genügend klar war, auch ihren geistlichen Vätern bis zum höchsten Range nicht, die sie ja ermutigten, militärischen Dienst zu leisten. Da das Unrecht dieses Krieges nicht öffentlich klar war, bevor weite Gegenden verwüstet wurden und die Verbrecher vor dem Gericht von Nürnberg überführt wurden, haben wir jetzt das Recht, bekannt zu geben, daß Jägerstätter und alle die anderen Unbekannten, welche ihren Glauben bezeugten, im Unrecht waren?«[69]

Rückblickend betrachtet waren die Kriegsdienstverweigerer zweifellos im Recht. Doch folgt daraus zwingend, dass all jene, die Kriegsdienst geleistet haben, persönlich im Unrecht waren? Die Entscheidung der Verweigerer zum moralischen Maßstab für die gesamte Kirche zu machen, wäre historisch unangemessen.

---

[68] Siehe dazu A. MERTENS, Wehrdienstverweigerung.
[69] Zit. n. E. PUTZ, Jägerstätter, S. 266f. bzw. 268.

Karl-Joseph Hummel

Umgang mit der Vergangenheit: Die Schulddiskussion

Die Rolle der katholischen Kirche im Dritten Reich steht seit Jahrzehnten im Mittelpunkt eines – internationalen, interdisziplinären und teilweise auch interkonfessionellen – Streitgesprächs[1], in dem es nicht nur um Gerechtigkeit für die Großväter geht, sondern auch um die jeweilige Deutungshoheit über Vergangenheit wie über Gegenwart. Die Annahme, es handle sich dabei um ein folgenloses Nullsummenspiel, wäre eine Fehleinschätzung. Tatsächlich hat sich durch das ununterbrochene Für und Wider das Geschichtsbild von der Rolle der katholischen Kirche substantiell und nachhaltig verändert.

Die Debatte bezieht ihre Antriebsdynamik häufig aus dem Verzicht auf eine trennscharfe Definition der Begriffe und einem dadurch erleichterten ständigen Wechsel der Maßstäbe und Beurteilungskriterien, der methodischen Verfahren, der Fragestellungen und Argumentationsebenen. Bisweilen bleibt auch absichtlich unklar, wovon eigentlich die Rede ist. Sprechen wir – wenn wir von *der* katholischen Kirche sprechen – über die internationale katholische Kirche oder über die deutschen Katholiken, sprechen wir über den Papst, die Bischöfe oder die Laien, diskutieren wir pastorale Fragen, kirchenpolitische Konzepte oder die weltanschauliche Auseinandersetzung von Christen mit einem totalitären Alternativanspruch? Ist von Kirche in den »Friedensjahren« des Dritten Reiches die Rede oder von »Kirche im Krieg«? Sprechen wir bei »*Schuld*« von allgemeiner oder individueller Schuld, von juristischer, philosophischer oder moralischer Schuld, meinen wir »Schuld« oder vielleicht doch am Ende »Sünde«?

Schuldbekenntnis

1945 gab es innerhalb wie außerhalb Deutschlands keinen seriösen Zweifel, dass die Zeit des Nationalsozialismus ein ungewöhnliches Maß an Schuld hinterlassen hatte, die Frage, die umstritten war und ist, war die Frage, wer daran welchen Anteil hatte. Die katholische Kirche wird in diesem Zusammenhang bis zum heutigen Tag zunächst mit dem Vorwurf konfrontiert,

---

[1] Dieser Beitrag orientiert sich an dem Manuskript eines Vortrags in der Katholischen Akademie in Bayern, der ohne Anmerkungen und Literaturhinweise in: ZUR DEBATTE 3 (2007), S. 13–17 veröffentlicht wurde.

sie habe es an dem nötigen Schuldbewusstsein mangeln lassen und im Unterschied zu den Protestanten nicht einmal ein Schuldbekenntnis abgelegt. Eine germanistische Untersuchung theologischer Stellungnahmen gelangte 2002 für *die* katholische Kirche des Jahres 1945 zu dem Ergebnis: »Schuld zu bekennen liegt nicht im Interesse der katholischen Kirche. Sie hat sich nichts vorzuwerfen, so das nach außen getragene Selbstbild, und die Frage nach den Ursachen stellt sich für sie nicht, da sie die tiefere Antwort (Säkularisierung, Abkehr von den Geboten Gottes) bereits kennt. Leistungen und Leiden der katholischen Kirche, nicht ihre Schuld und Versäumnisse sind Gegenstand der Selbstdarstellung.«[2]

Solchen überzeugt vorgetragenen Behauptungen zum Trotz hat es tatsächlich einen intensiven katholischen Diskurs über die Schuldfrage gegeben, der sogar nicht erst 1945, sondern bereits 1933/1934 begonnen hatte und bis in die ersten Nachkriegsjahre reichte[3].

Der Papst und die deutschen Bischöfe waren nach dem Ende des politischen Katholizismus 1933 für viele Katholiken in die Position des opinion leaders auch in politischen und gesellschaftlichen Fragen geraten, auch wenn dies dem bischöflichen Selbstverständnis so nicht entsprochen hat. Die Gläubigen erwarteten sich von ihren Oberhirten deshalb wegweisende Führungsverantwortung, an die z. B. Edith Stein aus Münster im April 1933 in einem Brief an den Hl. Vater appellierte[4]. Drei Denkschriften reagierten auf das »Schweigen« der deutschen Bischöfe nach dem »Röhmputsch« 1934: »St. Ambrosius und die deutschen Bischöfe«[5], die der getaufte Jude Sebastian Kirchmann alias Waldemar Gurian in Luzern veröffentlichte, dann »Die Glaubensnot der deutschen Katholiken« von Michael Schäffler alias Alois Dempf (1891–1982), die ebenfalls 1934 in Zürich erschienen ist[6]. Vielen unbekannt ist der Trierer Priester und Newman-Forscher Matthias Laros

---

[2] Siehe dazu K. Fischer-Hupe, Kirchenkampfdiskurs, in: Kirchliche Zeitgeschichte 15 (2002), S. 461–489. Vgl. auch Eike Wolgast: »Noch uneindeutiger äußerten sich die katholischen Bischöfe. Sie sprachen sich auf die von ihnen repräsentierte Institution 1945 ausdrücklich von jeder Schuld frei und verwiesen auf die Verfolgungen.«, in: E. Wolgast, Vergangenheitsbewältigung in der unmittelbaren Nachkriegszeit, Forschungsmagazin Ruperto Carola 3 (1997), S. 38, oder G. Denzler, Widerstand, S. 212, 210: »Von einem Versagen kirchlicher Autoritäten war also kein Wort zu hören.« »Sie waren im Gegenteil der festen Überzeugung, den christlichen Glauben und die Rechte der Kirche stets tapfer verteidigt zu haben, und fühlten sich deshalb eher als Widerstandskämpfer, vielleicht sogar als Märtyrer für den Glauben, obwohl keinem von ihnen auch nur ein Haar gekrümmt worden war.«
[3] Vgl. dazu K.-J. Hummel, Gedeutete Fakten, S. 508–523.
[4] Abgedruckt bei: M. A. Neyer, Der Brief Edith Steins an Pius XI., in: Edith Stein Jahrbuch 2004, S. 11–29, hier S. 18f.
[5] In Auszügen abgedruckt bei H. Gruber, Katholische Kirche und Nationalsozialismus, S. 190–193; selbständige Schrift erschienen im Liga-Verlag Luzern 1934.
[6] Wiederabdruck in: V. Berning (Hrsg.), Alois Dempf, S. 196–242.

(1882–1965), nach dem Tod seines Freundes Max Josef Metzger Leiter der Una sancta-Bewegung, und seine Denkschrift »Wenn die Bischöfe schweigen, müssen einfache Priester und Laien sprechen«[7].

In der Endphase des Krieges und in den ersten Nachkriegsjahren meldeten sich eine ganze Reihe von Institutionen und Persönlichkeiten: die Fuldaer Bischofskonferenz auf ihrer Vollversammlung in Fulda, das Zentralkomitee der deutschen Katholiken auf den beiden ersten Nachkriegskatholikentagen in Mainz und Bochum, einzelne Theologen wie Romano Guardini, die Jesuiten P. Alfred Delp, Ivo Zeiger und Max Pribilla, die Dominikanerpatres Laurentius Siemer und Eberhard Welty, aber auch Politiker – z. B. die ehemaligen Zentrumspolitiker Heinrich Krone und Konrad Adenauer – oder katholische Schriftsteller und Publizisten wie Werner Bergengruen, Walter Dirks, Gertrud von Le Fort, Ida Friederike Görres, Eugen Kogon, Otto B. Roegele oder Reinhold Schneider in der Schulddebatte zu Wort[8]. Stellvertretend sei aus dem Tagebuch von Heinrich Krone zitiert: »Es muß von unserer Schuld, auch von Auschwitz, von den Opfern des Rassenhasses, von der Blutschuld des Nationalsozialismus gesprochen werden, doch auch, daß nicht das ganze deutsche Volk schuld sei, daß das Gewissen aufstand und Tausende für das Recht und das Gewissen in den Tod gingen. Hier muß die Kirche ein Wort sagen, das im Augenblicke inopportun, aber von Bedeutung für die Zukunft ist.«[9]

Das Fuldaer Schuldbekenntnis vom 23. August 1945

Allen gegenteiligen Behauptungen zum Trotz hat es auf dem allerersten Nachkriegstreffen bereits im August 1945 ein erstes Schuldbekenntnis der deutschen Bischöfe gegeben[10]. Die katholische Kirche nahm sogar als erste das Wort – wie von protestantischer Seite befürchtet.

In dem nach einem Kölner Entwurf und einer zusätzlichen Berliner Variante entstandenen Hirtenbrief heißt es: »Wir beklagen es zutiefst: Viele Deutsche, auch aus unseren Reihen, haben sich von den falschen Lehren des Nationalsozialismus betören lassen, sind bei den Verbrechen gegen menschliche Freiheit und menschliche Würde gleichgültig geblieben; viele

---

[7] K. UNTERBURGER, »Wenn die Bischöfe schweigen …«, in: ZEITSCHRIFT FÜR KIRCHENGESCHICHTE 113 (2002), S. 329–354.
[8] Vgl. dazu die Diskussion in Zeitschriften wie »Stimmen der Zeit«, »Hochland«, »Frankfurter Hefte«, »Neues Abendland«, sowie Einträge in Tagebücher (Heinrich Krone, 1945) oder private Äußerungen in Briefen (Konrad Adenauer, 23.2.1946).
[9] H. KRONE, Tagebücher, S. 27: Eintrag vom 18.8.1945.
[10] Hirtenwort des deutschen Episkopats, Fulda, 23.8.1945, in: L. VOLK, Akten VI, Nr. 1030/II b, S. 688–694, Zitat S. 689f.

leisteten durch ihre Haltung den Verbrechen Vorschub, viele sind selber Verbrecher geworden.«[11] Der Abschnitt des Fuldaer Hirtenwortes, in dem sich die Bischöfe gegen die Kollektivschuldthese der Alliierten zur Wehr setzten, wurde vom Zensor der amerikanischen Militärregierung in München gestrichen[12].

Kollektivschuld

Norbert Frei sieht eine eigentümliche Spannung zwischen der prägenden Bedeutung der Kollektivschuldthese nach 1945 und der Feststellung, davon sei in keinem einzigen offiziellen Dokument der Siegermächte die Rede gewesen. Bis Anfang der fünfziger Jahre sei daraus gleichwohl ein nützliches Instrument entstanden. Man konnte sich mit »deutscher Erfindungskraft« vehement gegen einen gar nicht existenten Kollektivschuldvorwurf verteidigen und habe damit einen trefflichen Vorwand gehabt, sich ungerecht behandelt zu fühlen, alle nicht auf Hitler und die engere NS-Führung beschränkten Vorwürfe abzuwehren und die Frage nach der persönlichen Schuld beiseite zu schieben.[13]

Unabhängig davon, ob es ein »offizielles« politisches Dokument gegeben hat, kann es den Vorwurf an sich natürlich gegeben haben. Zahlreiche zeitgenössische Quellen[14] – Rundfunkpropaganda, Lageanalysen und Gesprächsprotokolle der Besatzungsbehörden z. B. – untermauern dies. Im Übrigen wäre die Diskussion auch nicht anders verlaufen, wenn es ein »offizielles Dokument« gegeben hätte. Papst und Bischöfe sahen in der Kollektivschuld eine »Verletzung der Regeln, […] die in jedem menschlichen Gericht maß-

---

[11] Abdruck bei H. GRUBER, Katholische Kirche und Nationalsozialismus, S. 506–511, Zitat S. 507.
[12] L. VOLK, Akten VI, S. 690. Dort hieß es: »Wir wissen aber auch, daß bei solchen, die in abhängiger Stellung waren, insbesondere bei Beamten und Lehrern, die Parteizugehörigkeit oftmals nicht eine innere Zustimmung zu den furchtbaren Taten des Regimes bedeutete. […] Es ist eine Forderung der Gerechtigkeit, daß immer und überall die Schuld von Fall zu Fall geprüft wird, damit nicht Unschuldige mit den Schuldigen leiden müssen. Dafür sind wir Bischöfe von Anfang an eingetreten, und dafür werden wir uns auch in Zukunft einsetzen.«
[13] Vgl. N. FREI, Von deutscher Erfindungskraft, in: RECHTSHISTORISCHES JOURNAL 16 (1997), S. 621–634, hier S. 621, 632f.
[14] Vgl. L. VOLK, Akten VI, S. 509f. (30.5.1945), S. 658f. (vor 21.8.1945), S. 783f. (21.9.1945); TREND, A weekly report of Political Affairs and Public Opinion. Prepared by OMG Bavaria, Intelligence Branch, Political Affairs Section, APO 170, U.S. Army Report 14, 10.9.1946; H. ARENDT, Organisierte Schuld (1944), in: DIES., Die verborgene Tradition, Frankfurt 1976, S. 32–45; C. G. JUNG, Nach der Katastrophe (1945), in: DERS., Zivilisation im Übergang, Olten 1974, S. 219–244.

gebend sind«[15], und hätten aus ihrer theologischen Sicht in jedem Fall auf der individuellen Zurechnung von Schuld bestanden.

Die damalige Schulddebatte war weder eine theologische noch eine katholische Diskussion, sondern zunächst eine deutsche, durch die päpstliche Weihnachtsansprache 1944 auch eine internationale Debatte. Die Ernennung der drei deutschen Bischöfe Joseph Frings (Köln), Clemens August Graf von Galen (Münster) und Konrad Graf von Preysing (Berlin) zu Kardinälen an Weihnachten 1945 steht in ihrer symbolischen Bedeutung als Dank und Anerkennung für die Haltung der deutschen Kirche damit in einem ausdrücklichen Zusammenhang. Der engagierte Einsatz der katholischen Bischöfe in der Kollektivschulddiskussion galt nicht den Katholiken, sondern dem deutschen Volk, und es wurde nicht über katholische Schuld geredet, sondern über Kriegsverbrechen. Die Diskussion eignete sich außerdem schon deshalb nicht für eine billige katholische Entschuldigungsstrategie, weil bis zu diesem Zeitpunkt gegen die katholische Kirche öffentlich noch gar keine Vorwürfe erhoben worden waren.

Wie konnte es dazu kommen?

Papst Pius XII. hatte sich bereits 1941 mit einer von den Zeithistorikern weitgehend unbeachteten Weihnachtsansprache in die Ursachenforschung eingeschaltet: »Wenn nach den Ursachen des Zusammenbruchs geforscht wird, vor dem die Menschheit heute fast ratlos steht, so wagt man nicht selten die Behauptung, das Christentum habe versagt [...] Nein, das Christentum hat nicht versagt. [...] Aber die Menschen haben sich gegen das wahre und christustreue Christentum und gegen seine Lehren gestellt. [...] Wir können unsere Augen nicht verschließen vor dem traurigen Schauspiel einer fortschreitenden Entchristlichung.«[16]

P. Ivo Zeiger SJ fühlte sich nach seiner im Herbst 1945 im päpstlichen Auftrag unternommenen Informationsreise durch Deutschland und Österreich in religiöser Hinsicht »tief getröstet«, hatte er doch den Eindruck gewonnen, das religiöse Bild in Deutschland berechtige zu guten Hoffnungen für eine neue Blütezeit[17]. Die Planungen der Westalliierten – vor allem der Angloamerikaner – für ein demokratisches Nachkriegsdeutschland gingen von

---

[15] Radiobotschaft Papst Pius XII. vom 24.12.1944, in: A. Utz (Hrsg.), Aufbau und Entfaltung, S. 1771–1788, hier S. 1786.
[16] Weihnachtsbotschaft Papst Pius XII. vom 24.12.1941, in: A. Utz (Hrsg.), Aufbau und Entfaltung, S. 1944–1959, hier S. 1947 ff.
[17] Bericht P. Zeigers, in: L. Volk, Akten VI, Nr. 1043, S. 758–776, Zitat S. 765. Vgl. auch den von Ludwig Volk eingeleiteten und kommentierten Wiederabdruck in Stimmen der Zeit 193 (1975), S. 295–312.

einem engen Zusammenhang von Christentum und Demokratie aus, wie ihn z. B. Präsident Truman beschrieben hat: »It would seem to me that the revival of German religious life would greatly promote the Allied program for the development of democratic principles in Germany.«[18] Die »christliche Demokratisierung« der Deutschen war aber keine einfache Aufgabe. Erstens fiel die erwartete Stunde des Christentums tatsächlich aus oder währte nur eine kurze Weile. Die Einschätzung, am Beginn einer neuen Blütezeit für das Christentum zu stehen, erwies sich als falsch. Deutschland sollte stattdessen schon in wenigen Jahren zum »Missionsland«[19] werden. Und zweitens: Nicht jeder katholische Hitlergegner war als demokratischer Musterschüler geeignet.

Nach einigen gesellschaftstherapeutisch wichtigen Jahren »kollektiven Beschweigens«[20] (Hermann Lübbe) sind es Ende der 1950er Jahre Katholiken gewesen, die eine öffentliche Auseinandersetzung mit der Vergangenheit in Gang brachten, um die junge Demokratie in der Bundesrepublik zu stabilisieren. Am Volkstrauertag 1960 sah Bundespräsident Heinrich Lübke sich zu der Bemerkung veranlasst: »Nicht durch Schweigen können wir die Last der Vergangenheit abtragen, sondern indem wir aussprechen, was geschehen ist, und die damit verbundenen Umstände würdigen.«[21] Als sich 1958 einige antisemitische Zwischenfälle ereignet hatten und an Weihnachten 1959 die Kölner Synagoge geschändet worden war, tauchte das Thema »Drittes Reich und Judenverfolgung« erstmals nach dem Krieg in der öffentlichen Diskussion auf. Vorherrschend wurde damals jedoch über den antidemokratischen Charakter des Dritten Reiches diskutiert. Die Zeitzeugengeneration begann einen offenen Dialog mit der Zeitgeschichtsforschung über die Frage: Wie konnte es 1933 dazu kommen?

Nach intensiven Vorgesprächen verabredeten die strategischen Vordenker eines geschichtspolitischen katholischen Frühwarnsystems – Heinrich Krone (1895–1989), Johannes Schauff (1902–1990) und Karl Forster (1928–1981) – auf einer Tagung der Katholischen Akademie in Bayern

---

[18] Briefliche Äußerung Trumans vom 7. Juli 1946, zitiert in G. BESIER, Rolle und Entwicklung der Evangelischen Kirche, in: P. MÄRZ (Hrsg.), Normen – Stile – Institutionen, S. 51–74.

[19] P. Ivo Zeiger SJ urteilte in seiner Analyse, die er auf dem Mainzer Katholikentag 1948 vortrug: »Deutschland ist ein Missionsland geworden.« I. ZEIGER, Die religiös-sittliche Lage und die Aufgabe der deutschen Katholiken, in: DER CHRIST IN DER NOT DER ZEIT, Paderborn 1949, S. 24–39, Zitat S. 35.

[20] H. LÜBBE, Der Nationalsozialismus im deutschen Nachkriegsbewusstsein, in: HISTORISCHE ZEITSCHRIFT 236 (1983), S. 579–599.

[21] Ernst-Wolfgang Böckenförde stellte diese Einschätzung des Bundespräsidenten als Zitat an den Beginn seines aufsehenerregenden Diskussionsbeitrags über die Rolle der katholischen Kirche 1933: E.-W. BÖCKENFÖRDE, Der deutsche Katholizismus im Jahre 1933. Eine kritische Betrachtung, in: HOCHLAND 53 (1960/61), S. 215–239.

am 8./9. Mai 1961 in Würzburg über »Die deutschen Katholiken und das Schicksal der Weimarer Republik«[22] zu sprechen. 1962 wurde bei der Katholischen Akademie in Bayern die Kommission für Zeitgeschichte gegründet. Die Wortführer der weltanschaulichen Diskussion nach 1945 – Stefan Andres, Werner Bergengruen, Gertrud von Le Fort oder Reinhold Schneider – waren inzwischen abgetreten. Im aktuellen katholischen Diskurs standen jetzt neben Ernst-Wolfgang Böckenförde (geb. 1930) vor allem die beiden Schriftsteller Carl Amery[23] (1922–2005) und Heinrich Böll[24] (1917–1985) im Mittelpunkt.

Böckenförde verstärkte durch seinen Aufsatz im »Hochland«, der die Anfangsjahre des »Dritten Reiches«, den folgenreichen Meinungsumschwung der deutschen Bischöfe vom 28. März 1933, das Reichskonkordat und den Untergang des politischen Katholizismus in den Mittelpunkt rückte, die Diskussion über die 1960 erschienene bahnbrechende Untersuchung von Rudolf Morsey über das Ende der Zentrumspartei.[25]

Zunächst hielt auch Böckenförde an der verbreiteten Überzeugung fest: »Die deutschen Katholiken hatten, von ihren Bischöfen und dem Klerus geführt und bestärkt, […] im Ganzen gesehen, tapfer widerstanden und sich dabei als überzeugungsfeste Gegner des Nationalsozialismus erwiesen«, fuhr dann aber fort: Diese Selbsteinschätzung »war erklärlicherweise nicht dazu angetan, die Frage zu stellen und zu erörtern, ob und wieweit die Katholiken und ihre geistlichen Führer nicht selbst die NS-Herrschaft in deren Anfängen mitbefestigt und ihr die eigene Mitarbeit angetragen hatten. […] Die deutschen Katholiken haben für ihr politisches Verhalten von ihren Bischöfen mit hirtenamtlicher Autorität Ratschläge und Anweisungen empfangen, die sie besser nicht befolgt hätten. Das wäre staatspolitisch richtig gewesen.«[26]

Böckenfördes Thesen von der religiös-weltanschaulichen Geschlossenheit des Katholizismus unter der politischen Führung des Episkopats und des Klerus einerseits und seiner inneren Distanz zu Staat und Gesellschaft der Moderne andererseits, die Feststellung eines tief verwurzelten Antilibe-

---

[22] Zu Karl Forster, Heinrich Krone und Johannes Schauff siehe die Porträts von Anton Rauscher, Klaus Gotto und Rudolf Morsey in: ZEITGESCHICHTE IN LEBENSBILDERN Bd. 6, S. 231–249, Bd. 7, S. 265–276, Bd. 8, S. 233–246. Zum Gesamtzusammenhang siehe R. MORSEY, Gründung und Gründer, in: HISTORISCHES JAHRBUCH 115 (1995), S. 119–151.

[23] 1963 erschien die Schrift von C. AMERY, Die Kapitulation oder Deutscher Katholizismus heute – mit einem Nachwort von Heinrich Böll, Hamburg 1963. Das rororo-Taschenbuch erreichte bereits in den ersten sechs Monaten eine Auflage von 100.000 Exemplaren.

[24] Bölls Zeitroman »Billard um halb zehn« erschien 1959, die »Ansichten eines Clowns« 1963.

[25] R. MORSEY, Der Untergang.

[26] E.-W. BÖCKENFÖRDE, Der deutsche Katholizismus, S. 239.

ralismus und einer damit korrespondierenden Anfälligkeit für autoritäre Konzepte, sowie die Diagnose eines auf den Kulturbereich reduzierten Politikverständnisses nahmen eine Analyse auf, die der Publizist Walter Dirks bereits 1931 vorgenommen hatte und dann 1963 in den FRANKFURTER HEFTEN wieder veröffentlichte.[27]

Die »Kapitulation« vor dem Milieu

Carl Amery schrieb seinen Bestseller: »Die Kapitulation oder Deutscher Katholizismus heute« auf Wunsch des Psychoanalytikers Horst Eberhard Richter, um der »Gruppe 47« einmal das Wesen des deutschen Katholizismus zu erklären. In der Analyse der weiter fortschreitenden Säkularisierung der modernen Konsumgesellschaft unterschied sich Amery nicht sehr von den deutschen Bischöfen. Mit seiner Milieutheorie bot er freilich eine alternative Begründung: Das vorherrschende kleinbürgerlich-bäuerliche Milieu des deutschen Katholizismus habe mit seinen Sekundärtugenden aus dem letzten Jahrhundert (Arbeitsamkeit, Sauberkeit, Pünktlichkeit) die wahre Botschaft des Christentums so überlagert, dass die Katholiken im Dritten Reich versagt hätten und zu Mittätern geworden seien. Statt Widerstand zu leisten, als Menschenwürde und Menschenrechte verletzt wurden, hätten sie sich in reinem Milieuegoismus nur gewehrt, wenn kirchliche Machtpositionen in Gefahr gerieten. Sentire cum ecclesia könne in der gegenwärtigen Situation deshalb auch bedeuten, den Bruch mit dem existierenden Katholizismus zu verlangen, in dem sich seither nichts grundsätzlich verändert habe. Amery war überzeugt: Unabhängig vom Verhalten der Bischöfe, des Vatikans und des Zentrums 1933: »Das Milieu hätte trotzdem kapituliert. Es hätte [...] entschieden, daß der Vatikan, das Zentrum, die Bischöfe im Unrecht seien, und daß ihm kein Mensch zumuten könne, seine soziale Haut zu Markte zu tragen. [...] Aber die Demokratie? Aber die Juden? Aber die Parteien und Männer der Linken? Sie hätte das Milieu niemals verteidigt.«[28]

In der Endphase der Adenauer-Zeit war die öffentliche Wertschätzung des Katholizismus deutlich angeschlagen. »Gut- und Schlechtinformierte, Wohlmeinende und Übelgesinnte nutzen die Gelegenheit, um an den Kir-

---

[27] W. DIRKS, Katholizismus und Nationalsozialismus, in: DIE ARBEIT (Berlin) 8 (1931), S. 201–209. Wiederabdruck in: FRANKFURTER HEFTE 18 (1963), S. 515–522, und Gesammelte Schriften, Bd. 6: Politik aus dem Glauben. Aufsätze zu Theologie und Kirche, Zürich 1989, S. 21–36.
[28] C. AMERY, Die Kapitulation, S. 32.

chen, vorab an der katholischen, ihr demokratisches Mütchen zu kühlen.«[29]
Die Kritik von links galt vor allem der CDU und der katholischen Kirche, jedem für sich und ihrer gegenseitigen Nähe. ›Katholiken, Denkverbote und Tabus, Restauration und CDU‹ gehörten in eine semantische Schublade, in eine andere ›redliches und moralisches Handeln, Mitmenschlichkeit, eigener Verstand, innere Würde und SPD‹. Die linkskatholische Selbstkritik an der Vergangenheit verband sich mit Forderungen nach einer grundlegenden Gesinnungsreform für eine Welt der Nächstenliebe, ohne Kapitalismus, ohne Waffen und erreichte, weil sie weitgehend auf konfessionell abgrenzende Positionsbeschreibungen verzichtete, damit auch Zustimmung aus nicht-katholischen Kreisen. Der wissenschaftliche Diskurs über die Vergangenheit und der moralische Diskurs über die Zukunft verbanden sich, verstärkten sich gegenseitig und wurden zum Bestandteil damals aktueller politischer Auseinandersetzungen z. B. um die politische Mitbestimmung der katholischen Kirche. Geschichte wurde zum Argument der deutschen Tagespolitik.

Theater, Medien und Moral

»Der Stellvertreter« von Rolf Hochhuth – der Erstling eines jungen, bis dahin wenig erfolgreichen Schriftstellers – hob das Thema »Katholische Kirche und Drittes Reich« am 20. Februar 1963 auf die Weltbühne. Allen handwerklichen und historischen Fehlern zum Trotz formulierte dieses Trauerspiel offenbar ein moralisches Problem, das die Öffentlichkeit bewegte wie keine andere Frage zur NS-Herrschaft. Die einmalige Wirkungsgeschichte des »Stellvertreters« kennen wir einigermaßen in ihrem Verlauf, wir rätseln aber nach wie vor über ihre Wirkmechanismen. Es gibt kein anderes Beispiel, in dem es so nachhaltig gelungen wäre, ein bereits vorhandenes, stabil scheinendes Geschichtsbild durch dramatische Mittel in sein komplettes Gegenteil zu verändern und eine theatralische Wahrheit an die Stelle der Wirklichkeit zu setzen wie in diesem Fall. Mit einer Verbindung von Dokumentation und Fiktion erreichte die erfundene Wirklichkeit des Theaters teilweise sogar einen höheren Glaubwürdigkeitsgrad als die Realität.

Carl Amery hatte in seinem Essay ein persönliches Schuldbekenntnis abgelegt, Heinrich Böll konnte sich damals auch auf Aufforderung nicht dazu entschließen. »Es ist üblich geworden«, schrieb Amery, »nach dem Anteil unserer Schuld am Nazi-Regime zu fragen. [...] Ich habe mich

---

[29] H. MAIER, Der politische Weg der deutschen Katholiken nach 1945, in: DERS. (Hrsg.), Deutscher Katholizismus nach 1945. Kirche, Gesellschaft, Geschichte, München 1964, S. 190–220, Zitat S. 190.

objektiv schuldig gemacht wie alle anderen, die in den Krieg zogen, und ich war subjektiv vielleicht einige Grade schuldiger, weil ich von der Unrechtmäßigkeit der ganzen Sache überzeugt war.«[30]

Der Münchner Erzbischof Julius Kardinal Döpfner, Jahrgang 1913, hatte sich bereits als Bischof in Berlin zum Thema Umgang mit der Vergangenheit in einem Ton geäußert, der sich deutlich von der Bischofsgeneration des Dritten Reiches unterschied[31]. Im Frühjahr 1965 versuchte der designierte Vorsitzende der Deutschen Bischofskonferenz (Dezember 1965) – ohne nachhaltigen Erfolg – gegenüber Journalisten eine von ihm diagnostizierte Schieflage in der Mediendarstellung der katholischen Kirche (Stern) zu einem öffentlichen Thema zu machen: »Wenn man bedenkt, daß alle Gruppen in den verschiedenen Bereichen der Konfessionen, der Politik, der Wirtschaft, der Justiz, der Hochschule, der Publizistik usw. damals gleichermaßen vor die Entscheidung zwischen Komplizentum und Widerstand gestellt waren, muß man sich wundern, daß sich der Lichtkegel des Interesses so einseitig auf den Katholizismus konzentriert. [...] Hier schlägt die Anziehung der Kirche in das Bedürfnis um, die Kirche zu entlarven«[32]. Döpfner kritisierte auch den moralisierenden Impetus, der in den 1960er Jahren den schrittweisen Paradigmenwechsel vom Antitotalitarismus zum Antifaschismus, vom Antikommunismus zum Wandel durch Annäherung, zum Dialog begleitete.

Wissenschaftliche Forschungen

Die Kirche, dies zeigen diese Beispiele insgesamt deutlich, ist also der Schulddiskussion keineswegs ausgewichen, sondern hat sich seit der NS-Zeit auf allen Ebenen der kirchlichen Hierarchie mit ihrem Verhalten auseinandergesetzt, ohne dass damit gesagt sein soll, dass dabei zu jeder Zeit das Niveau der historischen Analyse erreicht wurde, welches wir heute nach einer 60-jährigen Forschungsgeschichte erreicht haben. Parallel zu der Auffassung, die Kirche habe sich nicht mit ihrem Verhältnis zum Nationalsozialismus auseinandergesetzt, läuft der Vorwurf, sie habe sich unter Berufung auf einzelne widerständige Katholiken selbst zu einer regelrechten Widerstandsorganisation erklärt. Zur Stützung dieser These wird vor allem auf eine Publikation von Weihbischof Johannes Neuhäusler aus dem Jahr 1946 verwiesen, in der es hieß: »Der Widerstand war kräftig

---

[30] C. AMERY, Die Kapitulation, S. 114f.
[31] Julius Kardinal DÖPFNER, Der Katholizismus in der öffentlichen Diskussion (datiert auf Februar 1965), in: AEM Kardinal-Döpfner-Archiv 21, 1965/II.
[32] EBD.

und zäh, bei hoch und nieder, bei Papst und Bischöfen, bei Klerus und Volk, bei Einzelpersonen und ganzen Organisationen.«[33] Wer genau liest, wird feststellen, dass Neuhäusler hier nicht den Widerstand allgemein und schon gar nicht politischen Widerstand, sondern den »weltanschaulichen Widerstand« meinte.

Um den Blick zu schärfen und einer differenzierten Analyse zu dienen, definierten Klaus Gotto, Hans Günter Hockerts und Konrad Repgen[34] 1980 nach langen fachwissenschaftlichen Diskussionen ein vierfach abgestuftes Begriffsfeld von Widerstand – mit zwei defensiven Varianten: punktueller Unzufriedenheit bzw. Resistenz und Nicht-Anpassung und zwei offensiven Formen: Protest und aktiver politischer Widerstand, in dem der Anteil von Katholiken viel größer war, als lange angenommen wurde. Insgesamt blieb der aktive politische Widerstand gegen den Nationalsozialismus, der eine individuelle Glaubens- und Gewissensentscheidung erforderte, freilich die Sache einer Minderheit. Dieses abgestufte Modell berücksichtigte auch, was Heinrich Böll in der Widerstandsdiskussion kritisiert hatte: »Es ist üblich geworden, immer dann, wenn die Haltung der offiziellen katholischen Kirche in Deutschland während der Nazizeit angezweifelt wird, die Namen der Männer und Frauen zu zitieren, die in Konzentrationslagern und Gefängnissen gelitten haben und hingerichtet worden sind. Aber jene Männer, Prälat Lichtenberg, Pater Delp und die vielen anderen, sie handelten nicht auf kirchlichen Befehl, sondern ihre Instanz war eine andere, deren Namen auszusprechen heute schon verdächtig geworden ist: das Gewissen.«[35]

Hierarchie der Wahrheit

Einen besonderen Kulminationspunkt erreicht bis heute die Debatte über den kirchlichen Umgang mit der Vergangenheit, wenn es um Schuld und Versöhnung im Verhältnis zu Juden und zu Polen geht. Ausgangspunkt für den Beginn einer grundlegend neuen Phase der Beziehungen zwischen Katholiken und Juden wurde weltkirchlich die »Erklärung über das Verhältnis der Kirche zu den nichtchristlichen Religionen ›Nostra aetate‹«[36], die am 28. Oktober 1965 in der römischen Konzilsaula verabschiedet wurde, und im Verhältnis zu Polen die Geste des Briefwechsels vom 18. November bzw. 5. Dezember 1965, die ohne die vielfältigen Kontakte der polnischen und

---

[33] J. NEUHÄUSLER, Kreuz und Hakenkreuz, Teil 2, S. 10.
[34] Siehe K. GOTTO/K. REPGEN (Hrsg.), Die Katholiken und das Dritte Reich, S. 173–190, hier S. 175f. Vgl. auch K. REPGEN, Katholizismus und Nationalsozialismus, S. 10–15 und H. G. HOCKERTS/H. MAIER (Hrsg.), Christlicher Widerstand, S. 17–40.
[35] H. BÖLL, Brief, S. 28.
[36] Abdruck in: A. BECKEL (Hrsg.), Vatikanum II., S. 634–640.

deutschen Bischöfe untereinander während der Konzilsberatungen nicht möglich gewesen wäre[37].

Trotz der »fast hoffnungslos mit Vergangenheit belasteten Lage«, schrieben die polnischen Bischöfe, »rufen wir Ihnen zu: Versuchen wir zu vergessen! [...] In diesem allerchristlichsten und zugleich sehr menschlichen Geist strecken wir unsere Hände zu Ihnen in den Bänken des zu Ende gehenden Konzils, gewähren Vergebung und bitten um Vergebung.«[38] Das Antwortschreiben der deutschen Bischöfe nahm im Wortlaut darauf Bezug: »So bitten auch wir zu vergessen, ja wir bitten zu verzeihen. Vergessen ist eine menschliche Sache. Die Bitte um Verzeihung ist ein Anruf an jeden, dem Unrecht geschah, dieses Unrecht mit den barmherzigen Augen Gottes zu sehen und einen neuen Anfang zuzulassen. [...] Mit brüderlicher Ehrfurcht ergreifen wir die dargebotenen Hände.«[39]

In »Nostra aetate« heißt es: »Im Bewußtsein des Erbes, das sie mit den Juden gemeinsam hat, beklagt die Kirche, die alle Verfolgungen gegen irgendwelche Menschen verwirft, nicht aus politischen Gründen, sondern aus Antrieb der religiösen Liebe des Evangeliums alle Haßausbrüche, Verfolgungen und Manifestationen des Antisemitismus, die sich zu irgendeiner Zeit und von irgend jemandem gegen die Juden gerichtet haben.«[40]

10 Jahre später – auf der Gemeinsamen Synode der Bistümer in der Bundesrepublik Deutschland in Würzburg – wurde nach intensiver Debatte über Selbstkritik und Schuldbekenntnis »als Konsequenz aus dieser erschütternden Schuldgeschichte für die Gegenwart [...] nun auch der Widerstand gegen allen heutigen Missbrauch politischer Macht aus rassistischen oder anderen ideologischen Motiven genannt. Und die theologische Dimension unseres Verhältnisses zu den Juden ist eindeutiger ausgesprochen.«[41] – »Mehrfach beschäftigte die Vollversammlung die Frage, ob etwa in solcher Selbstkritik historische Zusammenhänge verkürzt werden oder gar mit Mehrheitsbeschluß über Fakten geurteilt werde, die nur von der wissenschaftlichen Forschung zu erheben sind.«[42] »Die Tendenz, unter Berufung auf historische Details das eigene Schuldeingeständnis abzuschwächen, stritt mit dem Bestreben, aus starker persönlicher Betroffenheit unser Versagen noch stärker zu betonen.«[43] Schließlich verabschiedete die Synode einen allen Beschlüssen vorangestellten, übergreifenden theologischen Leittext über »das Bekenntnis

---

[37] Abdruck des Briefes bei O. B. ROEGELE, Versöhnung oder Haß?, S. 79–103.
[38] EBD., S. 92.
[39] EBD., S. 101.
[40] A. BECKEL (Hrsg.), Vatikanum II, Nostra aetate, S. 639.
[41] GEMEINSAME SYNODE DER BISTÜMER IN DER BUNDESREPUBLIK DEUTSCHLAND. Beschlüsse der Vollversammlung. Offizielle Gesamtausgabe I, Freiburg u. a. 1976, S. 84–111.
[42] SYNODE, S. 77.
[43] EBD.

des Glaubens in unserer Zeit« aus der Feder des Theologen Johann B. Metz und plädierte darin für ein neues Verhältnis zur Glaubensgeschichte des jüdischen Volkes: »Wir sind das Land, dessen jüngste politische Geschichte von dem Versuch verfinstert ist, das jüdische Volk systematisch auszurotten. Und wir waren in dieser Zeit des Nationalsozialismus, trotz beispielhaften Verhaltens einzelner Personen und Gruppen, aufs Ganze gesehen doch eine kirchliche Gemeinschaft, die zu sehr mit dem Rücken zum Schicksal dieses verfolgten jüdischen Volkes weiterlebte, deren Blick sich zu stark von der Bedrohung ihrer eigenen Institutionen fixieren ließ und die zu den an Juden und Judentum verübten Verbrechen geschwiegen hat.«[44]

Seit die Synode als Tatsache formuliert hatte, worüber es unter den Historikern sehr gegensätzliche Auffassungen gab, die Kirche sei aufs Ganze gesehen doch eine Gemeinschaft gewesen, die zu den an Juden und Judentum verübten Verbrechen *geschwiegen* habe, verschwand diese grundsätzliche Frage nicht mehr von der Tagesordnung der Theologen und der Historiker gleichermaßen. Die Mehrheit der Synode hatte sich schließlich für eine »offensive Gewissenserforschung«[45] entschieden und musste sich den Vorwurf gefallen lassen, trotz Warnungen »historischen Nonsens« zum Beschluss erhoben zu haben.

Kann theologisch richtig sein, was historisch falsch ist? Kann moralisch richtig sein, was historisch nicht stimmt? Kann politisch notwendig sein, was wissenschaftlich falsch ist? – so lauten seitdem die bohrenden Fragen widerstreitender Interpretationsrichtungen. Mit der Ausstrahlung der Serie Holocaust 1979 ist diese Problemstellung dann erneut verschärft worden.

Verschärfte Auseinandersetzungen, verengte Fragestellung

Am 31. Januar 1979 griff erstmals das Sekretariat der Deutschen Bischofskonferenz mit einer ausführlichen Erklärung in die dadurch ausgelöste öffentliche Diskussion ein und hielt fest, »daß das Verhalten der Kirche gegenüber einzelnen Stufen der Judenverfolgung kritisch betrachtet werden muß.«[46] Es sei heute schwer zu begreifen, dass von kirchlicher Seite weder zum Boykott jüdischer Geschäfte am 1. April 1933 noch zum Erlass der Nürnberger Rassengesetze 1935, noch am 9./10. November 1938 »eine genügend deutliche und aktuelle Stellungnahme erfolgt«[47] sei. Der von

---

[44] SYNODE, S. 108.
[45] SYNODE, S. 78.
[46] Die Erklärung ist veröffentlicht in: PRESSEDIENST DES SEKRETARIATS DER DEUTSCHEN BISCHOFSKONFERENZ 4/79, 31.1.1979. Wiederabdruck in: G. DENZLER/V. FABRICIUS, Die Kirchen im Dritten Reich, S. 258–262.
[47] Erklärung, PRESSEDIENST, S. 4.

Walter Dirks initiierte »Bensberger Kreis« hielt selbst diese Äußerung der Bischofskonferenz noch für »einseitig und erkennbar vom Willen der Selbstverteidigung geleitet«[48] und setzte in einer Stellungnahme vom 28. April 1979 altbekannte kritische Argumente dagegen. Die Kirche habe durch Verkündigung und Erziehung den Katholiken kaum befähigt, eigenverantwortlich politisch zu handeln. Die Frauen und Männer des Widerstands stünden »nicht für uns oder für die Kirche, die sie oft allein gelassen hat, sondern für die von ihnen vertretene Sache.«[49] Die kämpfenden Soldaten hätten ebenso wie die Toten ein Anrecht darauf, dass die Kirche offen ausspreche, zu einem ungerechten Krieg ermutigt und aufgefordert zu haben. Die Kirche sei »nicht klar und eindeutig an die Seite der Synagoge getreten« und habe Bedingungen mitgeschaffen, »durch die der Antisemitismus sich so grauenhaft entfalten konnte.«[50] Andere schlossen sich dieser Kritik an und verschärften die Angriffe auf die selbstkritische Haltung der Bischöfe noch. Franz Alt kommentierte im SWF: »Wenn nach christlicher Lehre ein Christ Gott und seinem Gewissen wirklich mehr gehorchen soll als Menschen, dann ist diese Erklärung des Sekretariats der deutschen Bischöfe unchristlich und zudem widerspricht sie dem Grundgesetz.«[51] Die FRANKFURTER RUNDSCHAU gab Karlheinz Deschner Gelegenheit, die katholische Kirche »weitgehender öffentlicher Irreführung und Unwahrhaftigkeit« zu beschuldigen: »Zu den Verbrechen von einst noch die Lüge von heute«[52] und der WDR verbreitete Deschners Ausführungen anschließend in der Reihe »Aktuelle Dokumente«[53].

Papst Johannes Paul II. widmete dem Thema »Schuld und Geschichte« persönlich hohe Aufmerksamkeit und führte damit eine Entwicklung fort, die bereits unter Papst Paul VI. begonnen hatte. Gleichzeitig nahm die moderne Schuld-Theologie – entwickelt auch in Auseinandersetzung mit der politischen Theologie – Abschied von der Vorstellung der Kirche als »societas perfecta« und bezog auch die Möglichkeit der strukturellen Schuld in ihre Überlegungen mit ein.

Die Deutsche Bischofskonferenz hat seit 1979 zahlreiche weitere Erklärungen und Geistliche Worte veröffentlicht[54] – zu runden Jahrestagen des

---

[48] »Von der Kirche alleingelassen ... Stellungnahme des Bensberger Kreises zur Erklärung des Sekretariats der Deutschen Bischofskonferenz ›Die katholische Kirche und der Nationalsozialismus‹ vom 31. Januar 1979«, in: PUBLIK-FORUM, Sonderdruck I, S. 2.
[49] VON DER KIRCHE ALLEINGELASSEN II, S. 2.
[50] VON DER KIRCHE ALLEINGELASSEN V, S. 3.
[51] REPORT, Südwestfunk Baden-Baden, 24.4.1979.
[52] Karlheinz DESCHNER, Festgeläute zum Geburtstag des geliebten Führers, in: FRANKFURTER RUNDSCHAU, 19.2.1979.
[53] WDR-Hörfunk, 3. Programm, 25.2.1979.
[54] Auf der Internetseite der Deutschen Bischofskonferenz (http://dbk.de/stichwoerter/fs_stichwoerter.html, Stichwort »Holocaust«) sind die verschiedenen Erklärungen zu Ge-

30. Januar 1933, der Novemberpogrome, des Kriegsausbruchs oder des 8. Mai 1945. Diese Texte sind von verschiedenen federführenden Autoren geprägt und können deshalb nicht zu einem »offiziellen« Geschichtsbild addiert werden.

In der öffentlichen Diskussion konzentrierte sich in den 80er und 90er Jahren das Interesse immer stärker auf die Frage des Holocaust und des Antisemitismus. Ausgehend von der thematischen Verengung der Fragestellung veränderten sich auch fast alle wesentlichen Koordinaten der geschichtspolitischen Auseinandersetzung. Zunächst nahmen die internationalen Aktivitäten – in Forschung und Politik – deutlich zu. Der »Papst, der geschwiegen hat«[55] und trotzdem seliggesprochen werden soll, beanspruchte die Aufmerksamkeit weltweit in einem Ausmaß, dass die kirchliche Zeitgeschichte gegenüber der allgemeinen Zeitgeschichte vorübergehend ins Hintertreffen geriet, weil sie sich primär in den »Pius Wars« festbiss. In der bundesdeutschen Diskussion endet die Phase der unmittelbaren Instrumentalisierung unseres Themas für aktuelle innenpolitische Auseinandersetzungen.

»Reinigung des Gedächtnisses« und neue Offenheit

An der Schwelle zum neuen Jahrtausend wurde auf päpstliche Initiative ein neues Kapitel im »Schuldbuch« der katholischen Kirche aufgeschlagen. Ausgangspunkt waren theologische Überlegungen, die Wirkungen reichen

---

denktagen zu finden: Erklärung des Vorsitzenden der Deutschen Bischofskonferenz, Bischof Karl Lehmann, zum Gedenktag für die Opfer des Nationalsozialismus (27.1.2001); Erklärung des Vorsitzenden der Deutschen Bischofskonferenz, Bischof Karl Lehmann, aus Anlaß des 60. Jahrestages der Reichspogromnacht am 9.11.1938 (7.11.1998); Apostolisches Schreiben von Papst Johannes Paul II. zum 50. Jahrestag des Beginns des Zweiten Weltkrieges; »Die Last der Geschichte annehmen«. Wort der Bischöfe zum Verhältnis von Christen und Juden aus Anlaß des 50. Jahrestages der Novemberpogrome 1938 (20.10.1988); Geistliches Wort der deutschen Bischöfe zum 8. Mai 1945 (8.5.1985); »Erinnerung und Verantwortung. 30. Januar 1933–30. Januar 1983«; Erklärung der deutschen Bischöfe vom 27.8.1979 zum 40. Jahrestag des Ausbruchs des Zweiten Weltkriegs; Das jüdische Volk und seine Heilige Schrift in der christlichen Bibel, Dokument der Päpstlichen Bibelkommission vom 24.5.2001; Trauer um die Tragödien – Weg zu neuer Beziehung zwischen Christen und Juden. Ansprache von Papst Johannes Paul II. während der Stunde der Erinnerung in der Gedenkstätte Yad Vashem in Jerusalem am 23.3.2000; Die Vergebungsbitte von Papst Johannes Paul II. am 12.03.2000; Predigt des Vorsitzenden der Deutschen Bischofskonferenz, Bischof Karl Lehmann, zur Eröffnung der Frühjahrs-Vollversammlung der Deutschen Bischofskonferenz am 13.3.2000 in Mainz über die Vergebungsbitte von Papst Johannes Paul II.; Erklärung der deutschen Bischöfe über das Verhältnis der Kirche zum Judentum (28.4.1980).

[55] J. CORNWELL, Pius XII. (englische Originalausgabe mit dem Titel Hitlers Pope 1999).

aber weit in die Zeitgeschichtsforschung und in geschichtspolitische Neuansätze.

Johannes Paul II. bezog sich dabei ausdrücklich auf Hans Urs von Balthasar und dessen Reflexionen über Licht und Schatten in der Geschichte der Kirche[56]: Die spektakulären Schuldbekenntnisse und Vergebungsbitten wurden durch wissenschaftliche Kongresse intensiv vorbereitet, am 12. März 2000 dann aber nicht als Ergebnis einer historischen Analyse oder als moralische Anklage vorgetragen, sondern in einem Gebet an Gott gerichtet. Sie galten »für die ganze Kirche, die an die Treulosigkeiten erinnern wollte, mit denen viele ihrer Söhne und Töchter im Lauf der Geschichte Schatten auf ihr Antlitz als Braut Christi geworfen hatten.«[57]

Die Ausgangsbedingungen für die zeitgeschichtliche Katholizismusforschung haben sich seit 2000 in Deutschland und nach dem Ende des Kalten Krieges auch in Osteuropa entscheidend verbessert. Die Recherchen für das deutsche Martyrologium[58] und die Zwangsarbeiter in kirchlichen Einrichtungen[59] mobilisierten weit über den beruflich damit befassten Kreis von Archivaren und Historikern hinaus Interesse an kirchlicher Zeitgeschichte. Die päpstliche Initiative für die Vergebungsbitten fand auf der ganzen Welt und in ökumenischer Übereinstimmung unerwartete Zustimmung. Die vatikanische Initiative wurde – zusätzlich begründet durch die geschichtspolitischen Auseinandersetzungen um Papst Pius XII. – vor allem in Italien und im angloamerikanischen Raum mit einer Fülle von wissenschaftlichen Abhandlungen beantwortet, die auch bisherige Tabuthemen – wie den Einsatz von Christen für die Rettung von Juden[60] – in den Blick nehmen. Mit dem Fall der Mauer öffneten sich für die Zeitgeschichtsforschung auch zahlreiche Archive, die für die Katholizismusgeschichte wesentliche Bestände hüten. Mit Hilfe der neuen Quellen lassen sich manche alten Streitfragen jetzt beantworten. Die Öffnung vatikanischer Archive könnte vor allem diejenigen in Verlegenheit bringen, die sie jahrelang gefordert haben.

---

[56] H. U. v. BALTHASAR, Wer ist ein Christ?, S. 16: »Der Peinlichkeiten ist kein Ende. Es ist nicht lustig, zu einem solchen Erbe stehen zu sollen, dessen eklatante Fehler man eindeutig sieht.« – aber: »Für den Katholiken ist diese Geschichte nicht abzuschütteln. Sein katholisches Traditionsprinzip, wie immer es verstanden werde, verbietet ihm das [...]. Er selber ist in diese Überlieferung verfilzt und muß seinen Teil Verantwortung, ob er mag oder nicht, übernehmen.« Die katholische Kirche »ist zugleich heilig und stets der Reinigung bedürftig, sie geht immerfort den Weg der Buße und Erneuerung.«

[57] Apostolisches Schreiben »Novo millennio ineunte«, 6.1.2001 (Druck: Verlautbarungen des Apostolischen Stuhls, Nr. 150).

[58] H. MOLL (Hrsg.), Zeugen für Christus.

[59] K.-J. HUMMEL/Ch. KÖSTERS (Hrsg.), Zwangsarbeit.

[60] Vgl. M. GILBERT, Geistliche als Retter.

Zusammenfassung

Die Karriere der »katholischen« Schuld seit 1945 spannt sich zeitlich von der Erfahrung einer beispiellosen menschlichen und kulturellen Katastrophe, von der »letzten Epiphanie«, wie Werner Bergengruen es formuliert hat, bis in eine säkularisierte Gesellschaft, der eine wichtige Dimension fehlt, in der Sünde sich in juristische, politische etc. Verfehlungen und Versäumnisse verwandelt hat[61.] Generell ist dieser Weg trotz einer unübersehbaren Wiederkehr des Religiösen in den letzten Jahren von einem deutlichen Rückgang des öffentlichen Interesses für kirchliche Themen gekennzeichnet. Dies gilt aber nicht für das spezielle Thema: Katholische Kirche und Drittes Reich. Die auf diesem Gebiet nach wie vor intensive Debatte lebt davon, dass sich in diesen 60 Jahren die für die Beurteilung der Rolle der katholischen Kirche angelegten Maßstäbe ständig verändert haben. Kirche wird dabei nicht nach ihrem – spätestens seit dem II. Vatikanischen Konzil selbst veränderten Eigenverständnis – beurteilt, sondern zunehmend mit den Maßstäben einer gesellschaftlichen Großgruppe gemessen. Nicht selten werden die Meßlatten der jeweiligen Gegenwart für die Bewertung von damals angelegt und damit in Kauf genommen, dass dies im Verlauf auch Maßstäbe sein können, die sich gegenseitig widersprechen. Von der Erfahrung »Allein den Betern wird es noch gelingen«[62] (1936) bis zu der Erwartung der katholischen Kirche als politischer Widerstandsorganisation ist ein weiter Weg. Oder: Einerseits wird beklagt, die Kirche habe den Einzelnen außerhalb der Seelsorge allein gelassen, andererseits werden Bischöfe kritisiert, weil sie politische Ratschläge gegeben haben, die sie besser unterlassen hätten.

Wer bestimmt die Leitkategorien in dieser Diskussion? Wie setzt sich das Gesamtbild zusammen – aus der Sicht der Kirche und aus Sicht ihrer Kritiker? Die Ausgangslage ist klar: Historische Sachkenntnis ist ein notwendiges Kriterium auch für eine Beurteilung aus theologischer Sicht. »Deshalb besteht der erste Schritt in der Befragung der Historiker.«[63] Andererseits kann das Wesen der Kirche mit bloß historischen oder soziologischen Mitteln nicht erfasst werden. Die profane Zeitgeschichtsforschung steht also vor dem Problem, dass sie zunächst ein nicht-theologisches Erklärungsmuster kirchlichen Verhaltens in einer Diktatur zu entwickeln hat, das dann in eine theologische Deutung eingeht. Die katholische Theologie hat dabei

---

[61] J. HABERMAS, Vom öffentlichen Gebrauch der Historie, in: HISTORIKERSTREIT. Die Dokumentation der Kontroverse um die Einzigartigkeit der nationalsozialistischen Judenvernichtung, München – Zürich 1987, S. 243–255, Zitat S. 243.

[62] Sonett von Reinhold Schneider 1936.

[63] Johannes Paul II., ursprünglich in einer Ansprache auf der internationalen Tagung zur Erforschung der Inquisition am 31.10.1998, zitiert nach G. L. MÜLLER, Erinnern und Versöhnen, S. 70f.

auf ihrem eigenen Gebiet, also theologisch – bei aller Veränderung seit dem II. Vatikanum – eine konsequente Interpretation der individuellen Zurechnung schuldhaften Verhaltens und der persönlichen Verantwortung vor Gott – von der Kollektivschulddiskussion 1945 bis zum jüngsten Papstbesuch in Auschwitz – durchgehalten.

Problematisch war die Wirkung theologischer Aussagen immer dann, wenn sie ohne Kenntnis oder unter Ignorierung der Ergebnisse anderer Disziplinen gemacht worden sind. Die Rezeption fachwissenschaftlicher Erkenntnisse ist aber auch im Blick auf den öffentlichen Diskurs defizitär. Es gibt eine deutliche Diskrepanz zwischen dem Stand der zeitgeschichtlichen Forschung und der Rezeption dieser Ergebnisse im Geschichtsbild der Öffentlichkeit.

Diese Diskrepanz ist nicht immer zufällig. Die Agenten der moralischen Selbstkritik z. B. würden durch Berücksichtigung historischer Fakten und Zusammenhänge in ihrem Impetus stärker gebremst als sie dies zulassen wollen. In einem moralischen Diskurs geht es nicht primär um die geschichtliche Wahrheit, die auf historische Fakten und Zusammenhänge angewiesen ist, sondern um Deutung, die notfalls auch ohne Fakten und historische Einsicht auskommt.

Die mit der Öffnung neuer Archivbestände verbundene Möglichkeit, lange umstrittene Fragen einer Klärung zuzuführen, hat paradoxerweise zunächst nicht dazu geführt, diese Möglichkeit verstärkt zu nutzen, sondern z. T. den Abstand zwischen den möglichen und tatsächlichen Kenntnissen nur noch vergrößert. Neue wissenschaftliche Ergebnisse nötigen nämlich zum Abschied von manchem liebgewordenen Vorurteil.

Warum trifft die gesammelte Kritik vorzugsweise die katholische Kirche? In den 1960er Jahren geriet die katholische Kirche allein schon wegen ihrer Eigenschaft als Institution in Verdacht. Kardinal Döpfner sah damals aber auch einen direkten Zusammenhang mit dem konziliaren Aufbruch der katholischen Kirche: Wenn gerade in den letzten Jahren die Kirche wieder besonders in die Aufmerksamkeit der Menschen tritt und manche erfreuliche Beachtung gefunden hat, dann ist für andere das ein Anlass, nun ganz bewusst die Kirche herunterzureißen.«[64] Der Psychoanalytiker Alexander Mitscherlich sah bereits 1963 die Bundesrepublik auf dem »Weg zur vaterlosen Gesellschaft«, in der wir heute möglicherweise auch angekommen sind. »Weit und breit zeigt sich niemand mehr bereit, als Protestobjekt zur Verfügung zu stehen, und es gibt offensichtlich auch keine Institution mehr, die protestabel ist – außer einer einzigen, der katholischen Kirche. [...] Sie kennt verbindliche Autoritäten [...] Sie vertritt ungemütliche Normen

---

[64] Julius Kardinal Döpfner, Die Tendenz, das Große herabzuziehen, in: AEM, Pressemitteilungen, 15.3.1965, S. 1.

und moralische Prinzipien und bekennt sich skandalöserweise zu einer zweitausendjährigen Geschichte, alles Aufgaben, die die Psychoanalyse Freuds dem Vater zuschreibt.«[65]

---

[65] M. Lütz, Der blockierte Riese, S. 19, 21.

III.

Geschichtsbilder

Karl-Joseph Hummel

Kirche im Bild
Historische Photos als Mittel der Irreführung

Die unter Wissenschaftlern schon lange diskutierte Frage: »Ist mit dem 20. Jahrhundert das Gutenberg-Zeitalter nach sechshundert Jahren zu Ende gegangen?« hat inzwischen auch die breite Öffentlichkeit erreicht. Visuelle Medien prägen unsere tägliche Erfahrung von Wirklichkeit nachhaltiger als dies in der Vergangenheit durch Bücher geschehen ist. Dabei handelt es sich nicht um eine bald wieder vorübergehende Modeerscheinung. Walter Benjamin sah darin sogar eine neue Konstante geschichtlicher Erfahrung: »Geschichte zerfällt in Bilder, nicht in Geschichten.«[1]

Die ursprüngliche Gewissheit, dass ein Photo die Realität abbilde und die Objektivität durch die Technik gleichsam verbürgt sei, ist inzwischen abhanden gekommen. Im digitalen Zeitalter ist kein Originalphoto mehr davor gefeit, bearbeitet und dabei gegebenenfalls inhaltlich verändert bzw. verfälscht zu werden. In »Bildern, die lügen«[2], fehlen plötzlich Personen, die bei der Aufnahme des Photos vorhanden waren, oder Personen werden in ein Photo montiert, die an dem abgebildeten Ereignis gar nicht teilgenommen haben.

Der Beobachter eines Bildes wird aber nicht nur durch solche manipulativen Eingriffe in ein Photo selbst in die Irre geführt. Viel häufiger stößt man auf Beispiele der Irreführung durch Kontextualisierung oder Kommentierung.

Üblicherweise soll das Titelbild eines Buches den Titel illustrieren und unterstreichen, eine Bildunterschrift soll die Herkunft des Bildes nachweisen und seine Aussage verdeutlichen. Titel und Titelbild sollen miteinander harmonieren, die Botschaft eines Bildes und dessen Unterschrift nicht von einander abweichen. Wird ein Bild aber in einen falschen sachlichen und/oder zeitlichen Kontext gestellt, wird seine Aussage der abgebildeten Situation historisch nicht mehr gerecht.

---

[1] Walter BENJAMIN, Das Passagen-Werk. Aufzeichnungen und Materialien, in: GESAMMELTE SCHRIFTEN V 1, hrsg. v. Rolf Tiedemann, Frankfurt 1982, S. 596.

[2] Vgl. HAUS DER GESCHICHTE DER BUNDESREPUBLIK DEUTSCHLAND (Hrsg.), Bilder, die lügen, Bonn 2003, S. 20–22, 30–33, 44–47: In diesem Ausstellungskatalog sind entsprechende Beispiele dokumentiert, u. a. Bilder von Lenins Rede auf dem Swerdlow-Platz in Moskau am 5. Mai 1920, Bilder vom nachgestellten Hissen der Roten Fahne auf der Kuppel des Reichstags am 2. Mai 1945 in Berlin oder eine retuschierte Aufnahme vom Besuch des US-Präsidenten Clinton in Eisenach am 14. Mai 1998.

Bilder bedürfen immer einer Interpretation. Weit davon entfernt, selbsterklärend zu sein, brauchen sie, um richtig eingeschätzt zu werden, eine Erläuterung. Ohne dass ein Photo selbst bearbeitet worden sein muss, kann durch eine fehlende, unvollständige oder inhaltlich falsche Bildunterschrift eine manipulierende Wirkung erzielt werden. Der Betrachter wird sich, wenn er sich an einer solchen Kommentierung orientiert, nur ein falsches Bild machen können.

Für das Thema »Die Katholiken und das Dritte Reich« gibt es einen immer wieder verwendeten, nicht sehr umfangreichen Kanon von Bildern, der im Lauf der Jahrzehnte für verschiedenste Zwecke eingesetzt worden ist. Dabei fällt auf, dass die meisten dieser Beispiele aus den Anfangsjahren des Dritten Reiches stammen, aus jener Phase, in der auch die deutschen Katholiken von der nationalen Euphorie und Aufbruchstimmung nicht unbeeindruckt geblieben waren. Diese situativ sehr verschieden zu interpretierenden Momentaufnahmen werden aber in ihren Aussagemöglichkeiten überfordert, wenn sie nachträglich als generalisierende Illustrationen für das Verhältnis der katholischen Kirche zum NS-Regime verwendet werden.

Das erste Beispiel bezieht sich auf das Titelbild von Daniel Goldhagens Veröffentlichung: Die katholische Kirche und der Holocaust.[3] Auf dem Umschlag ist für diese Abbildung kein Nachweis angegeben. Das Titelbild taucht dann aber noch einmal auf S. 194 mit der Bildlegende auf: »Ein katholisches Wegzeichen und ein antisemitisches Schild wachen 1935 einträchtig über ein fränkisches Dorf.«[4] Auf einen Beleg für diese Beschreibung verzichtet der Autor auch hier und weckt damit Zweifel. Abgesehen davon, dass »ein katholisches Wegzeichen« keine zeitgenössische Bezeichnung für ein Wegkreuz sein dürfte und abgesehen davon, dass das abgebildete Holzkreuz stilistisch nicht nach Franken passt, wundert sich der Betrachter, warum das fränkische Dorf nicht namentlich genannt wird und warum die Aufnahme gerade 1935 gemacht sein sollte. Das Bildarchiv, aus dem diese Abbildung stammt, kennt weder den Namen des Dorfes noch das Datum der Aufnahme, bestätigt aber, dass die Vorlage, eine Übernahme aus privaten Beständen, in jedem Fall bearbeitet ist.

Wer die Kurzgeschichte »Saisonbeginn« von Elisabeth Langgässer kennt[5], stellt eine so frappierende Ähnlichkeit zu der Abbildung fest, dass er sich

---

[3] Daniel Jonah GOLDHAGEN, Die katholische Kirche und der Holocaust. Eine Untersuchung über Schuld und Sühne, Siedler, Berlin 2002.
[4] Daniel Jonah GOLDHAGEN, S. 194.
[5] Elisabeth LANGGÄSSER, Saisonbeginn, in: DIES., Erzählungen, Hamburg 1964, S. 320–323.

fragt: Wo hat die Schriftstellerin die Kombination von Kreuz und Schild am Ortseingang gesehen, die ihr als Vorlage für die Kurzgeschichte und dem Photographen für das Bild gedient hat? Möglicherweise muss die Entstehungsgeschichte dieses Titelbildes aber ganz anders geschrieben werden. Die Wahrscheinlichkeit, dass es dieses Dorf tatsächlich nicht gegeben hat und es sich bei dem Titelbild um eine Montage nach dem Vorbild der Kurzgeschichte handelt, ist jedenfalls nicht gering. Die Überzeugungskraft eines Bildes, das die katholische Kirche und den Antisemitismus so nahe aneinander rückt wie dieses Beispiel, steht und fällt aber mit der Antwort auf die Frage, ob es sich um eine Originalaufnahme oder eine Montage, um Dokumentation oder Manipulation handelt.

Ein bekanntes Beispiel für die Irreführung durch einen veränderten Kontext und/oder die Kommentierung eines Bildes ist ein »um 1934« in »Oberbayern« aufgenommenes Photo von Alban Schachleiter (1861–1937)[6]:

Kevin Spicer hat dieses Photo 2008 als Umschlagphoto für »Hitler's Priests« verwendet. Der Buchtitel kündigt »Hitlers Priester« an, das Titelphoto zeigt davon aber nur einen einzigen Vertreter. Die Bildlegende[7] nimmt ebenfalls nur auf den abgebildeten Abt Bezug. Der Leser muss also annehmen, Alban Schachleiter stehe stellvertretend für eine zwar unbestimmte, immerhin doch größere Zahl von »Hitlers« Priestern. Spicer präsentiert in seinem Buch ganz unterschiedlich gelagerte Fälle von insgesamt 138 Priestern oder ehemaligen Priestern, die dem Nationalsozialismus weltanschaulich verbunden waren, 58 davon als registrierte Mitglieder der NSDAP. Bezogen auf die Gesamtzahl der damals über 42.000 Priester und Ordensgeistlichen handelt es sich folglich um eine marginale Randgruppe von 0,3 %. Von einer Organisation dieser Einzelnen als Gruppe, von einer über die persönliche Verehrung hinausgehenden gemeinsamen weltanschaulichen Ausrichtung auf den Führer oder gar von einem grundlegend sympathisierenden Einverständnis

---

[6] Präzisere Angaben z. B. zum Tag und Ort oder dem Anlass, zu dem dieses Photo entstanden ist, sind der Agentur nicht möglich.

[7] »Abbot Albanus Schachleiter greets SA-men with ›Heil Hitler‹ salute. Courtesy of the Bundesarchiv B NS 26/1323.«

zwischen katholischem Klerus und Nationalsozialismus auf der Basis eines gemeinsamen Antisemitismus, wie Spicer in seinem Buch behauptet, kann keine Rede sein. Das Photo zeigt einen Einzelgänger, einen Einzelnen, der niemand repräsentiert als sich selbst.

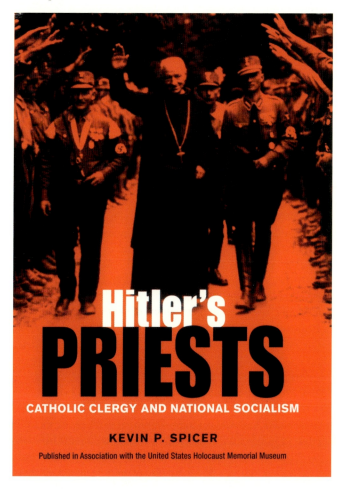

In anderen Veröffentlichungen wird die Irreführung durch die Kommentierung weiter verstärkt. Die »Zeit«[8] berichtete von »Ovationen der SA« für den

---

[8] »Abt Schachleitner (!) vom Emaus-Kloster zu Prag nimmt in München die Ovationen der SA entgegen.« In: DIE ZEIT, 36, 3.9.1982, S. 10.

Geistlichen, im »Spiegel«[9] wird dem Leser durch ein nicht nachgewiesenes Halbzitat: »Die guten Katholiken werden niemals …«, die Möglichkeit gegeben, die Bildaussage in freier Phantasie zu vervollständigen.

In keiner der zitierten Veröffentlichungen ist der dargestellte Abt Schachleiter auch nur andeutungsweise so beschrieben, dass der Leser die Möglichkeit hätte, dieses Photo quellenkritisch einzuordnen.

Alban Schachleiter, 1908–1918 Abt des Benediktinerklosters Emaus (Prag), hielt sich nach seiner von der 1918 ausgerufenen Tschechoslowakischen Republik erzwungenen Emigration seit 1921 in München auf. Sein Sendungsbewusstsein, Brücken zwischen der entstehenden nationalsozialistischen Bewegung und der Kirche zu bauen, brachte ihn in Konflikt mit Michael Kardinal von Faulhaber. Verschiedene Appelle, auf politische Äußerungen zu verzichten und sich in Gehorsam in ein Kloster zurückzuziehen, liefen ins Leere. Die Fuldaer und die Freisinger Bischofskonferenz äußerten deshalb bereits 1929 offiziell ihr »tiefes Befremden und Bedauern«. Schachleiter kritisierte zwar den christentumsfeindlichen Kurs Rosenbergs, trat aber dennoch 1933 in die NSDAP ein und unterstützte die Partei durch Artikel im »Völkischen Beobachter« und durch von ihm verfasste Flugblätter im Frühjahrswahlkampf 1933. »Bereit, jeden Tag zum Führer zu kommen«, ließ er sich auf den Reichsparteitagen 1934 und 1935 als Ehrengast feiern und vertrat eigensinnig Positionen, die offiziell völlig ausgeschlossen waren wie z. B. die Erwartung, der Vatikan werde nach einiger Zeit dem Sterilisierungsgesetz zustimmen. Faulhaber ging gegen den Abt mit den schärfsten Sanktionen vor, die ihm kirchenrechtlich als Ortsbischof gegenüber einem Benediktiner möglich waren, verhängte ein Zelebrationsverbot und untersagte weitere Veröffentlichungen im »Völkischen Beobachter«. Mit Erlaubnis von Papst Pius XI. wurde die Suspension am 2. September 1933 unter bestimmten Auflagen aber wieder zurückgenommen. Ob Schachleiter im August 1934 während eines persönlichen Empfangs beim Führer von der Empfehlung Faulhabers Gebrauch gemacht hat, bei höchsten Stellen auf antichristliche Strömungen aufmerksam zu machen, ist nicht belegt. Seit Herbst 1936 erkrankt, verstarb der Außenseiter am 20. Juni 1937 im Alter von 76 Jahren. Als Repräsentant für die katholische Kirche und ihren Klerus im Dritten Reich ist Abt Schachleiter unter keinem Gesichtspunkt geeignet.

---

[9] »SA-Männer, geistlicher Würdenträger* nach der NS-Machtübernahme: ›Die guten Katholiken werden niemals …‹.*Albanus Schachleiter, ehemaliger Abt des Benediktinerklosters Emaus (Prag), einer der frühesten geistlichen Anhänger Hitlers.« In: »Mit festem Schritt ins Neue Reich«, in: DER SPIEGEL, Nr. 15, 1965, S. 85.
Siehe auch: »Katholischer Geistlicher schreitet SA-Spalier ab.« In: DAS PARLAMENT, 4–5, 29.1./5.2.1983, S. 10.

Das nächste Beispielphoto wurde 1977 von Klaus Scholder[10] abgedruckt und 2004 von Peter Godman[11] als Umschlagmotiv verwendet:

Eine korrekte Bildlegende zu diesem Photo könnte lauten: Nuntius Eugenio Pacelli, Doyen des Diplomatischen Corps, verlässt nach dem Neujahrsempfang des Reichspräsidenten Paul von Hindenburg am 1. Januar 1928 das Präsidentenpalais.

Klaus Scholders Bildbeschreibung[12] enthält drei sachliche Fehler: Pacelli hielt sich nach seiner Ernennung zum Kardinalstaatssekretär nie in Berlin auf. Das Bild zeigt den Vatikanischen Gesandten nach dem Neujahrsempfang beim Reichspräsidenten am 1. Januar 1928 und nicht den Nuntius nach Übergabe seines Abberufungsschreibens im Dezember 1929.[13]

---

[10] In: Klaus SCHOLDER, Die Kirchen und das Dritte Reich, Propyläen, Berlin 1977, S. 241, Abb. 21.
[11] Peter GODMAN, Der Vatikan und Hitler. Die geheimen Archive, Droemer, München 2004.
[12] »Nach der Ernennung zum Kardinalstaatssekretär kehrte Pacelli Ende 1929 nach Rom zurück. Das Bild zeigt ihn beim Verlassen des Reichspräsidentenpalais nach Überreichung seines Abberufungsschreibens.«
[13] Pacelli wurde am 9. Dezember 1929 als Nuntius beim Deutschen Reich abberufen und am 16. Dezember 1929 zum Kardinal ernannt. Nach seiner Abreise aus Berlin am 12. Dezember 1929 und einem Zwischenaufenthalt in München ist er am 13. Dezember 1929 in Rom eingetroffen. Seine »zweite Heimat« Deutschland hat er danach nie mehr betreten. Die Berufung zum Kardinalstaatssekretär erfolgte erst am 7. Februar 1930.

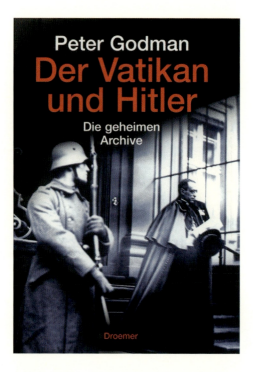

Peter Godmans Montage dieses Photos in das Titelbild seiner Veröffentlichung 2004 geht noch einen Schritt weiter als Scholder. Die Korrektur der auch hier nicht fehlerfreien Bildunterschrift[14] würde deshalb das eigentliche Problem nicht lösen. Die Veröffentlichung Godmans beschäftigt sich nicht mit den diplomatischen Beziehungen zwischen dem Vatikan und der Weimarer Republik, für die eine Abbildung des vatikanischen Gesandten aus dem Jahr 1928 durchaus in Frage käme, sondern kündigt Neuigkeiten aus den »geheimen Archiven« des Vatikans an, die dessen Verhältnis zu Hitler betreffen. Der damals in München tätige Nuntius Pacelli hat zwar den Hitler-Putsch und den aufkommenden Nationalsozialismus in München persönlich erlebt und genau beobachtet, Adolf Hitler und Nuntius Pacelli sind sich aber weder in München noch später in Berlin persönlich begegnet. Eine Verbindung Pacelli/Hitler Ende der 1920er Jahre hat es tatsächlich nicht gegeben, sie wird erst durch den Buchtitel und die Verwendung dieses Photos hergestellt.

---

[14] »Das Umschlagmotiv zeigt Eugenio Kardinal Pacelli, den späteren Papst Pius XII., beim Besuch der Reichskanzlei.«
Das Photo zeigt tatsächlich nicht den Kardinal Pacelli beim Besuch der Reichskanzlei, sondern den Nuntius beim Verlassen des Reichspräsidentenpalais.

Auf dem vierten Beispielphoto begrüßt Adolf Hitler den päpstlichen Nuntius in München, Alberto Vassallo di Torregrossa, anlässlich der Grundsteinlegung für das Münchener »Haus der deutschen Kunst« am 15. Oktober 1933. Neben dem Führer und dem Nuntius steht Hermann Esser, NSDAP-Mitglied Nr. 2, bayerischer Staatsminister und Chef der Staatskanzlei.

Dieses Photo wird in zwei verschiedenen Ausfertigungen angeboten: In der ersten Variante taucht das Photo bereits 1933 auf einem Wahlplakat der NSDAP auf und ist dort mit einem »Zitat« des Nuntius kommentiert, das die Propagandaabteilung der NSDAP gefälscht hatte.[15]

Durch eine für den 12. November 1933 angesetzte und mit einer Reichstagswahl kombinierte Volksabstimmung wollten die Nationalsozialisten Wählerschichten mobilisieren und integrieren, die im Frühjahr der NSDAP ihre Stimme noch nicht gegeben hatten. Dazu gehörten vor allem ehemalige Zentrumswähler. Auf dem Wahlplakat der NSDAP wurde das Photo von der Grundsteinlegung im Haus der Kunst mit einem dem Nuntius zugeschriebenen Zitat und der Aufforderung an jeden deutschen Katholiken verbunden, sich dem verständnisvollen Nuntius anzuschließen und bei der Volksabstimmung mit Ja für die Nationalsozialisten zu stimmen.

---

[15] Vgl. dazu Konrad REPGEN, Vom Fortleben nationalsozialistischer Propaganda in der Gegenwart. Der Münchener Nuntius und Hitler 1933, in: Pankraz FRIED/Walter ZIEGLER (Hgg.), Festschrift für Andreas Kraus zum 60. Geburtstag, Kallmünz 1982, S. 455–476.

Der Nuntius protestierte bei der Staatskanzlei energisch gegen die Verwendung seines Photos zu Wahlkampfzwecken und beschwerte sich über den »irreführenden Text einer so nie erfolgten Äußerung.« Tatsächlich habe er gesagt, er habe den Führer bisher nicht gesehen und freue sich, ihn heute zu sehen an dem Tag, der für München von so großer Bedeutung sei. Esser hielt den Protest für berechtigt und ordnete bei der Propagandastelle der Gauleitung München – Oberbayern an, die Plakate einzuziehen. Zumindest vor dem 12. November 1933 ist dies aber unterblieben. Der Vatikan bewertete das Plakat in einer Beschwerde bei der Reichsregierung als einen Versuch, »von der geistigen Übereinstimmung zwischen Nationalsozialismus und Heiligem Stuhl ein unzutreffendes Bild zu entwerfen und den Eindruck zu erwecken, als ob es zwischen dem Heiligen Stuhl und der in

Deutschland führenden Richtung weltanschaulich keinerlei Disharmonien mehr gäbe.«[16]

Die in späteren Veröffentlichungen des »Spiegel«[17] oder von Klaus Scholder[18] versuchte Deutung dieser nationalsozialistischen Wahlkampfpropaganda als einer aussagekräftigen Quelle für die Nähe der katholischen Kirche zum Dritten Reich ist nur möglich, solange der Leser auf diese Fälschung nicht aufmerksam gemacht wird und annehmen muss, hier handele es sich um ein korrektes Zitat.[19]

In der zweiten Variante wird nur das Begrüßungsphoto verwendet und dem Leser ohne Bildnachweis, Bildlegende oder erläuternde Kommentierung des propagandistischen Missbrauchs durch die NSDAP der Eindruck eines fröhlichen Einverständnisses zwischen einem hohen Repräsentanten der

---

[16] Anlage zur Note des Kardinalstaatssekretärs Pacelli an Botschafter von Bergen vom 14. Mai 1934, in: D. ALBRECHT, Notenwechsel I, S. 160f.

[17] »… Die Braunen geschont: NS-Wahlplakat (1933)«, in: »Mit festem Schritt ins Neue Reich«, in: DER SPIEGEL, Nr. 8, 1965, S. 40.

[18] »Bei der Wahl und Volksabstimmung vom 12. November erntete Hitler die Früchte des Reichskonkordats durch überraschend hohe Zustimmung gerade in überwiegend katholischen Wahlkreisen.« In: Klaus SCHOLDER, Die Kirchen und das Dritte Reich, Propyläen, Berlin 1977, Abb. 91.

[19] »Der päpstliche Nuntius … 1933
Anlass des Plakates ist die mit Reichstagswahlen gekoppelte Volksabstimmung vom 12. November 1933. Das Plakat gibt vor, dass Hitler mit der Kirche konform gehe und dass die Kirche ihn anerkenne. Mag auch der Ausspruch des päpstlichen Nuntius voller Zurückhaltung, sogar zweideutig sein – in diesem Zusammenhang ist er doch geeignet, die Bedenken der Gläubigen zu zerstreuen. Neben Hitler steht der Funktionär Hermann Esser, beide sind nach Potentatenart gegenüber dem kirchlichen Würdenträger um einige Stufen erhöht.« In: Friedrich ARNOLD (Hrsg.), Anschläge. Deutsche Plakate als Dokumente der Zeit 1900–1960, Langewiesche-Brandt, Ebenhausen 1963, S. V/5.
»NS-Wahlplakat zur Reichstagswahl am 12.11.1933«, in: Nikolaus von PRERADOVICH/Josef STINGL, »Gott segne den Führer!« Die Kirchen im Dritten Reich. Eine Dokumentation von Bekenntnissen und Selbstzeugnissen, Druffel, Leoni 1985.
»Plakat zur Volksabstimmung mit Hitler, Reichsleiter Esser, Nuntius Torregrossa (1933)«, Bildnachweis in: DER SPIEGEL, Nr. 43, 1997, S. 94.
»Hand in Hand: Hitler und Nuntius Vassallo di Torregrossa.« In: 8. MAI 1945 TAG DER BEFREIUNG. 8. MAI 2005 KEIN VERGEBEN KEIN VERGESSEN. Texte zum Konvoi gegen Faschismus und Kapitalismus, Berlin 2005, S. 19.
»Ein Wahlplakat der NSDAP wirbt im Herbst 1933 um die Gunst katholischer Wähler. Eine Begegnung zwischen dem Münchener Nuntius Alberto Vassallo di Torregrossa und Hitler anlässlich der Grundsteinlegung für das Münchener ›Haus der deutschen Kunst‹ am 15. Oktober 1933 soll den Wählern vermitteln: Auch ihr könnt eure Ablehnung des Nationalsozialismus revidieren.« In: Hubert WOLF, Papst & Teufel. Die Archive des Vatikan und das Dritte Reich, Beck, München 2008, S. 254.

katholischen Kirche und dem Führer, vielleicht sogar zwischen Kirche und Nationalsozialismus, vermittelt.[20]

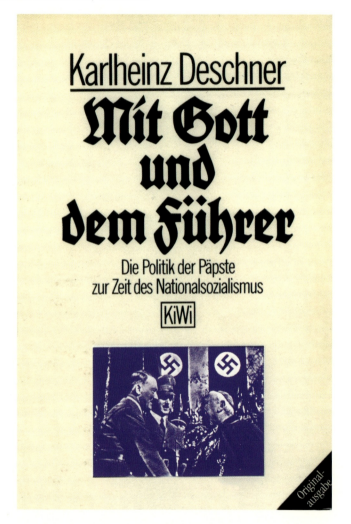

---

[20] Beispielsweise in: Georg DENZLER, Widerstand oder Anpassung? Katholische Kirche und Drittes Reich, Serie Piper 294, München 1984: »Umschlag: Federico Luci, unter Verwendung eines Fotos des Süddeutschen Verlages, München«.
Otto Dov KULKA/Paul R. MENDES-FLOHR, Judaism and Christianity under the impact of National Socialism 1919–1945, Jerusalem 1987.
Karlheinz DESCHNER, Mit Gott und dem Führer. Die Politik der Päpste zur Zeit des Nationalsozialismus, Kiepenheuer & Witsch, Köln 1988.

Das fünfte Beispiel stammt aus: Daniel Goldhagen, Die katholische Kirche und der Holocaust[21]:

Auf einer NS-Kundgebung in München marschiert Michael Kardinal Faulhaber durch ein Spalier von SA-Leuten.

Das Landgericht München erließ am 7. Oktober 2002 bei Androhung eines Ordnungsgeldes von bis zu 250.000 € eine Einstweilige Verfügung gegen die Verbreitung dieses Buches, solange darin auf S. 237 die offensichtlich falsche Bildunterschrift enthalten sei. Der Verlag teilte daraufhin in einer Presse-Information am 8. Oktober 2002 mit: »Strittig ist die Bildlegende zu einer Abbildung, die einen hohen kirchlichen Würdenträger zeigt, der in Begleitung Hermann Görings auf einer NS-Veranstaltung ein Spalier von SA-Leuten durchschreitet.« Nach diesem gescheiterten Korrekturanlauf wurde die Bildlegende in der späteren Taschenbuchausgabe München 2004, S. 237 schließlich so formuliert: »Auf einer NS-Kundgebung marschiert ein hoher katholischer Würdenträger durch ein Spalier von SA-Leuten.«

Tatsächlich sind auf diesem Bild weder Kardinal Faulhaber noch Hermann Göring zu sehen, das Photo ist nicht in München, sondern in Berlin entstanden und es handelt sich auch nicht um eine NS-Veranstaltung, an der ein hoher katholischer Würdenträger teilgenommen hat.

Eine korrekte Bildunterschrift müßte lauten: Nuntius Cesare Orsenigo, Doyen des Diplomatischen Corps, und P. Eduard Gehrmann SVD, Sekretär in der

---

[21] D. J. GOLDHAGEN, Kirche und Holocaust, S. 237.

Diplomatischen Vertretung des Heiligen Stuhls beim Deutschen Reich, gehen beim offiziellen Festakt zum 1. Mai 1934 auf dem Tempelhofer Feld in Berlin an einer Einheit des »Feldjägerkorps in Preußen« vorbei auf ihre reservierten Plätze.[22]

Das nächste Beispiel bezieht sich auf die Volksabstimmung im Saargebiet 1935:

Diese Aufnahme wird in zahlreichen Publikationen mit und ohne Kommentar verwendet. Während Gerhard Besier den Betrachter in seiner vor allem die Evangelischen Kirchen behandelnden Studie kommentarlos seinen eigenen Assoziationen zu diesem »katholischen« Bild überlässt[23], bietet z. B. der »Spiegel« – über mehrere Jahre verteilt – mindestens drei unterschiedliche Beschreibungen an.[24]

---

[22] Siehe: Karl-Joseph HUMMEL, Ein Kardinal marschiert nicht, in: FRANKFURTER ALLGEMEINE ZEITUNG, 12.10.2002.
[23] Bildnachweis zum Umschlagmotiv in: Gerhard BESIER, Die Kirchen und das Dritte Reich. Spaltungen und Abwehrkämpfe 1934–1937, Propyläen, Berlin 2001: »Titelbild: Bayerische Staatsbibliothek München.«
[24] »Bischöfe Bornewasser, Sebastian, Gauleiter Bürckel, Reichsinnenminister Frick, Goebbels (1935): Um die Ohrenbeichte besorgt«, in: DER SPIEGEL, Nr. 43, 1997, S. 94f. – »Deutsche Bischöfe beim Hitlergruß (1935)*: Jubel und Gebete. *Franz Rudolf Bornewasser (Trier) und Ludwig Sebastian (Speyer)«, in: DER SPIEGEL, Nr. 17, 2000, S. 120. – »Deutsche Bischöfe, Nazi-Größen*: Verbrecher im Vatikan. *Die Bischöfe von Trier und Speyer, Franz Rudolf Bornewasser und Ludwig Sebastian, mit dem Gauleiter Saarland Josef Bürkel (!), Innen-

Kirche im Bild 253

minister Wilhelm Frick und Propagandaminister Joseph Goebbels 1935«, in: Der Spiegel, Nr. 41, 2002, S. 206f.
»Die Bischöfe Franz Rudolf Bornewasser und Ludwig Sebastian im Hitlergruß vereint mit Innenminister Wilhelm Frick (2. v. r.) und Propagandaminister Joseph Goebbels 1935«, in: »Das Heil der Kirche«, in: Stern, 40, 2002.
Vgl. auch »Deutsche katholische Geistliche begrüßen Regierungsvertreter, darunter Wilhelm Frick, den Innenminister und späteren Reichsprotektor von Böhmen und Mähren (zweiter von rechts), und Joseph Goebbels, den Propagandaminister (rechts außen), mit dem Hitlergruß.« In: Daniel Goldhagen, Die katholische Kirche und der Holocaust. Eine Untersuchung über Schuld und Sühne, Siedler, Berlin 2002, S. 181.
»Haben die Christen den Verfolgten und darunter besonders den Juden jede mögliche Hilfe gewährt?« heißt es in der Stellungnahme der Theologenkommission. Die Aufnahme zeigt Kirchenvertreter und NS-Parteiführer beim »deutschen Gruß« (Bild: Heinrich Hoffmann), in: Frankfurter Rundschau, Dokumentation, 8.3.2000.

Eine zutreffende Bildlegende müßte lauten: Offizielle Feier der Rückkehr des Saargebiets ins Deutsche Reich am 1. März 1935 im Kreisständehaus Saarbrücken. Das Photo zeigt die Bischöfe Franz Rudolf Bornewasser (Trier), Ludwig Sebastian (Speyer), den Saarbevollmächtigten der Reichsregierung Josef Bürckel, Reichsinnenminister Wilhelm Frick und Propagandaminister Joseph Goebbels beim Deutschen Gruß.

Das Saargebiet war seit 1919 Mandatsgebiet des Völkerbundes. In einer im Versailler Vertrag vorgesehenen Volksabstimmung votierten am 13. Januar 1935 90,8 % der knapp 540.000 Wahlberechtigten für die Rückkehr zum Deutschen Reich, 0,4 % für die künftige Zugehörigkeit zu Frankreich und 8,8 % für die Beibehaltung des Status Quo.

Der Vatikan verfolgte in der Saarfrage offiziell eine neutrale Linie, Kardinalstaatssekretär Pacelli machte gegenüber den anschlußfreundlichen Bischöfen von Speyer und Trier aber aus seinen schweren Bedenken kein Geheimnis. Bornewasser und Sebastian wollten den Saarländern ersparen, sich zwischen Nation und Konfession entscheiden zu müssen. Sie vertrauten deshalb auf die Ernsthaftigkeit der tatsächlich nur taktisch eingesetzten Beschwichtigungserklärungen, vor allem auch des Gauleiters Bürckel, viel stärker als der Vatikan.

Die Goebbelsche Propaganda deutete das Ergebnis des Plebiszits zu einer überwältigenden Zustimmung zum Nationalsozialismus um. Die bischöfliche Staatsloyalität war aber kein Signal für ideologisches Einverständnis, sondern entsprang primär der Loyalität zu Volk und Vaterland. Die antifranzösische, nationale Verbundenheit mit dem Deutschen Reich bedeutete keine Übereinstimmung mit Positionen der NSDAP. Aus dem klaren Wunsch der überwiegend katholischen Saarländer zur Rückkehr ins Deutsche Reich war kein Angebot abzuleiten, mit dem weltanschaulichen Gegner »Hand in Hand« zusammenzuarbeiten.

In einem Erlass des preußischen Kultusministers vom 18. August 1933 an die deutschen Bischöfe heißt es: »Es ist allgemeine Übung geworden, beim Singen des Liedes der Deutschen ... den Hitlergruß zu erweisen ohne Rücksicht darauf, ob der Grüßende Mitglied der NSDAP ist oder nicht. Wer nicht in den Verdacht kommen will, sich bewußt ablehnend zu verhalten, wird daher den Hitlergruß erweisen. Nach Niederkämpfung des Parteienstaates ist der Hitlergruß zum Deutschen Gruß geworden.«

Das letzte Beispiel bezieht sich auf den Kölner Dom, an dem Hakenkreuzfahnen hängen. Alexander Groß hat dieses Motiv gewählt, um den Buchtitel »Gehorsame Kirche – Ungehorsame Christen«[25] zu unterstreichen.

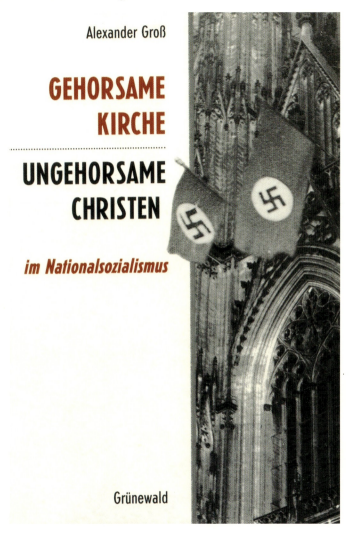

Groß erläutert mit keinem Satz die gerade für den Kölner Dom verwickelte Rechtslage für die Verteilung der Zuständigkeiten zwischen Staat und Kirche.

---

[25] Alexander GROSS, Gehorsame Kirche – Ungehorsame Christen im Nationalsozialismus, Mainz 2000.

Die Bildlegende: »Kölner Dom mit Hakenkreuzfahnen: Schwarz-weiß-Photo des Historischen Archivs Theodor Becker & Sohn« lässt vor allem auch offen, wann und zu welchem Anlass dieses Photo aufgenommen wurde. Die genaue Datierung ist in diesem Fall für die zutreffende Interpretation nicht unwichtig. Vor dem Inkrafttreten des Reichsflaggengesetzes vom 15. September 1935 galt in der kirchlichen Praxis ein pragmatischer Kompromiss, grundsätzlich zu kirchlichen und nationalen Anlässen zu flaggen, die Kirchen selbst aber nur mit Kirchenflaggen, die übrigen kirchlichen Gebäude auch mit den nationalen Flaggen zu schmücken. Das Reichsgesetz vom 15. September 1935 erklärte dann die Hakenkreuzflagge zur Reichs- und Nationalflagge, mit der künftig alle öffentlichen Gebäude zu beflaggen seien. Eine Verordnung des Reichsinnenministers vom 4. Oktober 1935 stellte klar, dass mit »öffentlichen Gebäuden« auch die Kirchen gemeint seien. Als allgemeine Beflaggungstage galten der Reichsgründungstag (18. Januar), der Tag der nationalen Erhebung (30. Januar), der Heldengedenktag (5. Sonntag vor Ostern), der Geburtstag des Führers (20. April), der Nationale Feiertag des Deutschen Volkes (1. Mai) und der Erntedanktag (1. Sonntag nach Michaelis). Geistliche, die wegen Nichtbeflaggung mit der Gestapo in Konflikt gerieten, wurden wegen »politischer Unzuverlässigkeit« zur Rechenschaft gezogen.

IV.

Literatur

AARONS, Mark/LOFTUS, John, Unholy Trinity. How the Vatican's Nazi Networks betrayed Western Intelligence to the Soviets, New York 1992.
ACKERMANN, Josef, Heinrich Himmler als Ideologe, Göttingen 1970.
ADAM, Stephan, Die Auseinandersetzung des Bischofs Konrad von Preysing mit dem Nationalsozialismus in den Jahren 1933–1945, St. Ottilien 1996.
ADOLPH, Walter, Kardinal Preysing und zwei Diktaturen. Sein Widerstand gegen die totalitäre Macht, Berlin 1971.
ADOLPH, Walter, Die katholische Kirche im Deutschland Adolf Hitlers, Berlin 1974.
AKTEN ZUR DEUTSCHEN AUSWÄRTIGEN POLITIK 1918–1945, Serie D (1937–1945), Bd. 4: Die Nachwirkungen von München. Oktober 1938 – März 1939, Baden-Baden 1951.
ALBRECHT, Dieter (Hrsg.), Katholische Kirche im Dritten Reich. Eine Aufsatzsammlung, Mainz 1976.
ALBRECHT, Dieter (Bearb.), Der Notenwechsel zwischen dem Heiligen Stuhl und der deutschen Reichsregierung, 3 Bde. (Bd. 1: Von der Ratifizierung des Reichskonkordats bis zur Enzyklika »Mit brennender Sorge«; Bd. 2: 1937–1945; Bd. 3: Der Notenwechsel und die Demarchen des Nuntius Orsenigo 1933–1945) (= Veröffentlichungen der Kommission für Zeitgeschichte, Reihe A: Quellen, Bd. 1, 10 und 29), Mainz 1965, 1969 und 1980.
ALES BELLO, Angela/CHENAUX, Philippe (Hrsg.), Edith Stein e il Nazismo, Rom 2005.
ALTERMATT, Urs, Katholizismus und Moderne: Zur Sozial- und Mentalitätsgeschichte der Schweizer Katholiken im 19. und 20. Jahrhundert, Zürich 1989.
ALTGELD, Wolfgang, Zwischen Ausgrenzung und Anpassung. Die Katholiken als Minderheit im Deutschen Kaiserreich, in: Konrad AMANN u. a. (Hrsg.), Bayern und Europa. Festschrift für Peter Claus Hartmann zum 65. Geburtstag, Frankfurt am Main u. a. 2005, S. 339–362.
ALTGELD, Wolfgang, German Catholics, in: Rainer LIEDTKE/Stephan WENDEHORST (Hrsg.), The Emancipation of Catholics, Jews and Protestants. Minorities and the Nation State in Nineteenth-Century Europe, Manchester 1999, S. 100–121.
ALTGELD, Wolfgang, Die Ideologie des Nationalsozialismus und ihre Vorläufer, in: Karl Dietrich BRACHER/Loe VALIANI (Hrsg.), Faschismus und Nationalsozialismus, Berlin 1991, S. 107–136.
ALTGELD, Wolfgang, Katholizismus, Protestantismus, Judentum. Über religiös begründete Gegensätze und nationalreligiöse Ideen in der Geschichte des deutschen Nationalismus (= Veröffentlichungen der Kommission für Zeitgeschichte, Reihe B: Forschungen, Bd. 59), Mainz 1992.

ALTGELD, Wolfgang/KISSENER, Michael, Judenverfolgung und Widerstand. Zur Einführung, in: Michael KISSENER (Hrsg.), Widerstand gegen die Judenverfolgung, Konstanz 1996, S. 9–40.

ALTGELD, Wolfgang/MERZ, Johannes/WEISS, Wolfgang (Hrsg.), Josef Stangl 1907–1979. Bischof von Würzburg. Lebensstationen in Dokumenten, Würzburg 2007.

ALY, Götz (Hrsg.), Volkes Stimme. Skepsis und Führervertrauen im Nationalsozialismus, Frankfurt 2006.

ALY, Götz, Hitlers Volksstaat. Raub, Rassenkrieg und nationaler Sozialismus, neue, erw. Taschenbuchausgabe, Frankfurt a. M. 2006.

AMERY, Carl, Die Kapitulation oder Deutscher Katholizismus heute, Reinbek bei Hamburg 1963.

APOLD, Hans, Feldbischof Franz Justus Rarkowski im Spiegel seiner Hirtenbriefe, in: ZEITSCHRIFT FÜR DIE GESCHICHTE UND ALTERTUMSKUNDE ERMLANDS 39 (1978), S. 87–106.

ARBEITSKREIS FÜR KIRCHLICHE ZEITGESCHICHTE, MÜNSTER (AKKZG), Konfession und Cleavages im 19. Jahrhundert. Ein Erklärungsmodell zur regionalen Entstehung des katholischen Milieus in Deutschland, in: HISTORISCHES JAHRBUCH 120 (2000), S. 358–395.

ARENDT, Hannah, Organisierte Schuld (1944), in: DIES., Die verborgene Tradition, Frankfurt 1976, S. 32–45.

ARETIN, Erwein von, Fritz Michael Gerlich. Lebensbild eines Publizisten und christlichen Widerstandskämpfers, 2., erg. Aufl., München – Zürich 1983.

ARETIN, Karl Otmar von, Widerstand und Beharren. Die Kirchen im Dritten Reich, in: Kirchliche Zeitgeschichte 8 (1995), S. 382–395.

ARETZ, Jürgen, Katholische Arbeiterbewegung und Nationalsozialismus. Der Verband katholischer Arbeiter- und Knappenvereine Westdeutschlands 1923–1945 (= Veröffentlichungen der Kommission für Zeitgeschichte, Reihe B: Forschungen, Bd. 25), Mainz 1982.

ARETZ, Jürgen (Hrsg.), Nikolaus Groß. Christ – Arbeiterführer – Widerstandskämpfer. Briefe aus dem Gefängnis, Mainz 1993.

ARNING, Holger, Die Macht des Heils und das Unheil der Macht. Diskurse von Katholizismus und Nationalsozialismus im Jahr 1934 – eine exemplarische Zeitschriftenanalyse (= Politik- und Kommunikationswissenschaftliche Veröffentlichungen der Görres-Gesellschaft, Bd. 28), Paderborn u. a. 2008.

BÄRSCH, Claus-Ekkehard, Erlösung und Vernichtung. Dr. phil. Joseph Goebbels. Zur Psyche und Ideologie eines jungen Nationalsozialisten 1923–1927, München 1987.

BÄRSCH, Claus-Ekkehard, Die politische Religion des Nationalsozialismus. Die religiöse Dimension der NS-Ideologie in den Schriften von Dietrich Eckart, Joseph Goebbels, Alfred Rosenberg, München 1998.

BALTHASAR, Hans Urs von, Wer ist ein Christ?, Einsiedeln 1965.

BAST, Jürgen, Totalitärer Pluralismus. Zu Franz L. Neumanns Analyse der politischen und rechtlichen Struktur der NS-Herrschaft, Tübingen 1999.

BAUMGÄRTNER, Raimund, Weltanschauungskampf im Dritten Reich. Die Auseinandersetzung der Kirchen mit Alfred Rosenberg (= Veröffentlichungen der Kommission für Zeitgeschichte, Reihe B: Forschungen, Bd. 22), Mainz 1977.

BEAUGRAND, Günter/BUDDE, Heiner, Nikolaus Groß. Zeuge und Bekenner im Widerstand der KAB 1933–1945, Augsburg 1989.

BECKEL, Albrecht (Hrsg.), Vatikanum II. Vollständige Ausgabe der Konzilsbeschlüsse, Osnabrück 1966.

BECKER, Winfried, Christen und der Widerstand. Forschungsstand und Forschungsperspektiven, in: K.-J. HUMMEL/Ch. KÖSTERS (Hrsg.), Kirchen im Krieg, S. 473–491.

BEEVOR, Antony, Der Spanische Bürgerkrieg, München 2008.

BEILMANN, Christel, Eine katholische Jugend in Gottes und dem Dritten Reich. Briefe, Berichte, Gedrucktes 1930–1945. Kommentare 1988/89, Wuppertal 1989.

BERNING, Vincent (Hrsg.), Alois Dempf 1891–1982, Weissenhorn 1992, S. 196–242.

BESIER, Gerhard, Die Kirchen und das Dritte Reich. Spaltungen und Abwehrkämpfe 1934–1937, Berlin – München 2001.

BESIER, Gerhard, Rolle und Entwicklung der Evangelischen Kirche in der Bundesrepublik Deutschland, in: Peter MÄRZ (Hrsg.), Normen – Stile – Institutionen. Zur Geschichte der Bundesrepublik, München 2000, S. 51–74.

BESIER, Gerhard/PIOMBO, Francesca, Der Heilige Stuhl und Hitler-Deutschland. Die Faszination des Totalitären, München 2004.

BIERBAUM, Max, Nicht Lob und nicht Furcht. Das Leben des Kardinals von Galen, 7., erw. Aufl., Münster 1974.

BINDER, Dieter A., Der »christliche Ständestaat« Österreich 1934 bis 1938, in: R. STEININGER/M. GEHLER (Hrsg.), Österreich im 20. Jahrhundert, S. 203–256.

BLACK, Peter, Ernst Kaltenbrunner – »Wir sind noch viel zu weich gewesen …«, in: K. PÄTZOLD/M. WEISSBECKER (Hrsg.), Stufen zum Galgen, S. 119–149.

BLASCHKE, Olaf, Katholizismus und Antisemitismus im Deutschen Kaiserreich (= Kritische Studien zur Geschichtswissenschaft, Bd. 122), Göttingen 1997.
BLASCHKE, Olaf (Hrsg.), Konfession im Konflikt. Deutschland zwischen 1800 und 1970: ein zweites konfessionelles Zeitalter, Göttingen 2002.
BLASCHKE, Olaf/KUHLEMANN, Frank-Michael (Hrsg.), Religion im Kaiserreich. Milieus – Mentalitäten – Krisen (= Religiöse Kulturen der Moderne, Bd. 2), Gütersloh 1996.
BLASCHKE, Olaf/MATTIOLI, Aram (Hrsg.), Katholischer Antisemitismus im 19. Jahrhundert. Ursachen und Traditionen im internationalen Vergleich, Zürich 2000.
BLESSING, Werner K., »Deutschland in Not, wir im Glauben...« Kirche und Kirchenvolk in einer katholischen Region 1933–1949, in: Martin BROSZAT/Klaus-Dietmar HENKE/Hans WOLLER (Hrsg.), Von Stalingrad zur Währungsreform. Zur Sozialgeschichte des Umbruchs in Deutschland, München 1989, S. 3–111.
BLESSING, Werner K., Kirchengeschichte in historischer Sicht. Bemerkungen zu einem Feld zwischen den Disziplinen, in: A. DOERING-MANTEUFFEL/K. NOWAK (Hrsg.), Kirchliche Zeitgeschichte, S. 14–59.
BLET, Pierre, Papst Pius XII. und der Zweite Weltkrieg. Aus den Akten des Vatikans, Paderborn u. a. 2000.
BLET, Pierre/MARTINI, Angelo/SCHNEIDER, Burkhart (Hrsg.), Actes et Documents du Saint Siège relatifs à la Seconde Guerre mondiale, (ab. Bd. 3 auch Robert A. Graham), 12 Bde., Città del Vaticano 1965–1981.
BOBERACH, Heinz (Bearb.), Berichte des SD und der Gestapo über Kirchen und Kirchenvolk in Deutschland 1934–1944 (= Veröffentlichungen der Kommission für Zeitgeschichte, Reihe A: Quellen, Bd. 12), Mainz 1971.
BÖCKENFÖRDE, Ernst-Wolfgang, »Demokratie«, in: LThK, Bd. 3, 3., völlig neu bearb. Aufl., Freiburg i. Br. 1995, Sp. 83–87.
BÖCKENFÖRDE, Ernst-Wolfgang, Das Ethos der modernen Demokratie und die Kirche, in: HOCHLAND 50 (1957/58), S. 4–19.
BÖCKENFÖRDE, Ernst-Wolfgang, Der deutsche Katholizismus im Jahre 1933. Eine kritische Betrachtung, in: HOCHLAND 53 (1960/61), S. 215–239.
BÖLL, Heinrich, Brief an einen jungen Katholiken, Köln 1961.
BORUTTA, Manuel, Religion und Zivilgesellschaft. Zur Theorie und Geschichte ihrer Beziehung (= WZB Discussion Paper SP IV 2005–404), Berlin 2005.
BRANDMÜLLER, Walter, Holocaust in der Slowakei und katholische Kirche, Neustadt/Aisch 2003.

BRANDT, Hans Jürgen (Hrsg.), Christen im Krieg. Katholische Soldaten, Ärzte und Krankenschwestern im Zweiten Weltkrieg, München 2001.
BRANDT, Hans Jürgen (Hrsg.), Priester in Uniform. Seelsorger, Ordensleute und Theologen als Soldaten im Zweiten Weltkrieg, Augsburg 1994.
BRECHENMACHER, Thomas, Der Dichter als Fallensteller. Hochhuths Stellvertreter und die Ohnmacht des Faktischen. Versuch über die Mechanismen einer Geschichtsdebatte, in: Michael WOLFFSOHN/Thomas BRECHENMACHER (Hrsg.), Geschichte als Falle: Deutschland und die jüdische Welt, Neuried 2001, S. 217–258.
BRECHENMACHER, Thomas, Das Ende der doppelten Schutzherrschaft. Der Heilige Stuhl und die Juden am Übergang zur Moderne (1775–1870) (= Päpste und Papsttum, Bd. 32), Stuttgart 2004.
BRECHENMACHER, Thomas, Die Enzyklika »Mit brennender Sorge« als Höhe- und Wendepunkt der päpstlichen Politik gegenüber dem nationalsozialistischen Deutschland, in: Wolfram PYTA/Giuseppe IGNESTI/Carsten KRETSCHMANN/Tiziana DI MAIO (Hrsg.), Die Herausforderung der Diktaturen. Katholizismus in Deutschland und Italien 1918–1943/45, Tübingen 2009, S. 271–300.
BRECHENMACHER, Thomas, Der Heilige Stuhl und die europäischen Mächte im Vorfeld und während des Zweiten Weltkriegs, in: K.-J. HUMMEL/ Ch. KÖSTERS (Hrsg.), Kirchen im Krieg, S. 25–46.
BRECHENMACHER, Thomas, Pius XII. und der Zweite Weltkrieg. Plädoyer für eine erweiterte Perspektive, in: K.-J. HUMMEL (Hrsg.), Zeitgeschichtliche Katholizismusforschung, S. 83–99.
BRECHENMACHER, Thomas (Hrsg.), Das Reichskonkordat 1933. Forschungsstand, Kontroversen, Dokumente (= Veröffentlichungen der Kommission für Zeitgeschichte, Reihe B: Forschungen, Bd. 109), Paderborn u. a. 2007.
BRECHENMACHER, Thomas, Reichskonkordatsakten und Nuntiaturberichte, in: DERS. (Hrsg.), Reichskonkordat, S. 129–151.
BRECHENMACHER, Thomas, Teufelspakt, Selbsterhaltung, universale Mission? Leitlinien und Spielräume der Politik des Heiligen Stuhls gegenüber dem nationalsozialistischen Deutschland (1933–1939) im Lichte neu zugänglicher vatikanischer Akten, in: HISTORISCHE ZEITSCHRIFT 280 (2005), S. 592–645.
BRECHENMACHER, Thomas, Der Vatikan und die Juden. Geschichte einer unheiligen Beziehung vom 16. Jahrhundert bis zur Gegenwart, München 2005.
BREITINGER, Hilarius, Als Deutschenseelsorger in Posen und im Warthegau 1934–1945. Erinnerungen (= Veröffentlichungen der Kommission für Zeitgeschichte, Reihe A: Quellen, Bd. 36), Mainz 1984.

BREUER, Stefan, Ordnungen der Ungleichheit. Die deutsche Rechte im Widerstreit ihrer Ideen 1871–1945, Darmstadt 2001.

BREUER, Stefan, Die Völkischen in Deutschland. Kaiserreich und Weimarer Republik, Darmstadt 2008.

BREUER, Thomas, Verordneter Wandel? Der Widerstreit zwischen nationalsozialistischem Herrschaftsanspruch und traditionaler Lebenswelt im Erzbistum Bamberg (= Veröffentlichungen der Kommission für Zeitgeschichte, Reihe B: Forschungen, Bd. 60), Mainz 1992.

BREUNING, Klaus, Die Vision des Reiches. Deutscher Katholizismus zwischen Demokratie und Diktatur (1929–1934), München 1969.

BRIEMLE, Theodosius (Hrsg.), Der Zweifrontenkrieg der katholischen Kirche gegen Kapitalismus und Sozialismus. Die wichtigsten Hirtenschreiben unserer Bischöfe über brennende soziale Fragen der Gegenwart, Wiesbaden 1928.

BROSZAT, Martin, Resistenz und Widerstand. Eine Zwischenbilanz des Forschungsprojekts, in: DERS. u. a. (Hrsg.), Bayern in der NS-Zeit, Bd. 4: Herrschaft und Gesellschaft im Konflikt, Teil C, München – Wien 1981, S. 691–709.

BROSZAT, Martin u. a. (Hrsg.), Bayern in der NS-Zeit, 6 Bde., München 1979–1983.

BUCHER, Rainer, Hitlers Theologie, Würzburg 2008.

BUCHHEIM, Hans, Glaubenskrise im Dritten Reich. Drei Kapitel nationalsozialistischer Religionspolitik, Stuttgart 1953.

BURKARD, Dominik, Alois Hudal – ein Anti-Pacelli? Zur Diskussion um die Haltung des Vatikans gegenüber dem Nationalsozialismus, in: ZEITSCHRIFT FÜR RELIGIONS- UND GEISTESGESCHICHTE 59 (2007), S. 61–89.

BURKARD, Dominik/WEISS, Wolfgang (Hrsg.), Katholische Theologie und Nationalsozialismus, Bd. 1/1: Institutionen und Strukturen, Würzburg 2007.

BURLEIGH, Michael, Die Zeit des Nationalsozialismus. Eine Gesamtdarstellung, Frankfurt a. M. 2000.

BURR BUKEY, Evan, Hitlers Österreich. »Eine Bewegung und ein Volk«, Hamburg – Wien 2001.

CARROLL, James, Constantine's Sword. The Church and the Jews, Boston 2001.

CESARANI, David, Adolf Eichmann. Bürokrat und Massenmörder. Eine Biographie, Berlin 2004.

CHADWICK, Owen, Britain and the Vatican during the Second World War, Cambridge 1986.

CHENAUX, Philippe, Pie XII. Diplomate et pasteur, Paris 2003.

COLLADO SEIDEL, Carlos, Der Spanische Bürgerkrieg. Geschichte eines europäischen Konflikts, München 2006.
CONWAY, John S., A Comparative Study of Catholic and Protestant Responses to the Holocaust, in: M. GAILUS/H. LEHMANN (Hrsg.), Nationalprotestantische Mentalitäten, S. 361–375.
CONZEMIUS, Victor, Eglises chrétiennes et totalitarisme national-socialiste. Un bilan historiographique, Louvain 1969, S. 469.
CORNWELL, John, Pius XII. Der Papst, der geschwiegen hat, München 1999.
DAMBERG, Wilhelm, Christen und Juden in der Kirchengeschichte: Methoden, Perspektiven, Probleme, in: Peter HÜNERMANN/Thomas SÖDING (Hrsg.), Methodische Erneuerung der Theologie. Konsequenzen der wiederentdeckten jüdisch-christlichen Gemeinsamkeiten, Freiburg i. Br. 2003, S. 93–115.
DAMBERG, Wilhelm, Katholizismus und Antisemitismus in Westfalen. Ein Desiderat, in: Arno HERZIG/Karl TEPPE/Andreas DETERMANN (Hrsg.), Verdrängung und Vernichtung der Juden in Westfalen (= Forum Regionalgeschichte, Bd. 3), Münster 1994, S. 44–61.
DAMBERG, Wilhelm, Krieg, Theologie und Kriegserfahrung, in: K.-J. HUMMEL/Ch. KÖSTERS (Hrsg.), Kirchen im Krieg, S. 203–215.
DAMBERG, Wilhelm, Kriegserfahrung und Kriegstheologie 1939–1945, in: THEOLOGISCHE QUARTALSCHRIFT 182 (2002), S. 321–341.
DE FELICE, Renzo, Storia degli ebrei italiani sotto il fascismo, erw. Neuauflage, Turin 1988, Nachdruck 1993.
DECKER, Rainer, Der Vatikan und die niederländischen Juden 1943 – eine Richtigstellung, in: ZEITSCHRIFT FÜR KIRCHENGESCHICHTE 118 (2007), S. 106–109.
DEDERICHS, Mario R., Heydrich. Das Gesicht des Bösen, München – Zürich 2005.
DELP, Alfred, Gesammelte Schriften, Bd. 4, hrsg. von Roman Bleistein, Frankfurt a. M. 1984.
DENZINGER, Heinrich, Kompendium der Glaubensbekenntnisse und kirchlichen Lehrentscheidungen = Enchiridion symbolorum, definitionum et declarationum de rebus fidei et morum, verb., erw., ins Dt. übertr. und unter Mitarb. von Helmut HOPING hrsg. von Peter HÜNERMANN, 39. Aufl., Freiburg i. Br. 2001.
DENZLER, Georg, Im Keller liegt eine Leiche, in: PUBLIK-FORUM 15 (1982), S. 16–18.
DENZLER, Georg, Widerstand ist nicht das richtige Wort. Katholische Priester, Bischöfe und Theologen im Dritten Reich, Zürich 2003.

DENZLER, Georg, Widerstand oder Anpassung? Katholische Kirche und Drittes Reich, München – Zürich 1984.
DENZLER, Georg/FABRICIUS, Volker, Die Kirchen im Dritten Reich. Christen und Nazis Hand in Hand?, Bd. 2: Dokumente, Frankfurt a. M. 1984.
DESCHNER, Günther, Reinhard Heydrich. Statthalter der totalen Macht, 4. Aufl., Esslingen 1999.
DESCHNER, Karlheinz, Mit Gott und dem Führer. Die Politik der Päpste zur Zeit des Nationalsozialismus, Köln 1988.
DESCHNER, Karlheinz, Mit Gott und den Faschisten. Der Vatikan im Bunde mit Mussolini, Franco, Hitler und Pavelić, Stuttgart 1965.
DESCHNER, Karlheinz, Die Politik der Päpste im 20. Jahrhundert, erw., aktual. Neuausg. von »Ein Jahrhundert Heilsgeschichte« I und II, [Reinbek bei Hamburg] 1991.
DEUTSCHLAND-BERICHTE DER SOZIALDEMOKRATISCHEN PARTEI DEUTSCHLANDS (Sopade) 1934–1940, 6. Aufl., Nachdr. des Jg. 1–7 (1934–1940), Frankfurt a. M. 1982.
DIE KIRCHEN UND DAS JUDENTUM. Bd. 1: Dokumente von 1945 bis 1985, hrsg. v. Rolf RENDTORFF und Hans Hermann HENRIX; Bd. 2: Dokumente von 1986 bis 2000, hrsg. v. Hans Hermann HENRIX und Wolfgang KRAUS, Paderborn 1987 und 2001.
DIERKER, Wolfgang, Himmlers Glaubenskrieger. Der Sicherheitsdienst der SS und seine Religionspolitik 1933–1941, 2., durchges. Aufl. (= Veröffentlichungen der Kommission für Zeitgeschichte, Reihe B: Forschungen, Bd. 92), Paderborn u. a. 2003.
DIRKS, Walter, Gesammelte Schriften, Bd. 2, Zürich 1990.
DISCORSI E RADIOMESSAGGI DI SUA SANTITÁ PIO XII. Bd. 4: 2. Marzo 1942 – 1. Marzo 1943, Città del Vaticano 1960.
DOERING-MANTEUFFEL, Anselm/NOWAK, Kurt (Hrsg.), Kirchliche Zeitgeschichte. Urteilsbildung und Methoden (= Konfession und Gesellschaft, Bd. 8), Stuttgart 1996.
DOKUMENTE ZUR KIRCHENPOLITIK DES DRITTEN REICHES, hrsg. von der Evangelischen Arbeitsgemeinschaft für Kirchliche Zeitgeschichte. Bd. 1: Das Jahr 1933; Bd. 2: 1934/35, bearb. von Carsten NICOLAISEN; Bd. 3: 1935–1937; Bd. 4: 1937–1939, bearb. von Gertraud GRÜNZINGER und Carsten NICOLAISEN, Stuttgart 1971–2000.
DOWE, Christopher/FUCHS, Stephan, Katholische Studenten und Antisemitismus im Wilhelminischen Deutschland, in: GESCHICHTE UND GESELLSCHAFT 30 (2004), S. 571–593.
DROBISCH, Klaus, Wider den Krieg. Dokumentarbericht über Leben und Sterben des katholischen Geistlichen Dr. Max Josef Metzger, Berlin 1970.

ERINNERUNG UND VERANTWORTUNG. 30. Januar 1933 – 30. Januar 1983. Fragen, Texte, Materialien, hrsg. v. Sekretariat der Deutschen Bischofskonferenz (= Arbeitshilfen, H. 30), Bonn 1983.

FALCONI, Carlo, Das Schweigen des Papstes. Eine Dokumentation, München 1966.

FALIFIGLI, Alessia, Salvati dai Conventi. L'aiuto della Chiesa agli ebrei di Roma durante l'occupazione nazista, Mailand – Turin 2005.

FALTER, Jürgen, Hitlers Wähler, München 1991.

FANDEL, Thomas, Konfession und Nationalsozialismus. Evangelische und katholische Pfarrer in der Pfalz 1930–1939 (= Veröffentlichungen der Kommission für Zeitgeschichte, Reihe B: Forschungen, Bd. 76), Paderborn u. a. 1997.

FANDEL, Thomas, Konfessionalismus und Nationalsozialismus, in: O. BLASCHKE (Hrsg.), Konfession im Konflikt, S. 299–314.

FELDKAMP, Michael F., Goldhagens unwillige Kirche. Alte und neue Fälschungen über Kirche und Papst während der NS-Herrschaft, München 2003.

FELDKAMP, Michael F., Pius XII. und Deutschland, Göttingen 2000.

FELDMANN, Christian, Der Domprediger Dr. Johann Maier – ein Leben im Widerstand, Regensburg 1995.

FENEBERG, Rupert, Max Josef Metzger – ein politischer Theologe, in: R. FENEBERG/R. ÖHLSCHLÄGER (Hrsg.), Max Josef Metzger, S. 3–19.

FENEBERG, Rupert/ÖLSCHLÄGER, Rainer (Hrsg.), Max Josef Metzger. Auf dem Weg zu einem Friedenskonzil (= Hohenheimer Protokolle, Bd. 22), Stuttgart 1987.

FISCHER, Fritz, Griff nach der Weltmacht. Die Kriegszielpolitik des kaiserlichen Deutschland 1914/18, 2. Aufl., Düsseldorf 1962.

FISCHER-HUPE, Kristine, Der Kirchenkampfdiskurs nach 1945. Wie katholische und evangelische Theologen in der frühen Nachkriegszeit über den Kirchenkampf der Jahre 1933–1945 sprachen, in: KIRCHLICHE ZEITGESCHICHTE 15 (2002), S. 461–489.

FOREIGN RELATIONS OF THE UNITED STATES. Diplomatic Papers 1943. Bd. 2: Europe, Washington 1964.

FRANÇOIS-PONCET, André, Als Botschafter in Berlin 1931–1938, Mainz 1947.

FREI, Norbert, Von deutscher Erfindungskraft oder: Die Kollektivschuldthese in der Nachkriegszeit, in: RECHTSHISTORISCHES JOURNAL 16 (1997), S. 621–634.

FREYEISEN, Astrid, Verbohrt bis zuletzt – Gauleiter Dr. Otto Hellmuth und das Ende des Nationalsozialismus in Unterfranken, in: MAINFRÄNKISCHES JAHRBUCH FÜR GESCHICHTE UND KUNST 57 (2005), S. 280–328.

FRIEDLÄNDER, Saul, Pius XII. und das Dritte Reich. Eine Dokumentation, Reinbek bei Hamburg 1965.

FRÖHLICH, Elke, Gegenwärtige Forschungen zur Herrschafts- und Verhaltensgeschichte in der NS-Zeit: Das Projekt »Widerstand und Verfolgung in Bayern 1933–1945« des Instituts für Zeitgeschichte, in: Christoph KLESSMANN/Falk PINGEL (Hrsg.), Gegner des Nationalsozialismus. Wissenschaftler und Widerstandskämpfer auf der Suche nach historischer Wahrheit, Frankfurt a. M. 1980, S. 27–34.

FUCHS, Stephan, »Vom Segen des Krieges«. Katholische Gebildete im Ersten Weltkrieg. Eine Studie zur Kriegsdeutung im akademischen Katholizismus (= Contubernium. Tübinger Beiträge zur Universitäts- und Wissenschaftsgeschichte, Bd. 61), Stuttgart 2004.

FÜLLENBACH, Elias, Die Heiligsprechung Edith Steins – Hemmnis im christlich-jüdischen Dialog? in: FREIBURGER RUNDBRIEF N. F. 6 (1999), S. 3–20.

GAILUS, Manfred, »Ein Volk – ein Reich – ein Glaube«? Religiöse Pluralisierungen in der NS-Weltanschauungsdiktatur, in: F. W. GRAF/K. GROSSE KRACHT (Hrsg.), Religion und Gesellschaft, S. 247–268.

GAILUS, Manfred/LEHMANN, Hartmut (Hrsg.), Nationalprotestantische Mentalitäten. Konturen, Entwicklungslinien und Umbrüche eines Weltbildes (= Veröffentlichungen des Max-Planck-Institutes für Geschichte, Bd. 214), Göttingen 2005.

GALLAGHER, Charles R., »Personal, Private Views«. A newly discovered report from 1938 reveals Cardinal Pacelli's anti-Nazi stance, in: AMERICA, Bd. 189, Nr. 5, 1.9.2003, S. 8–10.

GATZ, Erwin (Hrsg.), Die Bischöfe der deutschsprachigen Länder 1945–2001. Ein biographisches Lexikon, Berlin 2002.

GEMEINSAME SYNODE DER BISTÜMER IN DER BUNDESREPUBLIK DEUTSCHLAND. Beschlüsse der Vollversammlung. Offizielle Gesamtausgabe I, Freiburg u. a. 1976.

GERBER, Stefan, Legitimität, Volkssouveränität und Demokratie. Clemens August Graf von Galen und die Weimarer Reichsverfassung, in: J. KUROPKA (Hrsg.), Streitfall Galen.

GEYER, Michael/LEHMANN, Hartmut (Hrsg.), Religion und Nation. Nation und Religion. Beiträge zu einer unbewältigten Geschichte (= Beiträge zu einer europäischen Religionsgeschichte im Zeitalter der Säkularisierung, Bd. 1), Göttingen 2004.

GILBERT, Martin, Geistliche als Retter – auch eine Lehre aus dem Holocaust, Tübingen 2003.

GODMAN, Peter, Der Vatikan und Hitler. Die geheimen Archive, München 2004.

GOEBBELS, Joseph, Die Tagebücher von Joseph Goebbels, hrsg. von Elke FRÖHLICH. Teil I: Aufzeichnungen 1923–1941, Bd. 1–9, München 1997–2006.

GOLDHAGEN, Daniel J., Die katholische Kirche und der Holocaust: Eine Untersuchung über Schuld und Sühne, Berlin 2002.

GONI, Uki, Odessa. Die wahre Geschichte. Fluchthilfe für NS-Kriegsverbrecher, Berlin 2006.

GOODRICK-CLARKE, Nicholas, Die okkulten Wurzeln des Nationalsozialismus, Graz 1997.

GOTTO, Klaus, Die Wochenzeitung Junge Front/Michael. Eine Studie zum katholischen Selbstverständnis und zum Verhalten der jungen Kirche gegenüber dem Nationalsozialismus (= Veröffentlichungen der Kommission für Zeitgeschichte, Reihe B: Forschungen, Bd. 8), Mainz 1970.

GOTTO, Klaus/HOCKERTS, Hans Günter/REPGEN, Konrad, Nationalsozialistische Herausforderung und kirchliche Antwort. Eine Bilanz, in: K. GOTTO/K. REPGEN (Hrsg.), Die Katholiken und das Dritte Reich, S. 173–190.

GOTTO, Klaus/REPGEN, Konrad (Hrsg.), Die Katholiken und das Dritte Reich, 3., erw. u. überarb. Aufl., Mainz 1990.

GRAF, Friedrich Wilhelm, Die Wiederkehr der Götter. Religion in der modernen Kultur, 3. Aufl., München 2007.

GRAF, Friedrich Wilhelm/GROSSE KRACHT, Klaus (Hrsg.), Religion und Gesellschaft. Europa im 20. Jahrhundert (= Industrielle Welt, Schriftenreihe des Arbeitskreises für moderne Sozialgeschichte, Bd. 73), Köln u. a. 2007.

GRESCHAT, Martin, Facetten des christlichen Widerstandes in Berlin, in: H. G. HOCKERTS/H. MAIER (Hrsg.), Christlicher Widerstand, S. 41–58.

GRÖBER, Conrad, Handbuch der religiösen Gegenwartsfragen, Freiburg i. Br. 1937.

GRUBER, Hubert, Katholische Kirche und Nationalsozialismus 1930–1945. Ein Bericht in Quellen, Paderborn u. a. 2006.

GRUCHMANN, Lothar (Hrsg.), Autobiographie eines Attentäters. Johann Georg Elser, Stuttgart 1970.

GRUSS, Heribert, Erzbischof Jaeger als Kirchenführer im Dritten Reich, Paderborn 1995.

GÜSGEN, Johannes, Die katholische Militärseelsorge in Deutschland zwischen 1920 und 1945. Ihre Praxis und Entwicklung in der Reichswehr der Weimarer Republik und der Wehrmacht des nationalsozialistischen Deutschlands unter besonderer Berücksichtigung ihrer Rolle bei den Reichskonkordatverhandlungen (= Bonner Beiträge zur Kirchengeschichte, Bd. 15), Köln – Wien 1989.

GUGENBERGER, Eduard, Hitlers Visionäre. Die okkulten Wegbereiter des Dritten Reichs, Wien 2001.

HABERMAS, Jürgen, Vom öffentlichen Gebrauch der Historie, in: HISTORIKERSTREIT. Die Dokumentation der Kontroverse um die Einzigartigkeit der nationalsozialistischen Judenvernichtung, München – Zürich 1987.

HAMERS, Antonius, Zur Konkordatspolitik Eugenio Pacellis. Die nicht vollendeten Konkordate mit Württemberg und Hessen, in: Th. BRECHENMACHER (Hrsg.), Reichskonkordat, S. 115–128.

HANISCH, Ernst, Der lange Schatten des Staates. Österreichische Gesellschaftsgeschichte im 20. Jahrhundert (= Österreichische Geschichte, Bd. 9), Wien 1994.

HANNOT, Walter, Die Judenfrage in der katholischen Tagespresse Deutschlands und Österreichs 1923–1933 (= Veröffentlichungen der Kommission für Zeitgeschichte, Reihe B: Forschungen, Bd. 51), Mainz 1990.

HARTMANN, Gerhard, Kirche und Nationalsozialismus, Kevelaer 2007.

HAUPT, Heinz-Gerhard/LANGEWIESCHE, Dieter (Hrsg.), Nation und Religion in der deutschen Geschichte, Frankfurt a. M. 2001.

HAUS DER GESCHICHTE DER BUNDESREPUBLIK DEUTSCHLAND (Hrsg.), Bilder, die lügen, 3. Aufl., Bonn 2003.

HEHL, Ulrich von, Bischof Berning und das Bistum Osnabrück im »Dritten Reich« in: OSNABRÜCKER MITTEILUNGEN 86 (1981), S. 89–104.

HEHL, Ulrich von, Nationalsozialistische Herrschaft (= Enzyklopädie deutscher Geschichte, Bd. 39), München 1996.

HEHL, Ulrich von, Kirche, Katholizismus und das nationalsozialistische Deutschland. Ein Forschungsüberblick, in: Dieter ALBRECHT (Hrsg.), Katholische Kirche im Dritten Reich. Eine Aufsatzsammlung, Mainz 1976, S. 219–251.

HEHL, Ulrich von, Kirche, Katholizismus und Nationalsozialismus. Ein Forschungsbericht, in: ROTTENBURGER JAHRBUCH FÜR KIRCHENGESCHICHTE 2 (1983), S. 11–29.

HEHL, Ulrich von, Die Kirchen in der NS-Diktatur. Zwischen Anpassung, Selbstbehauptung und Widerstand, in: Karl Dietrich BRACHER/Manfred FUNKE/Hans-Adolf JACOBSEN (Hrsg.), Deutschland 1933–1945. Neue Studien zur nationalsozialistischen Herrschaft (= Schriftenreihe der Bundeszentrale für Politische Bildung, Bd. 314), Bonn 1992, S. 153–181.

HEHL, Ulrich von, Umgang mit katholischer Zeitgeschichte. Ergebnisse, Erfahrungen, Aufgaben, in: Karl Dietrich BRACHER u. a. (Hrsg.), Staat und Parteien. Festschrift für Rudolf Morsey zum 65. Geburtstag, Berlin 1992, S. 379–395.

HEHL, Ulrich von/KÖSTERS, Christoph u. a. (Bearb.), Priester unter Hitlers Terror. Eine biographische und statistische Erhebung, 4., durchges. u. erg. Aufl. (= Veröffentlichungen der Kommission für Zeitgeschichte, Reihe A: Quellen, Bd. 37), Paderborn u. a. 1998.

HEHL, Ulrich von/NICOLAISEN, Carsten, Art. »Kirchenkampf«, in: STAATSLEXIKON, Bd. 3, 7., völlig neu bearb. Aufl., Freiburg i. Br. 1987, S. 429–435.

HERBERT, Ulrich, Best. Biographische Studien über Radikalismus, Weltanschauung und Vernunft 1903–1989, Bonn 1996.

HEROLD-SCHMIDT, Hedwig, Vom Ende der Ersten zum Scheitern der Zweiten Republik (1874–1939), in: Peer SCHMIDT (Hrsg.), Kleine Geschichte Spaniens, Stuttgart 2002, S. 329–442.

HITLER, Adolf, Monologe im Führerhauptquartier 1941–1944. Die Aufzeichnungen Heinrich Heims, hrsg. v. Werner JOCHMANN, München 1982.

HOCKERTS, Hans Günter, Die Goebbels-Tagebücher 1932–1941. Eine neue Hauptquelle zur Erforschung der nationalsozialistischen Kirchenpolitik, in: Dieter ALBRECHT u. a. (Hrsg.), Politik und Konfession. Festschrift für Konrad Repgen zum 60. Geburtstag, Berlin 1983.

HOCKERTS, Hans Günter, Die Sittlichkeitsprozesse gegen katholische Ordensangehörige und Priester 1936/37 (= Veröffentlichungen der Kommission für Zeitgeschichte, Reihe B: Forschungen, Bd. 6), Mainz 1971.

HOCKERTS, Hans Günter, War der Nationalsozialismus eine politische Religion? Über Chancen und Grenzen eines Erklärungsmodells, in: Klaus HILDEBRAND (Hrsg.), Zwischen Politik und Religion. Studien zur Entstehung, Existenz und Wirkung des Totalitarismus (= Schriften des Historischen Kollegs, Kolloquien, Bd. 59), München 2003, S. 45–71.

HOCKERTS, Hans Günter, Zugänge zur Zeitgeschichte: Primärerfahrung, Erinnerungskultur, Geschichtswissenschaft, in: Theresia BAUER/Winfried SÜSS (Hrsg.), NS-Diktatur, DDR, Bundesrepublik. Drei Zeitgeschichten des vereinigten Deutschland. Werkstattberichte, Neuried 2000, S. 13–46.

HOCKERTS, Hans Günter/MAIER, Hans (Hrsg.), Christlicher Widerstand im Dritten Reich, Mooshausen o. J.

HÖFLING, Beate, Katholische Friedensbewegung zwischen zwei Kriegen. Der »Friedensbund Deutscher Katholiken« 1917–1933, Waldkirch 1979.

HÖLLEN, Martin, Heinrich Wienken, der »unpolitische« Kirchenpolitiker (= Veröffentlichungen der Kommission für Zeitgeschichte, Reihe B: Forschungen, Bd. 33), Mainz 1981.

HOFER, Walther (Hrsg.), Der Nationalsozialismus. Dokumente 1933–1945, Frankfurt a. M. 1957.

HOFMANN, Konrad (Hrsg.), Sieger in Fesseln. Christuszeugnisse aus Lagern und Gefängnissen (= Das christliche Deutschland. Gemeinschaftliche Reihe, Heft 1), Freiburg i. Br. 1947.

HOFMANN, Konrad (Hrsg.), Zeugnis und Kampf des deutschen Episkopats. Gemeinsame Hirtenbriefe und Denkschriften (= Das christliche Deutschland. Katholische Reihe, Heft 2), Freiburg i. Br. 1946.

HOLLERBACH, Alexander, »Konkordate«, in: RELIGION IN GESCHICHTE UND GEGENWART (RGG). Bd. 4, völlig neu bearb. Aufl., Tübingen 2001, Sp. 1599–1604.

HOLZAPFEL, Christoph, Alltagsreligiosität im Krieg: Die Korrespondenz der Familie B. zwischen Kriegswende und Kriegsende (1943–1946), in: A. HOLZEM/Ch. HOLZAPFEL (Hrsg.), Zwischen Kriegs- und Diktaturerfahrung, S. 53–90.

HOLZAPFEL, Christoph, Das Kreuz der Weltkriege. Junge christliche Generation und Kriegserfahrungen, in: K.-J. HUMMEL/Ch. KÖSTERS (Hrsg.), Kirchen im Krieg, S. 419–441.

HOLZEM, Andreas, Das katholische Milieu und das Problem der Integration. Kaiserreich, Kultur und Konfession um 1900, in: ROTTENBURGER JAHRBUCH FÜR KIRCHENGESCHICHTE 21 (2002), S. 12–39.

HOLZEM, Andreas/HOLZAPFEL, Christoph (Hrsg.), Zwischen Kriegs- und Diktaturerfahrung. Katholizismus und Protestantismus in der Nachkriegszeit (= Konfession und Gesellschaft, Bd. 34), Stuttgart 2005.

HORSTMANN, Johannes/LIEDHEGENER, Antonius (Hrsg.), Konfession, Milieu und Moderne. Konzeptionelle Positionen und Kontroversen zur Geschichte von Katholizismus und Kirche im 19. und 20. Jahrhundert (= Veröffentlichungen der Katholischen Akademie Schwerte, Bd. 47), Schwerte 2001.

HRABOVEC, Emilia, Der Katholizismus in Ostmitteleuropa und der Zweite Weltkrieg, in: K.-J. HUMMEL/Ch. KÖSTERS (Hrsg.), Kirchen im Krieg, S. 155–200.

HUDAL, Alois, Die Grundlagen des Nationalsozialismus, Leipzig – Wien 1937.

HÜBINGER, Gangolf, Sakralisierung der Nation und Formen des Nationalismus im deutschen Protestantismus, in: G. KRUMEICH/H. LEHMANN (Hrsg.), Nation, Religion und Gewalt, S. 233–247.

HÜRTEN, Heinz (Bearb.), Akten Kardinal Michael von Faulhabers. Bd. 3: 1945–1952 (= Veröffentlichungen der Kommission für Zeitgeschichte, Reihe A: Quellen, Bd. 48), Paderborn u. a. 2002.

HÜRTEN, Heinz, »Endlösung« für den Katholizismus? Das nationalsozialistische Regime und seine Zukunftspläne gegenüber den Kirchen, in: STIMMEN DER ZEIT 203 (1985), S. 534–545.

HÜRTEN, Heinz, Waldemar Gurian, Ein Zeuge der Krise unserer Welt in der ersten Hälfte des 20. Jahrhunderts (= Veröffentlichungen der Kommission für Zeitgeschichte, Reihe B: Forschungen, Bd. 11), Mainz 1972.

HÜRTEN, Heinz, Deutsche Katholiken 1918 bis 1945, Paderborn u. a. 1992.

HÜRTEN, Heinz, Katholische Kirche und nationalsozialistischer Krieg, in: Martin BROSZAT/Klaus SCHWABE (Hrsg.), Die deutschen Eliten und der Weg in den Zweiten Weltkrieg, München 1989, S. 135–179.

HÜRTEN, Heinz, Patriotismus und Friedenswille. Die Kirche in den beiden Weltkriegen des 20. Jahrhunderts, in: Hans Jürgen BRANDT (Hrsg.), ... und auch Soldaten fragten. Zu Aufgabe und Problematik der Militärseelsorge in drei Generationen, Paderborn u. a. 1992.

HÜRTEN, Heinz, Selbstbehauptung und Widerstand der katholischen Kirche, in: J. SCHMÄDEKE/P. STEINBACH (Hrsg.), Der Widerstand gegen den Nationalsozialismus, S. 240–253.

HÜRTEN, Heinz, Verfolgung, Widerstand und Zeugnis. Kirche im Nationalsozialismus. Fragen eines Historikers, Mainz 1987.

HÜRTEN, Heinz, Widerstehen aus katholischem Glauben, in: P. STEINBACH/Johannes TUCHEL (Hrsg.), Widerstand gegen die nationalsozialistische Diktatur 1933–1945 (= Schriftenreihe der Bundeszentrale für politische Bildung, Bd. 438), Berlin 2004, S. 130–147.

HÜRTEN, Heinz, Zukunftsperspektiven kirchlicher Zeitgeschichtsforschung, in: Ulrich von HEHL/Konrad REPGEN (Hrsg.), Der deutsche Katholizismus in der zeitgeschichtlichen Forschung, Mainz 1988, S. 97–106.

HUMMEL, Karl-Joseph, Erinnerung, Verlust und Wiederkehr. Zum Umgang mit katholischen Glaubenszeugen des Dritten Reiches 1945–2000, in: Hans MAIER/Carsten NICOLAISEN (Hrsg.), Martyrium im 20. Jahrhundert, Annweiler [2004], S. 45–86.

HUMMEL, Karl-Joseph, Gedeutete Fakten: Geschichtsbilder im deutschen Katholizismus 1945–2000, in: DERS./Ch. KÖSTERS (Hrsg.), Kirchen im Krieg, S. 507–567.

HUMMEL, Karl-Joseph, Daniel Jonah Goldhagen. Die katholische Kirche und der Holocaust, in: DIE POLITISCHE MEINUNG 48 (2003), S. 90–94.

HUMMEL, Karl-Joseph, Alois Hudal, Eugenio Pacelli, Franz von Papen. Neue Quellen aus dem Anima-Archiv, in: Th. BRECHENMACHER (Hrsg.), Reichskonkordat, S. 85–113.

HUMMEL, Karl-Joseph, Schwarze Kapelle, in: Wolfgang BENZ/Walter H. PEHLE (Hrsg.), Lexikon des deutschen Widerstandes, Frankfurt a. M. 1999, S. 294–296.

HUMMEL, Karl-Joseph (Hrsg.), Zeitgeschichtliche Katholizismusforschung. Tatsachen, Deutungen, Fragen. Eine Zwischenbilanz (= Veröffentlichungen der Kommission für Zeitgeschichte, Reihe B: Forschungen, Bd. 100), Paderborn u. a. 2004.

HUMMEL, Karl-Joseph/KÖSTERS, Christoph (Hrsg.), Kirchen im Krieg. Europa 1939–1945, Paderborn u. a. 2007.

HUMMEL, Karl-Joseph/KÖSTERS, Christoph (Hrsg.), Zwangsarbeit und katholische Kirche 1939–1945. Geschichte und Erinnerung, Entschädigung und Versöhnung. Eine Dokumentation (= Veröffentlichungen der Kommission für Zeitgeschichte, Reihe B: Forschungen, Bd. 110), Paderborn u. a. 2008.

HUMMEL, Karl-Joseph/STROHM, Christoph (Hrsg.), Zeugen einer besseren Welt. Christliche Märtyrer des 20. Jahrhunderts, Leipzig 2000.

HUTTNER, Markus, »Demokratien und totalitäre Systeme« – Das Zeitalter der Weltkriege aus christentumsgeschichtlicher Perspektive, in: DERS., Gesammelte Studien zur Zeit- und Universitätsgeschichte, Münster 2007, S. 87–144.

HUTTNER, Markus, Milieukonzept und Widerstandsdebatte in der deutschen zeitgeschichtlichen Katholizismusforschung. Ein kritischer Kommentar, in: DERS., Gesammelte Studien zur Zeit- und Universitätsgeschichte, Münster 2007, S. 168–186.

INTER ARMA CARITAS. L'Ufficio Informazioni Vaticano per i prigionieri di guerra istituito da Pio XII (1939–1947). Bd. 1: Inventario; Bd. 2: Documenti; DVD-Edition des Karteikartenarchivs zusätzlich (= Collectanea Archivi Vaticani, Bd. 52), Città del Vaticano 2004.

JANSEN, Christian/BORGGRÄFE, Henning, Nation – Nationalität – Nationalismus (= Historische Einführungen, Bd. 1), Frankfurt – New York 2007, S. 107–110.

JOHN, Jürgen u. a. (Hrsg.), Die NS-Gaue. Regionale Mittelinstanzen im zentralistischen »Führerstaat« (= Schriftenreihe der Vierteljahrshefte für Zeitgeschichte. Sondernummer), München 2007.

JUNG, Carl Gustav, Nach der Katastrophe (1945), in: DERS., Zivilisation im Übergang, Olten 1974, S. 219–244.

KAISER, Jochen-Christoph, Wissenschaftspolitik in der Kirche. Zur Entstehung der Kommission für die Geschichte des Kirchenkampfes in der nationalsozialistischen Zeit, in: A. DOERING-MANTEUFFEL/K. NOWAK (Hrsg.), Kirchliche Zeitgeschichte, S. 125–163.

KALTEFLEITER, Werner/OSCHWALD, Hanspeter, Spione im Vatikan. Die Päpste im Visier der Geheimdienste, München 2006.

Kardinal Michael von Faulhaber 1869–1952. Eine Ausstellung des Archivs des Erzbistums München und Freising, des Bayerischen Hauptstaatsarchivs und des Stadtarchivs München zum 50. Todestag, München 2002.

Katholizismus und Antisemitismus. Eine Kontroverse, in: Schweizerische Zeitschrift für Geschichte 50 (2000), S. 204–236.

Katholizismus und Faschismus. Analyse einer Nachbarschaft. Heinrich Lutz antwortet Carl Amery, Düsseldorf 1970.

Kershaw, Ian, Der Hitler-Mythos. Führerkult und Volksmeinung, Stuttgart 1999.

Kershaw, Ian, Der NS-Staat. Geschichtsinterpretationen und Kontroversen im Überblick, 4. Aufl., Reinbek bei Hamburg 2006.

Kertzer, David I., Die Päpste gegen die Juden. Der Vatikan und die Entstehung des modernen Antisemitismus, Berlin – München 2001.

Kirchlches Handbuch. Amtliches statistisches Jahrbuch der katholischen Kirche Deutschlands. Bd. 23: 1944–1951; Bd. 24: 1952–1956, hrsg. v. Franz Groner, Köln [1951, 1956].

Kissener, Michael, Zwischen Diktatur und Demokratie. Badische Richter 1919–1952 (= Karlsruher Beiträge zur Geschichte des Nationalsozialismus, Bd. 7), Konstanz 2003.

Kissener, Michael, Das Dritte Reich (= Kontroversen um die Geschichte), Darmstadt 2005.

Kittel, Manfred, Konfessioneller Konflikt und politische Kultur in der Weimarer Republik, in: O. Blaschke (Hrsg.), Konfession im Konflikt, S. 243–298.

Klee, Ernst, Persilscheine und falsche Pässe. Wie die Kirchen den Nazis halfen, 3., überarb. Aufl., Frankfurt a. M. 1992.

Klee, Ernst, »Die SA Jesu Christi«. Die Kirche im Banne Hitlers, Frankfurt a. M. 1989.

Klemenz, Brigitta u. a., Kardinal Faulhaber und das Dritte Reich bis zum Ausbruch des Zweiten Weltkriegs (1933–1939), in: Kardinal Michael von Faulhaber, S. 263–273.

Klemperer, Klemens von, Glaube, Religion, Kirche und der deutsche Widerstand gegen den Nationalsozialismus, in: Vierteljahrshefte für Zeitgeschichte 28 (1980), S. 293–309.

Klöcker, Michael, Katholisch – von der Wiege bis zur Bahre. Eine Lebensmacht im Zerfall?, München 1991.

Knauft, Wolfgang, Konrad von Preysing – Anwalt des Rechts. Der erste Berliner Kardinal und seine Zeit, Berlin 1998.

Knoop-Graf, Anneliese/Jens, Inge (Hrsg.), Willi Graf. Briefe und Aufzeichnungen, Frankfurt a. M. 1988.

Koch, Anton, Vom Widerstand der Kirche 1933–1945, in: STIMMEN DER ZEIT 140 (1947), S. 468–472.

Köhler, Joachim, Die Aktivitäten Max Josef Metzgers im Urteil der Hierarchie seiner Zeit, in: R. Feneberg/R. Öhlschläger (Hrsg.), Max Josef Metzger, S. 37–42.

Körner, Michael, Katholische Kirche und Nationalsozialismus. Das Beispiel der polnischen Zwangsarbeiter 1939–1945, in: Wolfgang Altgeld u. a. (Hrsg.), Widerstand in Europa. Zeitgeschichtliche Erinnerungen und Studien (= Karlsruher Beiträge zur Geschichte des Nationalsozialismus, Bd. 1), Konstanz 1995, S. 67–77.

Kösters, Christoph, Kirche und Glaube an der »Heimatfront«. Katholische Lebenswelt und Kriegserfahrungen 1939–1945, in: K.-J. Hummel/Ch. Kösters (Hrsg.), Kirchen im Krieg, S. 363–398.

Kösters, Christoph, Katholische Kirche im nationalsozialistischen Deutschland. Aktuelle Forschungsergebnisse, Kontroversen und Fragen, in: Rainer Bendel (Hrsg.), Die katholische Schuld? Katholizismus im Dritten Reich zwischen Arrangement und Widerstand, 2., durchges. Aufl., Münster 2004, S. 25–46.

Kösters, Christoph, Katholische Kirche im Zweiten Weltkrieg. Quellen, Ergebnisse und Perspektiven der deutschen Katholizismusforschung, in: Martin Zückert/Laura Hölzlwimmer (Hrsg.), Religion in den böhmischen Ländern 1938–1948. Diktatur, Krieg und Gesellschaftswandel als Herausforderungen für religiöses Leben und kirchliche Organisation, München 2007, S. 75–98.

Kösters, Christoph, Christliche Kirchen und nationalsozialistische Diktatur, in: Dietmar Süss/Winfried Süss (Hrsg.), Das »Dritte Reich«. Eine Einführung, München 2008, S. 120–141.

Kösters, Christoph, Zwangsarbeit und katholische Kirche 1939–1945. Eine historische Einführung, in: K.-J. Hummel/Ch. Kösters (Hrsg.), Zwangsarbeit und katholische Kirche, S. 27–127.

Kösters, Christoph/Liedhegener, Antonius/Tischner, Wolfgang, Religion, Politik und Demokratie. Deutscher Katholizismus und Bürgergesellschaft in der zweiten Hälfte des 20. Jahrhunderts, in: HISTORISCHES JAHRBUCH 127 (2007), S. 353–392.

Kretschmann, Carsten, Eine Partie für Pacelli. Die Scholder-Repgen-Debatte, in: Th. Brechenmacher (Hrsg.), Reichskonkordat, S. 13–24.

Krone, Heinrich, Tagebücher. Bd. 1: 1945–1961, bearb. v. Heinz-Otto Kleinmann (= Forschungen und Quellen zur Zeitgeschichte, Bd. 28), Düsseldorf 1995.

KRUMEICH, Gerd/LEHMANN, Hartmut (Hrsg.), »Gott mit uns«. Nation, Religion und Gewalt im 19. und frühen 20. Jahrhundert (= Veröffentlichungen des Max-Planck-Instituts für Geschichte, Bd. 162), Göttingen 2000.

KÜPPERS, Heinrich, Der Katholische Lehrerverband in der Übergangszeit von der Weimarer Republik zur Hitlerdiktatur. Zugleich ein Beitrag zur Geschichte des Volksschullehrerstandes (= Veröffentlichungen der Kommission für Zeitgeschichte, Reihe B: Forschungen, Bd. 18), Mainz 1975.

KUNZE, Rolf-Ulrich, Nation und Nationalismus (= Kontroversen um die Geschichte), Darmstadt 2005, S. 55–61.

KUROPKA, Joachim (Hrsg.), Clemens August Graf von Galen. Menschenrechte – Widerstand – Euthanasie – Neubeginn, Münster 1998.

KUROPKA, Joachim, Clemens August Graf von Galen im politischen Umbruch der Jahre 1932 bis 1934, in: DERS. (Hrsg.), Clemens August Graf von Galen. Neue Forschungen zum Leben und Wirken des Bischofs von Münster, Münster 1992, S. 61–99.

KUROPKA, Joachim, »Etwas Teuflisches«. Clemens August Graf von Galen und der Nationalsozialismus, in: DERS. (Hrsg.), Streitfall Galen.

KUROPKA, Joachim (Hrsg.), Streitfall Galen. Studien und Dokumente, Münster 2007.

LANG, Jochen v., Der Sekretär: Martin Bormann. Der Mann, der Hitler beherrschte, 3., völlig überarb. Neuaufl., München 1987.

LAPIDE, Pinchas, Rom und die Juden, Freiburg i. Br. – Basel – Wien 1967.

LEHMANN, Hartmut, Säkularisierung. Der europäische Sonderweg in Sachen Religion (= Bausteine zu einer europäischen Religionsgeschichte im Zeitalter der Aufklärung, Bd. 5), Göttingen 2004.

LEHNERT, M. Pascalina, Ich durfte ihm dienen. Erinnerungen an Papst Pius XII., Würzburg 1982.

LEIBER, Robert, Reichskonkordat und Ende der Zentrumspartei, in: STIMMEN DER ZEIT 167 (1960/61), S. 213–223.

LEICHSENRING, Jana, Christliche Hilfen für »Nichtarier« und Juden. Die Kirchen und der Umgang mit Christen jüdischer Herkunft und Juden 1933–1945, in: K.-J. HUMMEL/Ch. KÖSTERS (Hrsg.), Kirchen im Krieg, S. 293–315.

LEICHSENRING, Jana, Die Katholische Kirche und »ihre Juden«. Das »Hilfswerk beim Bischöflichen Ordinariat Berlin« 1938–1945, Berlin 2007.

LEMHÖFER, Ludwig, Gegen den gottlosen Bolschewismus. Zur Stellung der Kirchen im Krieg gegen die Sowjetunion, in: Gerd R. UEBERSCHÄR/Wolfram WETTE (Hrsg.), Der deutsche Überfall auf die Sowjetunion. »Unternehmen Barbarossa« 1941, überarb. Neuausgabe, Frankfurt a. M. 1991, S. 67–83.

LEPSIUS, M. Rainer, Parteiensystem und Sozialstruktur. Zum Problem der Demokratisierung der deutschen Gesellschaft, in: Gerhard A. RITTER (Hrsg.), Deutsche Parteien vor 1918, Köln 1973, S. 56–80.

LEUGERS, Antonia, Die deutschen Bischöfe und der Nationalsozialismus, in: Lucia SCHERZBERG (Hrsg.), Theologie und Vergangenheitsbewältigung. Eine kritische Bestandsaufnahme im interdisziplinären Vergleich, Paderborn u. a. 2005, S. 32–55.

LEUGERS, Antonia, Gegen eine Mauer bischöflichen Schweigens. Der Ausschuß für Ordensangelegenheiten und seine Widerstandskonzeption 1941–1945, Frankfurt a. M. 1996.

LEUGERS, Antonia, »Opfer für eine große und heilige Sache«. Katholisches Kriegserleben im nationalsozialistischen Eroberungs- und Vernichtungskrieg, in: Friedhelm BOLL (Hrsg.), Volksreligiosität und Kriegserleben (= Jahrbuch für historische Friedensforschung, 6. Jg.), Münster 1997, S. 157–174.

LEWY, Guenter, The Catholic Church and Nazi Germany, New York 1964.

LEWY, Guenter, Die katholische Kirche und das Dritte Reich, München 1965.

LIEBMANN, Maximilian, Theodor Innitzer und der Anschluß. Österreichs Kirche 1938, Graz 1988.

LIEDHEGENER, Antonius, Christentum und Urbanisierung. Katholiken und Protestanten in Münster und Bochum 1830–1933 (= Veröffentlichungen der Kommission für Zeitgeschichte, Reihe B: Forschungen, Bd. 77), Paderborn u. a. 1997.

LIEDHEGENER, Antonius, Katholizismusforschung in der Erweiterung: Internationaler Vergleich, konfessioneller Vergleich, neue methodische Zugänge. Kommentar, in: K.-J. HUMMEL (Hrsg.), Zeitgeschichtliche Katholizismusforschung, S. 215–230.

LILL, Rudolf, 1938–1988. Die katholische Kirche und der nationalsozialistische Rassismus, in: KATHOLISCHE FACHHOCHSCHULE NORDRHEIN-WESTFALEN (Hrsg.), Katholische Kirche im Dritten Reich, Köln 1989, S. 3–26.

LILL, Rudolf (Hrsg.), Hochverrat? Neue Forschungen zur »Weißen Rose« (= Portraits des Widerstands, Bd. 1), Konstanz 1999.

LILL, Rudolf, Die deutschen Katholiken und die Juden in der Zeit von 1850 bis zur Machtübernahme Hitlers, in: Karl Heinrich RENGSTORF/Siegfried KORTZFLEISCH (Hrsg.), Kirche und Synagoge. Handbuch zur Geschichte von Christen und Juden. Darstellung mit Quellen, Stuttgart 1970, S. 370–420.

LIPGENS, Walter (Hrsg.), Europa-Föderationspläne der Widerstandsbewegungen 1940–1945. Eine Dokumentation, München 1968.

LISTL, Joseph, Art. »Konkordat«, in: LEXIKON FÜR THEOLOGIE UND KIRCHE (LTHK). Bd. 6, 3., völlig neu bearb. Aufl., Freiburg i. Br. 1997, Sp. 263–268.

LÖFFLER, Peter (Bearb.), Bischof Clemens August Graf von Galen. Akten, Briefe und Predigten 1933–1946 (= Veröffentlichungen der Kommission für Zeitgeschichte, Reihe A: Quellen, Bd. 42), 2. Aufl., Paderborn u. a. 1996.

Löw, Konrad, »Das Volk ist ein Trost«. Deutsche und Juden 1933–1945 im Urteil der jüdischen Zeitzeugen, München 2006.

LOTH, Wilfried, Der Katholizismus und die Durchsetzung der Demokratie in Deutschland, in: Martin GRESCHAT/Jochen-Christoph KAISER (Hrsg.), Christentum und Demokratie im 20. Jahrhundert (= Konfession und Gesellschaft, Bd. 4), Stuttgart u. a. 1992, S. 111–133.

LUDLOW, Peter, Papst Pius XII., die britische Regierung und die deutsche Opposition im Winter 1939/40, in: VIERTELJAHRSHEFTE FÜR ZEITGESCHICHTE 22 (1974), S. 299–341.

LÜTZ, Manfred, Der blockierte Riese. Psychoanalyse der katholischen Kirche, Augsburg 1999.

MAIER, Hans, Einführung zum Symposion »Christlicher Widerstand im Dritten Reich«, in: H. G. HOCKERTS/H. MAIER (Hrsg.), Christlicher Widerstand, S. 7–16.

MAIER, Hans, Politische Religionen. Die totalitären Regime und das Christentum, Freiburg i. Br. 1995.

MAIER, Hans (Hrsg.), Totalitarismus und politische Religionen. Konzepte des Diktaturvergleichs, Paderborn 1996.

MAIER, Hans, Der politische Weg der deutschen Katholiken nach 1945, in: DERS. (Hrsg.), Deutscher Katholizismus nach 1945. Kirche, Gesellschaft, Geschichte, München 1964, S. 190–220.

MANHATTAN, Avro, The Vatican in World Politics, New York 1949 (dt. »Der Vatikan und das zwanzigste Jahrhundert«, Struckum/Nordfriesland [1984].

MANN, Hans G., Prozess Bernhard Lichtenberg. Ein Leben in Dokumenten, Berlin 1977.

MANN, Thomas, Tagebücher 1933–1934, hrsg. v. Peter de MENDELSSOHN, Frankfurt 1977.

MASER, Peter, Kirchenkampf »von außen«. Die Deutschland-Berichte über Kirchen und Christen im Dritten Reich, in: Werner PLUM (Hrsg.), Die Grünen Berichte der Sopade. Gedenkschrift für Erich Rinner 1902–1982, Bonn 1984, S. 303–390.

MAYER, Manfred, »Wir haben eine Weltanschauung, wir brauchen keine neue«. Der Fall des Osterburkener Stadtpfarrers Oskar Deppisch, in: Rolf-Ulrich KUNZE (Hrsg.), Badische Theologen im Widerstand (1933–1945) (= Portraits des Widerstands, Bd. 8), Konstanz 2004, S. 129–151.

MEHLHAUSEN, Joachim, Art. »Nationalsozialismus und die Kirchen«, in: THEOLOGISCHE REALENZYKLOPÄDIE (TRE). Bd. 24, Berlin – New York 1994, S. 43–78.

MEIER, Kurt, Kreuz und Hakenkreuz. Die evangelische Kirche im Dritten Reich, überarb. Neuausg., München 2001.

MEIER, Kurt, Österreich, in: Jean-Marie MAYEUR (Hrsg.), Erster und Zweiter Weltkrieg. Demokratien und totalitäre Systeme (1914–1958) (= Die Geschichte des Christentums, Bd. 12), Freiburg u. a. 1992, S. 755–772.

MENSCH, WAS WOLLT IHR DENEN SAGEN? Katholische Feldseelsorger im Zweiten Weltkrieg, hrsg. vom KATHOLISCHEN MILITÄRBISCHOFSAMT, Augsburg 1991.

MERCATI, Angelo (Hrsg.), Raccolta di Concordati su Materie ecclesiastiche tra la Santa Sede e le Autorità Civili. Bd. 2: 1915–1954, Città del Vaticano 1954.

MERTENS, Annette, Katholische Kirche und Wehrdienstverweigerung im Zweiten Weltkrieg, in: Christian Th. MÜLLER/Dirk WALTER (Hrsg.), Ich dien' nicht! Wehrdienstverweigerung in der Geschichte, Berlin 2008, S. 69–84.

MERTENS, Annette, Himmlers Klostersturm. Der Angriff auf katholische Einrichtungen im Zweiten Weltkrieg und die Wiedergutmachung nach 1945 (= Veröffentlichungen der Kommission für Zeitgeschichte, Reihe B: Forschungen, Bd. 108), Paderborn u. a. 2006.

MICCOLI, Giovanni, I dilemmi e i silenzi di Pio XII, Milano 2000.

MISSALLA, Heinrich, Für Gott, Führer und Vaterland. Die Verstrickung der katholischen Seelsorge in Hitlers Krieg, Stuttgart 1999.

MISSALLA, Heinrich, Für Volk und Vaterland. Die Kirchliche Kriegshilfe im Zweiten Weltkrieg, Königstein 1978.

MISSALLA, Heinrich, Wie der Krieg zur Schule Gottes wurde. Hitlers Feldbischof Rarkowski. Eine notwendige Erinnerung, Oberursel 1997.

MITZSCHERLICH, Birgit, Diktatur und Diaspora. Das Bistum Meißen 1932–1951 (= Veröffentlichungen der Kommission für Zeitgeschichte, Reihe B: Forschungen, Bd. 101), Paderborn u. a. 2005.

MOLL, Helmut (Hrsg.), Zeugen für Christus. Das deutsche Martyrologium des 20. Jahrhunderts, 4. Aufl., Paderborn u. a. 2006.

MOMMSEN, Hans, Gesellschaftsbild und Verfassungspläne des deutschen Widerstands, in: DERS., Der Nationalsozialismus und die deutsche Gesellschaft. Ausgewählte Aufsätze, hrsg. v. Lutz NIETHAMMER/Bernd WEISBROD, Reinbek bei Hamburg 1991, S. 233–337.

MORSEY, Rudolf, 1918–1933, in: Winfried BECKER u. a. (Hrsg.), Lexikon der Christlichen Demokratie in Deutschland, Paderborn u. a. 2002, S. 35–43.

MORSEY, Rudolf, Galens politischer Standort bis zur Jahreswende 1933/34 in Selbstzeugnissen und Fremdeinschätzungen bis zur Gegenwart, in: H. WOLF/Th. FLAMMER/B. Schüler (Hrsg.), Galen, S. 122–135.

MORSEY, Rudolf, Gründung und Gründer der Kommission für Zeitgeschichte 1960–1962, in: HISTORISCHES JAHRBUCH 115 (1995), S. 453–485.

MORSEY, Rudolf, Der Untergang des politischen Katholizismus. Die Zentrumspartei zwischen christlichem Selbstverständnis und »Nationaler Erhebung« 1932/33, Stuttgart – Zürich 1977.

MORSEY, Rudolf, Die deutsche Zentrumspartei, in: Erich MATTHIAS/Rudolf MORSEY (Hrsg.), Das Ende der Parteien 1933, Düsseldorf 1960, S. 279–453.

MÜLLER, Hans, Katholische Kirche und Nationalsozialismus. Dokumente 1930–1935, München 1965.

MÜLLER, Josef, Bis zur letzten Konsequenz. Ein Leben für Frieden und Freiheit, München 1975.

MUSSINGHOFF, Heinrich, Bischof Clemens August von Galen und die Juden. Zum Forschungsstand, in: H. WOLF/Th. FLAMMER/B. SCHÜLER (Hrsg.), Galen, S. 199–220.

NEUHÄUSLER, Johannes, Kreuz und Hakenkreuz. Der Kampf des Nationalsozialismus gegen die katholische Kirche und der kirchliche Widerstand, 2. Aufl., München 1946.

NIPPERDEY, Thomas, Deutsche Geschichte 1866–1918. Bd. 1: Arbeitswelt und Bürgergeist, München 1990.

NOTA, Johannes, Edith Stein und der Entwurf für eine Enzyklika gegen Rassismus und Antisemitismus, in: FREIBURGER RUNDBRIEF 1975, S. 35–41.

NOVICK, Peter, Nach dem Holocaust: Der Umgang mit dem Massenmord, 2. Aufl., Stuttgart – München 2001.

NOWAK, Kurt, Geschichte des Christentums in Deutschland. Religion, Politik und Gesellschaft vom Ende der Aufklärung bis zur Mitte des 20. Jahrhunderts, München 1995.

OGIERMANN, Otto, Bis zum letzen Atemzug: Der Prozeß gegen Bernhard Lichtenberg, Dompropst an St. Hedwig in Berlin, 3., erw. Aufl., Leipzig 1973.

OTT, Hugo, Dokumentation zur Verurteilung des Freiburger Diözesanpriesters Dr. Max Josef Metzger, in: FREIBURGER DIÖZESANARCHIV 90 (1970), S. 303–315.

OTT, Hugo, Max Josef Metzger (1887–1944), in: K.-J. HUMMEL/Ch. STROHM (Hrsg.), Zeugen einer besseren Welt, S. 225–241.

PAARHAMMER, Hans (Hrsg.), 60 Jahre österreichisches Konkordat, München 1994.

PÄTZOLD, Kurt, Julius Streicher, in: DERS./M. WEISSBECKER (Hrsg.), Stufen zum Galgen, S. 264–296.

PÄTZOLD, Kurt/ WEISSBECKER, Manfred (Hrsg.), Stufen zum Galgen. Lebenswege vor den Nürnberger Urteilen, Leipzig 1999.

PASSELECQ, Georges/SUCHECKY, Bernard, Die unterschlagene Enzyklika. Der Vatikan und die Judenverfolgung, München – Wien 1997.

PAUL, Gerhard, »… gut deutsch, aber auch gut katholisch«. Das katholische Milieu zwischen Selbstaufgabe und Selbstbehauptung, in: DERS./K.-M. MALLMANN (Hrsg.), Milieus und Widerstand, S. 26–152.

PAUL, Gerhard/MALLMANN, Klaus-Michael (Hrsg.), Milieus und Widerstand. Eine Verhaltensgeschichte der Gesellschaft im Nationalsozialismus (= Widerstand und Verweigerung im Saarland 1935–1945, Bd. 3), Bonn 1995.

PAUL, Gerhard/MALLMANN, Klaus-Michael, Widerstandsgeschichte und Gesellschaftsgeschichte. Einleitende Bemerkungen zu einer schwierigen Beziehung, in: DIES. (Hrsg.), Milieus und Widerstand, S. 13–24.

PERAU, Josef, Priester im Heere Hitlers. Erinnerungen 1940–1945, Essen 1962.

PICKUS, Keith, Native Born Strangers. Jews, Catholics, and the German Nation, in: M. GEYER/H. LEHMANN (Hrsg.), Religion und Nation, S. 141–156.

PIPER, Ernst, Alfred Rosenberg. Hitlers Chefideologe, München 2005.

POIS, Robert A., National Socialism and the Religion of Nature, London – Sydney 1982.

PRINZ, Michael/ZITELMANN, Rainer (Hrsg.), Nationalsozialismus und Modernisierung, Darmstadt 1991.

PUSCHNER, Uwe, Die völkische Bewegung im wilhelminischen Reich. Sprache – Rasse – Religion, Darmstadt 2001, S. 203–262.

PUSCHNER, Uwe (Hrsg.), Handbuch zur »Völkischen Bewegung« 1871–1918, München 1999.

PUSCHNER, Uwe, Ein Volk, ein Reich, ein Gott. Völkische Weltanschauung und Bewegung, in: Bernd SÖSEMANN (Hrsg.), Der Nationalsozialismus und die deutsche Gesellschaft. Einführung und Überblick, Darmstadt 2002, S. 25–41.

PUTZ, Erna, Franz Jägerstätter »… besser die Hände als der Wille gefesselt …«, Linz – Wien 1985.

QUIRICO, Giuseppe, Il Vaticano e la guerra. Initiative diplomatiche umanitarie di indole generale del S. Padre Benedetto XV, Rom 1921.

RAEM, Heinz-Albert, Katholischer Gesellenverein und deutsche Kolpingsfamilie in der Ära des Nationalsozialismus (= Veröffentlichungen der Kommission für Zeitgeschichte, Reihe B: Forschungen, Bd. 35), Mainz 1982.

RAEM, Heinz-Albert, Pius XI. und der Nationalsozialismus. Die Enzyklika »Mit brennender Sorge« vom 14. März 1937, Paderborn u. a. 1979.

RAUH-KÜHNE, Cornelia, Anpassung und Widerstand? Kritische Bemerkungen zur Erforschung des katholischen Milieus, in: Detlef SCHMIECHEN-ACKERMANN (Hrsg.), Anpassung, Verweigerung, Widerstand. Soziale Milieus, politische Kultur und der Widerstand gegen den Nationalsozialismus in Deutschland im regionalen Vergleich (= Schriften der Gedenkstätte deutscher Widerstand, Reihe A, Bd. 3), Berlin 1997, S. 145–163.

RAUH-KÜHNE, Cornelia, Katholisches Milieu und Kleinstadtgesellschaft. Ettlingen 1918–1939 (= Geschichte der Stadt Ettlingen, Bd. 5), Sigmaringen 1991.

RAUSCHER, Anton (Hrsg.), Wider den Rassismus. Entwurf einer nicht erschienenen Enzyklika (1938). Texte aus dem Nachlaß von Gustav Gundlach SJ, Paderborn u. a. 2001.

RECKER, Klemens-August, »Wem wollt ihr glauben?« Bischof Berning im Dritten Reich, Paderborn u. a. 1998.

REISER, Rudolf, Kardinal Michael von Faulhaber. Des Kaisers und des Führers Schutzpatron, München 2000.

REPGEN, Konrad, Die deutschen Bischöfe und der Zweite Weltkrieg, in: HISTORISCHES JAHRBUCH 115 (1995), S. 411–452.

REPGEN, Konrad, Über die Entstehung der Reichskonkordats-Offerte im Frühjahr 1933 und die Bedeutung des Reichskonkordats. Kritische Bemerkungen zu einem neuen Buch, in: VIERTELJAHRSHEFTE FÜR ZEITGESCHICHTE 26 (1978), S. 499–534.

REPGEN, Konrad, Vom Fortleben nationalsozialistischer Propaganda in der Gegenwart. Der Münchener Nuntius und Hitler 1933, in: Pankraz FRIED/Walter ZIEGLER (Hrsg.), Festschrift für Andreas Kraus zum 60. Geburtstag, Kallmünz 1982, S. 455–476.

REPGEN, Konrad, Die Historiker und das Reichskonkordat. Eine Fallstudie über historische Logik, in: DERS., Von der Reformation bis zur Gegenwart. Beiträge zu Grundfragen der neuzeitlichen Geschichte, Paderborn u. a. 1988, S. 196–213.

REPGEN, Konrad, Hitlers »Machtergreifung«, die christlichen Kirchen, die Judenfrage und Edith Steins Eingabe an Pius XI. vom [9.] April 1933, in: EDITH STEIN JAHRBUCH 2004, S. 31–68.

REPGEN, Konrad, Judenpogrom, Rassenideologie und katholische Kirche 1938 (= Kirche und Gesellschaft, Nr. 152/153), Köln 1988.

REPGEN, Konrad, Katholizismus und Nationalsozialismus. Zeitgeschichtliche Interpretationen und Probleme (= Kirche und Gesellschaft, Nr. 99), Köln 1983, S. 10–15.

REPGEN, Konrad, Krieg, Gewissen und Menschenrechte. Zur Haltung der katholischen Bischöfe im Zweiten Weltkrieg (= Kirche und Gesellschaft, Nr. 220), Köln 1995.

REPGEN, Konrad, P. Robert Leiber SJ, der Kronzeuge für die vatikanische Politik beim Reichskonkordat 1933. Anmerkungen zu meiner Kontroverse mit Klaus Scholder, in: Th. BRECHENMACHER (Hrsg.), Reichskonkordat, S. 25–36.

REPGEN, Konrad, Widerstand oder Abstand? Kirche und Katholiken in Deutschland 1933 bis 1945, in: Klaus HILDEBRAND/Udo WENGST/Andreas WIRSCHING (Hrsg.), Geschichtswissenschaft und Zeiterkenntnis. Von der Aufklärung bis zur Gegenwart. Festschrift zum 65. Geburtstag von Horst Möller, München 2008, S. 555–558.

REUBAND, Karl-Heinz, Das NS-Regime zwischen Akzeptanz und Ablehnung. Eine retrospektive Analyse von Bevölkerungseinstellungen im Dritten Reich auf der Basis von Umfragedaten, in: GESCHICHTE UND GESELLSCHAFT 32 (2006), S. 315–343.

REUTTER, Lutz-Eugen, Katholische Kirche als Fluchthelfer im Dritten Reich. Die Betreuung von Auswanderern durch den St. Raphaels-Verein, Hamburg – Recklinghausen 1971.

RHODES, Anthony, Der Papst und die Diktatoren. Der Vatikan zwischen Revolution und Faschismus, Wien – Köln – Graz 1980.

RIEGNER, Gerhart M., Niemals verzweifeln. Sechzig Jahre für das jüdische Volk und die Menschenrechte, Gerlingen 2001.

RISSMANN, Michael, Hitlers Gott. Vorsehungsglaube und Sendungsbewußtsein des deutschen Diktators, Zürich – München 2001.

Roegele, Otto B., Gestapo gegen Schüler. Die Gruppe »Christopher« in Bruchsal (= Portraits des Widerstands, Bd. 4), Konstanz 1994.

Roegele, Otto B., Versöhnung oder Haß? Der Briefwechsel der Bischöfe Polens und Deutschlands und seine Folgen. Eine Dokumentation, Osnabrück 1966.

Rothfels, Hans, Die deutsche Opposition gegen Hitler. Eine Würdigung, neue, erw. Ausg., hrsg. v. Hermann Graml, Frankfurt a. M. 1978.

Ruhm von Oppen, Beate (Hrsg.), Helmuth James von Moltke, Briefe an Freya 1939–1945, München 1988.

Rumi, Giorgio (Hrsg.), Benedetto XV e la pace, 1918, Brescia 1990.

Salemink, Theo, Bischöfe protestieren gegen die Deportation der niederländischen Juden 1942. Mythos und Wirklichkeit, in: Zeitschrift für Kirchengeschichte 116 (2005), S. 63–77.

Salemink, Theo, Der Vatikan und die niederländischen Juden 1943 – eine zweite Richtigstellung, in: Zeitschrift für Kirchengeschichte 118 (2007), S. 110f.

Sánchez, José M., Pius XII. und der Holocaust. Anatomie einer Debatte, Paderborn u. a. 2003.

Schellenberger, Barbara, Katholische Jugend und Drittes Reich. Eine Geschichte des Katholischen Jungmännerverbandes 1933–1939 unter besonderer Berücksichtigung der Rheinprovinz (= Veröffentlichungen der Kommission für Zeitgeschichte, Reihe B: Forschungen, Bd. 17), Mainz 1975.

Schewick, Burkhard van, Katholische Kirche und nationalsozialistische Rassenpolitik, in: K. Gotto/K. Repgen, Die Katholiken und das Dritte Reich, S. 101–121.

Schildt, Axel u. a. (Hrsg.), Dynamische Zeiten. Die 60er Jahre in den beiden deutschen Gesellschaften (= Hamburger Beiträge zur Sozial- und Zeitgeschichte, Bd. 37), Hamburg 2000.

Schlögl, Rudolf/Schwartz, Michael/Thamer, Hans-Ulrich, Konsens, Konflikt und Repression. Zur Sozialgeschichte des politischen Verhaltens in der NS-Zeit, in: Rudolf Schlögl/Hans-Ulrich Thamer (Hrsg.), Zwischen Loyalität und Resistenz. Soziale Konflikte und politische Repression während der NS-Herrschaft in Westfalen (= Geschichtliche Arbeiten zur westfälischen Landesforschung, Bd. 10), Münster 1996, S. 9–30.

Schlossmacher, Norbert, Entkirchlichung, Antiultramontanismus und »nationalreligiöse Orientierung« im Liberalismus der Kulturkampfära. Der Deutsche Verein für die Rheinprovinz, in: O. Blaschke/F.-M. Kuhlemann (Hrsg.), Religion im Kaiserreich, S. 474–502.

SCHMÄDEKE, Jürgen/STEINBACH, Peter (Hrsg.), Der Widerstand gegen den Nationalsozialismus. Die deutsche Gesellschaft und der Widerstand gegen Hitler, München – Zürich 1985.

SCHMIDTMANN, Christian, »Fragestellungen der Gegenwart mit Vorgängen der Vergangenheit beantworten«. Darstellungen der Rolle von Kirche und Katholiken in Nationalsozialismus und Krieg vom Kriegsende bis in die 1960er Jahre, in: A. HOLZEM/Ch. HOLZAPFEL (Hrsg.), Zwischen Kriegs- und Diktaturerfahrung, S. 167–201.

SCHMIDTMANN, Christian, Katholische Studierende 1945–1973. Eine Studie zur Kultur- und Sozialgeschichte der Bundesrepublik Deutschland (= Veröffentlichungen der Kommission für Zeitgeschichte, Reihe B: Forschungen, Bd. 102), Paderborn u. a. 2006.

SCHMIECHEN-ACKERMANN, Detlef, Diktaturen im Vergleich, Darmstadt 2002.

SCHNEIDER, Burkhart (Bearb.), Die Briefe Pius' XII. an die deutschen Bischöfe (= Veröffentlichungen der Kommission für Zeitgeschichte, Reihe A: Quellen, Bd. 4), Mainz 1966.

SCHNEIDER, Michael, Die christlichen Gewerkschaften 1894–1933, Bonn 1982.

SCHNEPPEN, Heinz, Odessa und das Vierte Reich. Mythen der Zeitgeschichte, Berlin 2007.

SCHNURBEIN, Stefanie von/ULBRICHT, Justus H. (Hrsg.), Völkische Religion und Krisen der Moderne. Entwürfe »arteigener« Glaubenssysteme seit der Jahrhundertwende, Würzburg 2001.

SCHOEPS, Julius H. u. a. (Hrsg.), Goldhagen, der Vatikan und die Judenfeindschaft (= Menora. Jahrbuch für deutsch-jüdische Geschichte, Bd. 14), Berlin – Wien 2003.

SCHOLDER, Klaus, Die Kirchen und das Dritte Reich. Bd. 1: Vorgeschichte und Zeit der Illusionen; Bd. 2: Das Jahr der Ernüchterung. 1934. Barmen und Rom, Frankfurt a. M. 1986; fortgesetzt von Gerhard BESIER, Die Kirchen und das Dritte Reich. Spaltungen und Abwehrkämpfe. 1934–1937, München 2001.

SCHOLDER, Klaus, Die Kirchen zwischen Republik und Gewaltherrschaft. Gesammelte Aufsätze, hrsg. v. Karl Otmar von ARETIN und Gerhard BESIER, Berlin 1988.

SCHOLDER, Klaus, Österreichisches Konkordat und nationalsozialistische Kirchenpolitik 1938/39, in: ZEITSCHRIFT FÜR EVANGELISCHES KIRCHENRECHT 19 (1975), S. 230–243.

SCHOLDER, Klaus, Ein Requiem für Hitler. Kardinal Bertram und das deutsche Episkopat im Dritten Reich, in: DERS., Kirchen zwischen Republik und Gewaltherrschaft, S. 228–238.

SCHWALBACH, Bruno, Erzbischof Conrad Gröber und die nationalsozialistische Diktatur, Karlsruhe 1986.
SEIDLMAYER, Michael, Geschichte Italiens. Vom Zusammenbruch des römischen Reiches bis zum Ersten Weltkrieg, Stuttgart 1989.
SEIDOWSKI, Hans-Joachim, Das Reichskonkordat vom 20.7.1933 als Beitrag der politisch-klerikalen Kräfte der katholischen Kirche in Deutschland und des Vatikans zur Stabilisierung der faschistischen Diktatur in Deutschland«, phil. Diss., Berlin (-Ost) 1965.
SENNINGER, Gerhard, Glaubenszeugen oder Versager? Katholische Kirche und Nationalsozialismus, St. Ottilien o. J.
SERENY, Gitta, Am Abgrund. Eine Gewissenserforschung. Gespräche mit Franz Stangl, Kommandant von Treblinka, und anderen, Frankfurt a. M. 1980.
SIEVERNICH, Michael, Kultur der Vergebung. Zum päpstlichen Schuldbekenntnis, in: GEIST UND LEBEN 74 (2001), S. 444–459.
SIMONSOHN, Shlomo (Hrsg.), The Apostolic See and the Jews. Bd. 1, Toronto 1988.
SINDERHAUF, Monica, Katholische Wehrmachtseelsorge im Krieg. Quellen und Forschungen zu Franz Justus Rarkowski und Georg Werthmann, in: K.-J. HUMMEL/Ch. KÖSTERS (Hrsg.), Kirchen im Krieg, S. 265–292.
ŠKAROVSKIJ, Michail V., Die russische Kirche unter Stalin in den 20er und 30er Jahren des 20. Jahrhunderts, in: Manfred HILDERMEIER (unter Mitarb. v. Elisabeth MÜLLER-LUCKNER) (Hrsg.), Stalinismus vor dem Zweiten Weltkrieg. Neue Wege der Forschung (= Schriften des Historischen Kollegs, Bd. 43), München 1998, S. 233–253.
ŚMIGIEL, Kazimierz, Die katholische Kirche im Reichsgau Wartheland 1939–1945, Dortmund 1984.
SMITH, Helmut Walser, German Nationalism and Religious Conflict. Culture, Ideology, Politics, 1870–1914, Princeton 1995.
SMOLINSKY, Heribert, Das katholische Rußlandbild in Deutschland nach dem Ersten Weltkrieg und im »Dritten Reich«, in: Hans-Erich VOLKMANN (Hrsg.), Das Rußlandbild im Dritten Reich, Köln 1994, S. 323–355.
SPICER, Kevin, Hitler's Priests. Catholic Clergy and National Socialism, DeKalb (Illinois) 2008.
STAMBOLIS, Barbara, Nationalisierung trotz Ultramontanisierung oder: »Alles für Deutschland, Deutschland aber für Christus«. Mentalitätsleitende Wertorientierungen deutscher Katholiken im 19. und 20. Jahrhundert, in: HISTORISCHE ZEITSCHRIFT 269 (1999), S. 57–97.

STASIEWSKI, Bernhard (Bearb.), Akten deutscher Bischöfe über die Lage der Kirche 1933–1945. Bd. 1: 1933–1934; Bd. 2: 1934–1935; Bd. 3: 1935–1936 (= Veröffentlichungen der Kommission für Zeitgeschichte, Reihe A: Quellen, Bde. 5, 20, 25), Mainz 1968–1979.

STATISTISCHES JAHRBUCH FÜR DAS DEUTSCHE REICH, hrsg. v. Statistischen Reichsamt, 53. Jahrgang, Berlin 1934.

STEIGMANN-GALL, Richard, Was National Socialism a Political Religion or a Religious Politics?, in: M. GEYER/H. LEHMANN (Hrsg.), Religion und Nation, S. 386–408.

STEIGMANN-GALL, Richard, The Holy Reich: Nazi conceptions of Christianity, 1919–1945, Cambridge 2005.

STEINBACH, Peter/TUCHEL, Johannes (Hrsg.), Widerstand gegen die nationalsozialistische Diktatur 1933–1945 (= Schriftenreihe der Bundeszentrale für politische Bildung, Bd. 438), Bonn 2004.

STEINBACH, Peter/TUCHEL, Johannes (Hrsg.), Widerstand gegen den Nationalsozialismus (= Schriftenreihe der Bundeszentrale für politische Bildung, Bd. 323), Bonn 1994.

STEINHOFF, Anthony J., Ein zweites konfessionelles Zeitalter? Nachdenken über die Religion im langen 19. Jahrhundert, in: GESCHICHTE UND GESELLSCHAFT 30 (2004), S. 549–570.

STEININGER, Rolf, 12. November 1918 bis 13. März 1938: Stationen auf dem Weg zum Anschluß, in: R. STEININGER/M. GEHLER (Hrsg.), Österreich im 20. Jahrhundert, S. 99–151.

STEININGER, Rolf/ GEHLER, Michael (Hrsg.), Österreich im 20. Jahrhundert. Von der Monarchie bis zum Zweiten Weltkrieg, Wien u. a. 1997.

SÜNNER, Rüdiger, Schwarze Sonne. Entfesselung und Mißbrauch der Mythen im Nationalsozialismus und rechter Esoterik, 2. Aufl., Freiburg i. Br. 1999.

SÜSS, Winfried, Antagonistische Kooperationen. Katholische Kirche und nationalsozialistisches Gesundheitswesen in den Kriegsjahren 1939–1945, in: K.-J. HUMMEL/Ch. KÖSTERS (Hrsg.), Kirchen im Krieg, S. 317–341.

SWARTOUT, Lisa, Culture Wars. Protestant, Catholic, and Jewish Students at German Universities 1890–1914, in: M. GEYER/H. LEHMANN (Hrsg.), Religion und Nation, S. 157–175.

TÁLOS, Emmerich/NEUGEBAUER, Wolfgang (Hrsg.), Austrofaschismus. Politik, Ökonomie, Kultur. 1933–1938, Münster u. a. 2005.

TITTMANN, Harold H. Jr., Il Vaticano di Pio XII. Uno sguardo dall'interno, Mailand 2005 (englisch: New York 2004).

TREND, A weekly report of Political Affairs and Public Opinion. Prepared by OMG Bavaria, Intelligence Branch, Political Affairs Section, APO 170, U.S. Army Report 14, 10.9.1946.

TÜRK, Hans Joachim, Art. »Staat«, in: LEXIKON FÜR THEOLOGIE UND KIRCHE (LThK). Bd. 9, 3., völlig neu bearb. Aufl., Freiburg i. Br. 2000, Sp. 890–898.

UERTZ, Rudolf, Vom Gottesrecht zum Menschenrecht. Das katholische Staatsdenken in Deutschland von der Französischen Revolution bis zum II. Vatikanischen Konzil. 1789–1965 (= Politik- und Kommunikationswissenschaftliche Veröffentlichungen der Görres-Gesellschaft, Bd. 25), Paderborn u. a. 2005.

UNTERBURGER, Klaus, »Wenn die Bischöfe schweigen …«. Eine Denkschrift des Trierer Newman-Forschers und Theologen Matthias Laros an den deutschen Episkopat aus dem Jahre 1934, in: ZEITSCHRIFT FÜR KIRCHENGESCHICHTE 113 (2002), S. 329–354.

UTZ, Arthur Fridolin/GRONER, Joseph Fulko, Aufbau und Entfaltung des gesellschaftlichen Lebens. Soziale Summe Pius XII., Freiburg 1954.

VALENTE, Massimiliano, La nunziatura di Eugenio Pacelli a Monaco di Baviera e la »diplomazia dell'assistenza« nella »grande guerra« (1917–1918), in: QUELLEN UND FORSCHUNGEN AUS ITALIENISCHEN ARCHIVEN UND BIBLIOTHEKEN 83 (2003), S. 246–287.

VERFOLGUNG UND WIDERSTAND 1933–1945. Christliche Demokraten gegen Hitler. Begleitschrift zur Ausstellung des Archivs für Christlich-Demokratische Politik, hrsg. von der KONRAD-ADENAUER-STIFTUNG, Sankt Augustin 1984.

VOLK, Ludwig (Bearb.), Akten deutscher Bischöfe über die Lage der Kirche 1933–1945. Bd. 4: 1936–1939; Bd. 5: 1940–1942; Bd. 6: 1943–1945 (= Veröffentlichungen der Kommission für Zeitgeschichte, Reihe A: Quellen, Bde. 30, 34, 38), Mainz 1981–1985.

VOLK, Ludwig (Bearb.), Akten Kardinal Michael von Faulhabers. Bd. 1: 1917–1934; Bd. 2: 1935–1945 (= Veröffentlichungen der Kommission für Zeitgeschichte, Reihe A: Quellen, Bde. 17, 26), Mainz 1975, 1978.

VOLK, Ludwig, Der bayerische Episkopat und der Nationalsozialismus 1930–1934 (= Veröffentlichungen der Kommission für Zeitgeschichte, Reihe B: Forschungen, Bd. 1), 2. Aufl., Mainz 1966.

VOLK, Ludwig, Katholische Kirche und Nationalsozialismus. Ausgewählte Aufsätze, hrsg. v. Dieter ALBRECHT (= Veröffentlichungen der Kommission für Zeitgeschichte, Reihe B: Forschungen, Bd. 46), Mainz 1987.

VOLK, Ludwig, Nationalsozialismus, in: Anton RAUSCHER (Hrsg.), Der soziale und politische Katholizismus. Entwicklungslinien in Deutschland 1803–1863. Bd. 1, München 1981, S. 165–208.

VOLK, Ludwig, Das Reichskonkordat vom 20. Juli 1933. Von den Ansätzen in der Weimarer Republik bis zur Ratifizierung am 10. September 1933 (= Veröffentlichungen der Kommission für Zeitgeschichte, Reihe B: Forschungen, Bd. 5), Mainz 1972.

WALKENHORST, Peter, Nationalismus als »Politische Religion«? Zur religiösen Dimension nationalistischer Ideologie im Kaiserreich, in: O. BLASCHKE/F.-M. KUHLEMANN (Hrsg.), Religion im Kaiserreich, S. 503–529.

WALLE, Heinrich, Zur Einführung, in: Karl T. SCHLEICHER/Heinrich WALLE (Hrsg.), Aus Feldpostbriefen junger Christen 1939–1945. Ein Beitrag zur Geschichte der Katholischen Jugend im Felde, Stuttgart 2005.

WEBER, Christoph, Ultramontanismus als katholischer Fundamentalismus, in: Winfried LOTH (Hrsg.), Deutscher Katholizismus im Umbruch zur Moderne (= Konfession und Gesellschaft, Bd. 3), Stuttgart 1991, S. 20–45.

WEGENER, Franz, Deutscher Spiritismus, französischer Okkultismus und der Reichsführer SS (= Politische Religion des Nationalsozialismus, Bd. 4), Gladbeck 2004.

WEGNER, Bernd, Hitler, der Zweite Weltkrieg und die Choreographie des Untergangs, in: GESCHICHTE UND GESELLSCHAFT 26 (2000), S. 493–518.

WEHLER, Hans-Ulrich, Deutsche Gesellschaftsgeschichte. Bd. 4: 1914–1949, München 2003.

WEINZIERL, Erika u. a., Kirche in Österreich 1918–1965, Wien – München 1966.

WEISS, Wolfgang, Die Katholisch-Theologische Fakultät Würzburg, in: D. BURKHARD/W. WEISS (Hrsg.), Theologie und Nationalsozialismus, S. 277–326.

WEISSBECKER, Manfred, Fritz Sauckel, in: K. PÄTZOLD/M. WEISSBECKER (Hrsg.), Stufen zum Galgen, S. 297–331.

WEITLAUFF, Manfred, Der Kardinal und der Führer, in: CHRIST IN DER GEGENWART 2007, Nr. 10, S. 78.

WEITLAUFF, Manfred, Die Leitung der Erzdiözese München und Freising in Kriegs- und Nachkriegszeit, in: MÜNCHENER THEOLOGISCHE ZEITSCHRIFT 57 (2006), S. 320–346.

WICZLINSKI, Verena von (Hrsg.): Kirche in Trümmern? Krieg und Zusammenbruch 1945 in der Berichterstattung von Pfarrern des Bistums Würzburg, Würzburg 2005, S. 15.

WILLENBORG, Rudolf, »Gottesmann seiner Zeit« oder »Antisemit« und »Kriegshetzer«? Wandlungen des Galenbildes, in: J. KUROPKA (Hrsg.), Streitfall Galen, S. 291–340.

Winter, Franz Xaver, Eine Predigt des Pfarrers Stephan Rugel aus dem Jahre 1933, in: Jahrbuch des Historischen Vereins Dillingen an der Donau 85 (1983), S. 243–251.

Witetschek, Helmut, Pater Ingbert Naab. Ein Prophet wider den Zeitgeist 1885–1935, München 1985.

Wolf, Hubert, Pius XI. und die »Zeitirrtümer«. Die Initiativen der römischen Inquisition gegen Rassismus und Nationalismus, in: Historische Zeitschrift 53 (2005), S. 1–42.

Wolf, Hubert, »Pro perfidis Judaeis.« Die »Amici Israel« und ihr Antrag auf eine Reform der Karfreitagsfürbitte für die Juden (1928). Oder: Bemerkungen zum Thema katholische Kirche und Antisemitismus, in: Historische Zeitschrift 279 (2004), S. 611–658.

Wolf, Hubert/Flammer, Thomas/Schüler, Barbara (Hrsg.), Clemens August Graf von Galen. Ein Kirchenfürst im Nationalsozialismus, Darmstadt 2007.

Wollasch, Hans-Josef (Bearb.), »Betrifft: Nachrichtenzentrale des Erzbischofs Gröber in Freiburg«. Die Ermittlungsakten der Geheimen Staatspolizei gegen Gertrud Luckner 1942–1944 (= Karlsruher Beiträge zur Geschichte des Nationalsozialismus, Bd. 4), Konstanz 1998.

Wollasch, Hans-Josef, Katholische Kirche als »Handlanger des Nationalsozialismus«, in: Freiburger Diözesan-Archiv 31 (1979), S. 512–525.

Zahn, Gordon C., German Catholics and Hitler's Wars, New York 1962.

Zahn, Gordon C., Die deutschen Katholiken und Hitlers Kriege, Graz – Wien – Köln 1965.

Zankel, Sönke/Hikel, Christine (Hrsg.), Ein Weggefährte der Geschwister Scholl. Die Briefe des Josef Furtmeier 1938–1947, München 2005.

Zeiger, Ivo, Die religiös-sittliche Lage und die Aufgabe der deutschen Katholiken, in: Der Christ in der Not der Zeit, Paderborn 1949, S. 24–39.

Ziegler, Walter, Bayern im Übergang. Vom Kriegsende bis zur Besatzung 1945, in: Peter Pfister (Hrsg.), Das Ende des Zweiten Weltkrieges im Erzbistum München und Freising. Die Kriegs- und Einmarschberichte im Archiv des Erzbistums München und Freising (= Schriften des Archivs des Erzbistums München und Freising, Bd. 8), Regensburg 2005, S. 33–104.

Ziegler, Walter, Die deutschen katholischen Bischöfe unter der NS-Herrschaft. Religiöses Amt und politische Herausforderung, in: Historisches Jahrbuch 126 (2006), S. 395–437.

ZUCCOTTI, Susan, Under His Very Windows. The Vatican and the Holocaust in Italy, New Haven 2000.

ZUCKMAYER, Carl, Als wär's ein Stück von mir: Horen der Freundschaft, Frankfurt a. M. 1966.

Autoren

Wolfgang Altgeld, geb. 1951, Dr. phil., Professor für Neueste Geschichte an der Julius-Maximilians-Universität Würzburg, Veröffentlichungen zur Geschichte des 19. und 20. Jahrhunderts, insbes. zu Nationalsozialistischer Herrschaft, Widerstand sowie deutsch-italienischen Beziehungen, u. a.: Katholizismus, Protestantismus, Judentum. Über religiös begründete Gegensätze und nationalreligiöse Ideen in der Geschichte des deutschen Nationalismus, Mainz 1992; Josef Stangl 1907–1979. Bischof von Würzburg. Lebensstationen in Dokumenten. (Katalog zur Ausstellung »Hirtenamt und Gesellschaft: Josef Stangl, Bischof von Würzburg 1957–1979«), Würzburg 2007 (Hrsg. zus. mit Johannes Merz/Wolfgang Weiß).

Thomas Brechenmacher, geb. 1964, Dr. phil., Professor für Neuere Geschichte mit Schwerpunkt deutsch-jüdische Geschichte an der Universität Potsdam; Veröffentlichungen zur Deutschen Geschichte des 19. und 20. Jahrhunderts, zur deutsch-jüdischen Geschichte und zur kirchlichen Zeitgeschichte, u. a.: Das Reichskonkordat 1933. Forschungsstand, Kontroversen, Dokumente, Paderborn u. a. 2008 (Hrsg.); Der Vatikan und die Juden, München 2005.

Karl-Joseph Hummel, geb. 1950, Dr. phil., Direktor der Forschungsstelle der Kommission für Zeitgeschichte Bonn, Veröffentlichungen zur Deutschen Geschichte des 19./20. Jahrhunderts und zur Zeitgeschichte des deutschen Katholizismus, u. a.: Kirchen im Krieg. Europa 1939–1945, Paderborn u. a. 2006 (Hrsg. zus. mit Christoph Kösters); Zwangsarbeit und katholische Kirche 1939–1945. Geschichte und Erinnerung, Entschädigung und Versöhnung. Eine Dokumentation, Paderborn u. a. 2008 (Hrsg. zus. mit Christoph Kösters).

Michael Kißener, geb. 1960, Dr. phil., Univ.-Prof. für Zeitgeschichte an der Johannes Gutenberg-Universität Mainz, Veröffentlichungen zur Geschichte des Nationalsozialismus, zur Verfassungs- und Rechtsgeschichte und zur regionalen Zeitgeschichte, u. a.: Das Dritte Reich (Kontroversen um die Geschichte), Darmstadt 2005; Karl Kardinal Lehmann/Michael Kißener, Das letzte Wort haben die Zeugen: Alfred Delp, Mainz 2007.

Christoph Kösters, geb. 1961, Dr. theol., Wissenschaftlicher Mitarbeiter der Kommission für Zeitgeschichte in Bonn, Veröffentlichungen zur Geschichte des deutschen Katholizismus im 20. Jahrhundert, u. a.: Kirchen im Krieg. Europa 1939-1945, Paderborn u. a. 2006 (Hrsg. zus. mit Karl-Joseph Hummel); Zwangsarbeit und katholische Kirche 1939–1945. Geschichte und Erinnerung, Entschädigung und Versöhnung. Eine Dokumentation, Paderborn u. a. 2008 (Hrsg. zus. mit Karl-Joseph Hummel).

Annette Mertens, geb. 1976, Dr. phil., Wissenschaftliche Mitarbeiterin der Kommission für Zeitgeschichte in Bonn, Veröffentlichungen zur zeitgeschichtlichen Katholizismusforschung, u. a.: Annette Mertens, Himmlers Klostersturm. Der Angriff auf katholische Einrichtungen im Zweiten Weltkrieg und die Wiedergutmachung nach 1945, Paderborn u. a. 2006.

Matthias Stickler, geb. 1967, Dr. phil., Privatdozent am Lehrstuhl für Neueste Geschichte an der Julius-Maximilians-Universität Würzburg, Veröffentlichungen zur Deutschen und Europäischen Geschichte des 19./20. Jahrhunderts, u. a.: Portraits zur Geschichte des deutschen Widerstands, Rahden/Westfalen 2005 (Hrsg. unter Mitarbeit von Verena Spinnler).

Personen-, Orts- und Sachregister

Adenauer, Konrad 20, 149, 219
 – Ära Adenauer 224
Adolph, Walter 119
Albrecht, Dieter 43, 45 f.
Alfieri, Dino 104, 110, 136, 187–189
Alt, Franz 230
Altermatt, Urs 126, 147
Altgeld, Wolfgang 28, 30, 90, 203
Aly, Götz 73
Amery, Carl 223–225
»Amici Israel« 26, 131
Andres, Stefan 223
Antiklerikalismus 86
Antisemitismus 26, 53–55, 59, 65, 79, 122, 126–129, 131 f., 158 f., 161, 163, 226, 230 f., 241, 243
 – Antisemitenbewegung 80
 – »Verein zur Abwehr des Antisemitismus« 137
Aquin, Thomas von 200
Aretin, Karl Otmar Frhr. von 85, 115
Arning, Holger 69
Atheismus 81, 161
Augustinus (Kirchenvater) 200
Auschwitz 52, 55, 106, 126, 219, 234
 – »Theologie nach Auschwitz« 55

Baden
 – Konkordat (1932) 89, 181
Balthasar, Hans Urs von 232
Bamberg 167
Bares, Nikolaus (Bischof) 25
Barmen 81
 – »Barmer Bekenntnissynode« 81
Bayern
 – Bayerische Politische Polizei 21
 – Bayerische Volkspartei (BVP) 86 f., 92, 149
 – Gleichschaltung 91
 – Konkordat (1924) 89, 181
 – Oberbayern 242, 248
Becker, Winfried 174
Beilmann, Christel 206 f.
Bekenntnisschule 21
Benedikt XV. (Papst) 183 f.
Benedikt XVI. (Papst) 234
Benjamin, Walter 239
»Bensberger Kreis« 230
Bergen, Diego von 110, 112, 123, 249
Bergengruen, Werner 219, 223, 233
Berlin 16, 21, 25–27, 32, 39 f., 44–46, 64, 70, 90 f., 94, 101 f., 104, 106, 115, 117, 119, 121, 132 f., 136–138, 141, 171, 174, 176, 181, 189, 203, 219, 221, 226, 239, 245 f., 251
 – Gedenkstätte Plötzensee 46
 – Tempelhofer Feld 251
Berning, Wilhelm (Bischof) 113, 119, 121, 137
Bertram, Adolf (Kardinal) 15 f., 19, 24, 27, 32–34, 69, 85, 88, 94 f., 103, 106–109, 113–115, 117, 122 f., 129 f., 134, 201, 204
Besier, Gerhard 49, 252
Beuthen 27
»Bezboznik« 70
Bistum/Erzbistum
 – Berlin
   – Gedächtniskirche »Maria Regina Martyrum« 39, 46
 – Eichstätt 18

– Mainz
  – Generalvikariat 108
  – Mainzer Richtlinien 109
– München und Freising 108
– Münster 136, 156
– Rottenburg 97, 104
Blaschke, Olaf 54, 126f., 150, 159
Blessing, Werner K. 164
Bochum 44, 219
Böckenförde, Ernst-Wolfgang 45, 47, 51, 84, 89, 157f., 222f.
Bodelschwingh, Fritz von (Reichsbischof) 92
Böhler, Wilhelm (Prälat) 42
Böll, Heinrich 223, 225, 227
Bolschewismus 17f., 30, 63, 67, 69–72, 116, 119f., 160f., 163, 168, 204
  – »Abwehr des Bolschewismus« 64
  – Antibolschewismus 30, 68f., 71, 124f., 159f.
  – Bolschewismusfurcht 70
  – »Gottlose« 70f.
  – »Kulturbolschewismus« 70f.
  – »Verband der kämpfenden Gottlosen« 70
Bolz, Eugen 169
Bombay 215
Bonn 42, 71
Borgongini Duca, Francesco (Kardinal) 185
Bormann, Martin 31, 68, 74, 81, 124, 211
Born, P. Ludger SJ 27, 55
Bornewasser, Franz Rudolf (Bischof) 71, 203, 252–254
Bosl, Karl 43
Bourg d'Iré, P. Benedetto da OFMCap 140f.
Bracher, Karl Dietrich 83
Braunschweig 193

Brechenmacher, Thomas 28, 65, 69
Breslau 15, 85, 103, 134
Breuer, Thomas 152
British Broadcasting Company (BBC) 171
Brombach 171
Broszat, Martin 49, 147, 162
Bruchsal 176
Brüssel 70
Buchheim, Hans 41
Bund »Kreuz und Adler« 72
Bürckel, Josef 67, 96, 252–254
Burleigh, Michael 56
Burzio, Giuseppe 139

Calixtus II. (Papst) 88
Calmeyer, Hans 55
Caritas
  – »Caritas-Notwerk« 137
Casaroli, Agostino (Kardinal) 89
Charlotte (Großherzogin von Luxemburg) 187
Christentum 54, 56, 65, 68, 77, 79, 81f., 87, 98, 111, 115, 128, 131, 222
  – Christenverfolgung 30
  – Christlich-jüdischer Aussöhnungsprozess 53
  – Christlich-jüdisches Verhältnis 59
Christlich Demokratische Union (CDU) 42, 225
Churchill, Sir Winston 190
Cicognani, Gaetano 140
Clinton, Bill 239
Colmar 135
Conzemius, Victor 183
Cornwell, John 54, 125f., 179
Curtis, Lionel 177f.

Damberg, Wilhelm 207
De Felice, Renzo 141ff.

Delp, P. Alfred SJ   116, 175, 177, 219, 227
Demokratie   157, 160
Dempf, Alois (Pseudonym, Schäffler, Michael)   218
Den Haag   136
Denzler, Georg   167f.
Deportationen   136, 138–140
Deppisch, Oskar   171f.
Deschner, Karlheinz   179, 230
Deuerlein, Ernst   83
Deutschland
– Bundesrepublik   44, 49, 222
  – »Gruppe 47«   224
  – »Historikerstreit«   53
– Deutsche Demokratische Republik (DDR)
  – DDR-Forschung   47
  – SED-Regime   44
  – Staatssicherheitsdienst   191
– Deutsches Reich   96, 112f., 212, 245, 251, 254
– Kaiserreich   146
  – Kulturkampf   15, 22, 75, 80f., 85, 88, 92, 94, 106, 150, 152, 154, 160
– Kalter Krieg   232
– Mauerbau (1961)   44
– Mauerfall (1989)   56, 232
– Nachkriegsdeutschland   222
– Nachkriegszeit   38, 167, 179
– Ost-West-Konflikt   55
– Reichsgründung (1870/71)   81
– »Sonderweg-These«   54, 56
– Weimarer Republik   16, 49, 146, 150f., 154, 246
Dierker, Wolfgang   56
Dinter, Arthur   67
Dirks, Walter   35, 71, 219, 224, 230
Dollfuß, Engelbert   95
Döpfner, Julius (Kardinal)   226, 234

Draganovic, P. Krunoslav OFM   193
Drittes Reich (passim)
– Deutsch-völkische Bewegung   86
– Devisen- und Sittlichkeitskampagne bzw. -prozesse (1935/37)   22, 28, 66, 94, 104, 109, 135, 137, 164
– »Ermächtigungsgesetz« (23.3.1933)   19, 85, 87, 92, 121
– Geheime Staatspolizei (Gestapo)   22, 28, 74, 111, 115f., 136f., 169, 176, 256
– »Gesetz zur Verhütung erbkranken Nachwuchses« (14.7.1933)   24
– Gleichschaltung   17, 167
– Heimtückevergehen   173
– »Klostersturm«   32f., 56, 74, 98
– Kriegsverbrecherprozesse   111, 212, 215
– Machtergreifung (30.1.1933)   8, 46, 67, 76, 83, 160, 231
– Nürnberger Gesetze (15.9.1935)   26, 134, 229
– »Ostmark«   68
– Regierungserklärung (23.3.1933)   91
– Reichs
  -erziehungsministerium   31
  -flaggengesetz (15.9.1935)   256
  -gau »Wartheland«   37, 68, 97
  -parteitag (Nürnberg)   63, 244
  -pogromnacht (»Reichskristallnacht«)   26, 59, 107, 119, 132, 134f., 174, 231
  -protektorat Böhmen und Mähren   253
  -regierung   89, 92
  -sicherheitshauptamt   74, 77f., 132, 134, 189, 203
  -tagswahl
    – (5.3.1933)   87, 152, 244
    – (12.11.1933)   94, 247–249

- »Röhmputsch« (30.6.1934) 25, 218
- Schutzstaffel (SS) 17, 74–76, 79, 91, 118, 141, 155, 171
  - »Hexen-Sonderkommandos der SS« 82
  - Sicherheitsdienst (SD) der SS 56, 67, 74, 77, 137, 155
    - Außenstelle Würzburg 31, 171
- Sterilisierung 24, 107, 129, 214, 244
- Sturmabteilung (SA) 21, 25, 91, 119, 171, 242–244, 252

Eckert, Alois 27
Eichmann, Adolf (Pseudonym, Klement, Ricardo) 44, 192–194
- Eichmann-Prozess 44
Eichstätt 18, 103
Eicke, Theodor 67
Eisenach 239
Elser, Georg 175
»Ems-Zeitung« 122
Entkonfessionalisierung 31
Erster Weltkrieg 79, 89, 119, 128, 160, 183, 200
Essen 197
Esser, Hermann 247–249
Europa 192
»Evangelische Arbeitsgemeinschaft für Kirchliche Zeitgeschichte« 43, 48 f.

Falconi, Carlo 179
Falter, Jürgen 154
Faschismus
- Antifaschismus 226
Faulhaber, Michael von (Kardinal) 24, 27, 34, 63–65, 67, 69 f., 75, 94, 105, 107 f., 110 f., 114–117, 120–123, 129 f., 134–136, 168, 200, 244, 251

- »Adventspredigten« (1933) 94
- Edition Faulhaber-Akten 63
Fischer, Fritz 44
Fleischer, Johannes 120
Föderalismus 91
Forster, Karl 222 f.
Franco, Francisco 182
- Franco-Regime 183
François-Poncet, André 170
Frank, Reinhold 169
Franken 240
»Frankfurter Hefte« 219, 224
»Frankfurter Rundschau« 230
Frei, Norbert 220
Freiburg 13, 27, 40, 71, 90, 109, 118, 168, 176
»Freiburger Rundbrief« 40
Freidenkertum 70 f., 161
Freimaurer 164
Freising 86, 103, 108
Freisinger Bischofskonferenz 64, 86, 94, 103, 244
- Diözesan-Synode 108
Freisler, Roland 177
Freud, Sigmund 235
Frick, Wilhelm 24, 252–254
»Friedensbund deutscher Katholiken« 200
Frings, Joseph (Kardinal) 101 f., 176, 205, 214, 221
- Kardinalserhebung (1945/46) 221
Fulda 86, 103, 199, 219 f.
Fuldaer Bischofskonferenz 14–16, 18–20, 24, 26 f., 29, 32 f., 35, 40, 43, 48, 63–65, 71, 85–87, 94–96, 98, 101–111, 116–119, 121–123, 129, 133 f., 167 f., 173 f., 198 f., 202, 205, 209, 218–220, 223 f., 228, 233, 244
- Ausschuss für Ordensangelegenheiten 33, 205

– »Dekaloghirtenbrief«
  (19.8.1943) 33 f., 95, 167, 205
– Deutsche Bischofskonferenz
  (seit 1965) 226, 230 f.
– Erklärung der deutschen Bischöfe
  (28.3.1933) 85, 90 f., 93
– Sekretariat der deutschen
  Bischöfe 229 f.
Furtmeier, Josef 173

Galen, Clemens August Graf von
  (Kardinal) 25, 32 f., 39, 94 f., 101,
  106, 108, 112–114, 119 f., 135 f.,
  149, 199, 203 f., 214, 221
– Euthanasieaktion »T4« 25, 32,
  44, 94 f., 114, 119, 136
– Euthanasiepredigten 119
– Kardinalserhebung
  (1945/46) 22
Galen, Franz Graf von 109
Gasparri, Pietro
  (Kardinalstaatssekretär) 185
Gehrmann, P. Eduard SVD 251
Gemeinschaftsschule 21
Genua 192–194
»Der Gerade Weg« 18
Gerlich, Fritz Michael 18, 25
Gerstein, Kurt 55
Geschichtswissenschaft 37 f., 40 f.,
  43 f., 49–52, 54, 56–58, 83, 158,
  162, 222, 232 f.
– Kirchengeschichtsschreibung
  46, 49
– Sozialgeschichtsschreibung 51
– Zeitgeschichtsschreibung 37,
  41, 45, 48, 142, 231 f.
Giobbe, Paolo 136
Gleiwitz 21
Godman, Peter 245 f.

Goebbels, Joseph 22, 63–65, 72,
  78, 110, 121, 124, 149, 171, 204,
  252–254
Goldhagen, Daniel Jonah 54, 83 f.,
  126 f., 179, 240, 251
Goodrick-Clarke, Nicholas 76
Göring, Hermann 21, 137, 252
Görres, Ida Friederike 219
Gotto, Klaus 83, 173, 223, 227
Graf, Willi 172 f.
Gregor der Große (Papst) 127
Greschat, Martin 48, 173
Gröber, Conrad (Erzbischof) 13, 31,
  71, 90, 109, 118, 120, 168, 176, 214
– Hirtenwort (8.5.1945) 14
Groß, Alexander 255
Groß, Nikolaus 168, 176 f.
Guardini, P. Romano SJ 219
Gundlach, P. Gustav SJ 28
Gurian, Waldemar (Pseudonym,
  Kirchmann, Sebastian) 174, 218, 264
Güsgen, Johannes 211
Gutenberg, Johannes 239

Hamburg 137
»Handbuch der religiösen Gegenwartsfragen« 71
Harrison, Leland 189
Hartl, Albert 155
Hehl, Ulrich von 51, 83, 169
Heilig, Bernhard 193
»Heiliges Römisches Reich deutscher
  Nation« 73
Heinrich V. (Kaiser) 88
Heß, Rudolf 63
Heydrich, Reinhard 67, 76, 78,
  121, 137
Hildesheim 106, 114
Himmler, Heinrich 17, 56 f., 73,
  75 f., 97, 121, 124, 149, 211
Hindenburg, Paul von 119, 245

Hitler, Adolf 17–20, 25, 32 f.,
  63–69, 71, 73, 76, 78–83, 87, 92,
  98, 101, 109–111, 113, 116 f.,
  120–122, 124 f., 132, 149, 155,
  157, 159 f., 167, 179, 187, 191,
  198–201, 203, 206 f., 209–211,
  220, 242, 244, 246–250
Hitler
  -jugend 98
  -Putsch (9.11.1923) 246
Hochhuth, Rolf 45, 52, 125 f., 141,
  179, 225
  – »Der Stellvertreter« 45, 52, 125,
  141, 225
»Hochland« 45, 219, 223
Hockerts, Hans Günter 56, 173, 227
Holocaust 39, 44, 46, 51–55, 58,
  104, 159, 163, 167 f., 229–231, 240
Horthy, Miklós 140, 183
Huber, Ernst Rudolf 88 f.
Hudal, Alois (Titularbischof) 63 f.,
  67, 141, 191, 193 f.
Hull, Cordell 189
Hummel, Karl-Joseph 24, 35, 83, 93
Huntington, Samuel P. 55
  – »Clash of Civilizations« 55
Hürten, Heinz 49 f., 83, 107, 149, 155,
  163, 170, 174, 201–203, 205, 207

Innitzer, Theodor (Kardinal) 96
Innocenz III. (Papst) 127
»Institut für Zeitgeschichte« 1, 169
Internationales Rotes Kreuz 80, 192
Italien
  – Besetzung durch deutsche
  Truppen (Sept. 1943) 188
  – »Delegazione assistenza ebrei
  emigranti« (Delasem) 140 f.
  – Episkopat (italienischer) 185
  – Faschismus (italienischer) 16, 190
  – »Fosse Ardeatine« 192

  – Lateranverträge (11.2.1929) 16,
  89, 182, 184
  – Mussolini-Regime (faschistisches
  Italien) 132, 181 f., 184 f., 189

Jaeger, Lorenz (Erzbischof) 30, 39,
  118 f., 203
Jägerstätter, Franz 29 f., 115, 215
Jena 220
Jerusalem 44, 130, 231
Jesuitismus 67, 79
Johannes XXIII. (Papst) 53, 90, 139
  – »Aggiornamento« 44
  – Enzyklika »Pacem in terris«
  (11.4.1963) 90
Johannes Paul II. (Papst) 14, 53, 55,
  59, 230–233
Judaismus
  – Antijudaismus 26, 80,
  126–129, 131, 135, 142
Judentum 17, 26 f., 39, 45 f., 53–55,
  65, 67, 105, 114, 119, 122, 125,
  127–139, 141 f., 161, 164, 174,
  229, 232
  – Gottesmord 130
  – »Judenboykott« (1.4.1933) 27,
  107, 129
  – »Judenfrage« 27, 46, 133, 124
  – Juden
    -deportationen 95, 161
    -feindschaft 56, 64, 129,
    132, 143
    -frage 134, 137
    -konversionen 122
    -verfolgung 129 f., 134, 136,
    142 f., 161, 167, 183, 188,
    222, 229
    -vernichtung 52, 59, 126
  – Juden Roms 141
  – Jüdische Religion 53

– »jüdischer Bolschewismus« 71
– Jüdischer Weltkongress 138

Kaas, Ludwig (Prälat) 90, 92, 210
Kaiser, Jochen-Christoph 48
Kaltenbrunner, Ernst 212
Kapitalismus 128, 225
Karlsruhe 169
Katholikentage
– Allgemeiner deutscher Katholikentag 21
– Bochum (31.8.–4.9.1949) 219
– Mainz (1.–5.9.1948) 35, 219
»Katholische Akademie in Bayern« 42, 222
»Katholische Aktion« 92
Katholizismus 15, 19, 25, 30, 37, 42, 44, 56, 63, 65, 67, 72, 74, 79 f., 82–86, 88, 92, 96, 126, 133, 146–148, 152, 154 f., 157–159, 165, 171, 218, 223 f., 226
– »Ambivalenzthese« 54
– Antikatholizismus 66 f., 78–80, 82
– Gewerkschaften (christliche) 48
– Katholische Aktion 25
– katholische Jugend 48, 72
– katholische Publizistik 18, 21, 32, 94, 98, 145, 164
– katholische Theologie 127
– katholische Verbände/Vereine 52, 97, 107
  – Arbeitervereine 19, 48, 50, 168
  – »Hedwigsgruppe« 206
  – »Sturmschar« 206
  – Katholischer Jungmännerverband (KJMV) 207
– katholisches Feldgesangbuch 210
– Katholizismusforschung 37, 41, 43–45, 48 f., 56–59, 145, 163, 165, 197, 232

– Schwerter Arbeitskreis für Katholizismusforschung 51
– Laienkatholizismus 92, 112, 150, 155
– »Resistenzthese« 162 f.
– Sakristeichristentum 113, 164
Kennedy, Joseph P. 186
Kerrl, Hanns 204
Kershaw, Ian 163
Kirchen
-kampf 42, 48–50, 66, 98, 116, 164
-steuer 121
-verfolgung 40
Kirchmann, Sebastian (Pseudonym, siehe Gurian, Waldemar)
Kißener, Michael 34, 156
Klausener, Erich 25 f.
Klement, Ricardo (Pseudonym, siehe Eichmann, Adolf)
Klemperer, Klemens von 177
Koch, P. Anton SJ 167
Kogon, Eugen 219
Köln 20, 101, 109, 115, 117, 176, 205, 219, 221 f.
– Kölner Dom 255 f.
Kolpingverband
– Erster Deutscher Gesellentag (8.–11.6.1933) 91
– Kolpingwerk 21
»Kommission für Geschichte des Parlamentarismus und der politischen Parteien« 42
»Kommission für Zeitgeschichte« 42 f., 48, 58, 223
Kommunismus 70, 86, 125, 150, 160 f., 164, 179, 193, 204, 206
– Antikommunismus 63, 69, 186, 226
König, P. Lothar SJ 116, 177

Konzentrationslager (KZ)   20, 26, 104, 136, 170, 180, 187, 227
- KZ-Opfer   39
- KZ-Priester   39
- Lager Aschendorfermoor   121
Kösters, Christoph   22, 34, 83, 146, 156, 163, 213
Kreisau   41, 116, 171, 175, 177
Kretschmann, Carsten   99
Kroatien
- Ustascha-Regime   140, 183, 191, 193
Krone, Heinrich   42, 119, 137, 219, 222f.
Kuhlemann, Frank-Michael   150

Lang, Cosmo Gordon (Erzbischof von Canterbury)   70
Langgässer, Elisabeth
- »Saisonbeginn«   240
Lanz von Liebenfels, Jörg (eigentl. Adolf Joseph Lanz)   76
Lapide, Pinchas   142
Laros, Matthias   218
Le Fort, Gertrud von   219, 223
Legge, Petrus (Bischof)   104
Lehmann, Hartmut   79
Lehmann, Karl (Kardinal)   231
Leiber, P. Robert SJ   90, 109
Leipzig   48
Lenin, Wladimir Iljitsch   239
Leo XIII. (Papst)   89, 184
Leopold III. (König von Belgien)   187
Lepsius, M. Rainer   146, 151
Lettland
- Konkordat (1922)   89
Leugers, Antonia   161, 198, 201
Lewy, Guenter   46f., 50f., 83, 101, 103

Liberalismus   104, 128, 153, 159
- Antiliberalismus   157, 224
Lichtenberg, Bernhard (Dompropst)   26, 104, 111, 137, 174, 227
Lichtheim, Richard   138
Lindner, Willi   120
Linz   30
List, Guido von (eigentl. Karl Anton List)   76
London   171
Löw, Konrad   65, 73
Lübbe, Hermann   222
Lübeck   119
Lübke, Heinrich   222
Luckner, Gertrud   27, 40, 55, 174
Ludendorff, Erich   74
Ludendorff (Kemnitz), Mathilde   74
Luther, Martin   81
Lutzingen   19
Luzern   218

Machens, Joseph Godehard (Bischof)   106, 114
Maglione, Luigi (Kardinalstaatssekretär)   134, 136, 140, 188
Magnis, Gabriele Gräfin   27, 55
Maier, Hans   34, 56, 77, 150, 173
Maier, Johann   34
Mainz   18, 35, 42, 108f., 148, 199, 219, 222, 231
- Grünewald-Verlag   42
Mann, Thomas   101
Mannheim, Karl   41
Marchetti-Selvaggiani, Francesco (Kardinal)   141
Marianische Männerkongregation   75
Märtyrer   39f., 53, 58
- Martyrologium   232
Materialismus   161, 204
Mayer, Philipp Jakob   18

Mayer, P. Rupert SJ   75
Mehlhausen, Joachim   48
Meier, Kurt   48
Meißen   104
Mengele, Josef   192
Merkle, Sebastian   72
Merry del Val, Raffaele (Kardinal)   128
Mertens, Annette   30, 69, 156
Metz, Johann Baptist   52, 229
Metzger, Max Josef   118, 168, 176f., 219
 – »Manifest für ein neues Deutschland«   168
 – Una-sancta-Bewegung   219
Milieu
 -forschung   147
 -grenzen   113
 -theorie   224
 – katholisches Milieu   145–147, 149–157, 160, 162f., 165, 224
  – »Antimodernisierungsthese« 151, 153, 158
 – sozialistisches Milieu   153, 160
 – sozialmoralische Milieus   146
Militärseelsorge   197, 208–210
Missalla, Heinrich   197f., 204, 209
Mitscherlich, Alexander   234
Moderne   104, 128, 146
 – Postmoderne   55
Modernismus   151
 – Antimodernismus   152
Moltke, Freya Gräfin von   177
Moltke, Helmuth James Graf von   175, 177f.
Mommsen, Hans   44
Montini, Giovanni Battista (siehe Papst Paul VI.)
Morsey, Rudolf   42, 83–85, 223
Moskau   239
Müller, Erich   192
Müller, Josef   116, 174

München   18, 20, 24f., 34, 40–42, 63, 75, 91, 94, 107f., 111, 121, 130, 134f., 168f., 172, 174, 200, 226, 243–249, 251
Münster   25, 39, 94, 101, 104, 106, 119, 135f., 156, 199, 218, 221
Mussolini, Benito   132, 182, 184f., 188, 190
 – Mussolini-Regime   132, 184f., 189
 – Sturz Mussolinis (25.7.1943)   188

Naab, P. Ingbert OFMCap   18
Nationalismus   80, 159, 211
Nationalsozialismus (NS) (passim)
 – »Endsieg«   211
 – Entnazifizierungsverfahren   40
 – Führerkult   211
 – Kirchenpolitik   106
 – Machtentfaltung   171
 – Nationalsozialistische Deutsche Arbeiterpartei (NSDAP)   18f., 63, 73, 78, 80, 108, 118, 154, 159, 171, 242, 244, 247, 249, 254
 – NS-Forschung   147
 – NS-Presse   72
 – »positives Christentum«   160
 – Rassegedanken   213
 – Sondergerichte   173
 – Vernichtungskrieg   214
Naturalismus   204
Naturrecht (»ius nativum«)   175
»Neues Abendland«   219
Neuhäusler, Johannes (Weihbischof)   40, 116, 227
Niederlande
 – Hirtenbrief der holländischen Bischöfe (26.7.1942)   106
 – Judenverfolgung (1942)   95
Niermann, Hans   206–208
Nowak, Kurt   48, 54

Nürnberg (siehe auch Deutsches Reich)
- Sittlichkeitsprozesse (1937) 66

Obersalzberg 63, 65, 115 f.
Oldenburg 22
Orsenigo, Cesare (Nuntius) 90 f., 133 f., 136, 138, 168, 176, 180, 203, 210, 251
Osnabrück 119, 121, 137
»Osservatore Romano« 24, 93, 182, 187 f.
Osterburken 171
Österreich
- Anschluß (13.3.1938) 66, 95–97, 104
- Episkopat 96, 103
  - Wiener Märzerklärung (18.3.1938) 96
- Erzbischöfliche Hilfsstelle Wien 137
- »Gesetz über die Erhebung von Kirchenbeiträgen im Land Österreich« (1.5.1939) 98
- Konkordat (1933) 68
- Ständestaat 95–97, 183
- Volksabstimmung (10.4.1938) 104

Pacelli, Eugenio (siehe Papst Pius XII.)
Paderborn 30, 39, 118, 203
Papen, Franz von 21, 67, 72, 92
Papsttum 128, 179
- Päpstliches Hilfswerk in der Sowjetunion 181
- Päpstliches Hilfswerk »Pontificia Commissione Assistenza« (PCA) 192 f.
Paul VI. (Papst) 136, 138, 187–189, 230
Paul, Gerhard 50, 163
Pavelić, Ante 140, 183, 193

Pieper, August 155
Pius IX. (Papst) 53, 86
- Syllabus Errorum (8.12.1864) 86
Pius X. (Papst) 128, 184
Pius XI. (Papst) 16, 27 f., 65, 70, 72, 83, 95, 110, 112, 131, 134–136, 160, 182, 186 f., 189, 244
- Enzyklika
  - »Divini redemptoris« (19.3.1937) 74, 119
  - »Firmissimam constantiam« (28.3.1937) 74
  - über Rassismus (»Humani generis unitas« 1938 – nicht erschienen) 131
  - »Mit brennender Sorge« (14.3.1937) 28, 65, 74, 94–96, 106, 108 f., 116, 186
  - »Quadragesimo Anno« (15.5.1931) 95
- »Gebetskreuzzug« für Russland 70
Pius XII. (Papst) 16, 27, 46, 52–55, 57, 59, 83, 89–93, 101, 104–113, 117, 123, 125, 130–134, 136 f., 139–141, 143, 167, 179–183 f., 186–191, 194 f., 197, 200, 221, 232, 245 f., 249, 254
- Enzyklika
  - »Mystici Corporis« (29.6.1943) 195
  - »Summi Pontificatus« (20.10.1939) 190, 195
- »Schweigen des Papstes« 46, 52, 56, 126, 167, 179
- Seligsprechungsverfahren 39, 63
- Weihnachtsbotschaft
  - (1942) 188 f.
  - (1943) 189
  - (1944) 90
Pluralismus 128

Pois, Robert A.   79
Polen
 – Konkordat (1925)   89, 181
 – Solidarność   55
Portugal
 – Konkordat (1940)   89
Prag
 – Emaus-Kloster   243 f.
Preßburg   139
Preußen   91
 – »Feldjägerkorps in Preußen«   251
 – Konkordat (1929)   89, 181
 – Preußischer Staatsrat   119
Preysing, Konrad Graf von
 (Kardinal)   16, 32, 94 f., 101 f.,
 106, 108, 110, 115, 117, 136 f.,
 171 f., 176, 221
 – Hirtenbrief (13.12.1943)   95
 – Kardinalserhebung (1945/46)   221
Pribilla, P. Max SJ   219
Priebke, Erich   192
Priestersoldaten   208
Protestantismus   149, 160
 -forschung   48
 – »Deutsche Christen«   77
 – »Kirchenkampf«   43
 – Reichskirche   74, 92

Ranke-Heinemann, Uta   120
Rarkowski, Franz Justus
 (Feldbischof)   29, 201, 209–211
Rassismus   28, 55, 78 f., 131, 143, 161
 – Rasse- und Volkstumspolitik   171
 – Rassen
  -antisemitismus   27, 129,
   143, 161
  -haß   219
  -krieg   38, 56, 72
  -lehre   28, 164
  -politik   185
 – Vernichtungslager   138

Rauscher, P. Anton SJ   223
Recker, Klemens-August   122
Regensburg   34
Reichskonkordat (20.7.1933)   20 f.,
 28, 35, 46, 83–85, 88–94, 97 f., 117,
 120 f., 133, 167, 185, 209 f., 223, 249
 – »Affinitätsthese«   84 f., 157
 – Artikel 31   92
 – Artikel 32   92
 – »Immanenzthese«   122
 – »Junktimthese«   84 f.
 – »Kausalitätsthese«   85
 – Konkordatsverhandlungen   90
 – »Konsensthese«   85
 – Offerte der Reichsregierung   91
 – Ratifizierung (10.9.1933)   92
 – »Scholder-Repgen-Kontroverse«   85
 – Zustandekommen   84
Reiser, Rudolf   115
Relativismus   128
Repgen, Konrad   42, 83–85, 99,
 142, 165, 173 f., 227
Rheinland
 – Remilitarisierung (7.3.1936)
  66, 119
»Rhein-Mainische Volkszeitung«   27
Ribbentrop, Joachim von   189
Richter, Horst Eberhard   224
Riegner, Gerhart   138
 – Riegner-Memorandum   138
Roberts, P. Thomas SJ (Bischof)   215
Roegele, Otto B.   39, 176, 219
Rom   43 f., 58, 64, 96, 106, 116,
 121, 128, 132, 136 f., 140 f., 174,
 186, 189 f., 192–194, 203, 245
 – Besetzung (1943)   189
 – Deutsches Priesterkolleg Santa
  Maria dell'Anima   64, 191, 193
 – Massendeportationen (1943)   141
 – Römisches Ghetto   141

Roncalli, Angelo
(siehe Papst Johannes XXIII.)
Roosevelt, Franklin D.   186 f., 190
Rösch, P. Augustin SJ   116, 177
Roschmann, Eduard   192
Rosenberg, Alfred   25, 75 f., 82, 109, 154, 164, 244
– »Mythus des 20. Jahrhunderts«   25, 109, 154, 164
Rothfels, Hans   41, 175
Rotterdam   134
Ruff, Mark Edward   38
Rugel, Stephan   19
Ruhrgebiet   206

Saarbrücken   254
Saarland   253 f.
– Rückgliederung (1935)   97, 252, 254
Saint Louis   38
Säkularisierung   128, 146, 151, 154, 156
Säkularismus   160
Salomon, Joseph   134
Schachleiter, Alban   242–244
Schäffler, Michael (Pseudonym, siehe Dempf, Alois)
Schauff, Johannes   42, 222 f.
Schewick, Burkhard van   52
Schildt, Axel   44
Schindler, Oskar   55
Schmidlin, Joseph   134 f.
Schneider, Reinhold   219, 223, 233
Scholder, Klaus   48 f., 83–85, 92, 122, 245 f., 249
Schulddebatte   231
– »Generation der Väter«   44
– Kollektivschuld(these)   40, 220 f., 233 f.
Schulkämpfe   164

Schulte, Karl Joseph (Kardinal)   109, 113, 117
Schwammberger, Josef   192
Schwerte   51
Sebastian, Ludwig (Bischof)   103, 252–254
Seidowsky, Hans Joachim   47
Serbien (Königreich)
– Konkordat (1914)   181
Serédi, Jusztinián György OSB (Kardinal)   140
Siemer, P. Laurentius OP   219
Sommer, Margarethe   27, 55, 137
Sonderhilfswerk des St. Raphaels-Vereins   137, 140
Sowjetunion (siehe Union der Sozialistischen Sowjetrepubliken)
Sozialdarwinismus   78
Sozialdemokratische Partei Deutschlands (SPD)   153
Sozialismus   18, 128, 160
Spanien
– Bürgerkrieg   63, 182
– Franco-Regime   183
– Konkordat (1953)   89
Speyer   103, 252, 254
Spicer, Kevin   242 f.
»Der Spiegel«   46, 244, 249, 252
Sproll, Joannes B. (Bischof)   97, 104
Stalin, Josef   16, 181, 191, 195
Stangl, Franz   192 f.
Stauffenberg, Claus Schenk Graf von   171
Steigmann-Gall, Richard   56 f.
Stein, Edith   53, 106, 136, 149, 218
– Heiligsprechung (11.10.1998)   53
Stepinac, Aloisius (Erzbischof)   140, 183
Stickler, Matthias   20, 183
»Stimmen der Zeit«   219

Stohr, Albert (Bischof)   199
Stratmann, P. Franziskus Maria OP   200
Streicher, Julius   66
»Der Stürmer«   66
Stutz, Ulrich   89
Südwestfunk (SWF)   230
Sünner, Rüdiger   76
Süß, Winfried   165, 214
Szálasi, Ferenc   140, 183

Tacchi Venturi, P. Pietro SJ   140
Tardini, Domenico   139, 183
Taylor, Myron C.   186, 188
Taylor, Telford   111
Temple, William
   (Erzbischof von York)   70
Thierfelder, Jörg   49
Thomas von Aquin   200
   – Lehre vom gerechten Krieg   200
Thüringen
   – Gauleitung   67
Tiso, Josef   138–140, 183
Tittmann, Harold   188
Totalitarismus   55, 77
   – Antitotalitarismus   226
Trier   71, 218, 252, 254
Triest   192
Truman, Harry S.   222
Tschechoslowakei
   – Konkordat (1927)   89
Tübingen   84

Ultramontanismus
   – Antiultramontanismus   79, 86
Ungarn
   – »Fall Horthy«   140
   – Horthy/Szàlasi-Regime   183
Union der Sozialistischen
   Sowjetrepubliken (UdSSR)
   – 15. Parteitag der KPdSU
     (3.12.1927)   70

   – Rote Armee   192
   – Russlandfeldzug   71, 107, 206

Vassallo di Torregrossa, Alberto
   (Nuntius)   247, 249
Vatikan (Heiliger Stuhl)   48, 88 f.,
   93, 95, 109, 121, 123, 128,
   132–135, 138–142, 183 f., 186,
   210, 224, 244, 246, 248, 251, 254
   – Archive   210, 246
     – Öffnungen der Archive   90, 232
   – Doppelte Schutzherrschaft   129
   – Heiliges Offizium   128, 131
     – »Decretum contra Communi-
       mum« (28.6. (1.7.) 1949)   194
   – Index der verbotenen Bücher   25
   – Informationsbüro für die Kriegs-
     gefangenen   132, 180
   – Kardinalskollegium   130
   – Karfreitagsbitte   131
   – Kirchliche Fluchthilfe   52
     – »Odessa«   192
     – »Rattenlinie«   191
   – Kongregation für außerordentliche
     kirchliche Angelegenheiten
     181, 185
   – Konkordatspolitik   88
   – Kriegsgefangenenhilfe   184
   – Kurie   85, 88–90, 92 f., 96, 98,
     141, 185, 186
   – Radio Vatikan   209
   – »Rassensyllabus«
     (13.4.1938)   132
   – Staatssekretariat   138, 180, 203
   – Studienkongregation   28
   – »Vatikanische Weißbücher«   43
   – Vergebungsbitten (2000)   14, 232
Venedig   192
Vereinigte Staaten von Amerika
   (USA)   186, 190
   – Repräsentantenhaus   171

Vereinte Nationen (UNO)   89
Versailles   160
 – Versailler Vertrag (28.6.1919)   254
Vier-Mächte-Abkommen
   (6.6.1933)   121
Viertes Laterankonzil (1215)   128
Viktor Emanuel III.
   (König von Italien)   190
Volk, P. Ludwig SJ   43, 63, 83–85,
   90, 221
»Völkischer Beobachter«   244
Volksgerichtshof   169, 175
Volksschulen (konfessionelle)   21
Volksverein für das katholische
   Deutschland   155

Wächter, Otto Gustav   193
»War Refugee Board«   139
Warschau   204
Washington   140, 171, 190
Weber, P. Anton SAC   141, 193
Weber, Christoph   79
Wehler, Hans-Ulrich   83 f.
Wehrmacht   141, 188, 197, 209, 212
 – »Kommissarischer Feldbischof der
   Wehrmacht«   210
 – Oberkommando der Wehrmacht
   (OKW)   209
 – Wehrdienst   202, 215
 – Wehrmachtsseelsorge   211
 – Wiedereinführung der allgemeinen
   Wehrpflicht (16.3.1935)   209
 – »Zersetzung der Wehrkraft«   202
Weipert (bei Komotau)   96
Weizsäcker, Ernst von   141
Welle, Donato da OFMCap   141
»Weltbund für internationale Freund-
   schaftsarbeit der Kirchen«   70
Welty, P. Eberhard OP   219
Werthmann, Georg   214
Westdeutscher Rundfunk (WDR)   230

Widerstand   34, 40, 47 f., 50, 84,
   105, 114, 163, 167–170, 173–175,
   177, 187 f., 197, 227–229
 – Forschung   50
 – »Kreisauer Kreis«   41, 116, 170,
   175, 177
 – »Resistenz«   48, 50, 165, 173
 – »Weiße Rose«   172 f., 175
 – »20. Juli 1944«   33, 115, 168 f.
Wien   21, 27, 96, 98, 135, 137
 – Rosenkranzfest (7.10.1938)   98
Wienken, Heinrich (Bischof)   119
Wilhelmine
   (Königin der Niederlande)   187
Wirmer, Joseph   169
Wolf, Hubert   84
Wolker, Ludwig   207
Worms   88
Wormser Konkordat (23.9.1122)   88
Wurm, Alois   130
Würzburg   31, 42, 69, 223, 228
 – Würzburger Synode (1971–1975)
   228 f.
 – Zeitzeugentagung (1961)   42, 223

Zagreb   140, 183
Zahn, Gordon C.   46, 101, 103, 198
Zeiger, P. Ivo SJ   118, 219, 221 f.
»Die Zeit«   243
Zentralkomitee der deutschen Katho-
   liken (ZdK)   21, 219
Zentrumspartei   15, 18, 20, 42, 83,
   85–87, 92 f., 109, 145, 149–152,
   154, 159, 223 f., 247
 – Selbstauflösung (5.7.1933)   112
 – Zentrumsmilieu   151
Zeugen Jehovas   15, 202
Ziegler, Walter   26
Zuccotti, Susan   141
Zuckmayer, Carl   148 f.
Zürich   218

Zwangsarbeiter 30f., 56, 212f., 232
- Entschädigung 13
- Kirchliche Fonds 30

Zweiter Weltkrieg 46, 52, 69, 98, 105, 107, 142, 156, 165, 167, 179–181, 184, 194f., 197–201, 204–206, 209, 211, 214f., 222
- Alliierte Besatzungsmächte 40
- Feldgeistliche 31, 209
- Frankreichfeldzug (1940) 206
- »Geheimpriester« 31
- Kriegs
    -ausbruch 231
    -dienst 29f., 200
    -dienstverweigerer 215
    -ende 95, 97
    -gefangene 31
    -heimkehrer 41
    -schuldfrage 214
- Westalliierte 221

Zweites Vatikanisches Konzil (11.10.1962–8.12.1962) 15, 43–45, 127, 215, 233f.
- Erklärung »Nostra aetate« (28.10.1965) 53, 225f.

Wahlverhalten
der katholischen Bevölkerung
Deutschlands 1932–1933

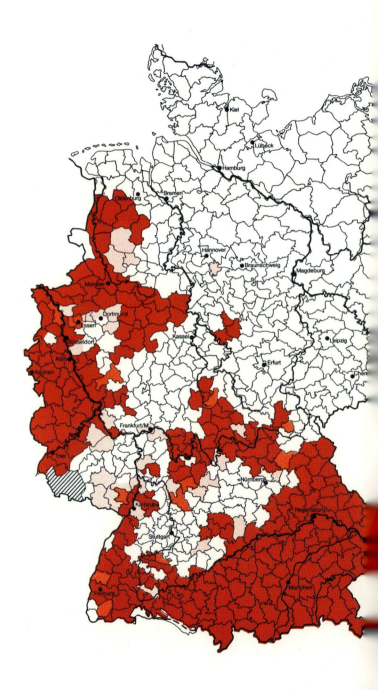

Deutschlands 1932–1933

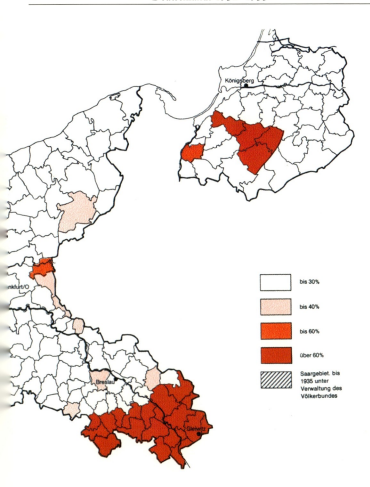

**Anteil der katholischen
Bevölkerung in Deutschland**

(Laut Volkszählung vom 16. Juni 1925)

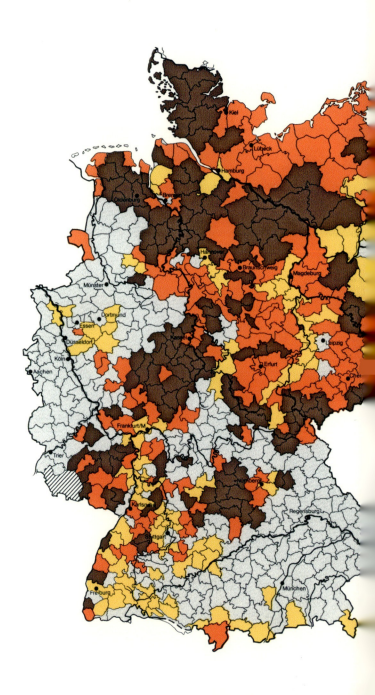

Deutschlands 1932–1933   315

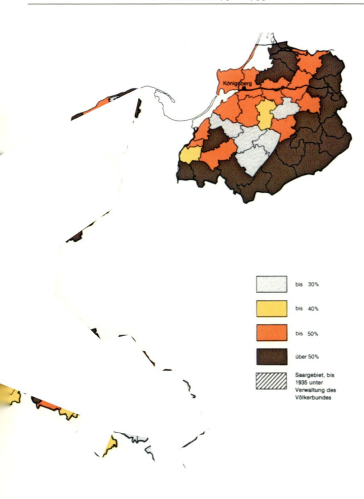

bis 30%

bis 40%

bis 50%

über 50%

Saargebiet, bis
1935 unter
Verwaltung des
Völkerbundes

**Prozentualer Stimmenanteil
der Nationalsozialisten**
(bei der Wahl vom 31. Juli 1932)

(Der Reichsdurchschnitt betrug 37,4%)

316 Wahlverhalten der katholischen Bevölkerung

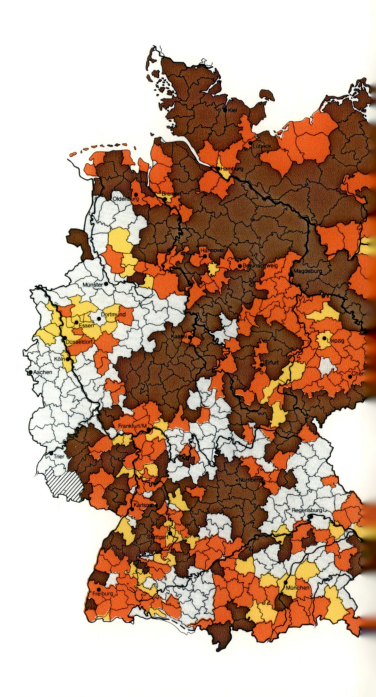

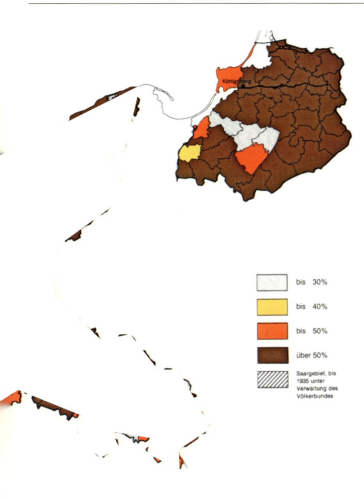

Prozentualer Stimmenanteil der Nationalsozialisten
(bei der Wahl vom 5. März 1933)

(Der Reichsdurchschnitt betrug 43,9%)